石上三登志スクラップブック
日本映画ミステリ劇場

Mitsutoshi Ishigami
石上三登志【著】

原書房

石上三登志スクラップブック——日本映画ミステリ劇場

石上三登志スクラップブック◉目次

石上三登志スクラップブック——日本映画ミステリ劇場

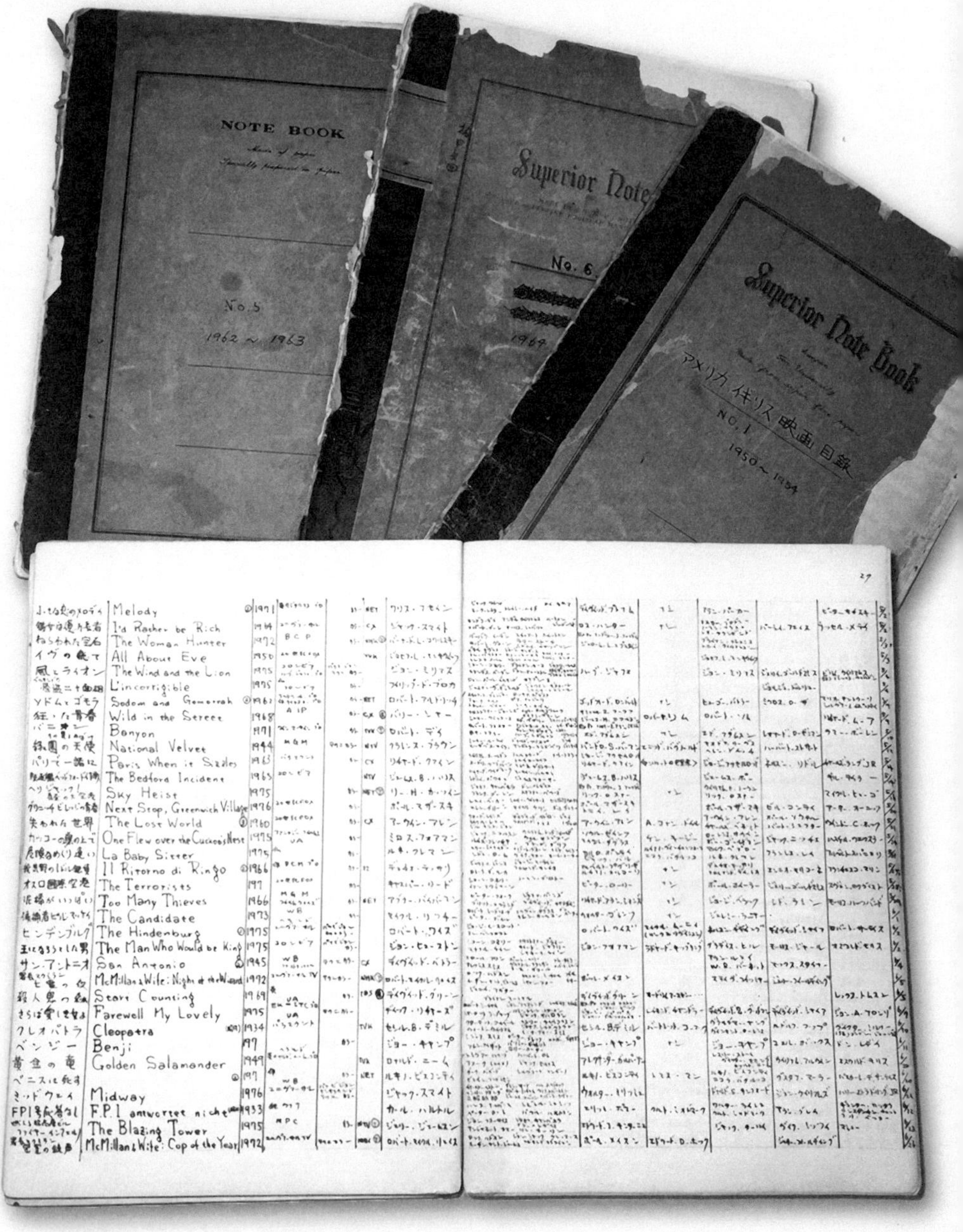
NOTE BOOK
No.5
1962 ~ 1963
Superior Note
No. 6
Superior Note Book
アメリカ・イギリス映画目録
NO.1
1950 ~ 1954

イントロダクション

メモらなくては寝られない

……ぼくの映画ノート

そもそもの始まりは小学六年生

　ボロボロになった大学ノートの、薄っぺらなやつが一冊ある。表紙には下手くそな文字で、〈アメリカ・イギリス映画目録〉と書かれている。どういうわけか、その文字は墨汁のペン書きである。こいつが、わが道楽のそもそもの始まりなのだ。

　扉を開くと、見開き二ページを使って、これまた墨汁ペン書きの文字がズラリ。左側からNO《ナンバー》、邦題、原題名、製作年代、製作配給会社、カラー、CAST《キャスト》、製作者、監督、原作、音楽監督並び作曲作詞、撮影監督となっており、どういうわけか〝脚本〟が抜けている。

そして、そのページのリストの上に、やはり墨汁で「1950〜1952」。

　もはや、おわかりだろう。そう、ぼくが見た映画の、これがぼくなりの記録の、そもそもの始まり。映画を見ることが趣味であるならば、こんな記録をつけることこそが、いまも変わらぬぼくの道楽なのである。

　これがぼくの道楽である事実は、何よりもまず、〝どういうわけか〟の墨汁ペン書きが物語るだろう。何を隠そう、これは当時のノートの紙質が悪くて、インク書きじゃにじんでしまうからであって、さりとて、エンピツじゃ納得出来ないというわけ。

　ことほどさように、ぼくはこれを記録することにこだわっていたのであり、つまりぼくはそんな形で、映画を自分自身の所有物にしようとたくらんだのだろう。

別な言い方をするならば、この時から、映画のコレクションという道楽をおっぱじめたのである。ところで、一九五〇年つまり昭和二十五年というと、ぼくは十一歳で、だから小学校の六年生。ということは、この時、ぼくは疎開先の農村から少なくとも映画館はある田舎町に引っ越していたのだったから、そこから記録が始まっていることに嘘はない。

しかし、ではその時からすぐノートだったのかというと、そうではなくて、たぶん一九五二年のいつかなのである。この、中学二年生の時に、僕は見た映画の数と質が記録に値すると思ったのであり、それで以前のを思い出して書き始め、だから一ページ目に「1950~1952」としたのである。以下、この第一冊目は、「1953」、「1954」と続くのである。

そんなわけだから、リストの一番目が西部劇の『拳銃往来』であるのは正しいとして、次に『拳銃無宿』がきているのは、見た順序どおりではない。ミステリ研究家の小鷹信光氏がぼくを称して〝整理魔〟というように、似たものをまとめてしまうぼくの癖が、この時すでに働いていたわけなのである。

同様なことは、同じページの下のほうに『アリゾナ無宿』と『西部の挑戦』が並んでおり、これはどちらもダンカン・レナルド演ずる〝シスコ・キッド〟もの。ついでにその次に、ウィリアム・ボイド演ずる〝ホパロング・キャシディ〟ものの一篇『西部の嵐』が続いているなんざ、ますます〝整理魔〟的であり、だからぼくはこの時から、アメリカのお子様向きのB級ウエスタンの意味を、なんとなく知っていたというわけなのだ。

もっとも、そうはいっても、やはり幼い子供ではある。だから、いまにして思えば重要な記録になったはずの、見た日付がすっぽ抜け。同様に、映画製作作業においてきわめて重要なはずの、シナリオの意味がよくわからず、これまた、きれいさっぱり記録なし。

それとは反対に、そのほかのスタッフ名に関しては、何しろ映画のポスターから自分でメモしてくるのだから、幼いにしては人一倍詳しかったわけである。とりわけ原作者に関してはうるさく、なにしろ一方では読書狂でもあって、そのうえ、当時はろくに翻訳物がなかったからなおさらである。

そんなわけだから、ゼーン・グレイとか、アーネスト・ヘイコックスなどという西部小説作家、C・S・フォレスターとか、ハモンド・イネス(インズなんて書いてある)などという海洋冒険小説作家の名は、当時から知っており、いつかは読んでみたいとひそかに思っていたものだった。

しかし、さほど記録ということに熱中していたものの、それが日本映画と、イギリスを除くヨーロッパ映画になると、これはまるでそっけない。この第一冊目のおしまいのページに、フランス映画が八本ほど、別に並べてあるだけで、かなり見たはずの日本映画はまるで記録なし。そんなわけで、このノートが〈アメリカ・イギリス映画目録〉と題されているのであって、つまり、ぼくは当時は〝英語〟映画のみを記録していたということなのである。

シナリオの項目もはいった

「1955〜1956」という二冊目になると、この事情は多少変わってくる。この二冊目の第一ページに、ドイツ映画『M』が記録されているし、その次の次の次に、フランス映画『恋路』がやはり記録されている。もはや英語のみにこだわらなくなった証拠であり、考えてみれば、この一九五五年には、ぼくはもう高校一年生だったわけである。アメリカ映画やイギリス映画より、ちょっと文学的なヨーロッパ映画に、それなりに関心を持って当然なのである。しかしシナリオの項目、見た日付が抜けているのは、一冊目と同じである。

この二冊目で、とりわけ重要なのは、二度目、三度目の鑑賞でも、ちゃんと記録されてあることだろう。そして、もう一つ、その映画の特殊効果つまりトリックの担当者名が記録されていることである。どうやら、自分なりの見方がはっきりしてきたわけで、そのあたりを見てみると、現在とそれほど変わっていないことに気付くのである。

現在でもぼくは、特殊効果を最も映画的な技術だと思い、それを軸とした評価をしてしまう。そして現在でもぼくは、その時二度目、三度目を見ている、たとえば『恐怖サーカス』『第17捕虜収容所』『ならず者』『謎のモルグ街』『廃墟の群盗』『キングコング』『真紅の盗賊』『黒い絨毯』『大平原』『幌馬車』『地中海夫人』『ケイン号の反乱』『帰らざる河』『地獄と高潮』『星のない男』『無頼の谷』などを、最も映画的なエンターテインメントだと思い、それを出発点とした評価をしてしまうのである。

そして、そんな僕の見方の日本映画的なまとめこそが、この第二冊目の最後にやっとリストにはいってくる怪獣映画『ラドン』なのだ。

だから、「1957〜1958」となる第三冊目からは、日本映画の記録も大いに同居してくる。第一ページ目でいうと、『極楽島物語』『嵐の中の男』『白い山脈』。第二ページ目に、『蜘蛛巣城』『36人の乗客』、第三ページ目に、『明治天皇と日露大戦争』『山鳩』『ロマンス誕生』。

ケッ作なのは、この第三冊目の最後に〝ほり出し物〟というページがあり、ここにはたとえば渋谷国際地下で見た『戦場』、観光文化ホールで見た『チャップリンのキッド』、池袋ピースで見た『最後の突撃』、自由ヶ丘武蔵野館で見た『醜女の深情』などが並んでいるのである。

これにはじつはわけがあって、一九五七年にぼくは大学入学のために上京したのである。すると当たり前だが田舎とちがって、東京に映画館があるわ、あるわ。まるでニボシの山を発見した犬猫のごとく、当時ぼくは東京を駆けずり回り、田舎にいたんでは絶対に見られないと思っていた作品を見つけ、感激のあまり〝ほり出し物〟ときたわけなのだ。

それ以外に、この第三冊目の特徴はといえばまずめでたくも〝脚色(シナリオ)〟の項目がはいったこと。それから、テレビで見た作品が記録され出したことだろう。後者に関していえば、当時わが家にはテレビなどなく、だから見たいときは駅前に立ちんぼか、親類縁者を頼るかである。それほどまでして見たものだから、珍しさも手伝って、なんでも記録してある。『空想科学劇場・蜜蜂博士』とか、『ヒッチコック劇場・国境』とか、『潜水王マイク・ネルスン6日間の漂流』とか、『地方検事・歪んだ青春』とか、いわゆる三十分シリーズまで書いてある。さすがにこれはきりがなく、「1959〜1961」の第四冊目では姿を消してしまっているが、それでもテレビで見た劇場用映画だけは、現在にいたるも徹底的にメモされているのである。

厳粛で、しかし楽しい大晦日の〝総決算〟

この第四冊目の大特徴は、邦題の欄が二行になっていることだろう。これはどういうことなのかというと、面白かった作品は左の欄、つまらなかった作品は右の欄というわけなのである。つまり、僕はこの時から、作品に対して具体的に批評し始めたわけで、しかし、つまらない右の欄への記入がてんで少ないのは、語るに落ちるというところだろう。まだまだ、見ればなんでも面白かったのである。

　この時ぼくが、つまらないのレッテルをはった映画、第一ページ目によると、『嵐を呼ぶ友情』『嵐の中を突っ走れ』『暗黒街の顔役』『グラマ島の誘惑』『西部の渡り者』『地獄への道連れ』『バファロー平原』『マラカイボ』『赤い矢』。

　そんなわけで、このノートからは各年度ごとに〝総決算〟がついており、それによると、たとえば一九五九年度はアメリカ映画百十三本、フランス映画二十六本、日本映画六十二本、イギリス映画五本、イタリア映画六本、チェコ映画一本、ポーランド映画一本、ソ連映画一本の二百十九本、うちテレビで六十七本となる。

　ついでにベストテンまでつけば、もういうことはないのだが、なにしろ、旧作も

大量に見まくっているからそうもいかず、だから新作旧作のうちの納得作だけが列記されている。

　やがて、上とか下という評価は、ページが進むにしたがって上中下というか、松竹梅というかに分けられ、ついでに見た映画館名までメモされることになってくる。そして、巻末に、見た長編単発物のテレビ・ドラマ、〈ヒッチコック劇場〉、アメリカ物のＴＶシリーズ、岡本喜八作品、ＮＨＫテレビ放映の外国劇場映画などのリストがくっつき、第四冊目はめでたく終わっているのである。

　ここまでくれば、わが道楽のフォーマットもほぼ完全にできたようなもの。だから、「1962〜1963」という第五冊目、「1964〜1966」という第六冊目は〝総決算〟の部分に好きな監督の作品や、とりわけこだわっていたＳＦ映画、怪奇映画の記入がある以外、とりたてて変化なし。

　「1967〜1972」という七冊目で、初めて外国映画のノートと日本映画のそれが分離し、以後二本立てとなるのである。もちろん、どちらの場合も、〝総決算〟部

分には年間ベストテンが登場。この〝総決算〟こそは、毎年の大晦日の、厳粛で、しかし楽しい、ぼくの大行事となったのだ。

そういうわけだから、現在第八冊目を数える〝ぼくの映画ノート〟に、見た映画をメモることこそが、もしかすると、ぼくのたった一つの道楽ということになる。

なにしろ、たとえば深夜放送のテレビで一本見ても、この作業をやらないうちは、落ち着いて寝てもいられないのである。だから、地方とか海外とかで映画を見た場合など、時々奇妙に欲求不満を覚え、そわそわ、うろうろ。なにしろ、スタートしたのが中学生の時だから、習慣というのは恐ろしいものなのだ。

なんでもそうなのだけど、長いこと続けている道楽は、必ず何かの役に立ってしまうものである。僕の場合もまた、この映画メモが、いろいろ役に立ったにはちがいないのだけれど、しかし、だからといって、どうってこともないのもまた道楽の道楽たるところだろう。

さて、それでは、さっき遅い晩飯を食べながら見た、NHKテレビ放映の『チャップリンの冒険』を、第八冊目の二十八ページにメモするとしようか。

『王になろうとした男』『決死圏SOS宇宙船』『幽霊たちの饗宴』『最後の酋長』『金脈を追う男／ジャッカルズ』『ミズーリ・ブレーク』『大統領の陰謀』『ファミリー／プロット』『ロッキー・ホラー・ショウ』『タランチュラの襲撃』『夢見るアルベルト』『署長マクミラン／もう一人の署長』『宇宙水爆戦』『スカイライダーズ』『ロビンとマリアン』『美女殺人部隊』『地底王国』『真紅の盗賊』『大ターザン』ときて、その次に記入するのである。

［『ブレーン』一九七六年十月号］

第1部 ヴァラエティ・トーク

横溝正史の映像世界

……桂千穂×石上三登志

始めに『夜光る顔』ありき

石上　桂さんは市川崑監督の『女王蜂』の脚本に参加してられますよね。

桂　あれはお手伝いですよ。もっぱら鉛筆を削っていただけです(笑)。

石上　それと、僕は好きなんだけど、みんなあまり語ってくれない高林陽一監督の『蔵の中』もそうですね。あれは貴重な作品で、金田一もの以外の横溝正史さんの世界のいちばん明快な映画化で、戦前のまだ本格探偵小説じゃない頃の横溝さんの原作ものとしては、あれが唯一無二ですね。

桂　映画では他にないですね。

石上　しかも、出来がいい。この二本以外に桂さんが作り手として参加した横溝ものというのはありますか。

桂　ありません。

石上　ちなみに桂さんは横溝先生ご自身にお会いしたことは？

桂　ないんです。

石上　僕は一度だけあるんですよ。本当に映画のお好きな方でしたね。

桂　ミステリ作家はみんな好きですね。シナリオライターの高岩肇さん、日本のミステリライターの草分けのね。あの方に聞くと、日本のミステリ作家は全員、シナリオにうるさいというよりも、伏線とかそんなところまで細かく読んでくれるということですね。だから、戦後いちばん初めに話題になった江戸川乱歩の『心理試験』の映画化『パレットナイフの殺人』の時は、乱歩さんのお宅まで伺ったということですし、そのあと横溝作品をおやりになった時も、岡山のお宅でお会いしたそうです。

石上　『蝶々失踪事件』の時ですね。今日の対談も当然そのあたりの話からということになりますが、ちなみに、戦前は探偵小説自体が認知されていませんから、たぶんその映画化というのはありようがないと思うんですが……。

桂　なかったんじゃないですか。ただ、日活の『山荘の怪事件』とか……。

石上　それらしきものはあった。

桂　ええ、だから、もっと高岩さんを評価しなくてはいけない。日本のミステリ映画の草分けとしてね。戦前の日本のミステリ映画のいちばん最初は、高岩さんの『夜光る顔』ですよ。菊田一夫のラジオドラマが原作で、昭和二十一年に作られた。監督は久松静児。これがうまくいったんじゃないですか。だた、久松さんという人は、こういう作品を作るのがいやだったそうですよ。下品だといって。

石上　本当ですか。ちっともそうは見えないな。その後、日活で『警察日記』や『神阪四郎の犯罪』を撮っていますしね。

桂　『神阪四郎の犯罪』は傑作ですよ。

石上　だからとても嫌いだとは思えない（笑）。

桂　好きだったかもしれないけど、スリラー監督は映画作家の王道ではないという気持ちが、どこかにあったんじゃないですか。

石上　当時はワン・ランクもツー・ランクも下がったような娯楽として、周りも見ていたでしょうからね。

桂　アメリカでもそうでしょう。あのヒッチコックの作品でも、大スターは出演してくれなかったそうですからね。ゲイリー・クーパーにも断られている。

石上　そういう意味では、映画の当時のランクで考えなければいけないいんですけど。『夜光る顔』も『パレットナイフの殺人』も宇佐美淳が主役ですね。その次の『七つの顔』は片岡千恵蔵主演ですから、作品の格が違う。

桂　同じ時期に松竹なんかも『バラ屋敷の惨劇』とか作ってるんですよね。僕は見てないんだけど。ただ、『消えた死体』というのは、ちょっと覚えてるんですよ。ノックスの小説とは関係ないですよ。これは今から思うと、上原謙と木暮実千代が例の『影なき男』のウィリアム・パウエルとマーナ・ロイのコンビみたいな感じでやっている探偵ものなんです。ちょっとソフィスティケーションを狙っててね。こういうものを映画人としては作りたいという気持ちはあったんだけれども、恥ずかしそうに隅のほうでやっていたという感じだったんでしょうね。その中で千恵蔵さんの路線だけが、肩で風を切ってやってたんじゃないですか。

石上　僕は年齢的に『夜光る顔』というのは見ていないんですよ。これを見ている森卓也さんに言わせると、むしろラジオのほうをよく覚えているそうです。

桂　僕も見たけど、何も覚えてない。

石上　菊田さんというのはミステリに関係あった人ですか。

桂　あの人のラジオ・ドラマが何でも当たったんで作ったんですよ。

石上　金田一というネーミングは菊田一夫の語感からもきていると、横溝先生からうかがいましたよ。そういうことも含めて、さきほど桂さんもおっしゃったように、これが戦後の日本ミステリ映画の最初であり、かつ非常に貴重な意味合いを持っているというのは確かですよね。

桂　ここからすべてが始まったんですから。

本格物の最初の映画化『三本指の男』

石上　その同じ年に続けて作られたのが『パレットナイフの殺人』で、これは実に見事な倒叙ものではありましたよね。

桂　そうですね。あれは倒叙ものの最初でしょ。

石上　初めてもなにも、日本ではあれぐらいしかないんじゃないですか。

桂　実はこのあいだ高岩さんにインタヴューしたんですが、敗戦直後は、何やっても進駐軍がだめだと言うんですって。それでアメリカ人はミステリが好きだから、それならばいいだろうとやりはじめたら、好評だったので続けることになったそうです。それで、高岩さんと久松さんがやってたら、千恵蔵さんと松田定次(監督)、比佐芳武(脚本)のトリオが、こちらもやろうということなのか作った『七つの顔』が、大変なヒットになったんですね。

石上　大映の〝探偵もの〟がここから始まるわけですね。

桂　そうなんです。これで〝多羅尾伴内〟シリーズが始まって、やがてその三人が横溝さんをやろうということになるわけですよ。

石上　その一作目が二十二年の『三本指の男』ですね。東映の前身の東横映画作品で、大映の配給。

桂　何で大映作品ではないかというと、永田(雅一)さん(当時の大映社長)が、「もう千恵蔵はいらない」と言ったらしいんです。それで千恵蔵さんが怒って、松田、比佐両氏と共に東横映画に移ってしまった。

石上　何かここで唐突に横溝作品が映画化されたという感じなんですけど、『夜光る顔』というのは人気ラジオ・ドラマで『パレットナイフの殺人』は乱歩さんの戦前から有名な原作、『七つの顔』というのはこれは誰が見たって〝怪盗ルパン〟の焼き直しですね。

桂　それよりも『紫頭巾』とか、戦前の時代劇でやってた線でしょう。

石上　あれが背広を着て出てくるとルパンもどきになってしまう。

桂　それとかチャータリスの「セイント」。ああいうものは映画人は読んでいたと思うんですよ。

石上　だから、多羅尾伴内シリーズの二作目の『十三の眼』までは、戦前からのものを引きずっているか、ラジオという別なメディアからのものの映画化か、なんですけれど、『三本指の男』の原作『本陣殺人事件』は、ご存知のように横溝さんの戦後第一作ですね。ここで大事なのは、これをすぐに映画化しているということなんです。これが厳密な意味で、日本で最初の本格謎解きミステリの映画化作品だと思います。

桂　ただ、テンポが良くて面白かったということは覚えている。

石上　僕が千恵蔵イコール金田一を見ているのは、その次の『獄門島』ですからね。それで『三本指の男』を見た人は、みんな面白かったと言っていて、とりわけあの水車のトリックのメカニズムというのが印象に残っているそうなんですね。

桂　覚えてますよ。あれが面白いんです。

石上　もちろんそこも面白いんだろうなと思うんですけど、映画版の金田一には眼鏡をかけた美人の助手がついているでしょう。あれを何と原節子がやったんですよね。見たいなあ(笑)。

桂　そのあとに高岩、久松のコンビで『蝶々殺人事件』を映画化している。

石上　映画のタイトルは『蝶々失踪事件』でしたね。

桂　そういうところまで進駐軍が干渉してきたんで

すよ。〝殺人〟はいけないということでね。

石上　原作は金田一ものではなくて、戦前からある由利麟太郎ものの戦後に書かれた最後の作品ですね。これも僕は世代的に見てないんですけど、見た人に言わせると、マドロス・パイプを紐につけてぐるぐる回して、パッと離して、死体放棄をちょっと長びかせるというトリックの絵ときをする部分が面白かったということです。

桂　これも僕は見てるんですよ。

石上　『三本指の男』とどっちが面白かったですか。

桂　千恵蔵の『三本指の男』と『パレットナイフの殺人』しか覚えてないですから、あとはそうたいしたことはなかったんじゃないですか。

石上　とにかく、日本の本格謎解きミステリのおそらく最初のターニングポイントではないかと言われる横溝さんの『本陣殺人事件』と『蝶々殺人事件』が、発表されてすぐ映画化されたこと、これは重要な事実なんですね。それと、それだけ映画人にとってもこの二作は新鮮だったんでしょうね。

桂　というよりも、もうやりたくてしょうがなかったんじゃないですか。それまで軍部に押さえ付けられて、こういうものは作れなかったわけですから。

石上　これはすごく大事なことだと思うんですが、例えば『本陣殺人事件』の水車の件は面白いということで、真面目に映画化するとか、さっきのマドロス・パイプのトリック解明でトリックそのものを見せちゃうという、つまりヴィジュアルでトリックを丁寧に見せるというような意味合いにおいては、僕は戦前というのは、アメリカも日本もろくになかったような気がします。全部見ているわけではないから何とも言えませんけどね。ですから、昭和二十二年に日本で、そうした作品を馬鹿にされながらも作っていたというのは、これは大変な功績だという気がしますね。

桂　本当にそうですよ。

石上　それは知識だけで言ってるんじゃなくて、この二作品はもちろん見てないからわからないけど、そのちょっとあとのものを当時見ていても、ものすごく鮮明に覚えていますからね。ですから、そういうそれまでとは違った時代があったということは、見た人間は語らなくてはいけないと僕は言いたいし、こういうものを、ビデオの時代に是非残して欲しいですね。

プロットの面白さがある探偵活劇

石上　昭和二十三年には『一寸法師』をやるんです。乱歩さんの。

桂　覚えてる。藤田進の明智小五郎ね。その助手を市川春代がやる。

石上　これは戦前にも映画化されていて、探偵小説作家の作品が映画化されたほとんど唯一のものですね。ただ、あれが探偵小説かというと……。

桂　怪奇小説ですね、あれは。

石上　大映に影響されて、松竹はやっと乱歩の戦前の作品にまで辿り着くんだけれども、同じ年に、大映は何をやっているかというと、『三面鏡の恐怖』。これは木々高太郎。

桂　これも高岩、久松コンビですね。

石上　多羅尾伴内ものは『二十一の指紋』と『二十三の足跡』です。

桂　この年に『死美人事件』という黒岩涙香の原作をやっているんですよ。探偵役は月形竜之介です。あの人はちょっとハードボイルドだったじゃないですか。

石上　『幽霊塔』もやってますね。

桂　乱歩ね。

石上　乱歩というよりも、その向こう側にいる黒岩涙香でやっているわけですね。だから、これは横溝さんを映画化したということとは違った、もっと戦前の何かを引きずっているような気がするんですけどね。戦後の新しい探偵小説はまだそんなになかったでしょうからね。それで、昭和二十四年に千恵蔵、比佐、松田のお三方が東映に行ってしまって、去られた方の大映で『虹男』と、僕は面白かったんだけれども、あんなくだらないものはないとみんながいう『幽霊列車』が作られる。これもラジオ・ドラマが原作なんですよ。

桂　『幽霊列車』はひどいですよ（笑）。『虹男』は一部天然色ね。メスカリンの幻想のところがカラーになる。これも脚本高岩肇さん。

石上　これはちゃんとした戦後の謎ときミステリですよね。角田喜久雄原作の。

桂　小林桂樹が探偵役。

石上　大映がこの二作をやって、東映に行った三人は『獄門島』をやる。僕はやっとこのへんからリアルタイムに見ているわけです。当時、僕は十歳でしたけど、あれは本当に怖かった。その後、原作とは全然違うとか色々な意見を聞きましたし、実際自分で原作を読んでみて、違う部分がたくさんあることに気がつきましたけど、ずっとのちにフィルムセンターの、東映作品の回顧上映か何かで本当に久し振りに見ることが出来たんです。その時に、横溝大好きの高林監督と一緒に、「昔見た時には面白かったんだけど、今見るとどうかね」などと言いながら出かけて行ったんですよ。それで、見終わった後、あのお酒の飲めない高林さんが六本木の飲み屋まで付き合ってくれて、「面白かったたねえ。何より気分があったね」と安心して言うんです。まさにそれが正しい。

桂　そうですね。本当に昔の探偵小説の気分があるんですよ。

石上　つまり、本格謎解きの映画化というのは、とりわけ横溝さんのものというのは、気分を語らないと何も語らないと同じじゃないかと思いますね。幼い頃に見て強烈な印象があったそういう作品を、かなりすれっからしになってから見直して、確認できたというのはとても楽しい体験だった。

桂　その『獄門島』と同じ頃に、黒澤明の『野良犬』があるんですよ。

石上　〝横溝的なるもの〟にこだわって、あえて話題にしなかったんですが、実はそうなんですね。あれがまたどのくらい新鮮だったか……。

桂　大坪砂男さん原作の『私刑(リンチ)』もこの頃ですね。僕の好きな中川信夫監督で、これも面白かった。

石上　ちゃんと大坪砂男さんも映画化してるんですよね。

桂　筋の面白さというか、プロットの面白さがあった日本映画は、唯一こういう探偵活劇だったんじゃないかという気がするんですよね。

ミステリ・ファンの心くすぐる面白さ

石上　こうやって、戦後まもなくから作られてきた、評価はされなかったけれどもそれなりに印象に残っているスリラーめかしたミステリ映画まで語ってくると、今の人は何でそんな物をと思うでしょうね。ところが、実はこの回りにはギャング映画というかGメン映画というのがいっぱいあったんですよね。占領軍からの指示で時代劇がろくに撮れなかったから、そして、それはそれで面白かったんだけれども、これら全部をひっくるめて犯罪物、もしくは犯罪捜査物と思えばいいわけでね。で、それがちょっとはずれると全部アクションものになってしまうその中で、きっちりと素材を踏まえてミステリをやっていた人達もいたということです。今語ってるのは、そのあたりのことになるわけでね。

桂　だけど、考えてみると比佐、松田のコンビと、高岩、久松のコンビしかいなかったということですね。

石上　僕はそこに小國英雄さんを加えたい。だから『幽霊列車』なんです(笑)。

桂　そういえば小國さんは、マキノ雅弘監督と組んでウィリアム・パウエルとマーナ・ロイの有名な夫婦探偵を時代劇でやってるんですね。

石上　『待って居た男』。戦前ですよね。僕はたまたま戦後の再公開の時に、もう一本の『昨日消えた男』も見てるんです。

桂　僕も見ましたよ、二本とも。

石上　戦前にミステリ映画あるいは探偵映画として、アガサ・クリスティー的にきちんとやっていたのは、もしかするとあれしかないんじゃないですか。

桂　そうですね。

石上　その頃、大映でも実は一本だけ『狙われた女』という時代劇で探偵ものをやっているんです。これも小國さんの脚本。監督は森一生。

桂　あれは面白かったじゃないですか。アラカン(嵐寛寿郎)と(柳家)金語楼が将棋を打ちながら事件を推理していくやつね。

石上　で、そのすぐあとに、いいんだか悪いんだかさっぱりわからなくなってきた『幽霊列車』があるわけです(笑)。確かに、今見ると特撮もひどいですけどね。

桂　汽車が落っこちるところね。あれは円谷英二さんですよ。当時大映に出稼ぎにきていた。

石上　『透明人間現わる』もこのころの円谷英二さんですね。

桂　僕は馬鹿にして見てないんですよ。面白かったですか。

石上　当時はSF的なものはあれしかなかったですからね。だから、評価の基準をどこに置くかによって、微妙に振れてしまうんでね。語るということの難しさというのは、そういう所にあるような気がしますよね。過大評価してもいけないし、過小評価してもいけない。

桂　だけど、それを今までの映画批評家というのは見事なまでに無視してきた。ああいうものはゲテ物だという一言で片付けてきたというのはヒドイんじゃないですか。ほとんど全員、戦犯ですよ。その中で、きちんと評価していたのは飯島正さん、双葉十三郎さんなどほんの一握りの人達だった。上野一郎さんなども比佐、松田のコンビを褒めていましたからね。

石上　世代的には、僕は褒めるというよりも、面白かったと言っているだけなんでしてね。

桂　頭から、けなさなかったというのは大事なことですよ。エログロスリラーなんて言葉があった頃ですからね。

石上　当時のバジェット的な貧しさとか演出的な拙さというようなことは改めて見てもわかるし、今見ても思わず笑ってしまうようなところもあるけれど、なぜ面白いのかというと、きっちりと謎解きをやっている、つまりミステリということに尽きると思うんです。

桂　それとサスペンスですよね。どうなるだろう、どうなるだろうという興味で引っ張っていく。そんな映画はなかったんですから日本映画には。

石上　多羅尾伴内シリーズなど、ミステリ・ファンの心をくすぐるものは絶対ありますよ。最初の『七つの顔』というのが、二つの家のトリックでしょう。つまり、エラリー・クイーンの『神の燈火』。次の『十三の眼』はダイイング・メッセージをやっている。まだ、ダイイング・メッセージという言葉は使っていませんけどね。

桂　最近見たんですか。

石上　もちろんです。最初は、何しろガキの頃ですから、そんなこと覚えているわけないですよ。その時は、ただ面白いやら怖いやらで。

桂　そうでしょう。僕だってそうでしたよ。

石上　ビデオで改めて見て確認したんです。

桂　次の『二十一の指紋』は？

石上　これがいちばん凄いと思うんだけれども、一人二役と言ったらいいのか、喜多川千鶴が善玉と悪玉の双子の姉妹をやるんです。まったく伏せたままね。

桂　『暗い鏡』ですね。

石上　そうそう、そして、大映時代最後の『三十三の足跡』、これが『オペラの怪人』。ここでもう、ミステリ趣味よりむしろ伝奇趣味になってしまう。それを東映が受け継いでいってしまうんですね。

すべてが多羅尾伴内になった！

石上　横溝さんのものに関して言うと、『本陣～』をやって『蝶々～』『獄門島』と、原作をベースにした探偵小説ものという意味では、このあたりまでは僕はすごくよかったという気がするんです。そこから後、徹底的に間違ってしまったというのは、考えてみると全部、多羅尾伴内的になっていくんですね。

桂　そうです。

石上　おそらく最初から、金田一物より多羅尾伴内シリーズの方が当たったんでしょうね。

桂　だから本当は、多羅尾伴内をやりたかったんでしょう。だけど、大映をやめてしまったので、仕方なしに金田一物をやっていたら、これが市民権を得たので、監督も役者もだんだんそっちのほうへ近付けていったんじゃないんですかね。

石上　金田一と多羅尾伴内の〝一人二役〟の人が東映に行ってしまったわけですから、残った方が何とかしなくてはいけないという時に、昭和二十五年ですか乱歩さんの『吸血鬼』(『氷柱の美女』)をやるんです。

石上　この時に明智小五郎をやったのが岡譲二さん。つまり、千恵蔵が行ってしまったあと、残りの『蝶々失踪事件』の探偵さんを明智小五郎役に起用して続けようとしたわけですね。しかし、これをあらためて見て、間違っていると思うのは、明智小五郎がやたら化けるんですよ(笑)。

桂　七つの顔ふうにすれば当たると思ったんじゃないですか。もっと原作に忠実に作っていけばよかったのに。

石上　ちなみに、同じ年に松竹で保篠龍緒の原作の『七つの宝石』というのを作っているんです。ご存知のように、保篠さんというのは〝アルセーヌ・ルパン〟の戦前の唯一無二の翻訳者ですよね。それにその翌年の二十六年には、同じ松竹で上原謙主演の『虎の牙』をやってしまう。これは完全な〝ルパン〟。それで、結局やりたいのは名探偵が化ける方なのかと思っていたら、案の定というのがひとつありまして、大映が『毒蛇島奇談　女王蜂』を作るんです。さきほどの岡譲二さん主演で。もちろん彼が金田一をやるわけですが、これまた化けるわけです(笑)。

桂　あなたは凄い！　何でも見てる(笑)。

石上　だから、唯一残ってるのは、東映に移った千恵蔵さんの『獄門島』のラインで、二十六年に『八ツ墓村』が作られる。

桂　この時に、『わが一高時代の犯罪』という、ちょっとした傑作があるんですけどね。

石上　それも東映ですね。原作は戦後の作家の高木彬光さんの傑作。

桂　時計塔のトリックもちゃんと使ってた。主演は岡田英次。

石上　これも戦後の本格謎とき探偵小説をちゃんとやっているという意味で大事なんだけれども、意外にこんどは大映より東映のほうが、その手の作品を作っているという不思議な現象が起こるわけです。

桂　その本格謎とき探偵小説を、最もちゃんとやっていると思う作品が、二十八年に出ますね。

石上　『刺青殺人事件』でしょう。これは新東宝ですね。

桂　そう。だけどちっとも面白くない。

石上　そうそう。

桂　あれ脚本は伊藤大輔さんでね。本当にきちんとやっているんですよ。だけどほんとうに映画としてはつまらなかった。

石上　僕は犯人役の徳大寺伸と三浦光子の惨殺死体だけは覚えている(笑)。神津恭介は誰がやりました?

桂　忘れました。

石上　神津恭介というキャラクターを使っていないような気がしますね。

桂　そうかもしれない。やはり探偵役というのはいなくてはいけないと思いますね。

石上　それが原因じゃないですか。それに比べると、似合おうと似合うまいと、ちゃんと金田一イコール千恵蔵とやってくれたほうが楽しいですね。たとえ化けてもね(笑)。その千恵蔵の金田一で言うと、二十九年に東映は『悪魔が来たりて笛を吹く』と『犬神家の謎 悪魔は踊る』をやるんです。そして、そのあと三十一年に『三つ首塔』を作って、おしまいでしょう。

桂　『幽霊男』を東宝が二十九年にやりましたね。

石上　そう。いちばんやりそうな東宝が、昭和二十年代のミステリに全然乗らなかったというのは面白い現象ですね。

桂　それは、東宝がそれまで共産党員の力が強かったことが原因でしょう。それが例の東宝争議でみんな出てしまったから、できるようになったんですよ。共産党はこういうエログロ、退廃的な映画は許さないですからね。

石上　今で言うところのポルノと同じですよね。

桂　そうなんです。

石上　当時の識者、とりわけ映画の世界の人は、戦前のとりわけアメリカ的な華やかさを基本にしているから、自分たちも少し責任があることを忘れて、総じてカストリ文化的な日本の探偵映画など切り捨ててしまったという印象がありますね。それだけに、戦後に探偵小説が再生したと同時に、探偵映画も、あまり話題にされることはないけれども誕生したということは、ここで語っておかなければいけない。これはとても大事なことだと思うんです。いまはそれなりに評価されていますけど、戦後まもなくに、横溝さんたちの原作をきっちりと映画化していたひと握りの映画人がいたということだけは言っておきたい。なにかというとダブルの背広で拳銃を撃った金田一と言ってみんながバカにするけれど、そうは言ったって、当時の映画人としてはせいいっぱいのことをやったんだということを援護したいですね。観客としては充分に満足していたんですから。『獄門島』なども、原作を改悪したというけれども、本鬼頭が天井裏に生きていたというあの発想はすごいと思う。まさに映画的ヴィジュアル・ショックというやつですよ。ただし、初句屏ふうの作りはいっさいないというのは、あれだけ気分を出しながら残念ですね。

桂　鐘のトリックは？

石上　ない。

桂　あのトリックは映画ではできないでしょうね。

石上　ただし、角田さんが伝奇小説から戦後に本格謎とき小説に移ったと同じように、横溝さんにも戦前、伝奇的な気分がかなりありましたね。それだけはちゃんと受け継いでいるんです。それが、たとえば千恵蔵さんであり、東横映画であり、東映だったんですね。だから面白かった。

桂　そうです。ああいう泥絵具みたいな面白さというのを、比佐さんも、松田さんも、千恵蔵さんも知っていたということですよ。

横溝的なものが顧みられない昭和三十年代

石上　戦後の日本の探偵小説界は、横溝さん、角田さんの本格開き直りは別格として、高木彬光、島田一男、香山滋さんと出てきて、島田さんの社会部記者ものの

『午前零時の出獄』も、このころちゃんと大映でやっている。

桂　昭和二十五年ね。

石上　実は島田さんもきっちりした本格物をやっていたんだけれども、残念なことに、その方向は映画化されずに、これをやってしまったので、後ではこういう〝ブン屋〟物的な方向にみんないってしまった。このほうがスピーディーで、やりやすいですから。

桂　それと社会派的なので、作っている方もエクスキューズができる。

石上　その島田さんの流れが社会派になって松本清張さんにつながるわけですね。そして、三十年代は完全に松本清張を中心とした社会派の時代になる。

桂　と同時に、戦後第二次の推理小説のブームになって、ハヤカワ・ミステリが二十八年に創刊されるんです。

石上　三十年代というのは、乱歩さんがミステリの間口を広げようと自分で編集を引き受けた『宝石』が出て、推理小説ブームが来ていることは事実なんだけれども、本格派が顧みられなかったのも事実です。そこで、このあたりはこの対談のテーマからはずれていくので飛ばしますが、さらに四十年代というのは、年に一本の松竹の清張物ぐらいしか、ほとんどないと言ってもいい状況になってしまう。

桂　そうですね。その頃は推理小説も衰退期なんです。ただ、ここで初めてハヤカワ・ミステリを読んで育った人たち、増村(保造)さんだって、井上梅次さんも、石井輝男だってそうだし、そういう人たちがみんなスリラーを作るようになったので、ちゃんとしたスリラーが作られるようになった。それまではわずかな人たちの孤軍奮闘状態だったけど。

石上　そういう意味では、三十年代というのはミステリが決してエログロ・ナンセンスではないという認識が浸透した時代でしたね。

桂　それはハヤカワ・ミステリの功績ですよ。

石上　そうです。しかし、現実に映画界が取り入れたのは、一にも二にも清張だった。そして理知としての謎ときものは零に等しくなる。

桂　横溝的なものが、顧みられなくなるわけですね。

石上　しかし、その三十年代のド真ん中に、例の高倉健が金田一をやった『悪魔の手毬唄』が東映で作られているんです。

桂　僕はこれは見なかった。だって、渡辺邦男監督でしょう。あの人のミステリが面白いわけがない。

石上　僕は高倉健だからパスした。当時は美空ひばりの恋人役ですからね。先日も、ミステリ好きの学生たちと話していて、石上さんともあろう人が何でこれを見逃したんですかと言われたけど、見るわけがない(笑)。ミステリ好きで、この映画を見たという人に会ったことないなあ。

桂　見ろと言うほうが無理ですよ(笑)。

石上　その同じ年に、東映(ニュー東映)では水上勉の『霧と影』と清張の『黄色い風土』をやっている。これは二本とも石井輝男ですからね、こっちを見るに決まってます。

桂　この二本はちゃんと見ている。面白かった。

石上　ここで言っておきたいのは、三十年代から四十年代にかけての映画が、ミステリ・ファンとしてつまらなかったといってるわけでは決してないわけです。けれども、われわれは体験として、ミステリの基本というのは謎ときだというのが厳然としてありますから、ずいぶん変わってしまったなあというのが、当時の正直な印象でしたね。

コロンボが横溝さんに会わせてくれた

石上　もうちょっとたった頃、東京新聞で怪奇映画のコラムを書いていたんですよ。週一で。その時の文化部の担当記者が横溝亮一さんだったんですよ。

桂　横溝さんの息子さんですか。

石上　そう。それで驚いて、実は私、先生のファンなんですというと、「親父のところに誰も来てくれないのよね。もう、寂しがってさぁ。あなたぐらいのファンだったら、たまに行って、話してあげてくれない。話が好きでねぇ」っていうの。こちらは「嘘でしょう」という感じでね。

桂　「嘘でしょう」としか思えない。

石上　だからといって、私がお話に行きますとは言えませんからねえ。

桂　それはそうですね(笑)。

石上　つまり信じられないけど、完全に忘れられた作家だった。あの当時、横溝さんの作品は探偵小説全集なんかに入るのは別として、読みたいと思ったら、春陽文庫ぐらいしか入ってなかったでしょう。

桂　マイナーな文庫でね。

石上　それで、そうなのか横溝さんが……、と思っていたやさきに、〝コロンボ〟に出会ってしまった。それこそ、ご存知のように純然たる倒叙ものですよね。いわゆるパズラーとしての探偵小説の気持ちをあらゆる意味でちゃんとやってくれるのはもはや他にないということで、人一倍乗っちゃって、あれは探偵ものなんだと騒ぎまくっていてね。

桂　本を出しましたよね。

石上　ええ、ノベライゼーションを頼まれて、それをやって、それでもあきたらずに、コロンボの好きな、つまり探偵小説の好きな人たちと連続対談をしたんです。その中にやってくれるかなぁと思いつつも、横溝先生を入れたわけです。そしたら簡単に引き受けてくださった。それで、成城のお宅に伺ったんです。

桂　なるほど。

石上　ご存じのように、コロンボと金田一耕助はよく似てるんですよね。

桂　薄汚くて、何か間が抜けているみたいで。

石上　そう。同じ事を繰り返したり、すぐ頭に手を当てたりね。だいいち髪の毛がくしゃくしゃでね。それでもっと凄いのは、容疑者と間違えられて警察官に逮捕されるのまで似てる(笑)。そういうことで、いちばんわかってくださるんじゃないかと思って横溝さんとお話をして、忘れもしないのは、その時に「最近、先生の作品を映画化したいというような人は来ないんですか」とお聞きしたら「全然来ないねぇ」ってね。それで、もう調子にのっちゃって、「僕だったら、何といっても『獄門島』をやらせていただきたい。なんであれは原作通りにやられてないんですか」というような話をしたんです。なにしろ僕にとっては神様みたいな人ですから、本当はドキドキしながら対談終えて、ホッとしていたら、ばあーっと唐紙が開いてね、奥様がお茶を持っていらした。それで先生に言うの、「ちゃんと喋れました?」(笑)。

桂　それはよかったですね。

石上　それの翌年です。高林さんの作品は。

桂　『本陣殺人事件』ね。

石上　さらにその翌年が『犬神家の一族』です。ですから、横溝作品の映像的復帰には、コロンボの力を借りてほんのわずかながらも手助けできたという気がしないでもないですね。

桂　そうだと思いますよ。その頃でしょう、大スターをいっぱい使ってクリスティー作品を映画化したのは。

石上　『オリエント急行殺人事件』。

桂　あれを見て、このテでやればいいかもしれないと角川さんや、市川崑さんがお思いになって、『犬神～』をやったんじゃないですかね。

日本映画史上最初の本格謎とき映画

石上　この対談を始める前から、横溝映画のことを語るということは、ある時期からの日本映画を語る、つまりは角川春樹さんの擁護論になると思っていたんですが、すくなくとも、あの方が映像に参入して前半ぐらいまでは、ほんとにきっちりと評価しないとだめだと思いますね。いろいろなことを言われたけど、あそこの時点で『犬神家の一族』を第一作に選んだってことは、大変なことなんでね。

桂　やはりミステリ映画というのは、バジェットを豪華にかけてちゃんとやらなくてはだめなんですよ。それを角川さんは、ちゃんとやりましたからね。

石上　しかも、さっき語ったような意味において、せっかく戦後に横溝さんが本格派に移られて、日本のミステリが変わって、しかもそれをすぐ映画化したのに、現実にはそれが映画としてほとんど評価されなかったという見る側の苦渋みたいなことを考えれば、あれは大変なことであってね。あれこそ、日本映画史上最初の本格謎とき探偵映画以外のなにものでもないですよ。

桂　僕もそう思います。

石上　ところで、高林さんの『本陣殺人事件』と『犬神家の一族』は明らかに関係ありますよね。

桂　ええ。結局、そういうことがあったから、のちに角川さんが、僕がシナリオを書いた『蔵の中』を高林さんに撮らせようとしたと思いますけどね。

石上　金田一という人を、その理知なるものをちゃんと描き、しかも外見もしっかり描きながら、狂言回しにしてしまったというのは素晴らしい。脚本は誰でしたか？

桂　あの頃、和田夏十さんはご病気だから、崑さんと日高真也さんのお二人ですよ。

石上　それで、これは角川さんがプロデューサーとしてどう判断したのかよくわからないけれど、何よりも市川さんを監督に起用したことがぴしゃりと合っている。

桂　そのへんが角川さんの凄いところです。

石上　市川さんは、いわゆる清張映画時代に突入する前に、『穴』というウィリアム・ピアソンのミステリをやっているでしょう。それとミステリに近いものということでは『天晴れ一番手柄　青春銭形平次』がその前にありますね。

桂　でも、市川さんより、増村さんや井上梅次さんのほうがミステリを撮っていましたよ。それを市川さんにもっていったということが、大変なことだと思う。

石上　これは凄いことですね。

桂　あれは市川さんでなければ、もっと日本的などろどろの世界になって、あそこまでは成功はしなかった。

石上　『犬神家の一族』は本当に面白かったなぁ。これで完全復活しましたよね。横溝ドラマが。

桂　いまだにテレビでやっていますからね。

石上　ちなみに、昭和五十一年に『犬神家の一族』が作られて、五十二年に『悪魔の手毬唄』『獄門島』、この年に松竹では『八つ墓村』をやる。五十三年に『女王蜂』、五十四年には『病院坂の首縊りの家』、東映で『悪魔が来たりて笛を吹く』、それとこれは何だという感じの『金田一耕助の冒険』(笑)、五十五年は『悪霊島』と『蔵の中』ということになる。こうして見ると『女王蜂』あたりまでは、原作とのかねあいも順当ですよね。それで、五十四、五十五年『病院坂～』と『悪霊島』がつくられるんですが、これは時ならぬ横溝ブームの派生物として、原作が新たに生まれたからなんですね。つまり、この二つの原作はクラシックではないんです。厳密な意味で言うと『病院坂～』は昔、『宝石』で出だしだけ書いたんですよね。この二作に、これは映画にはならなかったけれど『仮面舞踏会』と中編を長編化した『迷路荘の惨劇』を加えた四作は、横溝ファンにとっては、時ならぬブームの結果の大変な贈物だったんです。だから、はっきり言って、作品の出来などはどうでもいい(笑)。

桂　出版されればいいのね。だけどその時に、角川さんが別な方向にいかないで、『鬼火』とか『髑髏検校』あたりをやってくれればよかったんですけどね。

石上　でも、もうすでに『人間の証明』とか『白昼の死角』のほうにも行っちゃってるから。それと同時に、この時期、テレフィーチャーの方に全部ミステリが行ってしまったということも、付け加えておかないといけませんね。これが全部出来が悪いかといったら、そんなことはないんでね。

桂　岡本(喜八)さんの『幽霊列車』とか、よかったですよ。初めの頃は『幻の女』とか外国の原作を買ったりしてちゃんと作ってた。それがだんだん粗製乱造になってしまったんです。

石上　こだわるようだけど、『獄門島』もテレフィーチャーでやる前に、一時間ものでえんえんシリーズ化していたでしょう。古谷一行の金田一で。その時に、四回ぐらいに分けて『獄門島』をやったんだけど、この『獄門島』がいちばん原作通りだった。気分も出てましたし、トリックもきちんとやってるし、もちろん犯人の意外性も原作通り。

桂　監督は誰ですか？

石上　確か斉藤光正さん。

桂　それなら手堅く出来てたでしょうね。

石上　ところで、石坂イコール金田一のライン、つまり市川崑さんのラインというのは、多少凸凹があってもすごく納得いくんです。もちろん、みんな見ましたけれど、問題なのはこのラインに触発されて作った『八つ墓村』『悪魔が来たりて笛を吹く』『悪霊島』……。『八つ墓村』は渥美清、『悪魔が来たりて笛を吹く』は西田敏行。今考えると〝コロンボ〟的なところから始まったということは確かにそのとおりなんだけれども、だからといって、渥美清じゃないでしょう、西田敏行じゃないでしょうと言いたい。

桂　『悪霊島』の探偵は鹿賀丈史でしたね。全部印象がないな。もっと透明な感じがないといけないんですよ。だから、石坂さんなんかいちばん良かったんじゃないですか。

石上　理知的なキャラクターというのが大事だと思うんだけれども、また日本的な間違いをここでしていたような気がしますね。渥美清が嫌いとか、西田敏行が嫌いとかじゃなくて、僕は好きだから、余計そう思う。

桂　じゃあ、石坂浩二じゃなければ誰ですか？　僕は思い浮かばないですよ。

石上　思い浮かばない。本当を言うと、石坂浩二さんだって、自分が作るときには思い浮かばない。

桂　だからと言って、古谷一行じゃないと思うんですよ。

石上　あれはあれで、テレビで馴染んでしまいましたからね。テレビの方で言うと、片岡鶴太郎というのがあるでしょう。

桂　それも渥美、西田の線ね。

石上　それだからと言って『本陣～』の中尾彬が良かったかというとね……。『金田一耕助の冒険』の時は誰でしたっけ？

桂　古谷一行ですよ。

石上　そうですか。テレビのシリーズをやる前？

桂　そうです。

石上　これは僕の持論なんですけど、外側の衣をとってしまうと、本格謎とき探偵小説の映画、言うところの名探偵映画というのは、ようするに名探偵と、具体的には最後までわからない名犯人との、熾烈な一対一の対決の映画であって、それはドラキュラとヴァン・ヘルシングの関係のようにバランスが取れていない限り、快感がない。ただ、他のものと違うのは、最後の最後まで名犯人のほうがそういう顔で現れてこないというだけでね。そのかわりに、名犯人の存在感というのは名犯罪ということで最初からそこに存在していなくてはいけない。だから、名探偵ばかり描いてもしょうがないし、名犯罪描いてもだめなんです。それが、どっちかに偏ってしまうのが、従来の謎とき探偵映画の欠点になっていたんじゃないでしょうか。

桂　だから、倒叙もののほうにいくんですよね。それはもう映画の性質上しょうがないんじゃないですか。

ミステリに人間はいらない！

石上　何度も言いますけど、横溝さんの作品のもっている、日本人なるがゆえに感じるぞくぞくするような戦慄みたいなものを、あらためてちゃんとシリーズとして映像化したうえで、かつ戦前的なより日本的なほうを、最終ピリオドとして、『蔵の中』できちんとやった角川春樹さんのプロデューサーとしての功績は、もっと評価されていいと思いますよ。それは、こちらは札付きのミステリ・マニアだから、言いたいことはいろいろあるけれども、そんな細かいことはどうでもいい、という感じでね。

桂　そう。どうでもいいのね。

石上　そういうことで、ぼくはどれもすごく面白かったし、特に『悪魔の手毬唄』はほとんど全部よかったけれど、たったひとつ気に入らなかったのは、何であれが〝おはん〟なんですか(笑)。『宝石』の連載の時に、あの「おりんでござりやす」というくだりが怖かったのなんのって。〝おはん〟では怖くもなんともない。〝りん〟という名前というのは、横溝さんが戦後に理知なる方向にいく前の、戦前の俗にいう草双紙的な、あの世界の語感でしょう。

桂　市川さんが、のちに吉永小百合でやった『おはん』をやりたくて、そうしたんじゃないですか(笑)。あの頃、市川さんに伺ったと思うんだけれども、『悪魔の手毬唄』はシナリオとしても非常にうまくいったとおっしゃってましたね。僕は『女王蜂』の時は、まだ脚本家としてデビューしたてでした。今だったら、先生、それ違うんじゃないですかとかいろいろ言えるんだけれど、あの時は何日も旅館にこもってね。あの原作がつまらなかったですから、市川さんが、それを必死になってミステリ映画に作り上げていらっしゃるのを目のあたりに見ていました。あまり気が乗ってなかったんですよ、市川さんは。それでも締切りの前日に徹夜までして脚本を仕上げて、約束の時間にお渡しになったんです。本当に驚きました。あれを見ていたおかげで、シナリオライターとして今でもやっていられると思いますよ、僕は。

石上　自分自身の読書体験として言えることは、『本陣～』のときはちゃんと間取りが書いてあるんだけど、あれ以外は全然書いていない。だから、〝獄門島〟というのはどういう地形になっているのかというのが、ものすごく知りたいわけです。それで横溝さんにお会いした時に、何でそういう図をお書きにならないんですかと聞いたの。僕らは小説を読むと同時に、頭の中でさまざまな地形と人物関係を意識してわくわくするんでね。

桂　それが探偵小説を読む醍醐味ですよ。

石上　そしたら、「だって、あれやっちゃうと、すぐバレちゃうから」とおっしゃってね(笑)。

桂　なるほどね。

石上　だから、あれがないってことは、映像化は難しいなと思いますよ。そういう意味で言うと、作り手としては難しいですか、横溝さんは。

桂　やはり、それに向いている人と向かない人がいてね。高岩さんなんかミステリの脚本は好きだから早かったよとおっしゃってましたね。だけど、今はテレビの二時間ものしかミステリをやる場がないから、猫も杓子も、まったく関係ない人まで手を出すから、堕落しちゃったんですよ。それで、どこで作家的良心を満足させるかというと、すぐに「人間を描こう」というわけです。ミステリ映画は人間ドラマのほかに状況ドラマの面も持っているんでね。人間だけに足を引っ張られると、不可能興味もサスペンスもラストの大どんでんも、スカッといかなくなるんです。そのへんの計算を間違えると、どんどんつまらなくなっていくんですよ。早く二時間ドラマがなくなればいいと思いますよ。そうすれば、〝コロンボ〟みたいなミステリ・ドラマがテレビでできるんじゃないですか。ロバート・シオドマクの『らせん階段』見たってね、ヒッチコック見たってね、ミステリに人間なんていうのは、いらないところがあるんですよ。

石上　〝コロンボ〟は人間なんか描いてないですものね。

桂　ただ、ヒッチコックにしても〝コロンボ〟にしても、主人公だけはいかにも魅力があるんですよ。

石上　つまりその世界の中での存在感なんでね。

桂　そう、そうです。

石上　その中で存在感を描くためには、その世界というものをものすごくリッチに構築してくれないとだめなんでね。単なるリアリズムではないんでして。

桂　その世界の中で全部の辻褄が合えばいい。そのへんがどうも日本の映画人というのは勘違いしている。

石上　そういうことを考えますとね、やっと角川さんとか、市川さんが、作ってくれた作品はある意味で日本的に素晴らしく明快なんだけれども、現実感としては嘘っぽちな世界をあれだけメジャーに展開してくれたという以外は、戦後まもなくの大映の頃とたいして違わないじゃないですか。

桂　その世界の描き方そのものはね。まさに、そう思いますよ。それが映画の面白さであって、エンターテインメントの極意なんだと思うんだけど、そのへんを誤解して、何か貧乏臭くやっちゃうんですよ。リアリズムというのかね。それは絶対に間違ってますよ。

［『FLIX DELUXE2』一九九四年］

●**桂千穂**（かつら・ちほ）……一九二九年生まれ。脚本家、映画評論家。一九七〇年、『血と薔薇は暗闇のうた』でシナリオ作家協会・新人シナリオコンクールに入選。一九七二年、『薔薇の標的』『白鳥の歌なんか聞こえない』でシナリオライターデビュー。主な映画シナリオに、『暴行切り裂きジャック』『HOUSE／ハウス』『女王蜂』『幻魔大戦』『アイコ十六歳』『廃市』『ふたり』『福沢諭吉』など。『にっぽん脚本家クロニクル』『桂千穂のシナリオはイタダキで書け！』など著書も多数あり。映画最新作は『花筐 HANAGATAMI』（二〇一七／監督＝大林宣彦）。

松本清張の映像世界

……瀬戸川猛資×石上三登志

松本清張は風土の作家

瀬戸川　松本清張の映画化で傑作と言えるものは、意外に少ないですね。あれだけの作家にしては。一般に有名なのは『張込み』くらいですか。

石上　というか、『張込み』からですよね。

瀬戸川　だけど『ゼロの焦点』とか『点と線』あたりは一応、映画化されてるでしょう。でも、ほとんど記憶に残らない。

石上　残りません。

瀬戸川　『波の塔』も『球形の荒野』もなっているけど、何も印象に残らない。そんへんが清張作品の面白いところというか……。

石上　ちなみに、これは桂千穂さんとの対談の時にも話したけれど、戦後から昭和三十年代に至るまでというのは、いわゆる名探偵映画というのがあるわけです。それが、三十年代になると俄然、清張ものが多くなってくるんです。しかも、この時期はそれ以外のミステリものもかなり作られています。四十年代になって少なくはなってきているけれども、清張ものは依然としてあります。

瀬戸川　そうですか。

石上　それが五十年代になると、角川映画による突発的な横溝ブームが起こって、本格ものが息を吹きかえすんですが、それでも、清張ものは作られている。そして、六十年代なんですが……何もなくなってしまった(笑)。ひどいもんですよ。もちろんテレフィーチャーは別ですけどね。

瀬戸川　松本清張には風土の作家というところがあります。『点と線』の福岡県の香椎とか、『ゼロの焦点』の能登とか、日本全国転々とする風景作家なんですね、ある意味で。そういう点は小説では魅力なのだけれども、映像にしてしまうと、日本映画の伝統的な風景描写の中に埋め込まれてしまって、意外に面白くないのではないかと思うのです。僕の意見としては、松本清張作品は、たとえば『中央流砂』とか、『昭和史発掘』とか、『日本の黒い霧』とか、彼独特の権力機構追及ものをこそ、映画化すべきだったと思うのですよ。そして、それを山本薩夫がやるべきだったと思う。

石上　山本薩夫は清張ものをやっていないでしょう。

瀬戸川　いないんです。あの人が『白い巨塔』や『金環蝕』みたいな調子で清張をやったら、本当に面白かったと思う。

石上　そうですよね、清張からミステリ要素を抜いてしまった社会派というのは、まさにああいうものですからね。

瀬戸川　僕は清張という作家は好きとも嫌いとも言いがたいし、ミステリ作家としての清張については一家言ありますけれども、あれだけ執拗に日本の官僚機構とか政治権力を追及して、あいつだけには文化勲章をやるなというくらいに権力側に憎まれた功績は立派なものだと思うのです。ところが、そういう部分は意外に映画になっていない。

石上　なってない。だけど、清張の小説にそういう色彩が強くなってくるというのは、どちらかというと後半からですよね。

瀬戸川　ええ。

石上　前半というのは、短編は別にしても、例の江戸川乱歩さんの編集していた『宝石』の気分に乗って、結構きちんとした推理ものをやっていましたよね。

瀬戸川　そうです。あの人は歳をとるにしたがって、それまで押し隠していた思想的情熱が出てきたと思うんですよ。初期の段階はそれを推理作家として押さえていて、ミステリに努力を傾けていた人なんです。ただ、若いときの短編を読むと、反体制的なところが露骨に出たものがありますよ。満足に学校にも行かずに、一所懸命努力してやってきた人が、権力機構にあぐらをかいて威張ってる奴等に対してむきになっている感じのものがあるんですよ。たとえば『父系の指』とか『火の記憶』だとかね。

推理小説ブームと映画

石上　三十年代の清張さんの登場ぶりは、ここから新しい推理小説が始まったと言っていいくらいの衝撃的なものだったんですけど、映画は松竹が最初にやっているんですよね。『張込み』が三十三年に作られて、僕なども当時、これは映画化としては良くできてるなと思っていたんだけれど、実はその前の三十三年に『顔』が映画化されているんです。

瀬戸川　それは見てません。

石上　僕も見落としてまして、ビデオで見たんです。このころの清張さん的なものではないし、『顔』を第一作に選んだというのは不思議だったんだけれど、思ったよりもちゃんとできていましたね。メロドラマ臭は強いですけどね。

瀬戸川　監督は野村芳太郎さんですか？

石上　大曽根辰保です。それで次が『張込み』でしょう。これは野村監督で、いろいろな意味で納得したんだけれども、それにしても、何で松竹なのかなと考えると、言ってみれば『張込み』というのは、刑事たちに張込みされている奥さんの側だけを見れば、一種のホームドラマでしょう。そういうことなんですね。つまり、松竹大船調の伝統をそのまま生かせるような。

瀬戸川　おっしゃる通りで清張と松竹の結び付きというのは、欠かせませんね。山田洋次も『霧の旗』をやってるし、最後のほうの『迷走地図』も松竹でしょう。ずっと続いていますから。

石上　いまのところ映画の最後は『彩り河』で、これも松竹です。

瀬戸川　他があまり争わなかったのかな。

石上　『張込み』が作られた三十三年には、各社に飛火してますね。順番に挙げますとね、同じ松竹が十月十五日に『眼の壁』を公開……。

瀬戸川　『眼の壁』は死体を硫酸でとかしてしまう話でしょう。

石上　そう。これはひどくて、原作のトリックを全部やってないの。死体を山で遭難したとみせかける件りが原作で一番面白かったんだけれども、このトリックもやっていない。

瀬戸川　それはミステリ・センス、ゼロだな。

石上　これはずっと後の『砂の器』にも言えることでね。あの映画も原作にあったもうひとつの紀行をやっていないでしょう。

瀬戸川　清張の小説は風景描写が多いだけに、みんな溺々たるロマンチシズムに流れてしまう。『ゼロの焦点』なんて何の記憶も残ってませんね。

石上　そのあと十月二十二日に大映が『共犯者』というのを封切って、これも見たけど覚えていません。それから同じ日に、日活が何と鈴木清順さんで『影なき声』をしている。

瀬戸川　電話交換手の話。

石上　これは面白かった。それから、さらに十一月に東映で『点と線』をやる。これは僕はある程度納得した記憶があります。『張込み』のあとにこの年封切られた四本の中では、おそらくいちばんきちんとやっていたのは『点と線』じゃないですか。それで気が付くのは、東映という会社は、その前に〝警視庁シリーズ〟をやってるんですね。

瀬戸川　あのシリーズは、それこそ清張のムードですね。

石上　けっこう面白いのがありましたね。堀雄二、神田隆、花沢徳衛、山本麟一、松本克平といった人たちがレギュラー刑事でね。

瀬戸川　『謎の赤電話』なんて傑作だった。

石上　『白昼魔』や『不在証明』も面白かった。つまり、『点と線』はまったくあのシリーズの乗りで、しかもカラー大作として作って、だから成功しましたね。それと監督の小林恒夫は、シリーズ前哨戦の『終電車の死美人』の監督でもあるんです。『点と線』の主演の南広もシリーズ後期の『12人の刑事』あたりからレギュラー刑事になりましたしね。それと犯人の奥さん役の高峰三枝子さんもすごく良かった。病弱で何もできないので時刻表ばかり見ていて、それで例の空白の四分間に気が付くという役でね。いま思えば、のちの角川版横溝映画『犬神家の一族』の、あの犯人像につながってくるような存在感がありました。

瀬戸川　昭和三十三年ごろは、松本清張が『点と線』以下の作品で、推理小説の大ブームを引き起こした時代でしょう。だから、映画の方が引きずられていったんですね。

石上　完全にそう

です。

瀬戸川　否応なしに映画化せざるを得なかったから、本当にやる気があったかどうかはわかりませんね。その前に『張込み』あたりは、本気で刑事映画を作ろうとしてやっていたんじゃないですか。

石上　ほとんど同時期に四社競作で並ぶというのは、尋常ではないですよね。

瀬戸川　ほとんど小説便乗映画だと思いますね。

石上　ただ、これは清張ものだけの現象ではないんですね。同じ年に、大映では新しい本格謎とき派の仁木悦子さんの『猫は知っていた』を映画化している。

瀬戸川　まさに推理小説ブームの真っただ中。

石上　その翌年には、松竹は有馬頼義の『夜の配役』を、東映は飛鳥高の『疑惑の夜』を作っている。一方の東宝では、大藪春彦の『野獣死すべし』を映画化とくる。

瀬戸川　『野獣死すべし』というのはちょっと話題にはなりましたけど、記憶に残らないな(笑)。今から考えると全部面白そうで、見たくなるけれど。

石上　推理小説が変わってきて、映画も懸命になってそれに付いていった結果、やはり日本映画もかなり変わってきたのかなというのが、当時の実感でした。

日本的ミステリの最盛期

石上　この三十四年の清張映画というのが、これまた変わっていて、大映で『かげろう絵図』をつくってるだけなんです。これは時代劇ですよね。だから、映画界が清張をどうとらえていたかというのは、このあたりではまだわからない。

瀬戸川　確かにわからないですね。

石上　それから考えると、清張もののミステリというのが、一つの売りになるということに松竹が気が付くのは、案外遅かったんじゃないですかね。松竹だけで言うと、三十四年の『夜の配役』のあと、三十五年が同じ有馬頼義の『四万人の目撃者』と、清張のメロドラマ『波の塔』をやっているわけだから。

瀬戸川　ロマンチック・サスペンスね。

石上　それとミステリの合体作みたいなのが、翌三十六年の『ゼロの焦点』ですね。ただ、この時にも、一方で黒岩重吾の『背徳のメス』もやっている。だから、仮に松竹だけに限ってしまうと、清張ものが年一本のお楽しみ作品になるのは、『影の車』あたりまでじゃないですかね。

瀬戸川　同感です。僕もこの対談の話を聞いてから、清張映画の傑作は何があるかなと考えたんだけれど、思い浮かんだのは『影の車』ぐらい。本当にあれしかないという気がしました。映画ファンが見て、良かったと言えるものはね。

石上　『影の車』に至るまでというのは、三十八年に、また時代劇で『無宿人別帳』……。

瀬戸川　あれは昔、『ヒッチコック・マガジン』で佐藤忠男さんが、〝三本立てファン映画教室〟という面白い連載をやっていて、そのなかで書いていたのを覚えている。

石上　あの連載は面白かった。それで、同じ年にロマンチックな方で『風の視線』……。

瀬戸川　それは全然知らない。

石上　川頭義郎監督。木下(恵介)派の。

瀬戸川　あれも映画化されたんですか。

石上　三十九年はなくて、四十年に『霧の旗』。これは山田洋次で、ちょっと良かった。それからずっとないんですよ。それで『影の車』は四十五年です。

瀬戸川　『影の車』まで、そんなにブランクがあったのか。まったく、清張の不毛時代ですね。

石上　松竹に限ってはね。ただ、その間、一所懸命考えていることは事実で、笹沢佐保の『空白の起点』を『女は復讐する』という題で、結城昌治の『ゴメスの名はゴメス』を『ゴメスの名はゴメス　流砂』という題で公開してます。それと、結城さんの『白昼堂々』も一連の流れの中で作られているんです。つまり、こんなことまでやっているということは、まだミステリの映画化という意味に、まったく気が付いていないということです。

瀬戸川　やはりそれは、日本映画界のミステリ趣味の貧困さを物語っていますね。結局、原作が欲しいということしか頭にないんですね。

石上　そうでしょうね。

瀬戸川　他社では、少しは清張ものをやっていたんですか。

石上　大映は『かげろう絵図』のあとに『黒い樹海』とか『花実のない森』をやっている。

瀬戸川　『黒い樹海』というのは、清張の作品の中で指折りにつまらない小説ですよ。

石上　清張映画の中でも、たぶん指折りの、何も覚えていない映画です(笑)。それで、この二本はどちらかと言うと、ミステリというよりも、『波の塔』とか『風の視線』を映画化するようなセンスだったという気がする。それから、意外なのは『点と線』以後、東映がきっちりやっていて、『黄色い風土』を石井輝男、『考える葉』(『松本清張のスリラー・考える葉』)を佐藤肇がやっている。この二本はなかなかの出来だった。それこそ、〝警視庁シリーズ〟の延長のような気分でね。それと大事なのは、その時点で実は東宝で『黒い画集』をやっていることです。『あるサラリーマンの証言』と『ある遭難』と『寒流』。

瀬戸川　堀川弘通の『黒い画集』は評判になりましたね。

石上　どう見ても各社それぞれとらえ方が違うという感じですね。

瀬戸川　各社とも清張がどういう作家かわかってないんですよ。

石上　その中では、やはり東映がきっちりとやってましたね。純然たるミステリというよりは、捜査物としてね。〝警視庁シリーズ〟という伝統がありますから。

瀬戸川　清張の刑事像から〝警視庁シリーズ〟というのを思い出して、改めてあれは良かったという気がしてきました。

石上　ですからもちろん、清張さんに続いて出てきた水上勉さんも、各社で映画化されている。たとえば東映だと、これも石井輝男で『霧と影』。ただ、清張ものか水上勉ものか区別がつかない。

瀬戸川　その後、水上勉とは歴然たる違いが出てくる。『越前竹人形』みたいなものが多くなるから。

石上　三十年代の後半で、もうモロにそれが出てしまってますね。好き嫌いは抜きにしても、映画としての評価は水上勉ものの方が高くなってしまいましたね。

瀬戸川　『雁の寺』があるし。

石上　『五番町夕霧楼』とか、すでに『飢餓海峡』も出てしまう。これも東映。

瀬戸川　やはり松本清張よりは水上勉なんですよ。それが日本映画の嗜好ですね。

石上　それと昭和三十年代というのは大映でいうと〝黒のシリーズ〟があったでしょ、梶山季之さんの。あれも広い意味でミステリに入ってしまうんじゃないですかね。

瀬戸川　ええ。

石上　俗にいうところの、日本的なミステリを、この頃、さかんに見ていたという気がしますね。黒岩重吾さんのものもそうですね。それとこのころ、河野典生の『黒い太陽』とか『狂熱の季節』も映画化されましたし、これらと同じ日活では、戸川昌子さんの『猟人日記』も映画化された。それで何よりもあの『天国と地獄』がこの時期に出てくるんです。だから、けっこう面白い時代ではあったんじゃないですかね。

瀬戸川　面白い時代ですよ。日本的ミステリ時代の最盛期なんでしょうね。ただし、日本のミステリの形が見えるというか、限界が見えるけれども。やはり映画会社がミステリのジャンルを把握していないという感じがしますけどね。

石上　ミステリを知ってて作ってるんじゃなくて、何かそっちの方が今であり、売れ線であるという、そういうことでやっていたような気がする。

見逃せない大映ミステリ路線

瀬戸川　ここでひとつだけ僕が言いたいのは、昭和三十年代後半から四十年代前半にかけての大映のことです。あの頃の大映には、企画部かどこかに非常なミステリ好きがいたんじゃないでしょうか。

石上　そうそう、いたと思いますよ。

瀬戸川　ハロルド・Q・マスルの『わたしを深く埋めて』とかを映画化したりとか、ハヤカワ・ポケミスをやったりした。

石上　『わたしを深く埋めて』は井上梅次で三十八年ね。僕はそれよりもすごいなと思ったのは、ウィリアム・P・マッギヴァーンの『緊急深夜便』を増村に映画化させたことね。

瀬戸川　それは何というタイトルですか？

石上　『闇を横切れ』。見返してないからハッキリとは言えないんですけど、これは傑作ですよ。まさにマッギヴァーン調でね。あのクールなジャーナリズムの世界の気分とか夜感覚とか、きっちりとやっている。ただし、タイトルにはマッギヴァーンと出てこない(笑)。

瀬戸川　それでもわかったわけですね。

石上　わかりました。原作が大好きだから。

瀬戸川　四十三年に『闇を裂く一発』というのがありましたね。

石上　村野鐵太郎監督。菊島隆三さんのオリジナル・シナリオですね。あれもいい。

瀬戸川　あれはオリジナルですか。でも、何か、僕は大映ミステリ路線にぴったりという気がするくらい面白かった。大映ミステリ映画の流れが、あのあたりまできちんと続いてたと思う。ミステリ心を発揮するように一所懸命に頑張っていた。

石上　瀬戸川さんが言うように、やはり誰かいたと思いますよ。これは時代劇ですけど、フランク・グルーバー原作の『六番目の男』をそのままやった『無宿者』というのもありました。

瀬戸川　監督は誰ですか？

石上　三隅研次《みすみけんじ》。主演は市川雷蔵。啞然とするくらい、そのままやってる。

瀬戸川　それで思い出しましたけれど、〝眠狂四郎シリーズ〟の『眠狂四郎円月斬り』というのがケッ作なんです。

石上　市川雷蔵の？

瀬戸川　そう。安田公義監督。どこが面白いかというと、狂四郎が円月殺法で次々に強敵と対決するんだけど、その中に花札を投げる奴が出てくる。ピピピーッと投げると、花札が刺さるんですよ。それが都筑道夫さんの『飢えた遺産』に出てくるトランプを投げる殺し屋の趣向とそっくり（笑）。

石上　『眠狂四郎』というのは、そもそも柴田錬三郎さんが、ミッキー・スピレーンの影響で書いたそうですからね。どこが？　という感じですけど。

瀬戸川　池広一夫監督の『眠狂四郎女妖剣』で、スピレーンをモロにやってますね。雷蔵が久保菜穂子に剣を突き付けて、マイク・ハマーが拳銃を向けた女に服を脱がせるのと同じことをやるんです。

石上　そういう即物的な意味での影響ですか（笑）。

瀬戸川　柴田錬三郎もずいぶん海外ミステリを読んでいたらしいから、最初のうちは影響を受けたかもしれませんね。

石上　あと大映にはさきほどいった〝黒のシリーズ〟がありますね。最初が三十七年の梶山季之原作の『黒の試走車』で、増村保造監督。そのあと『黒の報告書』『黒の札束』『黒の死球』『黒の駐車場』『黒の凶器』『黒の超特急』などなどが作られる。

瀬戸川　『黒の超特急』というのは覚えていますね。

石上　それも増村保造。ただし、原作はばらばらです。黒岩重吾、佐賀潜、高原弘吉、国光史朗、島田一男……。

瀬戸川　やはりあの会社は、一応ミステリを柱の一本にはしようとしていたみたいですね。それに比べると東宝はだめですね。

石上　東宝はどうもわかりませんね。『黒い画集』を三本やったから、清張にこだわるかと思ったら、全然こだわらずに、エド・マクベインをやってみたりね。マクベインは『天国と地獄』『恐怖の時間』と二本作っている。それで、四十年代になってやっと清張もので『けものみち』になる。

瀬戸川　ずっとあとに『告訴せず』をやりましたね。

石上　あれは五十年です。僕はこれは見ていません。

瀬戸川　原作は清張の古代史趣味が出ていて面白いんですが、特に印象に残るような映画ではありませんでした。

清張ものにつながる警視庁シリーズ

石上　三十年代というのは清張さんの登場でもって、作家地図も新しく塗りかえられてしまって、同時にそれはほとんど映画化されているから、日本映画の分布図もかなり変わってしまいましたね。それで、もともと日本人というのが社会派を好きなのかどうかわかりませんけど、面白い監督たち、たとえば増村保造も深作欣二も石井輝男もみんなそれなりにのめり込んでしまったという現象が、ここで起こったという気がします。

瀬戸川　そうですか。

石上　そして、そのもとをただせば、すべて清張さんにつながっていくわけです。

瀬戸川　僕は三十年代にむしろ横溝正史のものをやってほしかったと思うタイプのファンですけれども、『張込み』で出てくるみたいな、寒い夜にラーメンをすするという感じの日本的リアリズム刑事を、清張は引きずり出したんですよね。足で捜査するタイプの刑事を。

石上　東映がそういうような清張もしくはそれに準ずる水上勉ものみたいなのを、丁寧に捜査ものとしてやっていて、だから従来のものよりも、〝警視庁シリーズ〟的にリアルな描写になっていったんですけど、笑ってしまうのは、片岡千恵蔵までそれをやりだしたんです。

瀬戸川　へえーっ。それはリアルにやるんですか？

石上　リアルです(笑)。

瀬戸川　珍品だなあ(笑)。

石上　皮ジャン着て、雀荘でマージャンしながら張り込んでいる千恵蔵というのは非常に面白かった(笑)。

『太平洋のGメン』という石井輝男の映画です。

瀬戸川 リアリズム千恵蔵ですね。日本的リアリズムがいちばん似合うのは宮口精二ですね、『張込み』の。

石上 逆に、当たり前だけど千恵蔵はいちばん似合わない(笑)。

瀬戸川 〝警視庁シリーズ〟の花沢徳衛なども、まさに清張の世界の刑事ね。

石上 ああいう〝警視庁シリーズ〟のようなものは、当然、戦前にはないですよね。戦後すぐも探偵ものばかり作られていたんで、もちろんない。ただ、戦後すぐに作られた探偵映画の中では、横溝さんとか、高木彬光さんとかすべてやられたんだけど、その中に島田一男のブン屋ものも入っているんです。『午前零時の出獄』から始まってね。それが事件記者ものや暴力団ものなどに流れていくんです。それで、この島田一男の系列が警視庁シリーズに化けて、それで来るべき清張ものの土壌を作っていたんじゃないかと思いますね。

瀬戸川 子供心に『警視庁物語』というのは感嘆しましたよ。本当の刑事というのはこういうものかというほどリアルでね。

石上 犯人像というのが、それなりに存在感のある役者で、有名、無名にこだわらないでね。このシリーズは二十四本作られましたけど、こういうものを研究する人というのが、どうして出てこないんでしょうね、日本では。

瀬戸川 〝警視庁シリーズ〟がほとんど二本立ての片割れとして封切られたところに日本映画の不幸があるんですよ。

石上 監督もさっきの小林恒夫さんとか、島津昇一さんとか、飯塚増一さんとか、当時の新人を起用してますね。

瀬戸川 佐藤肇さんも撮ってますね。

石上 たぶん、好き勝手にやらせてくれるから、みんな面白がってやったんじゃないですか。

瀬戸川 のちのテレビの『事件記者』とか『七人の刑事』へとつながる刑事像を作りましたね。

石上 『事件記者』も島田一男原作ですからね。

瀬戸川 つながってるでしょう。

石上 東映の方は自覚的に新しい路線を作ろうとしたと思うんだけれど、テレビの方は無自覚的に島田一男をつなげてるだけだと思いますよ。

瀬戸川 これは珍説かもしれないけど、黒澤明は〝警視庁シリーズ〟を見て、その大スケール版ともいうべき『天国と地獄』を作ったのではないか。

石上　まったくその通りだと思いますよ。山﨑努の犯人などは、〝警視庁シリーズ〟的な犯人像ですよ。

瀬戸川　全部あそこに収斂されますね。

石上　あのシリーズは長谷川公之さんが全部脚本を書いていたんですよ。それで、後でノベライズして春陽文庫で出していた。

瀬戸川　シリーズ終わり頃の『ウラ付け捜査』なんてのは、当時ほとんど知られてなかった井川比佐志が最後に井戸に向かって叫ぶところとか、つまらない話にもかかわらず、あとに残る味があった。

石上　あれを見なおしてみると、きっと脇役や犯人役で、アッと驚く人が出ているはずですよ。

瀬戸川　あのシリーズは、もう一度見返したいな。

『砂の器』は清張映画のひとつの典型

石上　清張的なる映像というのは、『警視庁物語』までフィードバック出来るような状態で、結構面白い世界があったにもかかわらず、四十年代になると今度は逆に、松竹の大作年一本ということになる。四十五年から『影の車』『内海の輪』『黒の奔流』『砂の器』『球形の荒野』と続く。

瀬戸川　『内海の輪』はつまらなかったな。

石上　この四十年代は他では東宝が『愛のきずな』……。

瀬戸川　それは知りません。

石上　藤田まこと、園まり主演で、監督は坪島孝。これはちょっと面白かったですよ。

瀬戸川　坪島孝がそんなのを撮ってたんですね。

石上　その後ずっとあいて五十年になってやっと『告訴せず』が出来る。東宝はこの二本だけで、あとの他社はまったくなし。

瀬戸川　清張の権力告発テーマ小説の映画化が極端に少ないのが残念です。映画会社が意識して避けて通ったのかもしれない。

石上　これは一つの結論ですけど、僕も『影の車』というのがいちばん良いと思いますね。

瀬戸川　ミステリラインでは、あれがいちばんいい。

石上　これも『張込み』と同じく、ホームドラマです。松竹のホームドラマの伝統を生かして、庶民の裏側にある殺意とか憎悪といったものを巧みに引き出す、一つの清張のタイプで、こっちはうまいんですよね。

瀬戸川　うまいです。

石上　それで、問題なのは『砂の器』です。

瀬戸川　これは観る人が嫌悪感をもよおす人と、大変感動する人との二つに分かれる作品だと思う。石上さんや都筑道夫さんはメチャクチャ悪口を言うことは僕にはわかっているんですけれども……。

石上　いやいや僕は寛容ですよ(笑)。僕は映画として良い部分もあるんじゃないかなと思う大きな理由は、音楽なんですよ。逆に言うと、あの音楽をとってしまったらどうなるんだろうと思ってしまう。

瀬戸川　最後、音楽に合わせた日本全国放浪記みたいなシーンがありますね。あれがやはり一つの清張の世界の集大成でしょう。だから結局のところ、否定的ではあるけれど清張ミステリ路線というのは、あれに尽きるという気がします。『影の車』の方が、むしろ異色の小品なんですね。

石上　なにしろエキセントリックという意味では、黒澤さんの『天国と地獄』の刑事がよく例にあげられますけれど、あれの比じゃないくらいにエキセントリックですね。個人的な感情丸出しだものね。

瀬戸川　『砂の器』の丹波哲郎ですか。

石上　もちろんそうですよ(笑)。何で音楽と言ったかというと、つまり音楽でそういう風景なり心情なりというのを語って、乗せていくぶんにはいいんだけれども、その分だけミステリ的なメカニズムみたいなものがなくなってしまった。ですから、例の振動使ってのトリックがスッポリなくなってしまっている。あれは音響テスト室を使って堕胎させるつもりが殺してしまうんでしたよね。

瀬戸川　あの最後の詠嘆的クライマックスは脚本の橋本忍の趣味じゃないでしょうか。乾いた脚本だったら、野村芳太郎はもう少し乾いた感じで撮れたと思う。ただ、やはりあれに非常に感動している人もいますからね。

石上　『影の車』と『砂の器』の間にある『内海の輪』とか『球形の荒野』というのは、映画としては非常に退屈でしたね。

瀬戸川　『内海の輪』はつまらなかった。岩下志麻のあえぎ声しか覚えていない(笑)。

石上　社会派にも捜査ものにもなってなくて、といって『風の視線』とか『波の塔』みたいにロマンチックかというと原作がそうじゃないから、そういうふうにはならない。

瀬戸川　ここで一つの結論が出たという気がしますね。松本清張というのは文章の作家なんですよ。ストーリーの面白さとか全体の構成とかトリックとか、ミステリとしては、横溝正史や高木彬光の方がしっかりしてますよ。文章の気合いで読ませる作家だから、実際に映像化されるとフニャフニャしちゃうのが多いんですよ。

石上　装飾による美文ではないですよね。

瀬戸川　逆ですね。簡潔な文章です。だから、読んでいると快いんですけど、実際にどういう話だったかなというとわからないものが結構多いんですよ。

石上　にもかかわらずイメージを惹起するというパワーはかなりありますね。

瀬戸川　それは独特のものがあります。

清張ものはテレフィーチャーに

石上　ミステリ映画というとたいがい見に行くんですけど、最近の日本映画にはミステリものが本当になくなりましたね。それで、仕方なくテレフィーチャーを見てるんですが、こちらは何とミステリものばっかりという状態です(笑)。

瀬戸川　「火曜サスペンス」とか、ああいう二時間もののやつでしょう。

石上　だから、いつの間にか、もうミステリはテレフィーチャーでいいんじゃないかと、作り手のほうが考えてしまったんではないですかね。

瀬戸川　かもしれませんね。

石上　原作でいうと西村京太郎とか森村誠一とか、いろいろな人のものがありますけれど、意外や意外、清張さんもテレフィーチャーには合うんですね。

瀬戸川　合うでしょうね。

石上　しかも、話のポイントはいつもそれなりに面白いから、どれを見ても、失望したというものはない。

瀬戸川　逆に言うと、たいした話がないとも言えるかもしれない。小器用にまとめようとすれば、一時間か一時間半くらいでまとめられるものが多い。

石上　五十二年にテレビ朝日で朝日テレフィーチャーというのが始まってから、取り合えず全部見ていたんだけれども、その年すでに、『ガラスの城』という清張さんの原作をやっているんですよ。それから『声』『顔』『地の骨』『小さな路肩』『旅路』『馬を売る女』『寒流』『蒼い描点』……と僕の見たものだけでも相当あります。

瀬戸川　短編はテレフィーチャーによく合うと思いますよ。『旅路』とかね。

石上　さらに短くして、NHKでやるような四十五分くらいのVTRドラマでも、もっとインパクトがある。

瀬戸川　『蒼い描点』というのは面白い話で、僕は松本清張の長編ではいちばん好きなんですよ。ただ、残念ながら、あれは映画になっていない。

石上　ところで先ほど、日本映画にミステリがなくなったと言いましたけれど、現実には、年に一回のメロドラマっぽい松竹の清張ものは、ずっと続いていたんですよ。

瀬戸川　『迷走地図』あたりまで。

石上　ええ、ただ、その途中の五十年代に俄然、『犬神家の一族』以下の角川作品が出てきてしまった。それで、松竹の清張ものというのは、ここで変質したんではないかと思います。

瀬戸川　動揺したんでしょうね。エラリー・クイーンなんかをやりましたからね、『配達されない三通の手紙』。

石上　『災厄の町』ね。

瀬戸川　監督は清張ものをやっていた野村芳太郎ですから。

石上　それと、これは見てないけれども、『危険な女たち』というタイトルで、アガサ・クリスティの『ホロー荘の殺人』もやっています。

瀬戸川　そういえば、やっていましたね。

石上　それがつまづきとは言わないまでも、堂々とやっていればいいのに、〝金田一もの〟のヒットでわからなくなって、クイーンとかクリスティにまでフィーリングが変わってしまったんではないですかね……。そうだ、『八つ墓村』まで作ってしまいましたから。

瀬戸川　あれは怪奇映画になってしまった(笑)。やはり、それは全般的なミステリの流れと関係ありますね。ばかばかしいとして、いったんは本格ミステリを退けて、清張的なリアリズム映画を作り続けていましたね。それで、本格ミステリを忘れてしまっていたんだけれども、『犬神家の一族』が出てきた途端に、それが大変に新鮮なものに映ったので、衝撃を受けたのじゃないか。

石上　しかも角川さんの方は、横溝さんだけじゃなくて、森村誠一も高木彬光もやっているんだけれども、ミステリ好きとしてみると、やはり横溝さんのものだけだったという気がしますね。

瀬戸川　『野性の証明』は、見なかったけれど、『白昼の死角』はつまらなかった。

石上　やはり清張映画のいい味というのは、テレフィーチャーとは全然違いますし、『張込み』とか、『影の車』みたいに、小市民の側に材をとったやつでも、映画的素材としては見事だと思うのに、何でもっと映画やらないんですかね。本当に不思議ですよ。

社会派ミステリはすべて清張ふうに

石上　戦後間もなくに探偵映画が作られていて、清張さんのものも何本か映画化されたんだけれども、これはいいか悪いかは全然別の問題で、面白かったことは事実なんです。

瀬戸川　僕も日本のミステリではその路線が実は正しいと思っています。

石上　ところが、ちょっと面白いと思うのは、その出発点は乱歩なんですよ。『パレットナイフの殺人』を大映が戦後すぐに映画化している。

瀬戸川　久松静児監督。

石上　これが実にきっちり出来た倒叙ミステリ映画でね。それで、原作が短編なので、それをふくらませるために、戦中の話などを加えて、それを動機づけにちりばめてある。つまり、倒叙もので社会派になっているんです。『心理試験』という長編化して倒叙ものとしてきっちりやるために、あの時代を描こうとリアリズムで迫ると、とたんに社会派になるんです。

瀬戸川　なるほど。

石上　そこでハッと気がつくのは、乱歩ものというのは他にはろくな映画しかないんだけれども、もうひとつ日活で作った『死の十字路』というのがあって、あれも倒叙もので極めて社会派寄りなんです。つまり、倒叙もののほうが社会派になり、日本の風土なりテイストに合うのではないかということも、清張映画の前提としては、もしかしてあるかなという気がしますね。それで、意外や意外、当然といえば当然、乱歩さんの存在というのも重要なんだなと思います。

瀬戸川　そうですか。乱歩のとらえ方が、日本の古い幻想叙情派的にではなくて、社会派に昇華した場合においてのみ、乱歩に意味が出てくるというのは皮肉だな。

石上　で、明智小五郎ものの長編を映画化しようなんてことになると、何の意味も出てこない。

瀬戸川　『黒蜥蜴』になってしまう(笑)。それと、橋本忍が日本映画のミステリ体質を作ったと言えないことはないですね。

石上　ミステリの本質とはあまり関係のない、間違った体質ですよね。

瀬戸川　そう。橋本忍の形にデフォルメされると、日本ミステリは『砂の器』になってしまうんですね。

石上　その橋本忍が参加していた黒澤明の四人ないし五人のライターでいいますとね、あの中でミステリ好きは二人くらいですよね。菊島隆三さんと小國英雄さん。

瀬戸川　橋本忍脚本の『悪の紋章』もあまり面白くなかった。

石上　都筑道夫さんとの対談で、フランスでちょっと犯罪がかった映画を作ると、全部シムノン原作に見えるという話になったけれども、まったくそれと同じことが、日本で社会派的に犯罪がらみの話をやると、みんな清張の映画に見えてしまうということも、言えますね。

瀬戸川　そうかもしれない。

横溝＆清張映画の遺産は継承されるか？

瀬戸川　何度も言うけれど、かえすがえすも山本薩夫が清張をやってくれなかったのは、残念だ。『にっぽん泥棒物語』なんて、今考えると実に面白かったですからね。

石上　山本薩夫さんの娯楽性みたいなものは、もっと評価していいんじゃないですかね。『にせ刑事』なんてのもある。

瀬戸川　あの人は共産党系の映画作家だったのに、なんで清張に手をつけなかったのか、不思議だ。近親憎悪ふうに相性が悪かったのかな。たとえば『金環蝕』だって、あれだけきっちりとドラマができれば、清張ものができないことはないのに。

石上　それは言えますね。なにも〝座頭市〟などやる必要はなかったんですよね。

瀬戸川　『座頭市牢破り』ね。

石上　『天狗党』とか『天保水滸伝』とか、ああいうものをやる必要はないんですよ。

瀬戸川　マトモにやっていたら、演出力のある人でしたね。双葉十三郎さん流に言うと馬力のある監督。ロバート・アルドリッチみたいな感じ。面白い清張映画ができたはずですよ。ミステリ心のある監督でありプロデューサーだったと思いますよ。

石上　やはり、何か作り手の方にも先入観がありすぎるんですかね。

瀬戸川　それぞれ、振り分けみたいなものがありましたからね。でも、山田洋次だって、若い頃に清張ものをやっていたら、結構面白かったと思う。

石上　『霧の旗』はやってますけど、続きませんでしたね。

瀬戸川　だから、よけいに野村芳太郎の功績は認めたいですね。『影の車』でも、最初に混んだバスの中で岩下志麻が加藤剛に声をかけるところなど、ゾクゾクするほどスリルがありましたからね。映画を見る興奮があった。

石上　それと、清張映画というのは、意外にシネスコに似合うんですよ。たとえば、『張込み』でも、張っていた奥さんがいなくなったというんで、刑事たちが追跡を始めると、急激に空中撮影になるんですけど、それが大画面効果として生かされていました。

瀬戸川　結果的には、松本清張をフル活用できなかったというのは、日本映画界の不幸ではありますね。

石上　清張小説、及びその映画化作品の登場をもって、日本映画が面白くなったにもかかわらず、ひとつも今にはつながってないんですね。

瀬戸川　それは、その同じ時代には沢島忠がいて、山下耕作がいて、三隅研次がいたという華やかな背景があったということが大きいですよ。だから、ミステリの方にも、当然フローリッシュがあったんですよ。全部のジャンルが高揚していた時代だったから。今はそれが先細りですからね。寂しい話だけれど……。

石上　だとしたら、もう少し原作として映画的なものを選んでいただきたいですね。だから、かつて清張さんが出て来た頃に、清張的なるミステリ映画が全部面白いということになったのは、それを口実に、ごく普通の監督と思われていた人たちまでが、刺激されて自分なりのことをやりだした時代だったからじゃないですかね。

瀬戸川　ええ。

石上　それと変な言い方になりますけど、清張のドラマには旅という要素が大きいでしょう。いろいろな土地を動き回るでしょう。

瀬戸川　ええ、『点と線』が「旅」という雑誌に連載されていたというのが象徴的。

石上　たとえば、かつての日本人が旅をすることがあまり好きではなかったと仮定すると、清張さんの影響で旅をすることに面白さを見出したんじゃないですか。つまり、映像として旅をすることは結構面白いということに気がついた。

瀬戸川　そういう功績はあると思います。

石上　そう考えると、今、テレフィーチャーの向こう側に旅グルメ番組みたいなものがいっぱいあって、それと同じレベルで、次々と土地の名を冠したミステリがテレフィーチャーの原作として連発されるという状況になってしまった。

瀬戸川　みんな真似ですよ。

石上　そうなってくると、我々としてはミステリは何を読んでいいのかわからないという、実に不幸な時代になっていると思うんです。したがって、映画も期待出来ない……。どうすればいいんでしょうかね(笑)。

瀬戸川　それは日本のミステリが昔から抱えている問題だと思いますよ。純粋なミステリ・マインドを持った日本のミステリ作家というのは何人かいるけれども、それは都筑道夫さんをはじめとして、ごく少ない数でしかないというのが現状ですよ。あとは、山田風太郎さんみたいに、ジャンル外に飛び出して越えてしまう面白さを持った作家を探すしかないということですよね。

石上　何と鮎川哲也さんは、一本も映画化されてないんです。

瀬戸川　本当ですか！

石上　ついこの間、テレビではやってましたけれど、映画はない。清張ができるんだったら、鮎川さんのも出来るという気がしますけどね。

瀬戸川　それは、日本映画へのよりかかりが、鮎川哲也という作家を捉えきれなかっただけでね。底の浅さを露呈してますよ。鮎川さんでも、映画にして面白いものはいくつかある。『人、それを情死と呼ぶ』とかね。

石上　清張さんと似ている所もあるけど、やっぱり映画化はしてくれませんかね。清張ものでもトリッキーな部分をカットして映画化してしまうくらいだから。

瀬戸川　それこそ、野村芳太郎が本気を出して鮎川哲也をやっていたら、いい線いくのはあると思う。『黒い白鳥』とか。早い話が、日本にはエリオット・カストナーはいないんですよ。

石上　かつての大映にはいたかもしれない。

瀬戸川　そう。マイナーなエリオット・カストナーがいましたね。やはり、日本のミステリ映画のためには、かつての城戸四郎とか藤本真澄とか、可能性があった。江戸川乱歩でもよかったんですよ。横溝や清張ではなくてね。乱歩凝りマニアみたいな人がいればね。

石上　細かな作家的なことを言うんではなくて、日本映画として面白い部分はこのへんだなという希望をもてたのは、片方に角川さんのやった横溝映画があって、もう片一方に松竹が、かなり屈折しながらも作り続けて来た松本清張ドラマというのがあるということだったという気がするんですね。しかし、それさえなくなってしまったというのは、やはり、日本映画のファンとして寂しいですね。

［『FLIX DELUXE2』一九九四年］

●**瀬戸川猛資**（せとがわ・たけし）……一九四八年東京都生まれ。文芸評論家、編集者。学生時代から書評などの筆を執り、映画会社を退職後にトパーズプレスを主催、本の探検マガジン『BOOK-MAN』の編集長を務める。同社より双葉十三郎著『ぼくの採点表』などを刊行する傍ら、本や映画に関する該博な知識に基づくエッセイ、評論、書評等を発表。著書に『夜明けの睡魔』『夢想の研究』『シネマ古今集』『シネマ免許皆伝』、編著に『ミステリベスト201』『ミステリ絶対名作201』などがある。一九九九年逝去。

鈴木清順のプログラム・ピクチャー

……森卓也×石上三登志

洋邦のプログラム・ピクチャーへの思いをぶつけたかった

森　思い返せばすべては、石上さんの同人雑誌『ＯＦＦ』に始まるわけだなあ。

石上　そうですね。はじめから鈴木清順をとりあげたと言うこともあるけれども、必ずしも鈴木清順だけではないですよね。

森　当時ほとんど注目されていなかった、しかし異彩を放ついわゆるプログラム・ピクチャーの監督たちを論じたその中に、清順もいた。そういう広がりがありましたからね。『ＯＦＦ』はいつの創刊でしたっけ？

石上　一九六五年ですね。

森　当時、今村昭という未知の方から送られてきて、よくある同人誌のたぐいかなと思ったら全く違ってて、豁然《かつぜん》として悟るというのか、そういう感じを受けました。で、お返事を出した。

石上　森さんを送り先として考えていたのは、『映画評論』に連載された「動画(アニメーション)映画の系譜」への、いわば敬愛からです。あの雑誌は、森さんの前には中原弓彦(小林信彦)さんの「喜劇映画への衰退」があって、こういう実証主義的な大研究に、こちらがすごく影響されましたからね。そんな意志というか、熱意を継承したいなという思いがこうした形になったんです。だから、中原さんの喜劇、森さんのアニメーション、そして私がSF映画。

森　それで、特殊効果の方に行かれたわけですね。年代的に言えば、私より一つ上が小林信彦さんで一九三二生まれでして。私が一九三三生まれ。

石上　僕は三九年でちょっと後発なんです。で、『OFF』というのは、基本的には洋邦のプログラム・ピクチャーはこんなにも豊かで面白いんだ、可能性があるんだ、という思いをぶつけたいという時代のなかに、実は鈴木清順という監督もいた。

森　そう。

石上　そんな中で、中原さんや森さんや私が鈴木清順を面白がるのは、これは当たり前のことなんですよね。

森　中原弓彦のアンテナの鋭さは信用できましたから、彼が面白いと書いたものは、一応観ていましたね。当時は若くてフトコロが淋しい中で身銭を切ってたから、何よりのてがかりだった。

石上　そう、試写状なんてまだ来ませんからね。

森　そんな中で、小林氏は『野獣の青春』を観たんだと思いますよ。そして、一九六三年七月号『映画評論』での、初めての鈴木作品の言及になった。

石上　でも、流れは続いていかない。切れ切れに清順作品は扱われてしまっていましたから。

森　単発的に書かれるだけで続かない。

石上　あの方は、何か他に書きたいものが色々あったけれど、そこに清順さんも引っかかってきたんでしょうね。小林さんは鋭いから。で、そういう気分を受け継いだつもりの『OFF』の一号目で、鈴木監督にお会いできて、森さんにお返事いただいてね。大収穫だったわけです。

森　清順監督の序文が載ったのは？

石上　三号目ですね。木村威夫さんの文も頂いた。で、四号目で森さんの原稿まで頂いた。『フィフィ大空を行く』……。

森　あ！　そうか、それを書いてましたか。

シナリオの「ぶっ壊し」作業に参加

石上　その後、私は『映画評論』読者論壇に「ラッキー・ストライクの思想」を書きまして、五号目を最後に次の段階に入ったわけです。一九六六年ですか。

森　忘れもしません。シドニー・J・フューリーの

『国際諜報局』。

石上　あれには、中川信夫監督や鈴木清順監督についても、「色」を中心に触れてました。やがて鈴木監督のところへ伺うようになりましてね。そこで、お酒を頂きながら映画のお話を伺ったりしているうちに、当時からやっていたシナリオの「ぶっ壊し作業」の場にも居合わせるようになったんです。清順監督には会社からのお仕着せのシナリオしかまわって来ないわけでしょう。それをそのままやってもつまらないからって、どんどんアイデアをぶち込んで面白くしていくという。それに参加した最初が『けんかえれじい』だったんです。

森　そうでしたね。

石上　シナリオにオリジナリティをもっと持たせたい、と清順監督に言われましてね。それで、電話や手紙で森さんに連絡しまして、協力をお願いした。私もアイデアを考え、森さんのアイデアと一緒にまとめて、いかようにもお使い下さいということでお渡しするという形になったんですよね。

森　上京しますと、当時の石上さんのお住まいの、池上の宝ビルといいましたっけ、そこに泊めていただいて。ホテル代が助かりました。ありがとうございました(笑)。

石上　いえいえ(笑)。

森　それ以前のいつだったか、お宅で、清順監督と木村威夫氏にお目に掛かりまして。まさにお二人は、影に形の添う如くという。影というのは見た感じでは、清順監督の方でしたが(笑)。

石上　そうそう(笑)。

森　そのお二人のうちの、専ら木村さんが酒肴を前にして、私や石上さんを聞き手に回して独壇場で語るという形でしたな。「清順さんの英語は面白いですよ。ピジョン・イングリッシュ」。清順氏はニコニコ黙って飲んでる。

石上　私が、初めて清順監督にお目に掛かったときも、木村さんがいらっしゃった。それで監督、「こっちがよく喋るから」、って(笑)。

森　喋るからって(笑)、まあ確かにそうなんですが。

石上　監督は聞いてるだけでね(笑)。

森　その時の木村さんは、マネージャーというかメッセンジャーというか……。

石上　監督の代弁者ですか、そういう状態でしたね。監督は寝そべって聞いてるだけでしょ(笑)、そこに大《おお》和屋竺《わやあつし》さんや曽根中生《そねちゅうせい》さんや田中陽造さんが加わってね。監督はそれらを聞いて、取捨選択を勝手にやるというような感じでした。

森　そうらしいね。

石上　だから、そのアイデア貰ったよとか、そういうのはないんですよね。で、完成した映画を観たら、我々の考えとは全然別の使い方をされていたり。

森　映画の完成を観て、なるほど清順、そういうふうに使ったかということになる。七月二十八日に上京して、三十一日の雨の日にシナリオを前にブレーンストームを続けましたね。『アラウンド・ザ・ムービー』(平凡社)にも書いたけど。翌日、清順監督が来て、私がギャグに近い喧嘩のアイデアを出しまして。その案と全体の構成を、石上氏がまとめていくということでしたね。

石上　喧嘩のテクニックという課題でしたけども、森さんはギャグっぽく、私はアクションっぽくというアイデアでしたよね。だけどやっぱり、監督はその場では結論を出さないままに終わりましたよね。

森　そう、面白いのか面白くないのかさえ表情から伺い知れなくて。ひたすらメモ書きしてただけ。監督が語ったのは、硬派の修行で蠟燭の火を凝視する話でした。精神を集中すると小さな火が目の前一杯に迫って見えるという話で、私は子供の頃、『少年倶楽部』だったかで読んだ記憶があるんです。で、帰りしな「これで撮影に入ると、〝そんな危ないことできない〟なんて言い出すのがいるから……」なんてボヤキながら立ち上がって。

石上　それで我々の仕事は終わって、ついに試写の時が来ましてね。あまり愕然としましたから、記憶がないんですよ、あの日の……。

森　私は十一月二日の午前十時ギリギリに、調布の日活撮影所の試写室に飛び込んで。

石上　そのあとどうでした？

森　『アラウンド・ザ・ムービー』には、〝監督は憔悴して見え声をかけるのをためらう〟と書いてあります。〝石上氏、帰りの電車の中で早くも夫人を相手に作品分析を行っている。〟〝負けた。こちらは(慣れぬ場所で観たせいもあって)まだ混沌のままである。〟と(笑)。

石上　(笑)。

森　そのあと大宮にいらしたフィルムコレクターの杉本五郎さんに初めてお目にかかり、日本の古いアニメーションを観せて頂いたんです。さらに草月アニメーションフェスティバルのBプログラムを観て、翌日Aプログラムを観て名古屋に帰ってます。

石上 充実してるねえ！

森 体力あったなあ。あの頃は。

石上 あの時、初めてゼロ号試写なるものを観たんですよね。それにしても、アイデアは出したけど、あまりの化け具合に驚きましたね。

森 あの人の頭の中を通っていくと、こういうふうになっていくのかという化け方。確かにイメージを持った上でアイデアを考えていたわけですが、こう映像に昇華されていくのかという驚きがあって、ただ、新しく取り入れられていたアイデアの中で悩みどころだったのが、かの〝現大橋巨泉夫人〟が高橋英樹を振る理由で……。

石上 麒六ちゃんのマドンナである、浅野順子の役が、男とつきあえない理由ね。

森 あの女性が、もとの話では神に帰依するということで尼寺へ行ってしまうことになってましたよね？

石上 あそこは監督悩んでいましたよね。我々はキリスト教徒じゃないし、理解し難いポイントでしたからねえ。

森 ええ、神に帰依するっていう概念は実感ではわからない。でも、井上ひさし氏が、好きだった人に、実際にそういった理由で交際を断られたことがあるそうですからね。だからないという話ではない。ただ一般の観客には理解し難い理由でしょうね。

石上 そう。あれは我々が口を出すシークエンスではないけれども、どうも釈然としないので話し合いましたよね。監督も迷っていたけれど、試写を観たら「なるほどね」というふうの決着をつけてた。

森 結婚できない体だったという。感じとしては多分に強引というか、そういうふうな印象はあったけど……。

石上 ええ。アイデアという話で言えば、森さんはギャグ的なもので、私がアクション的なものと、先程言いましたが、実際使われたものを観ると逆の使われ方していましたね。アクションがギャグに転換されて、ギャグがアクションに変わってたんで驚愕したんですよね。あのスッポンがローラースケートで逃げるところは、森さんが出したアイデアでしたっけ？

森 イヤ、違いますね。あれは、木村さんが出したんじゃないのかな？　こちらが「トムとジェリー」の発想で、出してたアイデアに刺激されて「だったらやっちゃえ！」てな所だったんじゃないですか？

石上　私が憶えてるのは、とにかく変なところで戦いたいと監督に言われたことかな。で、縁の下で戦うというのが、西部劇にあったでしょ。あのアンソニー・マンの『遠い国』という作品が、だから下敷きなんです。神社の縁の下で、しかも竹刀で戦うというものになってまして、あっちこっちに竹刀の切っ先がぶつかって(笑)。

森　リチャード・レスター的ね(笑)。神社の縁の下だから床が高いし広く使えるから。あと可笑しかったのは、私が考えた完全に「トムとジェリー」的なアイデアで、下から畳越しに竹槍で突くと、突かれた方はギャーッと飛び上がって天井を破って首を突っ込んじゃうというマンガ的誇張があったけど、本編はリアルな感じで、板を一枚ひっぺがしてからグサッと行くという形になってた。それを観た映画雑誌の政治的裏目読み論者が、〝自衛隊をやっつけるには、下から不意を突くようでなければという寓意である〟なんて得々と論じていて、笑っちゃった記憶があります(笑)。

『けんかえれじい』の時代

石上　〝六十年安保〟のあの頃は、小川徹さんの『映画芸術』なんかで〝裏目読み批評〟っていうのが流行ってましたからねえ。

森　ああいう批評は簡単なんですよね。安易なパターンです。いつの世にも顔を出すイヤな意味づけ。こっちがやってたのは……。

石上　〝表目読み〟(笑)。

森　さっきの『遠い国』もそうですが、映画のパロディが上手く取り込まれていました。ですが、あの頃の気分というか、特有の空気のなせる技という部分もあって……。

石上　火の見櫓のシーンなんかも、明らかに黒澤明の『用心棒』のパロディなんですね。あれなんか、いまの人がわからない当時の映画界の空気感から生まれたものですものね。私らが鈴木清順を評価した時代は、日本映画は黒澤・木下・内田(吐夢)・今井(正)・小津(安二郎)で代表されてるんだという空気があったんですよね。この人たちが優れた映画監督だということはわかっていても、それがすべてだという空気にこちらは反感も持っていたわけですから。そういうふうなことを我々が語っていたのを清順監督たちは聞いていたんでしょうね。意図的にああいうシーンを作ったということはね。

森　そうですね。あの火の見櫓っていうのは、現場で木村さんが出したアイデアだったらしいですね。楽しんで作った形跡がありますから。あと麒六が石礫を手拭いでくるんだ武器を腰にぶら下げてますが、あれ二、三個しか投げないで終わったけど、あれは西部劇のガンベルトをヒントにして僕が出したアイデアで、だからその前に西部劇のポスターを見せてました。だけど最後の決闘では片目片腕のが現われるのは、さすがに会社が許さなくて『丹下左膳』のポスターだけが残った(笑)。清順さんて、そういうことが時々ありますね。それだけでは何も意味をなさない画が残っているという。〝尾てい骨残存現象〟といいますか(笑)。

石上　現場で変なこと色々やってますからね。それでね、観終わったあと印象は、ギャグの方の森さんのアイデアが活かされたんだな、とつくづく思いました。笑っちゃうんですものね。

森　そうですね。清順作品で言えば『探偵事務所23（ツースリー）　くたばれ悪党ども』や『関東無宿』の漫才みたいな掛け合いというような……。

石上　『肉体の門』の闇取引の最中に、「ポリが来た！」ってんで、いきなり浮浪者たちと道路に寝転んだまま取引きしちゃうとか。これもポリが来たからってんで、当時高価なパイナップルの缶をどぶ川に投げ込んじゃうと、「パイ缶だ！」って浮浪者たちが飛び込んじゃうというくだりの雰囲気ですね。

森　画的に誇張して馬鹿馬鹿しいシーンを突如として作るという。でも、『けんかえれじい』は一連の清順作品の中では異色ですね。

石上　そう、『悪太郎』や『悪太郎伝　悪い星の下でも』の系列……でもドタバタの分量やコメディ的な充実感は、群を抜いたものですね。

森　『キネマ旬報』の『日本映画200』に、清順作品が唯一入っていて、渡辺武信氏が書いてるけど、ここまで選ばれる存在になったかと思ったな。

石上　問題はここからなんですがね。

森　そう。

石上　『けんかえれじい』以前は、『映画評論』は扱ったことがあるけれど、『キネマ旬報』はここからですよね。

ベストテンに選ばれ、注目を浴びたのは。それまで、多くの評論家は完全無視という状況でしたから。かろうじてあの読者論壇で、私とか、大林宣彦氏、佐藤静子さんとかが書いていた。

森　それまでは、「鈴木清順ごときが」という空気でしたね。

石上　『映画評論』ではベストテン入りして、四位になった。でも、この年の他のベストテン映画の豪華なこと。いま考えると実に豊かなんですね。加藤泰や三隅研次や、山田洋次の『なつかしい風来坊』までが顔を出しています。

森　へーっ、『なつかしい風来坊』の時なんだ。

石上　もうすでに、山田洋次さんを一つの完成形として観ていましたからね。その前の〝馬鹿シリーズ〟から注目してたんです。

森　僕の方は〝馬鹿シリーズ〟は落としてまして、『なつかしい風来坊』を観て愕然としたんですね。いまでも彼のベストの中の一つだと思いますから。それから旧作をレイトショーで追いかけて、『シナリオ』誌の六七年三月号に書いた文章の中で『なつかしい風来坊』を讃め、それを読んだ山田監督から手紙が来て文通を始めた縁もありますね。

石上　『けんかえれじい』がベストテン入りしても、まだまだ異端であって、山本薩夫の『白い巨塔』や今村昌平の『人類学入門』が一位という人は多い。一方で『けんかえれじい』を認めた人は、加藤泰の諸作も認めていたんですね。『なつかしい風来坊』を一位にしようという動きもあった。そんな時代だったんですね。それが『映画芸術』にも飛び火して、加藤泰と鈴木清順は「大正ロマンの美学」という言われ方をして、川喜多和子さんたちシネクラブ研究会の「鈴木清順映画連続上映」と、その突然の停止につながっていく。

森　一九六八年五〜七月に予定されていた鈴木清順作品の〝貸し出し〟の、その全面停止のさなかに、名古屋の館のレイトショーでは『肉体の門』がかかっていたり妙な具合でしたね。日活側は「あれは黒字になったシャシンだからいい」と答えたとか。

石上　でも、あの時の連続上映って言うのも奇異なものでしたよ。我々も参加しようという気にはあまりなりませんでしたから。

森　どうぞお好きにって感覚でしたね。騒いでる皆さん、清順をどの程度観てるのかな？　という気持ちになっちゃうような騒ぎ方でしたから。

石上　『映画評論』派や、『映画芸術』一派ともまた違う、そんな人たちまで浮かれ出して、だからこちらは鼻白んでいましたからね。そんな時にシナリオ『殺しの墓標』が送られてきた。今度もアイデアを出してくれと言うことでね。で、まわりの騒ぎはイヤだけど、清順作品のお手伝いなら喜んでってね。

森　僕に来たのはシナリオに手紙が付いていて、手紙での参加という形になりましたが。中盤の突堤のところの撃ち合いで、宍戸錠がもぐったスバルがワイヤーの一方を引っぱると前進するくだりがありますね。ところが脚本に物理的な説明がない。信号塔のところにワイヤーの滑車が必要ではないか、と手紙に書いたんです。そしたら、滑車のアップがインサートで入っただけ(笑)。本当に説明が嫌いな監督だなあと改めて思ったんです。改めてと言ったのは、ほら、『刺青一代』の時に石上さんが、完成作とシナリオを比較しようと客席でテープ録音をしたんですよね。そうすると、開巻で高橋英樹が敵をやるとき「あ、お前は……」だけで殺されてしまって、後から誰が誰に殺されたかがわかってくる。

石上　そう。取って付けたようにセリフで後説しちゃう。

森　しょうがないから説明しとくっていうね。滑車のカットと同じ。

石上　『殺しの烙印』は私の領域にあるものだから、アイデアを使ってくれてはいるんだけど、変なんですよね。電車連結部に一つだけある隙間から撃つというのも、あまり格好いいものではなかったし。ある短篇ミステリのアイデアを使ったのが、洗面所の排水パイプから撃つという趣向で、あれなんか笑っちゃうシーンになってる。アドバルーンは私じゃないけど、凄く変。

森　奇妙です。で、奇妙が定評になってしまったきらいもありますね。宍戸がナンバー1を相手に闘う時、額の真ん中撃ち抜く相手なら、そこを何かで守ればいい。でも、その守り方も曖昧になっている。説明を極度に嫌って、ムードで運ぶ形になってきて、イヤだなあと思ったもんです。銃にバックミラーつけるのは私の案だけど、使われてましたね。でもあれは伏線なしだし。余談だけど、ずーっと後に『プライベート・ライアン』で似たようなことやってて、変な気がしたなあ（笑）。

石上　『殺しの烙印』は、初めてのオリジナルシナリオですね。具流八郎《ぐるはちろう》。

森　「ぐる」ね。

石上　何かのグラビアで、具流八郎チームが鈴木邸で写真に収められていて、欄外に森、石上は不在って書いてあったんですよ。あの写真には鈴木さん、葛生《くずう》（雅美）さん（助監督）、木村さん、大和屋さん、曾根さん、田中さんがいて。それで我々二人を入れて八郎。

森　おやまあ。だったらギャラをいただかないと！（笑）

石上　むしろ先にクレジット・タイトル！（笑）

森　『けんかえれじい』のときは、文明堂のカステラが送られて来た（笑）。カステラ一斤（笑）！

石上　私んとこは何もないですよ（笑）。あいつは何時でも行けるとこに住んでるからいいやって（笑）。それで『殺しの烙印』の試写を観たら、何かこれでいいのかな、という不安感を覚えたのはハッキリ憶えているんですよ。でも決定的な不安にならなかったのは、『続けんかえれじい』のシナリオがあって、その撮影準備が始まっていたから。また元に戻るだろうと思ってたんですね。『続けんかえれじい』は、戦争を格好良くないものとして描こうという意図でしたね。

森　鈴木隆さんの原作の「戦争と童話のどっちが残酷か？」という雰囲気を読みとって、石上さんはそこをとっかかりにアイデアを考えようとしたと語ってくれましたっけ。それは幻に化したわけですね。たしか、監督は『けんかえれじい』のラストに二・二六事件を濃厚に出して昂揚させたのは、続篇を作る監督がやりやすいようにしたと語っていましたね（笑）。

石上　そんな気はないのにね（笑）。

森　監督達が脚本をいじることには批判もあってね。ましてこれは新藤兼人さんの脚本だったし。それは一般論としては、正論なんですがね。『けんかえれじい』の『キネマ旬報』一九六七年新年特別号の押川義行氏の批評に〝脚本に書き込まれなかった部分が、中でも気になる。無駄な配慮じゃなかったか〟とありますね。これは北一輝の箇所などを指して言ってるのですが、いまや批判など一切語られなくなったんですから歴史はめぐるですね。ちょっと複雑な気分だけど、伝説的な名作になったわけですね。

石上　当時、佐藤重臣さんのジャーナリスティックな直感が働いて、『映画批評』で鈴木監督、木村威夫さんを囲んでいち早く座談を行ったわけですが、それから大きく、のちの『ツィゴイネルワイゼン』現象に似た感じになっていったんですよね。でもまだましだったのは、監督が日活という枠の中にいたからね。好きです、というのは誰でも言えるけれど、持ち上げたり下げたりと恣意的に、歴史を踏まえずにやってるというのは、いかがなものかと思いますね。

森　好きは免罪符にはなりませんよ。当たり前の大前提であって。

石上　「鈴木清順連続上映」はあの時ならば、草月文化会館あたりでやる企画であったと思うんです。日経ホールでやるべきことじゃない。

森　しかるべき場所と、しかるべきセレクションが必要だったはずですよ。プリントのある三十七全作品上映というのはどうかと思う。今回のレトロスペクティブだって、ちゃんと選ばないとマイナスに出る恐れがある。

石上　そのうえ日活は首にされるわ、共闘の波にもみくちゃにされるわ。映画は撮れなくなってしまうわ……。

『ツィゴイネルワイゼン』以前と以後

森　七四年の九月十五日に名古屋のシネトピア主催で、連休を利用したオールナイト上映を行うことになったんですよ。『悪太郎』『悪太郎伝　悪い星の下でも』『関東無宿』というラインナップで。その時の鈴木清順トークの司会をわたしが務めまして、その前に、清順監督が、当時ヒットしていた海援隊の「母に捧げるバラード」をタイトルにした映画を東映で撮る、という話が持ち上がってて、私が「ぜひ撮ってください」とはがきを出したら「ヨソで撮るのは大変なんです」という意味の答えで。結局上映会の頃には話は流れちゃってて、ところがご当人は〝流れた方が気楽〟みたいな様子で、この幻の映画の話をするんですよ。

石上　そりゃ言いますね。きっと。

森　心得ているクルーが側にいてくれないと、不安なタイプなんでしょうかね。そんな自分を心得ていたんでしょうね。その映画はのちに『時の娘』（一九八〇）という内藤誠の映画になって、『ツィゴイネルワイゼン』に続くシネマ・プラセットで上映されたきり消えちゃったんだけどね。それはさておき、公開トークでネガティブな発言されると困ってしまうんですよ。たとえば『河内カルメン』の時の、カラーのはずがモノクロになった話を伺ったら、「役者が二流で、監督が三流ですから」だって。観客は面白がるけど、インタビュアーはその先何を聞けばいいのかと思いますよ。本当の話。

石上 そんなこと平気で言っちゃう人だからね。

森 それと対照的なのは木村威夫氏ですね。ちょっと外伝として語らせていただくと、「シネトピア」の三回目で十二月十二日に『木乃伊の恋』『野獣の青春』『花と怒涛』というメニューで上映会が催されたんです。『木乃伊の恋』は十六ミリでTV局から借りて上映したんです。

石上 大和屋竺主演でしょ。いい作品でしたね。

森 そうです。非常に面白かった。そのゲストが木村氏で、僕に乗せられたので沢山喋ったと仰ってましたが、もともと多弁な方ですから(笑)。そのときに可笑しかったのは、松竹時代に木下恵介が、この上なくムサい助監督鈴木清太郎(清順)を見て「ああいうのはウチでは使わないよ」と言ったとか(笑)。

石上 見た目でも相当ムサい感じだったんですなあ(笑)。別な松竹の人から私もききました。

森 老けたふりをするのが好きだし、六五年にお会いしたときは、まだ四〇代なのにいまの僕より老けて見えたなあ。『けんかえれじい』の撮影現場には行かれたんでしたっけ。

石上 行きました。

森 周りが何とかしてあげないといけないという風情だったそうで、我々もその術中にはまったと言えますな。

石上 私の印象では、現場でなんだか所在なげでね。木村さんが目立ってた。「よーい、ハイッ」って後ろから聞こえる(笑)。

森 でも言語は明瞭で若々しいんですよね。以前に電話で監督が若々しい声で「お元気ですか!」っていうんですよね。以前にから「ハイ、元気です」と答えたら「ずーっと、お元気ですか!」って、私がよほど病弱に見えたらしい(笑)。気ずつのうて生きてられへん(笑)。その前後の頃、鈴木清順共闘会議なるものがあったにもかかわらず、清順監督は無収入でいたわけです。それを、公私混同甚だしいと顰蹙を受けながらも、清順監督にCMの仕事を依頼したのが、何を隠そう石上三登志氏なわけでして。電通での本名・今村昭。その作品「椅子と赤ちゃん」は全日本CMフェスティバルで銀賞を撮ってしまうというおまけまで付いてくる。「共闘」の御輿を担ぐかわりに、生活を支えたわけですよ……ね。

石上　……イヤイヤ、そんなことまで考えてのことじゃなかったんですよ。監督というものは撮れない時期が長くなると「手」が鈍っていくものでしょう？　そんなことを鈴木監督に言われて、だったらCMだって短い「映画」だからやって貰おうじゃないかと思っただけ。「なまっちゃう」のは困りますからねえ。「ピッコロ」という子供の肌着のCMで。その前にこのCMを私がたのんだのは、実は大林宣彦さんなんですよ。そっちの方は、まあベルイマンと見紛うような出来でして(笑)。〝神のごとき陽光が燦々と輝く〟なんてことが絵コンテに一杯書いてあって、たぶんスタッフ説得のイメージなんだろうなあと思ったら、そのまんまのモノが出来ちゃった(笑)。こっちは驚愕するやら、呆れるやら(笑)。ですから、清順監督も好き放題やらせるのはまずい。『けんかえれじい』状態になっちゃうと怖いでしょ(笑)？

森　そういうの知ってるから(笑)。

石上　だからルールを作ろうと思いましてね。監督が苦手なモノを伺ったんですよ。そしたら「子供だ」と仰ったから、二歳半の子供が「主演」のCMをお願いしたんです。「アンタは意地悪だ、意地悪だ」ってさんざ言われた(笑)。

森　公開トークで「椅子一つしかくれないんです」って仰ってました(笑)。

石上　あとホリゾントのバック(笑)。

森　でも、撮り始めたら映画監督はいかにして狂うのかを知ったんでしょう？

石上　赤ちゃんのアクションで二日半かかりましたから。

森　人道問題だ。

石上　お母さんが子供に付いてるんだけど、最後には彼女のほうが興奮して「あんた何で出来ないの！」って。

森　誰に言ったんですか？

石上　子供に(笑)。

森　二歳半じゃ、無理よ(笑)。

石上　ラストは子供をスッポンポンにしていいか？　って監督が言うもんだから、軽くOK出したんです。あとでそれを観た局から「性器はいかん」とクレームが来て大騒ぎ。

森 ったって……〝前性器〟でしょうあれは。

石上 「二歳半の男の子のオチンチンは性器じゃないよなあ」って監督はボヤいてましたよ。なんとか誤魔化してそのままオン・エアしちゃいましたけどね。次は得意なものをやっていただきたいと。ポロシャツのCMでね。だから殴り合いのヤツをやろうということになりましてね。でも『大いなる西部』のノリでいくにしても、予算がないから、多摩川べりで(笑)。出来はいいものだったんですが、主婦連から今度は「暴力礼讃はいけません」とクレームがついちゃって(笑)。あの方は、何かとクレームがつくんでしょうかね。

森 〝悪い星の下でも〟か(笑)。その後、いよいよ『ツィゴイネルワイゼン』が来て雨後の筍のような自称〝清順ファン〟が現れて、その状況に我々は引いてしまうんですね。でも、ラジオの仕事でキャンペーンで名古屋に来た『陽炎座』の出演者の松田優作、大楠道代、鈴木清順という三人のインタビューがありまして。これは、やりにくかった！　個々にじゃなくて、ヘラルドの一室で。すると皆さん三人三様のポーズを作ってしまうわけ。その時、「清順さん、なんか変わったなあ」と感じましたね。

石上 外の世界で生きていくための、人格改造を自分で施したんじゃないですか。やはり『ツィゴイネルワイゼン』以前と以後を分けて論じなきゃいけないと思いますね。明らかに変わってしまったから。

森 同感ですね。『殺しの烙印』で協力しつつも変な感じがあったのが、『ツィゴイネルワイゼン』で噴出しちゃった。『殺しの烙印』は奇しくも原題は『殺しの墓標』であったわけで。確かに一つの時代を葬ってしまった。『悲愁物語』なんかも面白くない。人格改造かどうかは、わからないけども。

石上 葬られた時代ですね。過去をキチンと踏まえないという意味でね。あの頃のプログラム・ピクチャーというバックグラウンドなしに、再評価を加えるのは貧相なことですよ。

森 プログラム・ピクチャーの時代というのは、とにかく監督で観ようというのではなく、錦之助を見ようとやってきて、充実して帰っていく。それが監督の作品としても記憶されていくというね。そこが素晴らしかったんじゃないのかな。

［『文藝別冊KAWADE夢ムック総特集鈴木清順』二〇〇一年］

◉**森卓也**（もり・たくや）……一九三三年愛知県生まれ。映画評論家。一九五八年『映画評論』誌に映画評を発表。同誌に連載したアニメーション映画論「動画映画の系譜」で注目を集める。一九六六年『アニメーション入門』を上梓。主な著書に、『アニメーションのギャグ世界』『シネマ博物誌』『アラウンド・ザ・ムービー』『映画この話したっけ』『映画そして落語』など。近著に『定本アニメーションのギャグ世界』（アスペクト）『森卓也のコラム・クロニクル1979〜2009』（トランスビュー）がある。

岡本喜八『ただただ右往左往』

エッセイを読む楽しみの一つは、筆者とこちらがどのぐらい似ているか、もしくはどのへんが似ていないかの、いわば確認であると、僕などは思う。それでなくては、そのエッセイの筆者の、本業における作品に、こちらがひかれるはずもなく、だからその人の書いたエッセイ集などを買うはずもない。

＊

で、僕の大好きな映画監督岡本喜八氏の場合であるが、いやー、もうまいりました。メチャメチャな西部劇狂であるのは、まあ当然としても、とにかくヘンなところに共通点がありすぎる。この第三エッセイ集『ただただ右往左往』(晶文社、一九八三年)を読んだだけでも、ヒコーキ嫌いが同じ、オクテの酒のみという点で同じ、犬好きで同じ、いわゆるゼンソク持ちで同じ。ミステリ好きで同じ、一過性のギックリ腰で同じ、電話におけるそっけない開口一番(?)で同じ、どうせ出るなら(つまり映画におけるチョイ出演、友情出演)「無口な、枯れた初老の殺し屋」をやりたいなんて思ってる点が同じ……おまけに同じ明治大学出身で、岡本カントクの生まれた鳥取というのは、僕の母方のセンゾがいたところ。

そんなわけだから、たとえば〝日米うなぎパーティ〟及び〝西部劇アンド時代劇〟という二つの章で語られる、スティーヴン・スピルバーグとジョン・ミリアスとの交友録なんざ、僕はただただ泣けてくるのみである。スピルバーグはともかく、ミリアスがいわゆるゼンソク持ちであったことは知っていたけれど、それに喜八さんまで加わり、三人そろって〝西部劇作りたいねェ！〟ときちまうと、もうそれだけで色々同病相あわれんでしまうのだ。ついでにいってしまうと、僕のゼンソクは、なぜかアッというまになくなってしまった。これも一過性。その分だけ僕は、岡本さんやミリアスさんよりも〝作家〟ではないということか？

＊

ところで、では違う点はといえば、これはもうこの本のいたるところに書かれている、野球、ゴルフ、スキー、登山などという、岡本さんの得意な〝体技〟。こっちの方は僕はまるでダメで、ましてのっけから〝老人と言われても可笑しくない年頃になっても、ジッとしてられなくて、エキストラの通行人をやったり、草野球のタマ拾いをさせて貰ったり、ヒョウヒョウと右往左往しているに違いない〟などと書かれてしまうと、かなりガックリくる。同じ映画好きでも、やっぱり僕は監督には向いてネエんだろうか……なんてである。

＊

だからして、エッセイを読むコツはといえば、やっぱり筆者とこちらとの似てない部分を読みとることにあるんだろう。もしくは、こちらと似てない部分を愛することにあるんだろう。アメリカ西部の広大さに、同じように仰天し、色々と認識をあらためながら、にもかかわらず、あちらはさらに本場用の西部劇脚本にチャレンジしているのに、こちらはただひたすら西部劇のヴィデオを集めている……そんなエネルギーの違いの自覚が、つまりは僕にとっての「ただただ右往左往」体験。ついでに書いてしまうのも失礼なのであるが、それなのに、実に短かく、さり気なく、その上きわめて明るく、すべての文章をまとめられているあたり、物書きとしてはただただ感心するばかりなのである。

そうなのである。岡本映画と同様、僕はひたすら〝ウメーなァ！〟と思い、岡本西部劇の実現を、心まちしているだけなのだナ。

［『キネマ旬報』一九八三年八月下旬号］

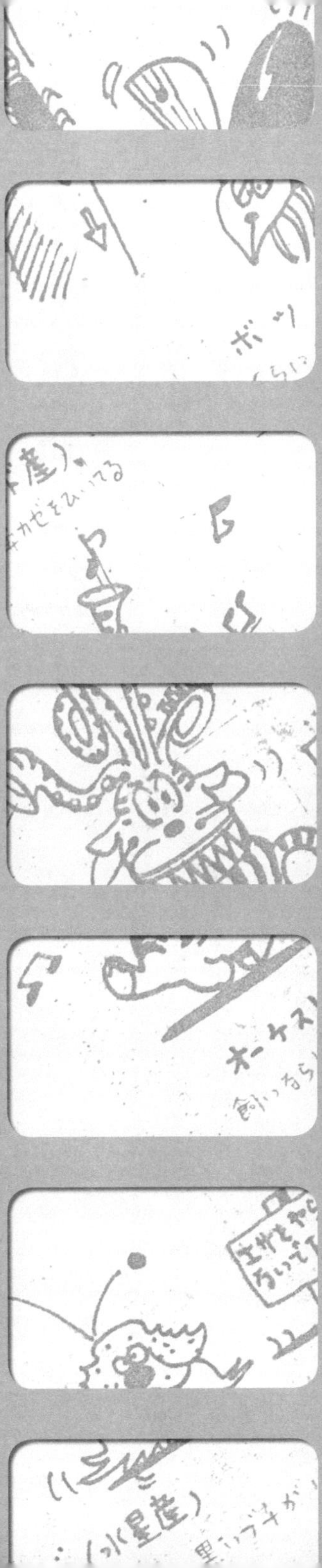

第2部 映画評スクラップ

『東京流れ者』以後へ……

▼鈴木清順監督

鈴木清順の『東京流れ者』は、『野獣の青春』と同じくモノクロームの画面から始まりました。そして『野獣――』のモノクロームが真赤な椿の花を一段とひきたたせたように、『東京――』でも落ちた拳銃が赤く彩られておりました。

ところが白黒画面の効果自体をとりあげてみると、『野獣――』にくらべ『東京――』のそれの方が鮮やかであるのに、肝心の赤が『東京――』ではちっとも冴えないのは一体どうしたことなのでしょう。

『野獣――』も『東京――』も、そのモノクロームによる回想は、主人公の意識の底にオリのようにたまったものであることに間違いありません。そのモノクロームの沈殿物の中で、真赤に輝くものこそ、清順作品の主人公達の強烈な〝感情〟であったはずなのです。そしてその強烈さが、そのまま〝自己陶酔〟にまで昇華する時、私は彼の作品に限りない愛着と力強さを感じたのです。

しかし、『野獣――』の主人公水野(宍戸錠)の意識下にあれほど鮮やかに焼き付いていた〝憎しみ〟の赤にひきかえ、『東京――』の不死鳥の哲(渡哲也)の意識下の赤い拳銃は、意外なほど不鮮明な、たよりないイメージしかありません。むしろ問題はそのバックのモノクロームなのだと清順は言っているようなのです。

話が進むにつれて、それはさらに明瞭になってきます。哲は東京を追われ、新潟、九州とまわり再び東京へ戻ります。『野獣――』を思わせるギャング物ふうな東京編『関東無宿』や『刺青一代』を思わせるやくざ物ふうな新潟篇『グレート・レース』からウェスタンムードまで匂う九州編と、哲は一見まるで違う世界を一つ一つ丹念に遍歴します。これは鈴木清順のオムニバス映画なのです。

こうなると作者の意図はわかりすぎるほど明らかです。私達が見てきた清順作品の主人公ほど、この不死鳥の哲は強烈な〝色〟を持たない人間なのです。そしてこの〝色なし人間〟が、色を捜してあるくのが、この『東京流れ者』というオムニバス映画なのではないでしょうか。

　彼の捜していた〝色〟は、イントロでされたように〝赤〟なのでしょう。清順の創り出す人間にしみついた強烈な色は、彼らがぶち込まれた〝ワク〟の意識に目醒めた時、その光度を増しました。『東京――』でも、清順は哲のめぐるどの世界をも、いつも格子の中として描いています。ですから、小林旭や野川由美子、宍戸錠達がそうであったように、渡哲也も又、自分を売ったボスを憎み、つけ狙う殺し屋川地民夫を憎み、どこへ行ってもつきまとう格子を憎む時、求めていた〝赤い拳銃〟を手に入れられるはずだったのです。

　ところが哲は誰も憎みはしません。誰も本気で殺しはしないのです。ボスも、殺し屋も、ボスに命ぜられ彼を消そうとした玉川伊佐夫も、本当は彼に殺されるべきだったのです。ところが〝色なし人間〟の哲は、そんな格子の世界に失望するだけで、殺す気さえおこしません。仕方ないからボスも殺し屋も自らの命を絶って、自ら退場するしかないのです。

　オムニバス形式で色々な世界をめぐっても、中身は同じことに気付かぬ彼は、懸命に背広の色をかえて歩きまわります。しかし心に色をつけようとしない以上、外見だけを飾ってもしょうがありません。〝緑〟のジャンパーの流れ星の健も、自分と同類だったと気付いた時、哲はどうしたらよいのやら判らなくなってしまったのでしょうか。

　オムニバスの狂言まわしの如く、めぐりめぐって再び東京へ帰って来た哲は、ついに真白な世界に入ってしまいます。彼に色がない以上、いやつけようとしない以上、残されたことといえば色なしの世界からもう一度考えなおす他ありません。

　白は無常です。無常の白に彩られたホールの中で、哲は座頭市ふうのガンプレイを見せます。しかし私はここでどうしても言いたいのです。〝一体何のために射つんだ〟と。

　導入部ですでに清順の視点が、あきらかに主人公の意識よりも、それをとりまく周囲の情況に向かっていたことは前に指摘いたしました。そしてその情況を、無常の〝白〟と結論を下したこともまた事実でしょう。まったく岡本喜八じゃないが〝どこを向いても敵ばかり〟なのです。しかしそんなことは今さら言う必要があるのでしょうか。無常をただそれだけ受けとめた時、私は強い作家の姿勢を感じとることが出来ません。無常の中で、彼が何の色を身につけるかによって私は作家の姿勢に力強さを感じるのです。

　表面だけの色を投げ捨てて白の世界に戻った不死鳥の哲は、東京のネオンの色を見つめます。彼は色を懐かしんでいるのでしょうか。それとも再び色を捜そうとしているのでしょうか。懐かしんでいるだけだとすれば、『東京流れ者』は、力強さのない、ただの清順ファン向きの作品でしかないのです。

［『映画評論』一九六六年八月号／投稿］

『本陣殺人事件』

▼高林陽一監督

　これは、横溝正史描くところの本格謎とき探偵小説の、十番目の、しかもひさしぶりの映画化作品である。念のため、その映画化の順番を列記してみると、次のようになる。

❶三本指の男［本陣殺人事件］（昭二十二）
❷蝶々失踪事件［蝶々殺人事件］（昭二十二）
❸獄門島・前後篇（昭二十四）
❹八ツ墓村（昭二十六）
❺毒蛇島奇談　女王蜂（昭二十七）
❻悪魔が来たりて笛を吹く（昭二十九）
❼犬神家の謎・悪魔は踊る（昭二十九）
❽三つ首塔（昭三十一）
❾悪魔の手毬唄（昭三十六）

　このうち、❷❺❾をのぞいた作品が、つまり片岡千恵蔵演ずるところの名探偵金田一耕助物。内容の出来不出来はまったく別として、探偵小説好きが寄るとさわるとやり玉にあげ続けてきた、ソフトをかぶり背広にネクタイ姿の金田一氏の連続登場なのである。

　映画と原作小説とは違ってもいいはず……というのはたぶん、原作の魅力をてんで知らない人だ。ファンにとっては、それほどに原作にイメージされたこの名探偵の、とりわけ〝飛白《かすり》の対《つい》の羽織と着物、それに縞の細い袴をはいているが、羽織も着物もしわだらけだし、袴は襞もわからぬほどたるんでいるし、紺足袋は爪が出そうになっているし、下駄はちびているし、帽子は形がくずれているし……〟的な外見が身近かなものだったわけで、これはもう読者にこびりついて離れない明快な実像。それを変えるということは、たとえていえばターザンに虎の皮のパンツをはかせたり、シャーロック・ホームズを肥満漢にしたりするようなものなのだ。読者の願望を無視するのもいいとこなのだ。

といったあたりが、今回の映画化作品の、最大のポイントであったはずだろう。そして、だからといって、原作にあるところのおどろおどろしき前時代性を、そのまま映像世界として説得出来るだろうかという疑問もまた、当然プロセスにあったのだろう。かくて今回も、おそらくはあえて原作読者の金田一イメージを裏切った、中尾彬演ずるヒッピーふう名探偵の登場とあいなった。

その結果は、やはり千恵蔵名探偵と同じ失望を生み出した。いや、むしろ名探偵に関してはそれ以上の失望だった。なぜならば、前時代的な異様な動機と、そこから生み出された華麗な密室殺人事件をユニークな論理志向でもって解決するキャラクターが、ヒッピーふう青年ではなんともリアリティに欠けるからである。これは、ヒッピーふうの青年に今ようのリアリティがないというのではなくて、横溝ふう虚構世界への論理的参加者としてのリアリティがないという意味である。別ないい方をするならば、虚構の大犯罪には虚構の大探偵こそが必要なのであって、それならばたとえ原作離れをしようが、むしろ金田一＝千恵蔵に違いないのである。

これは、つまり謎の大犯罪世界は虚構の大探偵のむしろ属性であるという論理にも結びつく。だから、犯罪世界が前時代的な動機によって構築されればされるほど、それはこの場合、羽織袴名探偵でなければならず、そのいわば〝時代劇〟性こそが、横溝イメージの大魅力であったはずなのだ。

ところが、今回の映画化の狙いは、〝現代劇〟性である。虚構の大犯罪への論理的案内者自身がそうなのだから、あとはもう原作に忠実にトリックの図解をやろうが、〝現代劇〟にすぎないのである。だからなのだろう、華麗な横溝世界初のカラー・イメージであるにもかかわらず、それは終始鮮やかな昼の色彩にみなぎり、前時代的な夜のそれには決してならなかったのだ。こと色彩に関しては、あまりといえば健康すぎて、それはまるで中尾＝金田一の、まさしくヒッピー的なそれにすぎなかったのだ。

　にもかかわらず、原作通りに再現されたメカニズム・トリックの、映像的な面白さは抜群である。小説ではむしろ出来そうもないと思われたメカニズムを、映像が実証してしまったのであり、この事実は旧作『三本指の男』でも指摘されたことなのである。そして、そのへんにこそ、本格的謎とき探偵小説の映画化の、むしろ期待されるべき方向があったはずなのだ。その魅力を別な型で観客に伝えるべき、名探偵がいれば……である。

　残念なことに、中尾＝金田一は、くどいようだがそうではなかった。彼は、今ようのリアリティを持って登場し、そして、そうであればあるほど名探偵にはなり得ず、多くの登場人物の一人にすぎなくなってしまったのである。

　それはそれでいいじゃないか、映画ファンかならずしも名探偵ファンじゃない……などというなら、それは豊かなエンターテインメント世界を知らないがゆえの、不幸さであろう。金田一耕助は、それほどに見事な、日本生まれの大ヒーローなのだから……。

〔『キネマ旬報』一九七五年十月下旬号〕

編者註――本書024ページにもある通り、映画化された横溝ミステリは他にも『幽霊男』（一九五四）や『吸血蛾』（一九五六）などがあるが、文章の流れを生かすため初出のまま収録した。

動け！日本映画

　深作欣二監督の新作『暴走パニック　大激突』は、何よりもまず、きわめて秀れた〈アクション〉映画として、大いに評価すべきであろう。それ以外はとりあえず、どうでもよろしい。そして、実にその点のみで、僕はこの作品を、たとえばキューブリックの『現金に体を張れ』やシーゲルの『突撃隊』やペキンパーの『ガルシア

▼深作欣二監督の『暴走パニック　大激突』

『暴走パニック　大激突』（東映／1976年）
DVD発売中／2,800円（税抜）／東映ビデオ

の首』と並べ、徹底的にほめちぎりたいと思うのである。なぜならば……だ。このところ日本映画が僕にとってつてんでつまらない最大の理由が、この〈アクション〉の下手くそさというか希薄さというか、そこにつきるからなのだ。

いうまでもないことなのだが、僕がここでいう〈アクション〉とは、アクション・シーンのそれだけなのではなく、動的映像たらんとする作者の志向というか心というか、それである。そして、映画がムービング・ピクチャーといわれる以上、もともと動的映像こそがそれに適しているのにきまっており、そのこと自体をどうやら日本映画は忘れすぎているのじゃないかと僕には思えるのである。

そんな意味で『暴走パニック　大激突』は、実に最近の日本映画としてまれにみる、動的映像志向の徹底した連続である。渡瀬恒彦らの導入部の銀行ギャングがすでにそうであり、それで得た金で南米へ飛びたいという動機がまたそうである。そしてこの導入部の動的映像志向は、以後様々な形でそれをさまたげられ、それゆえにますますボルテージをあげざるを得ないのだ。別ないい方をすれば、深作が渡瀬にたくしした〈アクション〉志向に、他のドラマはすべて巻き込まれ、はねとばされ、しかるのちに、それ自体に同化し、一方向に向かって〝暴走〟し出すのである。

この出発時の動的映像によってはねとばされたキャラクターが、また様々な世界の、しかしそれなりに内に動的志向を秘めた連中であることが、実は重要であろう。連中はことごとく一触即発の、しかしいたって人間的な危機感を持たされた連中であり、だからこそ彼らは同化暴走を開始するからである。たとえば、まさしくはねとばされた下っぱ警官(川谷拓三)、渡瀬との犯行の途上で事故死した相棒の兄貴(室田日出男)、煮豆しか料理の出来ない渡瀬の女(杉本美樹)、ホモ医者に狙われたガソリンスタンドの少年(風戸裕介)……様々な姿で内向する彼らの〈アクション〉志向は、結局のところ渡瀬の、というよりも深作のそれに刺激されて、徹底的に爆発してゆくのである。なにしろＮＨＫならぬＭＨＫの〝暴走族の生態〟取材中のインタビュアー(潮健児)ですらそうなのだから、これはもうものすごいもんである。

そんなわけだから、この単細胞ドラマが僕らに快感を与えるのは当然であり、それはつまり、こんなことにつきるのだろう。即ち〈アクション〉とは、人間の心理感情の外へ向かっての爆発、つまりはエクスプロージョンを起点とし、それ自体に間違いなくカタルシスがあるからなのである。だからカタルシスのある映画は、おおむね外へのアクションを基調とし、つまりはムービング・ピクチャーとなり得る。そして、その反対の、内へ向かう爆発、つまりはインプロージョンこそが、実は、たとえば深作自身の『仁義の墓場』を含む、日本映画の不愉快な正体なのである。

だからこの作品、主人公《ヒーロー》たるもの何が何でも南米に行かねばおさまらず、大激突の連鎖反応の結果、いとも映画的にいってしまうのが傑作である。そうでなければカタルシスは生じず、そしてそうであるための〈アクション〉志向の大連鎖同化。かくてこれは、日本映画にはまれな〈アクション〉映画と化し、もうやたらめったら面白いのだ。

そして、いうまでもなく、これはきわめて秀れたスラップスティック・コメディでもあるだろう。なぜならば、エクスプロージョンという言葉には〝爆笑〟という意味も、当然ながら含まれているからである。とにかく動け、日本映画……なのである。

［『キネマ旬報』一九七六年四月下旬号］

『超高層ホテル殺人事件』

▼貞永方久監督

超高層ホテルの完成を目前にしての、その向かいのビルでの盛大な祝賀パーティ。やがて、新ホテルの窓のあかりが、巨大な十字架を形作り、パーティ参加者たちの眼は、当然そっちの方へ……という瞬間、新ホテルの窓から落下してゆく黒い人影。ミステリ映画としては、上々のすべり出しである。

しかもその後、これは自殺ではなく何者かに突き落とされた他殺らしいこと、そしてその部屋は当然出入りが不可能な密室であったことが、数人の目撃者の証言で判明し、この謎ときふうミステリ映画は大いに先を期待されるのである。『復讐の歌が聞える』『黒の斜面』『影の爪』『球形の荒野』と、それぞれ欠点はあっても、とにかくミステリ映画にこだわり続けてたのもしい貞永方久の、今度こそはという大期待なのである。

だが……しかし、なんとも、それにしても、この不可能犯罪のトリックには、さすがミステリ好きの僕も、口をあけっぱなしの呆然自失。あんまりびっくりしたので、これからそのトリックをばらしてしまうけど、映画でもかなり前にばらしちまうのだから、決してルール違反ではないのだよ。それに、これをばらさないことには、この映画の良否も指摘出来ないのだから仕方ないのだよ。それでも気に入らないのなら、ここから先は読むべからずである。

つまり、本当の被害者は、それよりずっと先に落ちていたというわけなのである。それはいい。よくある手であり、問題はそれをどう、あとで起こったように見せたかということだ。これがなんと、こうなのである。

あっちからこっちを見ている時、別な生きてる人間が、下の、フォーム・ラバーかなんか積んだトラックの上に、落下傘もつけずに落っこち……一体これは何だ！　一階か二階からならともかく、まるでリアリティ皆無のむちゃくちゃな珍トリックであろう。

しかも、である。その男は真犯人じゃなく、真犯人をゆするためにこのトリックを咄嗟に考えたとくると、これはもう心理的にもリアリティ皆無。一体誰が、理由が何であれ他人のために、こんな決死的作業をやるものか。それを咄嗟に思いつくものか。

いやこれは森村誠一の原作通り、というならば、僕はなおさらいいたいのである。それならばなぜ、まるでサーカスのダイビングのごとく、どういうわけか見事に、下の小さなトラックの上に落ち得たのか、その瞬間を画面にとらえなかったのか？　たぶん、いかになんでも説得力がないと、貞永監督らが考えたからの省略なのだと思う。そして、だからトリックははやめにばらし、あとは不運な犯罪者たる彼(近藤正臣)と彼女(由美かおる)の、むしろメロドラマ・サスペンスの方に切りかえたのだと思う。

だが、ならばなぜ、冒頭の珍トリックには一応こだわったのか。こんな省略は、謎ときとしてはインチキというもので、そこからいいミステリなど生まれるはずがない。あとで不運な二人が何をしようが、もう時すでに遅く、こちらの呆然自失はむしろ大いなる怒りに変わってさえいるのである。

こんなことは、実は批評でも何でもなく、ただの欠点指摘であろう。しかし、ミステリにはミステリなりのリアリティ、トリックにはトリックなりのアクチュアリティが必要であることを、もっと考えてくれないからの、単なる欠点指摘なのである。

［『キネマ旬報』一九七六年五月上旬号］

『江戸川乱歩猟奇館 屋根裏の散歩者』

▼田中登監督

江戸川乱歩が生涯こだわった世界とは、典型的な現実逃避者の夢想するところの、逆ユートピア。つまり、当人だけ、ただそれだけの快楽世界である。そこは、当人以外の人間がいかにおそまつに思おうとも、夢想というフィルターがかかっているからこそ、当人にとってのみユートピアたり得る。

〝屋根裏の散歩者〟こと郷田三郎(石橋蓮司)の発見した逆ユートピアもまた、本来的にそんな夢想世界である。それは、下宿の個室、押入れ、天井裏というプロセスが物語るように、まさしく小児的な逃避心理によってこそ裏打ちされ、さらにその天井裏のふし穴から見えるところの現実に、彼は自身とはあい入れぬ大人の世界を目撃したはずなのだ。逆ユートピアたる夢想は、その時、彼の内部に発生し、彼をして自身が直接参加する性的行為以上の快楽をもたらす……はずなのだ。

映画『屋根裏の散歩者』における田中登演出によると、たしかに彼が置かれたところの夢想発生場たる、屋根裏部屋はきわめてよい。そして、そこから目撃する現実、つまり夢想発生の引き金もまた、異様な映像アングルを構成し、まことに魅力的ではある。

が……しかし、なのだ。どうにも解せないのは、そこから見える対象が、決して逆ユートピアにはなっていないことだ。当人以外の人間でも納得ゆくような、夢想というフィルターがかかってこないのだ。これは困る。

いやそれどころか、〝屋根裏の散歩者〟は、下の世界にもむしろ都合がよすぎるほど、自分と同類の現実逃避者、たとえばサディスティックな貴婦人(宮下順子)にかしずくマゾヒスティックなピエロ、同様に彼女に恋こがれて〝人間椅子〟と化す運転手などを発見し、そちらに同化出来得ると考えたのか屋根裏をおりさえするのである。これでは彼の夢想世界が明確に提示されず、そうでない僕らはおそまつに思うしかないわけで、とても困るのだ。

一つの夢想、一つの妄想は、他のそれとはあい入れぬがゆえに夢想であり妄想であり得る。それゆえ、〝屋根裏の散歩者〟は決して下界に別な夢想を目撃するはずがなく、それは本来的に彼が嫌悪するところの現実にすぎないはずである。そして彼は、それを特異なイマジネーションによって、美化し得る才能を持ち、だからこそそれらは現実に対する批評とさえなり得るはずなのだ。

映画『屋根裏の散歩者』には、そんな逆ユートピア的イメージによるところの、僕らに対する刺戟という衝撃が、あるようでいて実はまるでない。別ないい方をするならば、この作品での主人公の主観は、夢想と呼べるほどの異様な美しさに、きわめて欠けるのである。それは、おそらく作者自身に、〝屋根裏の散歩者〟同様の小児的な心を欠くためでもあろう。江戸川乱歩には、実はそれこそがあったのだ。

［『キネマ旬報』一九七六年七月下旬号］

邦画として目一杯のアクション

▼佐藤純彌監督の『野性の証明』

元自衛隊特殊工作隊員味沢岳史(高倉健)の、自衛隊戦車やヘリを敵にしての、ほとんど孤軍奮闘の大アクション。そのスケールといい、アクションにつぐアクションという趣向といい、日本映画としては今のところ目一杯の、大げさにいうならばアリステア・マクリーンとかデズモンド・バグリーといった英国型冒険小説作家のクライマックスを彷彿とさせる、そんな大サービス映画である。しかし、だから色々困ってしまうのである。

その第一……。そういう、日本映画にはかつてない

『野性の証明』(1978年)©KADOKAWA1978
DVD発売中／1,800円(税抜)／発売・販売元＝株式会社KADOKAWA

戦争アクションを展開するために、本物の重火器を使いそれに見あう場所で撮影せねばならず、それで大規模なアメリカ・ロケが行われ、それはそれでわが映画界にかってなかった快挙にはちがいなく、だからマクリーンやバグリーとしか比較出来ないわけなのだが、でも……ねえ！　やっぱりフィルムが敏感に受けとめるロケ地の空気が違うのか、それとも〝アメリカ・ロケ〟を宣伝しすぎたせいか、このスペクタクル・シーン、ちっとも東北山中の自衛隊演習地と感じられず、見ているあいだ中、〝ここは日本だ、東北だ〟と我とわが身にいいきかせっぱなし。そういうことを無視してしまうなら、間違いなくとてつもない、さすがは角川映画といえるだろう。

そして、その第二……。このスペクタクルにもっと近づいてみると、たとえば自衛隊のトラックを奪って逃げる味沢と少女（薬師丸ひろ子）と、そして味沢を追っていたはずの刑事北野（夏木勲＝一九七八－一九八四年の名義。夏八木勲）の、とりわけ北野にとってのいいシーンがあり、それがテレビCMでもやってるところの、トラックと戦車との激突爆発大落下。これはつまり、行きどまりになった山道のために、一人北野のみがト

『野性の証明』（1978年）©KADOKAWA

ラックをUターンさせ、〝オイ、生きろよ!〟なんてカッコいいことをいってのち、せまってくる戦車に体当たりしてゆくというくだりで、たしかにマクリーン映画やバグリー映画にだって使えそうな、大迫力の激突爆発大落下の〝絵〟はとれてはいるのである。だが、〝オイ、生きろよ!〟のUターンから、わずかにトラックの疾走ともいえない疾走をチョッピリいれただけで、本当にすぐに戦車にぶつかて、それで〝絵〟はともかくシークェンスが大迫力になりますか? 相手は戦車である。トラックぐらいクシャクシャにしてしまうための戦車である。ここはひとつ、下りの山道を全速で突っ走り、その惰性でもって激突してゆくぐらい見せてくれなければ、肝心の〝絵〟も生きず、まして北野の〝死に様〟も生きやしないはずなのだ。そういえば、この部分に、それこそ必死で運転を続ける北野の、顔のアップ一つすらインサートされていず、それではまったく、物理的にも心理的にも、いい〝絵〟を殺してしまって当たり前とさえいえるだろう。そういうことも無視してしまうなら、やっぱり間違いなくとてつもない、さすがは角川映画なのである。

その角川映画……理想的な、本物の、個性を感じられるところのプロデューサーのいる、そんな角川映画『野性の証明』の、だからエンド・タイトルに期待したのは、英語でいえばAction Sequence Directed by……の文字。それはやっぱり、どこにも見当たらなかった。そして、ということはだから大激突も〝生きろよ!〟も、結局全部、佐藤純彌が演出したというわけになるのだろう。おかげで非日本的物量スペクタクルの方に熱中しすぎ、そこに当然描かれるべき日本的心理スペクタクルをうっかり撮り忘れた、もしくはそこで気がぬけたといえば、いささか言いすぎかもしれないが、しかし実感である。デッカイ絵を生かすも殺すもチッコイ絵しだい……そのためにアクション・シークェンスは別の専門家にまかせ、監督はそれをさらに大きくまとめてやるというのは、むしろ常識であるはずなのだ。

これは、日本的にも非日本的にも、いいところのたくさんある、つまり楽しめる映画である。だからこそ、僕は以上のようなことをどうしてもいいたいのだ。

[『キネマ旬報』一九七八年十一月上旬号]

『黄金のパートナー』

▼西村潔監督

のっけに書いてしまうのだが、これはまったくロベール・アンリコの『冒険者たち』だ。そして、原作者の西村京太郎も、監督の西村潔も、そのことに関して決して照れても恥じてもいない。だからこそ、この映画はきわめて面白いのだ。

まず、冒頭より、得体の知れない報道カメラマン(三浦友和)と、現職の白バイ警官(藤竜也)の年がいもなく、ついでに職がいもないはしゃぎぶりが、いたって快テンポで展開され、これは当然ながらアラン・ドロンとリノ・ヴァンチュラの関係のリフレインだ。その二人のあいだに、本当に幼そうな女の子(紺野美沙子)が入って来、これももちろんジョアンナ・シムカスのリフレイン。かくて彼らは、女の子の父親さがしと、南海の海での宝さがしをごっちゃにし、いい気になって日本を離れてゆく。原作者も監督も、いい気なもんである。ところが、これがやっぱり面白い。その面白さは、たぶん製作費的にもキツイはずのサイパン・ロケ部分の、にもかかわらずの、のびのびとしたお遊び映像のリズム感に、まずまとめられるだろう。それを可能にした〝脚本〟は誰だ？　それをレイアウトした〝編集〟は誰だ？　脚本は、岡本喜八の近年の収穫『幽霊列車』を書いた、長野洋。編集は、やっぱり岡本喜八のかっての快アクション映画群をつなぎにつないだ、黒岩義民。なるほど、なるほど……そういうことだったのだ。

このお遊びリズム、つまりは「冒険者たち」ごっこは、しかしただそれだけならば、僕はたぶん感激などはしないだろう。むしろ、この野放図な〝海外あそび〟の快感を、三人の主演者で代表される、〝外国なんか何でもない〟型の新しい日本人の、それなりの魅力迫力にでもまとめて、それなりに納得するだけだろう。事実それはその通りでもあって、それもまた僕がこの映画を好きな理由でもある。

だが、僕がアッとおどろいたのは、結局次のくだりに最終的にまとめられるのである。サイパンでは宝を発見出来ず、その宝は日本で〝よく眠っている悪いや

『黄金のパートナー』(東宝／1979年)
DVD発売中／4,500円(税抜)／発売・販売＝東宝

つ〝が一人じめにしており、そいつのために女の子の父親である旧帝国海軍兵は島で殺されねばならなかったという事実を知った〝冒険者たち〟は、今度は日本で宝さがしだとばかり、またはしゃぐ。その様を、西村潔はサイパンの草むした旧日本軍の飛行場跡を車で突っ走る三人として見せてくれるわけなのだが、アッというのはこの直後。三人の車を追うようにして、同一画面を飛びたってゆくのは、日の丸鮮やかな、幻の日本戦闘機……なのである。

　とりたてて説明もなく、まして小むずかしい主張もない、しかし少なくとも日本人なら色々わかってしまう、このユニークなカットは貴重である。おそらくはこのカットに凝縮されているはずの、西村潔的な映像パワーを、僕らは何度期待し、にもかかわらずエンターテインメントとしては納得出来なかったことだろう。そう……この凝縮あるからこそ、この映画はきわめて楽しく面白く、そしてだからこそ、監督さんは「冒険者たち」ごっこを決して照れも恥じもしなかったはずなのだ。

　だから、おどろくべきことに、この映画はエンド・タイトルにまで快感がある。それはつまり、軽快さの中にも〝重さ〟を置き得たこの映画の、それゆえの快感にちがいないのであろう。

［『キネマ旬報』一九七九年六月下旬号］

ヒッチコック作品と肩を並べて

▼川島透監督『野蛮人のように』

1

　川島透、えらい！

　試写会場を出、いい映画を見たあと特有の、あの心地よい疲れを遅い夕食で癒し、タクシーをひろって家に帰るあいだずっと、そんなふうに言いっぱなしで、結局家人に笑われた。そんな言葉しか出てこない、そんな言葉にしかまとまらない、そういう作品だってあるのだ。批評家だろうと何だろうと、やっぱり人の子だ。うれしい時は、素直にうれしいもんなのだ。

僕はかつて、日本の都会の夜が、こんなにチャーミングに見えた映画を知らない。ましてその街ときたら、僕もよく知っているどころか、この映画でメインの悪党を好演している清水紘治と、時々飲んだくれている六本木ときたらなおさらだ。そういう、僕の知っている六本木ではなく、この映画の前半のスリリングな舞台となる六本木は、実景をふんだんに使いながらも甘美にも嘘っぽく、それだからこそ見事に別次元の〝夢〟空間を作り出し、つまりは最初からフィクションとしてそこに存在する。そう、たとえていえば、まさしくあのヒッチコックと同質の、それは魅力と僕には断言できる。

その空間はある時は、クリカラモンモンのやくざの組長の脳天へとぶちこまれた銃弾が、すかさず次の花火の爆裂のショットにモンタージュされる瞬間のときめきとか、さらにはその犯行現場の窓に見えるネオンサインが、一瞬部分的に消えて、DIEと読めるとかいった、いってみれば作者の生理や遊び心などによって、きわめて大胆かつデリケートに構築されてゆくがために、まさしくヒッチコックなのである。そういった空間つくりが徹底されるがゆえに、薬師丸ひろ子演ずる女流作家(!)……十五歳でデビューし、すでに創作的なジレンマに落ち込んでいるらしい、かなりといえばやはり嘘っぽいキャラクターも、ヒッチコック映画のあのほとんど妖精的なヒロインたちのごとくに、最初から魅力的である。実をいえば、組長の脳天に爆裂した花火は、海辺のコテージで二十歳の誕生日をむかえる彼女を祝って、友人たちがあげたものなのであるが、このことがのちのアクション趣向の重要な伏線になっているあたりも、やはりたとえにヒッチコックを持ち出さねば、どうにも収まりがわるい。〝川島透、えらい！〟とは、まさにそういうことなのであって、別な言い方をすれば、とうとうわが国でも、ヒッチコックとまともにぶっつけて論じられる作品に出会えたという喜びなのである。

2

だから、この映画は、きわめて上質なスリラーもしくはサスペンス物として、ヒッチコック作品同様、事前にディテールを明かしてはいけない類の作品なのだろう。それほどに、プロットのみをとりだすと、これまたたとえばヒッチコック。なにしろ殺しの直前に組長とベッド・インしていたコールガールと薬師丸ヒロインの服装が、たまたま似ていたというインチキ情報のために、〝目撃者は消せ！〟とばかり彼女が追いかけまわされ、それに本来は追跡者側の一人であるはずの、柴田恭平演ずる若いやくざまでが巻き込まれるのだから、これはもうヒッチコック作品の元ネタの一つであるコーネル・ウールリッチ＝ウイリアム・アイリッシュにまでもさかのぼれ、これがそういった意味での正統派エンターテインメントであることが間違いなく立証されてしまう。つまり川島透は、ヒッチコックたらんとしたというよりも、本質においてヒッチコックであるとさえいえるのだ。川島自身がよくいう〝よい意味で観客を裏切り続けたい〟という言葉も、まさしくそのことであって、彼らと同様の映画型ミステリ・ファンの僕などは、だからほとんど感動さえしてしまうのだ。そういえば、『チ・ン・ピ・ラ』も見事にミステリだった、『ＴＡＮＴＡＮたぬき』でさえも、あっちこっちにミステリ的な趣向がちりばめられていた……という具合になのである。

　そういうわけで、ディテールには触れないのが礼儀というものではあるが、しかしそれこそがたとえばヒッチコックの最大の魅力でもあるわけで、このへんも『野蛮人のように』はまったくそう。なにしろ、追われて六本木を走り続けるヒロイン有栖《ありす》川珠子の幻覚のごとく、ウインドゥ・ディスプレイの〝マッド・ハッター〟たちが一瞬動きだすかと思えば、プラットホームの彼女を狙って、カメラは地下鉄のレールの上を突っ走りだす。後半、ドラマとアクションの舞台が、〝アリス〟の海辺のコテージに移るや、雄大な海岸線をとらえた、カモメの視線によるまさしくバード・アイ・ショットは、突然コテージにひそむ二人をターゲットにしたかのごとく、そこに向かって突っ込みだし、そのカモメの死体がすぐ次に、二人の心理を描きだす重要な小道具となる。砂が、赤電話が、ステーキが、氷水がと、ディテールがディテールとぶつかり、次のディテールを誘導し、それらの集積がきわめて甘美かつスリリングなフィクション空間を説得してゆくプロセスは、これはもう〝映画〟としかいいようがなく、ただただ画面にみほれてしまう。そして、実はいい映画ほどディテールが見事だったという、きわめて当たり前の事実に、いまさら気付いてしまうはずなのだ。

　いまさらといえば、この『野蛮人のように』は、セリ

『野蛮人のように』（東映／1985年）
DVD発売中／2,800円（税抜）／東映ビデオ

フ、もしくはダイアローグがまた、実に素敵であることも、やはり特筆すべきだろう。八月三十一日、お前、十五歳、タバコ、誕生日等々といった、きわめて平凡な日常的な単語が、こんなにもチャーミングに聞こえた日本映画を、僕ははじめて見たといっても過言ではなく、これもつまりは前述した見事なフィクション空間の中だからこその、日本語の再生といったふうにとらえていいのだろう。とりわけこのドラマの核ともいえる〝誕生日〟に関しては、スリリングでスペクタクルなクライマックスのコテージ攻防戦の中においてさえ、甘美なリズムとなって飛びかい、あげくの果てには、それまで十二分に語られていなかった二人の過去までを観客にイメージさせながら、しかしフィクションのバランスをくずすことなく、いわゆるソフィスティケートされたエピローグへとまとまってゆく。このへんはもう、よい音楽を聞いたあとの快感にたとえるしか術がないほどであって、そのことがまた〝映画〟なのだろう。

3 川島透、うまい！

僕は結局のところ、ほとんどそれだけを言いたいのかもしれない。考えてみれば、かつて、またまたたとえに持ち出してしまうのだが、ヒッチコック映画に対する賛辞は、つまりそうだった。秀れたミュージカル映画に対する賛辞も、そうだった。まとめていうならば、およそ秀れたエンターテインメント映画ならば、まずこの賛辞にはじまり、この賛辞にまとまるべきだったはずだ。そのことを、川島透はこの『野蛮人のように』でもって、僕にほんとにひさしぶりに思い出させてくれたのだ。しばらくのあいだ、今見た映画の余韻を楽しみ、反芻するという無上の喜びにひたらせてくれたのだ。だから、もう一度いっちまおう。

川島透、うまい！

いい映画であればあるほど、書きたいことがたくさんある。ましてこの『野蛮人のように』のごとく、ディテールに秀れ、アイデアが豊かにちりばめられている映画ならなおさらだ。だから、ぜひもう一度見よう。そしてまた書こう。

［『キネマ旬報』一九八五年十月下旬号］

『ジャズ大名』

▼岡本喜八監督

のっけにミッキー・カーチスが出てくる！　故郷アフリカに帰ろうとしている四人の黒人奴隷たちを、だまくらかして香港行きの船に乗せてしまう。メキシコ人アマンドの役である。かつて快作『暗黒街の対決』におけるる彼の同様な快演を思い出し、喜八映画健在だなぁとニヤついていたら、彼らを襲撃するインディアンの酋長役で、今度は喜八監督自身が現われた！　やはり、かつての快作『独立愚連隊西へ』で、軍旗を持って駆けずりまわっていた喜八サンを思い出し、いい気分になって、そうなりっぱなしで見終わってしまった。

そういう意味で、ここには喜八映画のおなじみ連中が次々に登場し、例によって陽気に騒ぎまわってくれるのであるが、もう一人だけあげるなら、メインの舞台となる駿河の国、庵原藩の書記補かなんかの役の小川真司。『幽霊列車』のドタバタ演技、『ブルー・クリスマス』のまるで本物みたいなインターン……喜八作品では忘れることの出来ないキャラクターではある。

実は、ひさしぶりの岡本喜八作品『ジャズ大名』、そういう喜八ファンとしてのお楽しみや快感以外、書くことが不可能のような実感がある。それはなぜかといえば、香港行きの船から逃げ出し、幕末の駿河に漂着した黒人たちは、そこで、ケムッタイ世の中に色々嫌気がさし、年がら年中ヒチリキかなんか吹いている、藩主海郷亮勝(古谷一行)に救われ、彼にクラリネットを教え、国も時代もくそくらえとばかり、和洋折衷ジャムセッションにただひたすらはげむだけだからなのだ。これはもう、徹底的にそうであって、西と東の中間にあるがために、役目として官軍賊軍をとわず、それなりにもてなさねばならない庵原藩、もうめんどくさいとばかり、城内の襖や障子をとりはらい、早い話がそこを通りにしてしまい、自分たちは地下牢でドンチャン騒ぎの馬鹿騒ぎ。つまり、上では切ったはったの修羅場と共に時代が変わって行くというのに、下ではただひたすら好きなことだけにはげんではげみっぱなし……。あげくの果てに、いわゆる映画的なレイアウトも起伏もへったくれもなく、アレヨアレヨと終

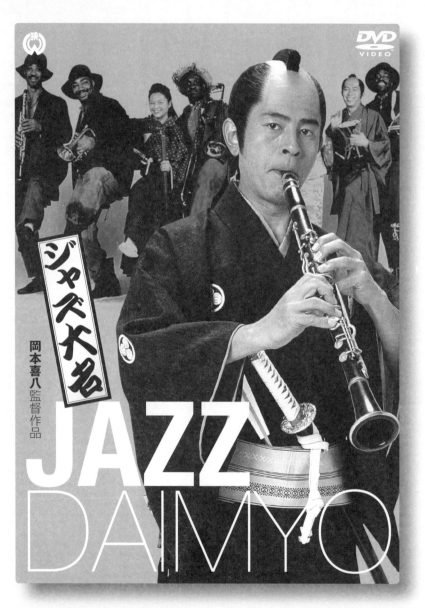

『ジャズ大名』(1986年)©KADOKAWA1986
DVD発売中／価格：2,000円(税抜)／発売・販売元＝株式会社KADOKAWA

『ジャズ大名』(1986年)©KADOKAWA1986

わってしまい、あるのはだから奇妙な快感だけ。そう、それはまさしく、岡本喜八とその一家による、映画的ジャムセッションを体験したことに、たぶん等しいといえる。

この、むしろムチャクチャさが、きわめて新鮮に感じられるのは、この作品を取り巻く日本の映画事情が、かなりといえば貧弱だからなのだろう。そういう時代に関して、岡本喜八はもう一種のやぶれかぶれスピリットで、海原亮勝同様、好きなことだけに徹底し、通り過ぎさせてしまおうと思ってしまったのだろう。だからこそ、この作品は、映画的にはムチャクチャながら、近頃の日本映画を見事に批評さえしてしまったはずなのだ。プロローグの重要なシーンを、アメリカ・ロケすら出来ない、そんな貧弱な条件にもかかわらず……なのである。

いうまでもないことであるが、ここにはもちろん、『独立愚連隊』から『近頃なぜかチャールストン』にまで描き続けられている、喜八式「反戦論」がきっちり基調を作っていることは、これは誰にでもわかる。だからこのムチャクチャは、感動的でさえある。あげくの果てに、通りとして開放してしまった庵原藩が、東名高速のはしりだなんて語られ、ご丁寧に現在のそれが、例の喜八ふうで小気味よくインサートされてしまうのだからなおさらだ。まったく本当に、東名高速的な日本映画ばかりの中で、この地下牢ジャムセッションは、当たり前だがよく光る。『独立』岡本喜八、好きなことに徹底して健在である。岡本嬢真実さんも、なかなかチャーミングでこれからが楽しみだ。

〔『キネマ旬報』一九八六年六月上旬号〕

『新・殺しの烙印』から『ピストルオペラ』へ

▼鈴木清順監督

あの花田五郎がふたたび登場

鈴木清順監督、八年ぶりの新作『ピストルオペラ』は、どういういきさつで改題されたのかは聞いていないが、はじめは『新・殺しの烙印』として出発した。いうまでもなく、「日活」時代最後の作品『殺しの烙印』(六七年、二十四年前!)の、その続編という趣向で、だからかつて宍戸錠が好演(怪演?)した、殺し屋世界ナンバー1《ワン》の座を狙う、あの花田五郎がまた登場する。

今回演ずるのは平幹二朗……老いてなお「座」にこだわるという、その貫禄と屈折ぶりに相応しいキャスティングだが、ここはやはり実齢で「ジョーさん」にやってもらいたかった!　それが昔からのファンの心理というもんだ。撮影ステージは「日活」、そこでセットを仕切っているのが美術木村威夫なんだから、なおさらだ。

そういうわけだから、江角マキコ演ずる女殺し屋皆月美有樹と、山口小夜子演ずる殺し屋ギルドの代理人上京小夜子という、二人の新キャラクターを中心に、今度も旧作同様、様々なテクニックを披露しては、消されてゆく。そう……旧作で私自身も色々とアイデア出しに参加した、ああいう「ときめき」気分、ああいう「わくわく」展開が、ありそうと誰だって思う。でも、違うのですね。てんでもう違うのです。

旧作はキチンとしたアクション映画だが……

のっけの、東京駅ビルの屋根上で、殺し屋ナンバー2の〝昼行灯の萬〟（沢田研二）が何者かに仕留められるという意表外の趣向は、まだ同じ。そして、なぜか笑ったまま死んでいるというヘンテコな味付けも、まだまだ同じ。以下、ストーリーだけとり出せば、同じに思えるだろう。

だが、ここからのち、キャラクターたちは、清順的な例の「舞台」……例の非現実的な「セット」、例の夢想的な「カラーの世界」の中で、ガンプレイや殺しアクションをほとんど放棄し、つまりストーリーやサスペンスなどはまるで無視し、勝手なことを喋りまくり、歌いあげ、踊りまくる。『ツィゴイネルワイゼン』（八〇年）以降のファンならばともかく、『殺しの烙印』までに「清順映画」のファンになったひと、つまりあれを『野獣の青春』（六三年）などと同じ異色のアクション映画として見たひとは、たぶん唖然とすると思う。

ましてクライマックス……花田と通称〝野良猫〟こと皆月の当然の対決は、なんと彼女の「自滅」であっけなく終わる。これを旧作のクライマックス……「そして誰もいなくなった」後の花田の、「これからどうすりゃいいんだ」的なあの気分の、それこそ清順監督の好きな「無常」感と重ねるのは勝手だが、しかし「対決」のないアクション映画じゃねえ！　旧作はかなり「ヘン」ではあったけど、そしてその「無常」感だってあったけれど、でもキチンとしたアクション映画でもあったことは、これは事実。そうすると今度のこれは、実はアクション映画ではないということか？

「ピストル」というきわめて古い言葉

アクション映画……最初『新・殺しの烙印』であったからには、そういうふうにまずとらえるしかないのだが……その「アクション映画」という意味で、とても気になるのが、「新題名」で使われている「ピストル」という言葉。これは語感としては実は、きわめて古い言葉である。

少なくとも、私などが育った戦後……西部劇が再輸入され、浴びるほど見たあの頃以後は、「ピストル」よりも「拳銃」、さらにのちには「ガン」がこの世界での通用語だった。『殺しの烙印』に至る「日活アクション」の世界ももちろん、『拳銃無頼帖』シリーズであり『紅の拳銃』であり『拳銃横丁』であり『拳銃は俺のパスポート』だった。なのに、わざわざ古めかしく「ピストル」……。

そうすると、何だか見えてくる。もうひとつの言葉「オペラ」、あれも本当のオペラとか、それを基本として西部劇やホームドラマや宇宙ＳＦをからかった、ホースオペラ、ソープオペラ、スペースオペラの、その「オペラ」から来るのではなくて、たぶん清順監督（及びその協力者である木村美術監督）が、青春期に親しんだはずの、あの「浅草オペラ」……ここから来ているのではなかろうか。

そう……だから『新・殺しの烙印』は古めかしく『ピストルオペラ』に変えられた。つまりこれは、アクション映画でもなんでもなく、自らのあの頃の「アクション映画」を入口にし、別な自らの「あの頃」に浸りこんだ、そんな「清順映画」だったのだ。

だから、キャラクターたちは歌いあげる……。だから、東京駅とかニコライ堂とかを背景として、「あの頃」の東京を描こうとする……。

残念なことに、「あの頃」の体験は、私はあまりない。だから私は、この映画に心底浸ることが出来ない。でも、たぶん「清順歌舞伎」などという立派な名で括られてしまった、そんな「自作」に対する、清順さんらしい「抵抗」だけは、これはわかる気がする……。

（『キネマ旬報』二〇〇一年十一月上旬号）

戦後の「大映調スリラー」

▼『鉄の爪』安達伸生監督

たとえば『三本指の男』、たとえば『白髪鬼』、たとえば『幽霊列車』、たとえば『透明人間現わる』……そして『虹男』『霧の夜の恐怖』『二十一の指紋』『氷柱の美女』『幽霊塔』『鉄の爪』などなど。すべて戦後まもなくの「大映映画」である。

大映といえば怪奇スリラー……そんな連想が成立する時期が、だから確実にあった。まだＳＦという言葉すらなく、探偵小説でさえ悪書の一種と思われていたそんな頃に、このかなりな量の「大映調スリラー」はわが国の「ファンタスティック・ムービー」の実はひそやかな宝庫でもあった。

いうまでもなくこれらは、「戦争に勝つために」というお題目のもと、その直前まで精神の窒息状態に置かれていた日本の、突然の自由に呼応した映画的なひらきなおりだろう。自由とはいえ、本体の日本的娯楽である時代劇映画に関し、今度は占領軍側から強力な制約を受けた結果の、破れかぶれの産物ともいえるだろう。いずれにしても、ここには異様な熱気はたしかにあり、識者から「カストリ文化」と軽蔑されながらも、「焼け跡闇市」時代の新娯楽として見事に自己主張もし、映画マニアの記憶の中にさえ残り続けたのだった(カストリ＝急造してカスだけを除いた下等な酒のこと。物のない戦争直後に出回り、程度の低いことの代名詞となった)。

それは、正確には一九四六年(昭和二十一年)に、ここが菊田一夫のラジオドラマを映画化した『夜光る顔』(宇佐美淳主演)をまず発表し、同年中に江戸川乱歩の『心理試験』を原作とした『パレットナイフの殺人』(宇佐美淳主演)、そしてご存知「多羅尾伴内探偵」初登場の『七つの顔』(片岡千恵蔵主演)と連作して以後の、およそ五年ほどの時期のことだ。

もちろん、出発点である『夜光る顔』は、NHKラジオドラマの先行ヒットの単純利用にすぎなかったのだろう。この方向は、その後の柳家金語楼主演で『幽霊列車』(一九四九年)、宇佐美淳主演で『霧の夜の恐怖』(一九五一年)と続き、これらは「大映調スリラー」の代表作としてさえ記憶されている。

しかし、その制作年度が語るように、ラジオドラマがスリラーばかりやるはずもなく、しかも当時は局はNHKのみ。だから映画化のネタは、当然ながら探偵小説あたりから求めざるを得ず、それで次が乱歩だったのだ。

この路線も、出来不出来はともかくかなり確実で、横溝正史の『本陣殺人事件』が『三本の指の男』(一九四七年、片岡千恵蔵、原節子主演)、同じく『蝶々殺人事件』が『蝶々失踪事件』(同年、岡譲二主演)、木々高太郎の『三面鏡の恐怖』(一九四八年、木暮実千代、上原謙主演)、黒岩涙香＝乱歩の『幽霊塔』(同年、羽鳥敏子、船越英二主演)、角田喜久雄の『虹男』(一九四九年、小林桂樹主演)、乱歩の『吸血鬼』が『氷柱の美女』(一九五〇年、岡譲二主演)、島田一夫の『午前零時の出獄』(同年、岡田英次主演)、正史の『毒蛇島奇談　女王蜂』（一九五二年、岡譲二主演）と、この時期に発表されたわが国の探偵小説の代表作がズラリと並んでしまうのだ。

　ちなみに、一九五一年の作品であるこの『鉄の爪』の主演者岡譲二は、これ以前には、『氷柱の美女』で名探偵明智小五郎を、これ以後には『女王蜂』でやはり名探偵金田一耕助をと、わが国の二大名探偵のどちらも演じているというユニークなスタア。おまけに『蝶々失踪事件』では、横溝正史創造のもうひとりの名探偵である、あの由利麟太郎の役どころなのだから、もしかすると「大映調スリラー」の代表的なスタアとは、この人といえるのかもしれない。

　この岡譲二、本名中溝勝三は、明治三十七年の京橋生まれで、昭和四年に日活からデビュー。戦前の典型的な現代劇スタアとして、昭和十一年の『白衣の佳人』（日活、阿部豊監督）では入江たか子と、同年の『生命の冠』（日活、内田吐夢監督）では原節子と、昭和十五年の大ヒット作『新妻鏡』（東宝、渡辺邦男監督）では、山田五十鈴と、それぞれいわばロマンティックな二枚目役で共演。そして戦後は大映で、主として「大映調スリラー」ということになる。

『鉄の爪』（1951年）DVD発売中／2,800円（税抜）／発売・販売＝株式会社KADOKAWA／©KADOKAWA1951

これには『夜光る顔』『パレットナイフの殺人』『盗まれかけた音楽祭』『絢爛たる殺人』『霧の夜の恐怖』に出た宇佐美淳と同様、占領軍からの時代劇制約ゆえの、現代劇スタアの見直し的な起用ということができるのだろう。たしかにたとえば時代劇スタア千恵蔵らの現代劇は、それはそれなりに面白い見ものには違いないが、スマートさに欠けることはこれは事実。かくて、たとえば三船敏郎のような、純然たる戦後派スタアが登場するまでは、岡譲二や宇佐美淳の戦前的「バタくささ」が戦後をも支えてきたというわけなのだ。

ところで、では名探偵役はともかくとして、なぜ彼が『鉄の爪』かというと、これまたもうひとつの「大映調スリラー」の進化過程に関係がある。

ラジオドラマ、探偵小説近辺の外国ネタ。それがまずはかのアルセーヌ・ルパンもどきの本怪盗藤村大造こと、多羅尾伴内探偵が登場する『七つの顔』。これは大ヒットし、『十三の眼』(一九四七年)、『二十一の指紋』(一九四八年)、『三十三の足跡』(同年)と続き、あげくに千恵蔵ともども東映に移って、さらに『片目の魔王』(一九五三年)、『曲馬団の魔王』(一九五四年)などなどと作られていったのは、これは周知の事実だろう。

そして、これらが結構「怪奇調」でもあったことから、大映は今度は、千恵蔵同様やはり時代劇の大物スタアである、あの嵐寛寿郎主演で『白髪鬼』(一九四九年)を製作する。しかも、柩から蘇った男が怪物と化して復讐するという、これはいうまでもなく「ドラキュラ」的なホラーであって、ここで「大映調スリラー」は急激にミステリからファンタジーの方向へと歩み出してしまうのだ。

その次がだから当然のように一気にSF的で、なんと「透明人間」。『白髪鬼』の特撮を担当し、すでにその気になっていたろう、のちの『ゴジラ』の「特撮」円谷英二にとって、この『透明人間現わる』(一九四九年)は本邦初の本格SF映画製作のチャンス……で、その結果、この高木彬光原案(のちに『覆面紳士』の題で小説化)、安達伸生脚色監督の作品は、わが国のSF映画の第一号となったのであった。

そういった頃、岡譲二は『氷柱の美女』の明智探偵役で、千恵蔵の多羅尾伴内ばりの「変装」にこだわっていた。もしくは「千恵蔵がわり」させられていた。事実、この一九五〇年に岡譲二は、変装を得意とする元馬賊の冒険紳士の役で『禿鷹(コンドル)』及びその続編『海賊島』にも主演しており、そういう方向に彼の役柄は決められていたのだと思う。

だったら……と、たぶん岡譲二は考えたのだろう。おなじ扮装ものでも、もっとドラマティックな、たとえば「ジキル博士とハイド氏」のようなシリアスなものに挑戦したい。

そういうことの結果だと思う……彼、岡譲二は、戦時中ジャングルでゴリラに噛まれたことが原因で、普段は温厚にもかかわらず、突然凶暴になって人を襲うという、「ジキル＝ハイド」的な男の悲劇を、自ら作り出した。もちろんこれまた「大映調スリラー」発展型のひとつに違いなく、だからこれは「中溝勝三」原案で、『透明人間現わる』の安達伸生の脚色監督によって映画化されたのだ。

そしてこれは、たぶんわが国で最も本格的な、いわゆる「怪奇映画」になった。もちろん二枚目時代とは別な、岡譲二の代表作でもあり、だがまとめて「カストリ文化」と軽蔑する以上、誰も語り継がなかったことも事実だった。その後、年齢的な制約もあって、岡譲二は恵まれなかった。『チャタレー夫人は日本にもいた』(一九五三年)のようなキワ物に出演した以外は、次第に脇の、とりわけ悪役にまわり、そして消えた。

同じころ、『透明人間現わる』『鉄の爪』と、わが国のSF映画史の第一ページに、ユニークな名を確実に残し、その後の活躍を期待された安達伸生は、嵐寛寿郎主演の『鞍馬天狗斬込む』(一九五三年)を監督中、仮眠のために泊まった旅館の一室で、ストーブのガス管がはずれたため中毒死した。四十三歳だった。

さらに同じころ、主として本格解禁となった時代劇の影響で「大映調スリラー」はその役割を終え、「化け猫」映画などの大映得意の怪談時代劇に、その痕跡をわずかに残しながら、しだいに消滅していった……。

［ＬＤ『鉄の爪』解説／一九九三年九月二五日］

私の「市川崑論」序説

◉処刑の部屋（昭和三十一年）
◉日本橋（同年）
◉満員電車（三十二年）
◉穴（同年）
◉炎上（三十三年）
◉あなたと私の合言葉　さようなら、今日は（三十四年）
◉鍵（同年）
◉野火（同年）
◉ぼんち（三十五年）
◉おとうと（同年）
◉黒い十人の女（三十六年）
◉破戒（三十七年）
◉私は二歳（同年）
◉雪之丞変化（三十八年）

ある時期に市川崑が、「大映」で連発した映画群。これに「東宝」の『東北の神武《ずんむ》たち』（三十二年）と、他監督との協同オムニバスである『女経』（三十五年）を加えると、この監督がもっとも作家として評価された頃の、全作品となる。年齢でいうと、四十一歳から五十三歳。でも……。

1

市川崑……きわめて語りにくい映画監督である。しかし、なぜ語りにくいかということは、これはなぜか、きわめて語りやすい。

なにしろ、デビュー作が『新説カチカチ山』（昭和十一年）という、短編マンガ映画、いまでいうアニメーション。続いて、この頃は戦乱期だから九年もブランクがあって、やっと『娘道成寺』（二十年。未公開）という、今度はマリオネット（吊り人形）映画！

テレビが始まった時だって、ビデオがまだ使えないのに、単発でコーネル・ウールリッチ原作のサスペンス物『隣りの椅子』（三十四年）。ビデオが使えるようになればなったで、なんと伊丹一三（のちに十三）主演の連続物『源氏物語』（四十年）である。

もちろん、本流の映画のほうだって、突然にかの大ドキュメンタリー作品である『東京オリンピック』（同年）もやれば、〝黒鉄《くろがね》ヒロシ〟漫画を切り絵で使った『新選組』（平成十二年、八十五歳！）だって作ってしまう。

いわゆる博覧会映像でも、『つる』と『バンパの活躍』という、大阪万博の「住友童話館／パピプッペ劇場」

（昭和四十五年、五十五歳）での、巧妙な二本立てもやれば（当時私はある雑誌で絶賛！）、かつての私の本業のテレビCMだって、最初から『ホワイト・ライオン』（四十一年、五十一歳。加賀まりこ主演）で、これまた名作！さらには「PARCO西武劇場」で公演した、アガサ・クリスティーの例の舞台劇、『情婦　検察側の証人』（五十五年、六十五歳。岸惠子主演……なので、「あれ」は声でわかってしまう！）の演出なんてのもある。つまり……。

その時に「やれる」技術や素材に、きわめて柔軟に対応するといったらいいか、メディアの違いとか変貌に敏感といったらいいか、そんなことをなんと九十二歳まで、現役として体験し続けてきたのだから、語りにくいはずである。いつまでも若々しい……なんていう、面白くもなんともない「常識」が幅をきかせる所以《ゆえん》である。

2

そんなわけだから、市川崑を語るには何よりもまず、自分の体験に忠実に市川崑「作品」を語るべきだと思う。でないと、このひとらしいプロ意識は見えてこず、「若々しさ」を感じられる程度の、自分のほうの柔軟さなんかを、結果として誇るのみとなる。

そういうことでいえば、私は「崑さん」のデビュー当時は、まだ生まれていないので出会えるはずもないが、それ以外で触れた作品は、すべて「同時体験」……近頃の私の嫌いな言葉でいえば「リアルタイム」体験。これらを「意味」的にだけあとで知るのとは、それこそ意味が違うと思う。

で、本流のほうの「映画」での私の出会いはというと、本格的なデビュー作である、高峰秀子主演の『花ひらく』（昭和二十三年）以下、上原謙、高峰主演の『三百六十五夜』（同年）、上原、山口淑子主演の『人間模様』（二十四年）などなどは、どう考えてもいわゆる「メロドラマ」路線で、だからこの頃「西部劇」に夢中の、典型的な「男の子」だった九歳のこちらには、まるでカンケーなし！

見たのはこの辺りからと、なんとなく記憶していたのは『プーサン』『青色革命』（共に昭和二十八年）からで、なぜ見たかというと、これらが喜劇らしかったからだ。なにしろ前者など、あの怪優伊藤雄之助の、なんと主演作だったから……てなことの他は、日本映画としてはやたらテンポが速いこと以外に記憶になく、ごく最近に例の「スカイパーフェクTV！」（現・スカパー！）で、およそ四十五年ぶりに再見して驚いた。

職もなく、まるでカラッけつになった、教師の伊藤《ぶー》サンが、それだけはウチにあった生キャベツを頭にのせ、狂ったふりをする場面のみ記憶！　後者にいたっては、まるで記憶なし……。

今の知識でいえば、これらは当時の「現実」を批評した、いわゆる「風刺喜劇」だったのだが、そんな「大人」の現実など関係ない十四歳の子供に、これらはわかるはずもない。だけど、そもそも市川崑は、「そういう映画作家」だったのだろうか？

そして、それが「ああいう映画作家」に変化していったのだろうか？　「ああいう作家」って、一体何なのだ？

だからだろう、冒頭に挙げた作品群がなんだか唐突に思えてくる。当然のファン心理だと思う。

3

ここで、ちょっとした「事件」のお話をしよう。いやいや、ただのわが家での、ほんのちょっとした出来事である。でも、これを紹介することで、「崑さん」の正体が少しはわかりやすくなるので、やらせてもらう。

作品はといえば、冒頭に挙げた、その直後の『雪之丞変化』。昭和三十八年の市川作品で、「長谷川一夫三〇〇本記念映画」という彼としてはまことに珍しい通俗物の、しかも大作である。

これが私は好きで、闇を基本とした人物ドラマの新鮮さ。捕り縄だけが「そこ」で動くなどの、「省略と強調」合体の映像インパクト。深窓のお姫さま浪路が若尾文子で、女盗賊お初が山本富士子と、「大映」エース女優の逆転キャスティング、などなどの新「時代劇」気分が圧倒的だったからだ。

ところが、私の家内はこれが全然駄目で、ことこの作品の話となると、まるでカミ合わず、しまいにゃ喧嘩！　ことわっておくが、私と家内は昔からほとんど好みが一緒なのに……である。

ちなみに家内の評価軸は、同じ長谷川一夫が林長二郎の名で「松竹」で撮った、『雪之丞変化　第一篇・第二篇・解決篇』（昭和十、十一年）で、こちらは伊藤大輔と衣笠貞之助の脚本、衣笠の監督作品。つまり私との違いは、映画界の名女形《おやま》で、典型的な二枚目のこの林＝長谷川の大ファンであること。これは子供の頃から、歌舞伎座の（とりわけその楽屋）に出入りしていたことと、関係があるのだろう。

それで、「前の雪之丞は素晴らしかった！」、「コンさん、歌舞伎がわかってない！」と、大主張をする。「いや、今度のは映画的にだな……」なんていくら言ってもてんで駄目。で、結局接点が見付からず、わが家にはだから、今もってこの作品のビデオの類いがない！

4

ちなみに『雪之丞変化』は、三上於菟吉《おときち》が、たぶん、ラファエル・サバティニの『スカラムーシュ』の影響で書いた、俳優＝復讐者ドラマの大人気小説。この俳優を、歌舞伎の人気女形、中村雪之丞にしたところが、大成功の理由だろう。

だから「衣笠」版では、彼を中心とした歌舞伎世界とりわけその楽屋などの舞台裏世界が素晴らしかったのだと、家内はいう。残念にも、この『前後編』は、一本にまとめたいわゆる「総集編」しか残っておらず、でもそれを見るだけでも、いっていることはよくわかる。

要するに「楽屋《バックステージ》など」の神秘性……それが「コン」映像にはまるでなく、だからミステリ的な魅力に欠けるということなのだ。

これも私には、よく考えてみると理解出来る。私たちの好きな、「長谷川一夫」ミステリには、この他に二本あって、ひとつが歌舞伎の女形が、複雑な「手」で殺人の容疑者にされてしまう、『紅蝙蝠《べにこうもり》』（昭和二十五年）。もうひとつが、これも歌舞伎の世界で発生した、謎の連続殺人を、人気女形が解決する、『お役者鮫』（昭和三十四年）。

どちらも私たちは好きで、これらと戦前の『雪之丞変化』とを合わせて、長谷川＝衣笠の〝時代〟ミステリ「三部作」、あるいは〝女形の舞台裏〟ミステリ「三部作」と名付けて、結構よく見ている。『紅蝙蝠』も『お役者鮫』も、衣笠のオリジナル脚本だからであって、監督は後者は加戸敏だが、前者は衣笠自身である。よっぽど愛着のある「世界」だったのだと思う。

これは、衣笠自身が、なんとまず「女形の俳優」として映画界に入っていったことと、大いに関係があるのだろう。そのあたりに、実は市川崑は「映画らしくない」と感じていた。つまり三上於菟吉の「原作」にではなく、衣笠の「映画化」作に目を向けた。そして、自分なりの「映像」にすることで、それを「批評」した！

わかりやすくいうと、こういうこと。

評論家である私は、「わが意を得た」とばかりノせられ、ファンである家内は、「こんなのイヤ！」と、ひたすら反発した……！

5

それでは、冒頭に列記した他の作品群はどうなのか？

もはやいうまでもないが、これらはつまりは原作の小説そのものに、「崑」的な批評の目を向けたのだ。

再び列記するとこんな小説たちにである。

◉石原慎太郎『処刑の部屋』
◉泉鏡花『日本橋』
◉深沢七郎『東北の神武たち』
◉三島由紀夫『金閣寺』
◉谷崎潤一郎『鍵』
◉大岡昇平『野火』
◉山崎豊子『ぼんち』
◉幸田文『おとうと』
◉島崎藤村『破戒』

こういう「何でもあり」の監督、普通はウサンくさいと敬遠されるのじゃないだろうか。「何でもわかる」なんて、ありえないどころか、かなりヘン！ 黒澤明だって溝口健二だって小津安二郎だって、原作小説を自分の世界に取り込む場合、もっともっと狭い間口を持っていたはずだ。

でも、すべてを「批評」してゆくというのなら、そしてその辺りを「映像」にしてゆくというのなら、「何でもあり」もよくわかる。そう、この「何でもあり」こそが、実に市川崑のプロフェッショナリティだったのだ！

その「批評」は、こんなふうに行われる。

たとえば、国宝「金閣寺」に放火した、若い僧の実話を基とし、発声障害者の主観で語られた、異様に屈折する美意識のドラマ『金閣寺』……崑さんは、戦後の価値観の変貌の中を生きる日本の若者（「時代劇」の市川雷蔵！）の、伝統などに対する反発として、その屈折を見事に映像化する。原作にも登場する、やはり僧の病弱な父親（「崑」映画の常連、浜村純！）が、だから当然、より強調される。それとこれの「対立」が、独特な「映像」を生む。

たとえば、やはり戦後の、さらに新しい世代の若者たちの、理由なき暴走、やみくもの抵抗を描いた、『太陽の季節』の人気作家の、『処刑の部屋』……それがしかし、大学生(川口浩)らの、睡眠薬入りのビールで女子大生(若尾文子)を酔わせて強姦では、崑さん困り果て、原作には描かれていないのだが、学生のさえない両親(宮口精二と岸輝子)を登場させることにより、世代対立を明確化しようとしている。

しかし、これはないだろう。これでは、よくいえば、「カミュ」気取りの原作の「自己主張」が、ただの「親不孝」モンの、ただの「グレ」になってしまい、かの「太陽族」たちさえ失望させてしまっている……。

まぁ、とにかくこんな手法で、この時期前後の作品まで入れると、こんなふう。

◉夏目漱石『こころ』(昭和三十年)
◉竹山道雄『ビルマの竪琴』(三十一年)
◉夏目漱石『吾輩は猫である』(五十年)
◉瀬戸内晴美『妻と女の間』(五十一年)
◉川端康成『古都』(五十五年)
◉谷崎潤一郎『細雪』(五十八年)
◉宇野千代『おはん』(五十九年)

これではもう、「日本文学全集」だと、ある時期からの私のように、ひそかに苦笑していたひとも、いたに違いない。

では、市川崑が本当は何をやりたかったのかというと、子供の頃から札つきのミステリ・マニアの私には、かなり前からわかっていた！　つまり、すぐにノせられた、あの捕物帳コメディの傑作『天晴れ一番手柄青春銭形平次』(昭和二十八年)……ノン・クレディットだったのだが、ウイリアム・ピアスンの『すばらしき罠』(ポケミス物)が原作だとわかっちまった、『穴』(三十二年)……そして、ウールリッチ原作のTVサスペンス『隣りの椅子』……と体験出来た、ミステリ物、これである。

このことは、崑さんが「久里子亭」という別名を使うことでも、とうに実証されている。久里子亭……もちろんミステリの女王アガサ・クリスティーからの頂きで、だから彼が『犬神家の一族』(昭和五十一年)に始まる、横溝正史の『名探偵金田一耕助』シリーズに、見事に到達するのも、私にとっては必然だったのだ。

　そう考えると、「日本文学全集」中の最高傑作『炎上』が、奇怪な犯罪の顚末を描いた、一種のミステリだったことにも、私同様にうなずいてしまうひともいると思う。

　実になんと、「風刺喜劇」作家と「批評型」作家、そして「ミステリ」作家は、「現実」との距離の取り方の重要さ、つまりは対象への冷徹な、理性的な視線が必要不可欠ということで、一致する。

　私にとって、「市川崑」とは、つまりそういうヒトだった……！


［キネ旬ムック『シネアスト　市川崑』二〇〇八年］

野《の》呂《ろ》邦《くに》暢《のぶ》さんのこと

野呂邦暢さんがなくなった!

小さな写真入りの新聞記事でそれを知り、女房ともどもオロオロした。そういえば、僕は野呂さんには、つねにおどろかされ、いつもオロオロしていたようだ。

はじめは、ファンレターだった。昭和四十六年、僕がある雑誌にヒーロー論の連載をはじめてすぐ、一通のファンレターが編集部を通してまい込んだ。ファンレターなどもらったことのないそのころの僕は、感激してすぐに返事を出した。一ファンにしては小なまいきな指摘に、多少むかっ腹もたてていた。

それが、野呂さんだった。僕と同様、映画と小説がムチャクチャに好きな人らしかった。

そうしたら、すぐに返事がきた。なんと、僕の家のすぐ近くの、新井宿に昔、下宿していたとのことだった。僕もよく行く山王書房という典型的な古本屋さんに、よくかよったそうだった。僕の連載は、毎号かならず二度ずつ読んでいるなどという、やっぱり典型的なファンレターだった。実になんとも、くすぐったい感じではあった。

それからしばらくして、僕は出勤のため、ラッシュ・アワーの電車に乗っていた。頭の上に、文芸雑誌の広告がぶらさがっており、そこに〝野呂邦暢〟という文字があった。純文学オンチの僕は、どっかで見たような〝文字〟だなァと、ひたすら考えていた。会社のデスクについたあたりで、〝もしかすると?〟と思い出した。わが家に電話してたしかめると、たしかに同じ〝文字〟だった。僕はあわてて本屋に行った。その、第六十九回芥川賞候補作の著者の住所は、わが家にくるファンレターと同じ、九州の諫早市だった。なんと、物書きとしては、野呂さんの方がずっと先輩なのであった。そんな事実を、野呂さんはまるで一行も書かず、僕をほめちぎり続けてくれていたのだった。

やがて野呂さんは、『草のつるぎ』で第七十回芥川賞を受賞した。僕は複雑な心境であった。主客転倒とは、まさしくこんなことをいうはずであった。正直いって僕は、かなり嫉妬さえしていたはずであった。野呂さんはしかし、何が変わったというふうでもなく、同じようなファンレターを僕にくれるのだった。ぜひ会って映画の話などしたい……そう野呂さんはくり返していた。

映画のことなんか書いてみませんか? 僕は手紙でそういってみた。やたらくわしそうな感じだったからだ。好きで好きでたまらないという気持ちが、いつも文面にあふれていたからだった。私なんかに書けるんでしょうか……そんなうれしそうな、しかし例のごとき低姿勢で返事がきた。僕は、何人かの編集者に、そんな話をもちかけてみた。なぜか、みんなあまりのってはくれなかった。

結局、僕は昭和五十三年の秋に、ある季刊映画雑誌の責任編集をひきうけ、その〝日本映画特集号〟のエッセイを、自分で野呂さんに依頼した。黒澤明のことなら……ときたので、なぜかうろたえた。やがて、〈『荒野の七人』から『七人の侍』へ〉という、実にいいエッセイが送られてきた。ユーモラスで、しかし的確な、見事な黒澤明論だった。僕は、野呂さんの映画に関するエッセイを、もっと色々読んでみたいと思った。

小さな新聞記事が、最後のうろたえだった。お送りした僕の本の、お礼の手紙がとどいてから、ほんのわずかのちのことだった。僕は、生前ついに一度もお会い出来なかったことを、その夜女房ともども、くやみにくやんだ。

映画好きだった野呂さんは、そんなわけだから、映画に関するエッセイの本は、ついに一冊も出せなかったのだ。だからどうだということは、別になにもない。なにもないけれど、でもなぜかとても残念だ。一度も会えなかったことよりも、もっともっと残念だ。

野呂邦暢さんがなくなった!

〝いい読者でもあるべき〟ということを僕に教えてくれた。野呂さんだった。

[『キネマ旬報』一九八〇年六月下旬号]

第3部　イシガミ・コレクション

——七つの顔の男だぜ

◉宮崎祐治＝イラスト

愉快な紳士録

SF、ミステリ、映画、コミック、広告など様々な方面の人々と交遊し、幅広い仕事をしたイシガミ氏をめぐる各界の巨匠たち、仲間たち。

◉レイ・ブラッドベリ氏(1920-2012)を訪問(1980年)。

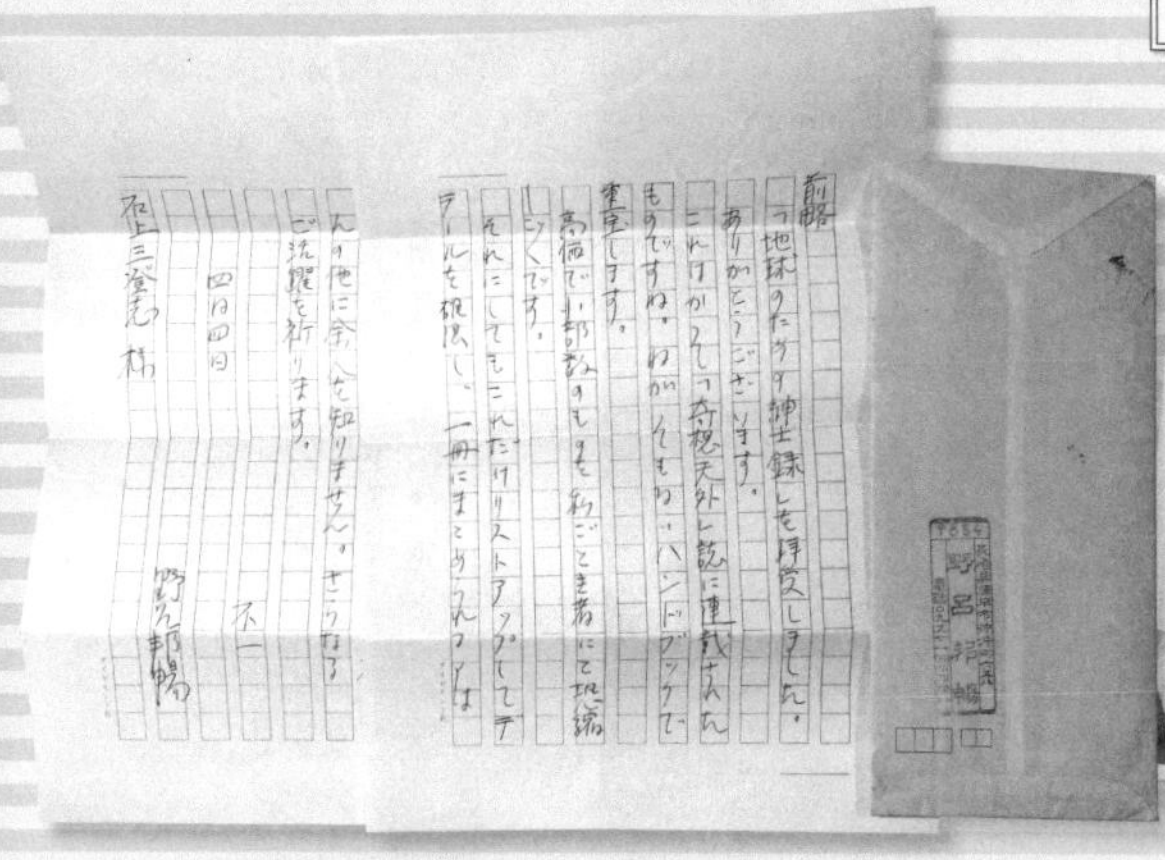
前略
「地球のための紳士録」を拝受しました。
ありがとうございます。
これはかつて「奇想天外」誌に連載されたものですね。わが「SFもの」ハンドブックで重宝します。
高価で小部数のもを私ごとき者にて恐縮しくです。
それにしてもこれだけリストアップしてテールを網羅し、一冊にまとめられたのは
んの他に余人を知りません。さらなるご活躍を祈ります。
不一
四月四日
野呂邦暢
石上三登志様

◉野呂邦暢氏(1937-1980)からの手紙(昭和55年4月4日諫早の消印)。『地球のための紳士録』献本礼状。「枕頭に用意し、楽しみつつ再読するつもりです」とある。

◉サム・ペキンパー監督(1925-1984)にインタビュー。

郵便往復はがき 往
大田区堤方町七一八
宝ビル 三〇八号
今村 昭 様
映画評論編集部
佐藤重臣
(561)
6506
6509

◉佐藤重臣氏(1932-1988)からの葉書(昭和41年7月26日消印)。『OFF』の礼と『映画評論』次号への協力依頼が記されている。

◉手塚治虫氏(1928-1989)と。

◉鈴木清順監督(1923-2017)と。

◉三船敏郎氏(1920-1997)と。1980年。

◉岡本喜八監督(1924-2005)と。1980年。

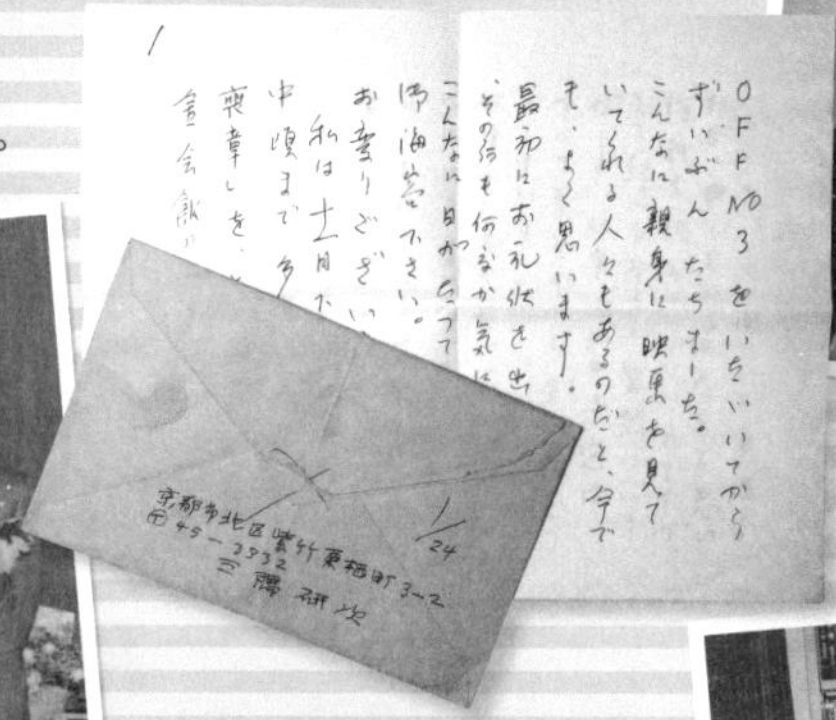

◉三隅研次監督(1921-1975)からの手紙(昭和42年1月24日京都北の消印)。『OFF』3号の礼状で、「こんなに親身に映画を見ていてくれる人々もあるのだと、今でも、よく思います」と記されている。

◉ロジャー・コーマン監督(1926-)と

◉都筑道夫氏(1929-2003)と。

◉大林宣彦監督(1938-)と。1986年夏。

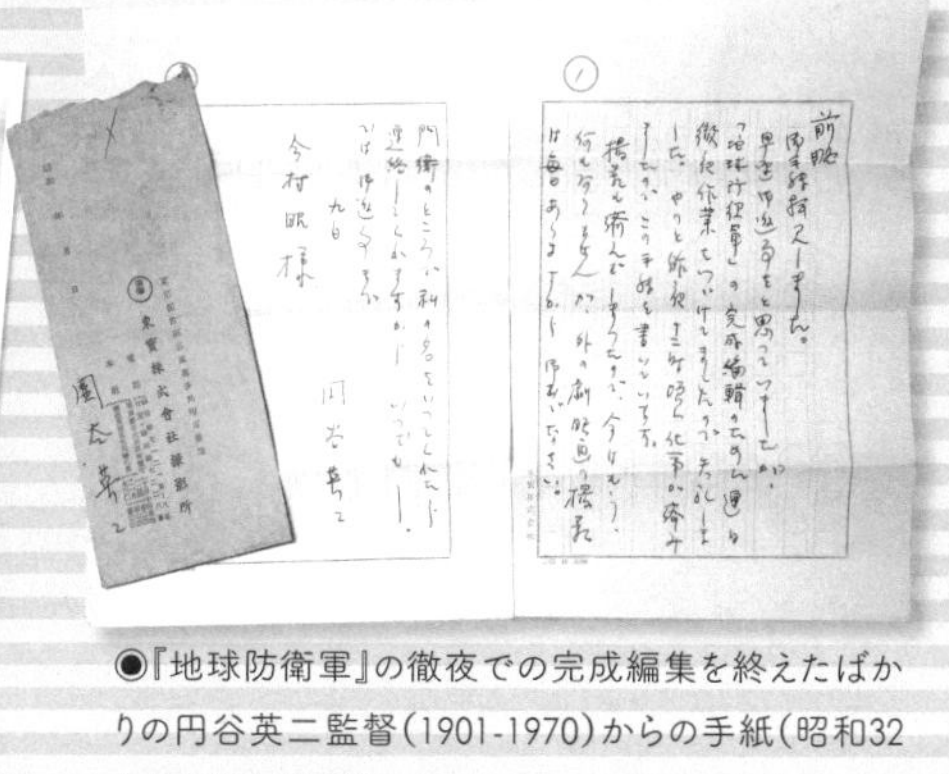

◉『地球防衛軍』の徹夜での完成編集を終えたばかりの円谷英二監督(1901-1970)からの手紙(昭和32年12月10日消印)。

映画ノート

一九五二年から六十年近く、書き続けられてきた「映画ノート」の『拳銃往来』で始まる最初の見開き。このときイマムラ少年十三歳。本書イントロダクション参照。

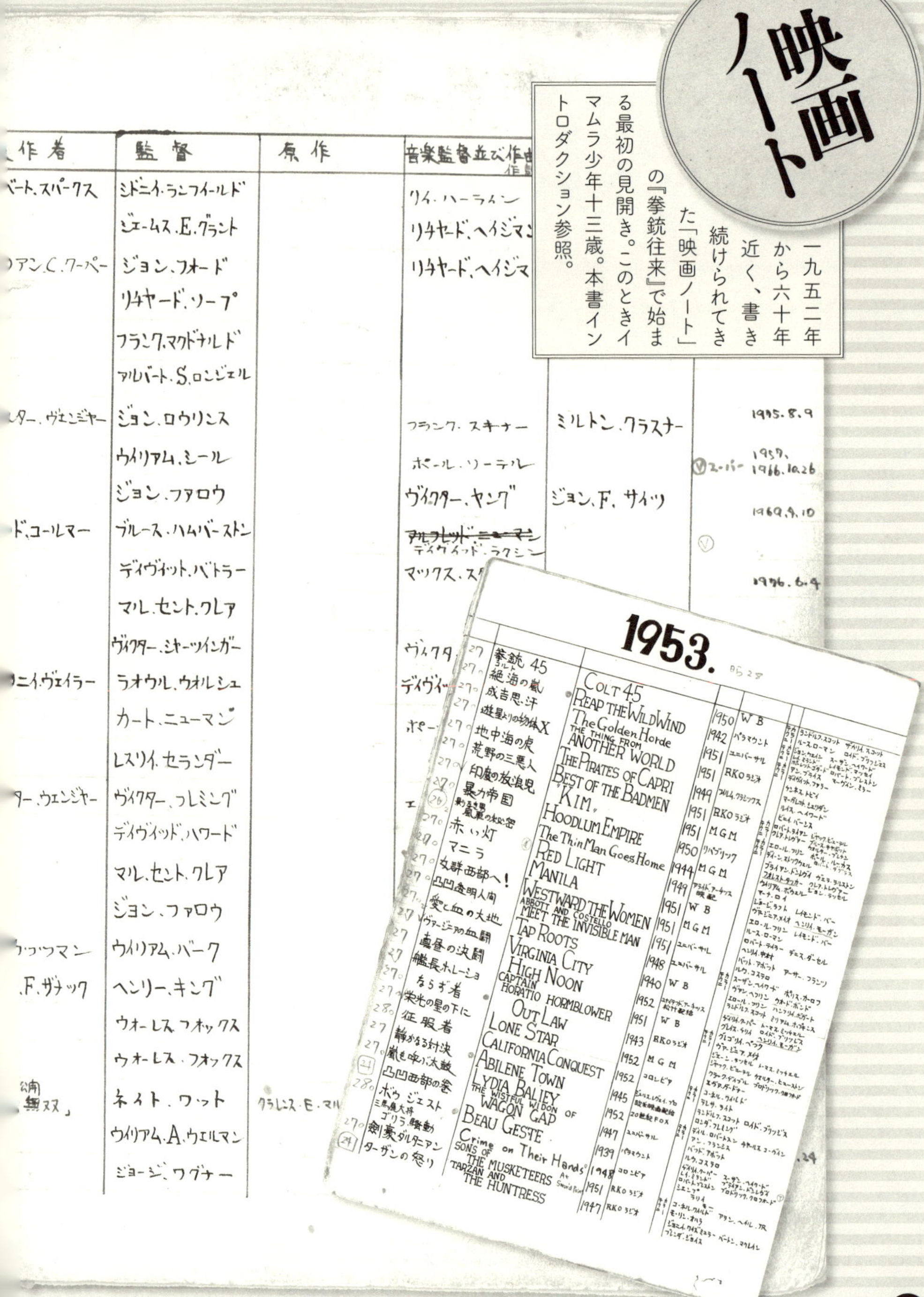

作者
監督
原作
音楽監督並び作曲
シドニイ.ランフイールド
ジエームス.E.グラント
ジョン.フオード
リチヤード.ソープ
フランク.マクドナルド
アルバート.S.ロンジエル
ジョン.ロウリンス
ウイリアム.シール
ジョン.ファロウ
ブルース.ハムバーストン
デイヴィット.バトラー
マル.セント.クレア
ヴィクター.シヤーツインガー
ラオウル.ウオルシユ
カート.ニューマン
レスリイ.セランダー
ヴィクター.フレミング
デイヴィッド.ハワード
マル.セント.クレア
ジョン.ファロウ
ウイリアム.バーク
ヘンリー.キング
ウオーレス.フオックス
ウオーレス.フオックス
ネイト.ワット
ウイリアム.A.ウエルマン
ジョージ.ワグナー
1953.
COLT 45 1950 W B
REAP THE WILD WIND 1942
The Golden Horde 1951
THE THING FROM ANOTHER WORLD 1951
THE PIRATES OF CAPRI 1949
BEST OF THE BADMEN 1951
KIM 1950
HOODLUM EMPIRE
The Thin Man Goes Home 1944
RED LIGHT 1949
MANILA
WESTWARD THE WOMEN 1951
ABBOTT AND COSTELLO MEET THE INVISIBLE MAN 1951
TAP ROOTS 1948
VIRGINIA CITY 1940 W B
HIGH NOON 1952
CAPTAIN HORATIO HORNBLOWER 1951 W B
OUT LAW 1943
LONE STAR 1952 M G M
CALIFORNIA CONQUEST 1952
ABILENE TOWN 1945
LYDIA BAILEY 1952 20世紀FOX
THE WISTFUL WIDOW OF WAGON GAP 1947
BEAU GESTE 1939
Crime on Their Hands
SONS OF THE MUSKETEERS 1952
TARZAN AND THE HUNTRESS 1947

1950~1952

No	邦題	原題名	製作年代	製作配給会社	カラー	CAST
25	拳銃往来	STATION WEST	1948	RKOラジオ		ディック・ポウエル ジェーン・グリーア
24	拳銃無宿	ANGEL AND THE BADMAN	1946	リパブリック		ジョン・ウエイン ゲイル・ラッセル
26	幌馬車	WAGON MASTER	1950	RKOラジオ		ベン・ジョンスン ハリイ・ケリ ジョーン・ドルウ ウォード・ボ
25	ターザン紐育へ行く	TARZAN'S NEW YORK ADVENTURE	1942	MGM		ジョニイ・ワイズミュラー モーリン・オサリヴァン
24	進め幌馬車	MAN FROM OKLAHOMA	1945	リパブリック		ロイ・ロジャース デイル・エヴァンス
25	ジャングルの王	SONG OF INDIA	1949	コロンビア		サブウ ターハン・ベ ゲイル・ラッセル
25	アラビアン ナイト	ARABIAN NIGHTS	1942	ユニバーサル	テクニカラー	ジョン・ホール サブウ マリア・モンテス
24	ターザン砂漠へ行く	TARZAN'S DESERT MYSTERY	1943	RKOラジオ		ジョニイ・ワイズミュラー ナンシイ・ケリイ
24	密輸空路	CALCUTTA	1945	パラマウント		アラン・ラッド ゲイル・ラッセル
25	アリゾナの決闘	FURY AT FURNACE CREEK	1948	20世紀FOX		ヴィクター・マチュア グレン・ラ コーリン・グレイ アルバート・
	サン アントニオ	SAN ANTONIO	1945	W.B	テクニカラー	エロール・フリン アレクシス・スミス
	ごくらく珍商賣	THE DANCING MASTER	1943	20世紀FOX		スタン・ローレル オリヴァ・ハーディ
	シンガポール珍道中	ROAD TO SINGAPORE	1940	パラマウント		ビング・クロスビー ドロシイ・ ボブ・ホープ
	死の谷	COLORADO TERRITORY	1949	W.B		ジョエル・マックリイ ドロシイ・ ヴァージニア・メイオ
	ターザンと豹女	TARZAN AND THE LEOPARD WOMAN	1945	RKOラジオ		ジョニイ・ワイズミュラー ブレンダ・ジョイス
	銃弾	BUCKSKIN FRONTIER	1943	ユナイテッド・アーチッス		リチャード・ディックス ジェーン・ワイアット
	ジャンヌ・ダーク	JOAN OF ARC	1948	RKOラジオ	テクニカラー	イングリット・バーグマン ホセ・ファラー
	挑戦	MARSHALL OF MESA CITY	1939	RKOラジオ		ジョージ・オブライエン ヴァージニア・ヴェイル
	ごくらく珍爆弾	THE BIG NOISE	1944	20世紀FOX		スタン・ローレル オリヴァ・ハーディ
	カリフォルニア	CALIFORNIA	1946	パラマウント	テクニカラー	レイ・ミランド バーバラ・スタンウイック
	ジャングル・ジム 密林の黄金	MARK OF THE GORILLA	1950	コロンビア		ジョニイ・ワイズミュラー
	頭上の敵機	12 O'CLOCK HIGH	1949	20世紀FOX		グレゴリイ・ペック ディーン・ジャ ゲイリー・メイル ヒュー・マー
	シスコ・キッド アリゾナ無宿	The Valiant Hombre	1949	シスコ・キッド・プロ		ダンカン・レナルド レオ・キャリロ
	シスコ・キッド 西部の挑戦	The Gay Amigo	1949	シスコ・キッド・プロ		ダンカン・レナルド レオ・キャリロ
	ホパロング・キャシディ 西部の嵐	Hopalong Casidy Returns	(1936) 1948	パラマウント 映配 ウェスタン・クラシック		ウイリアム・ボイド ジョージ"ギャビイ"ヘイス
	廃墟の群盗	YELLOW SKY	1948	20世紀FOX		グレゴリイ・ペック リチャード・ウィ アン・バクスター ヘンリイ・モー
	ケンタッキー魂	The Fighting Kentuckian	1949	リパブリック ジョン・ウェイン・プロ		ジョン・ウェイン オリヴァ・ハ ヴァ[illegible]トン フィリップ・ド

奇妙な情熱

CFディレクターという仕事柄、絵コンテはお手のもの。子供の頃からマンガを描くのは好きだった。ここに掲げるのは二十代半ば、会社の仲間に娯楽世界のお楽しみを紹介したくて描いたマンガたち。パロディやダジャレが横溢している。「いいモノ」や「面白いもの」は徹底して伝えたいという性格ゆえのもの、とかつて自己分析していた。

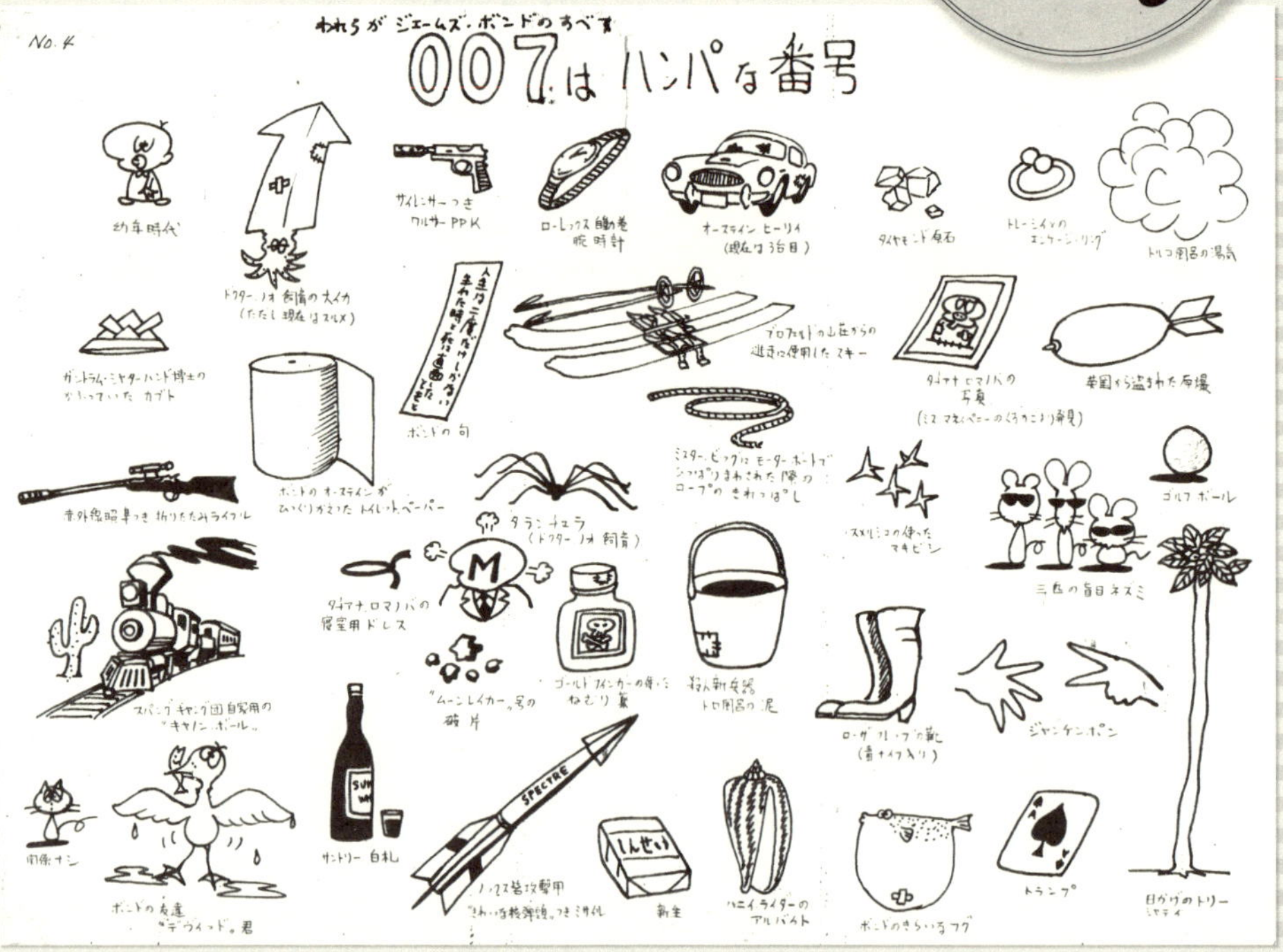

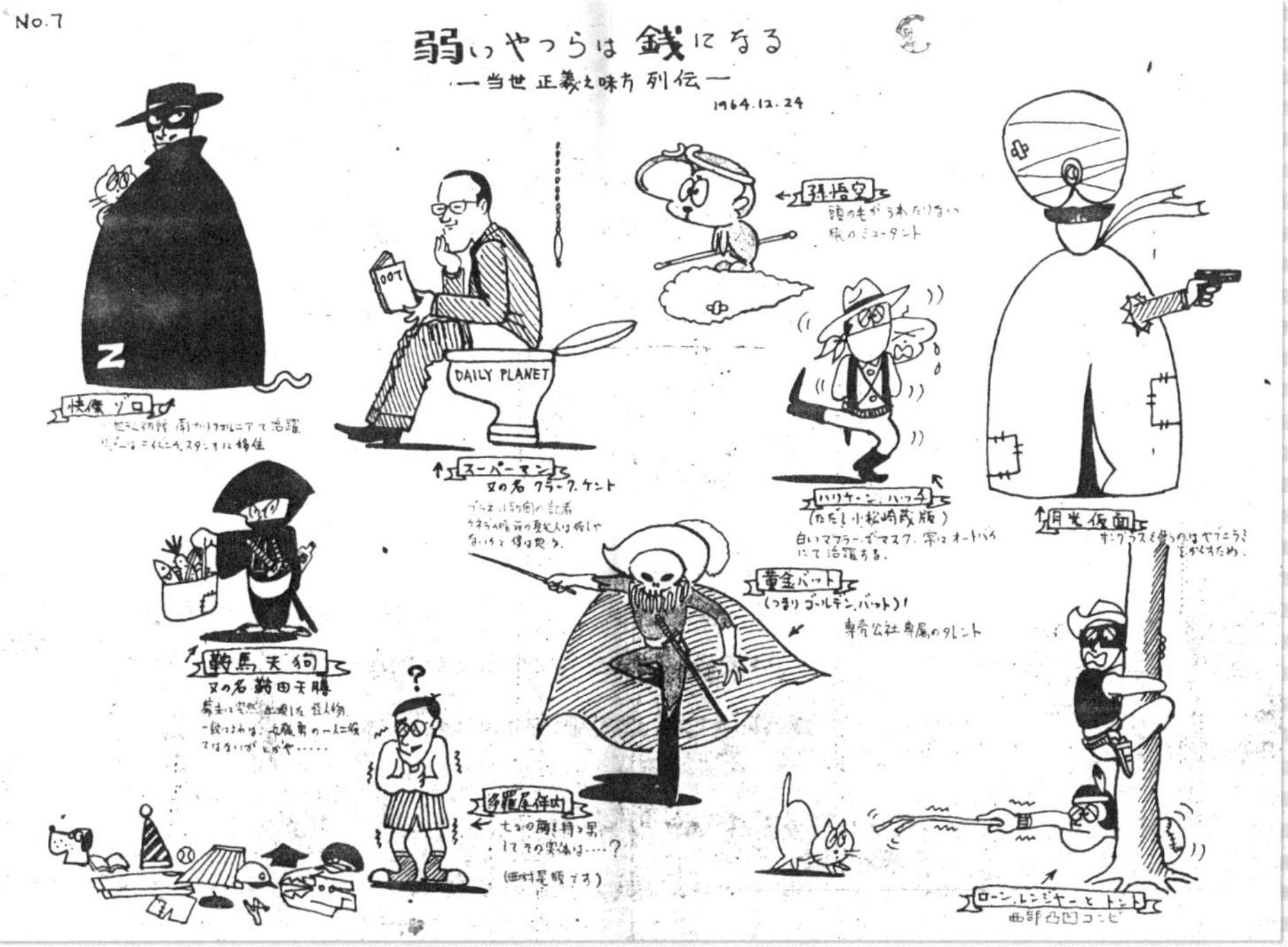
No.7
弱いやつらは銭になる
―当世正義之味方列伝―
1964.12.24
快傑ゾロ
スーパーマン
又の名 クラーク.ケント
DAILY PLANET
孫悟空
頭の毛が3本たりない
猿のミュータント
ハリケーン.ハッチ
(ただし小松崎茂版)
白いマフラーでマスク.常にオートバイにて活躍する.
月光仮面
鞍馬天狗
又の名 鞍田天膳
黄金バット
(つまりゴールデン.バット)!
専売公社専属のタレント
多羅尾伴内
七つの顔を持つ男.
してその実体は….?
ローン.レンジャーとトント
西部凸凹コンビ

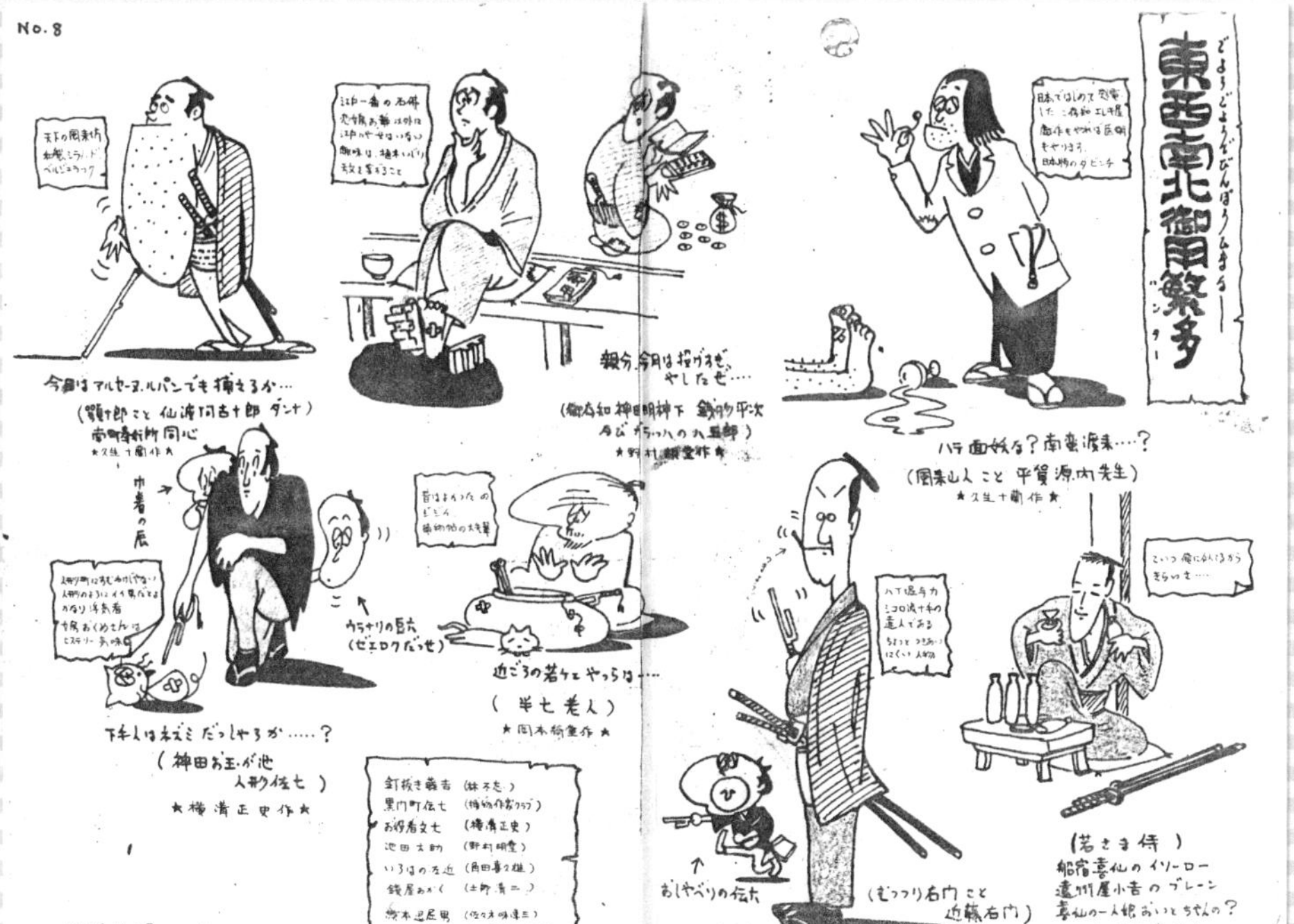
No.8
今宵はアルセーヌ.ルパンでも捕まえるか…
(顎十郎こと 仙波阿古十郎 ダンナ)
南町奉行所同心
★久生十蘭作★
親分.今朝は投ゲオぜ、やしたぜ….
(神田明神下 銭形平次
ガラッ八の八五郎)
東西南北御用繁多
ハテ面妖な?南蛮渡来….?
(風来山人こと 平賀源内先生)
★久生十蘭作★
巾着の辰
ウラナリの臣六
(ゼエロクだっせ)
近ごろの若ケエやっらは….
(半七老人)
★岡本綺堂作★
下手人はネズミだっしゃろか…..?
(神田お玉が池
人形佐七)
★横溝正史作★
釘抜き藤吉 (林不忘)
黒門町伝七 (捕物作家クラブ)
お役者文七 (横溝正史)
池田大助 (野村胡堂)
いろはの左近 (角田喜久雄)
銭屋おかく (土師清二)
旅本退屈男 (佐々木味津三)
などの名氏は次回に…
1964.11.28
おしゃべりの伝六
(むっつり右門こと
近藤右門)
★佐々木味津三作★
(若さま侍)
船宿喜仙のイソーロー
遠州屋小吉のブレーン
喜仙の一人娘おいとちゃんの?
★城昌幸作★

雑誌の時代

磐城高校時代は学校新聞の編集責任者だった。一九六五年に、映画批評同人誌『OFF』刊行。一九六六年から『映画評論』の読者論壇に投稿を始め、しだいに寄稿者として同誌や『キネマ旬報』『ミステリマガジン』『奇想天外』、『幻影城』ほか多数の雑誌に執筆するようになる。『季刊映画宝庫』や『FLIX DELUXE』では「責任編集」として腕を振るった。

◉映画批評同人誌『OFF』。発行人は今村昭。第3号には、鈴木清順、木村威夫両氏が寄稿、第4号に森卓也氏が寄稿している。1966年6月発行（限定60部）の第4号では、今村昭名義に加え、石上三登志名義が見える。

◉『映画評論』1966年6月号に「リーコックの"五ツ児誕生"を投稿。「大田区・石上三登志　会社員27才」とある。本書には1966年8月号掲載の投稿「〈東京流れ者〉以後へ……」を収録（第2部参照）。

◉『奇想天外』には創刊号(1974年1月、盛光社刊)から、「〈雑学狂気博覧会〉WHO'S WHO of WHO」を連載。また、1976年10月号から「新・手塚治虫の奇妙な世界」を連載した。2017年10月に刊行された山口雅也氏編『奇想天外　復刻版　アンソロジー』には、都筑道夫氏との対談「昔のSFには謎解きサスペンスがあったけれど……」が収録された。

◉『季刊映画宝庫』(芳賀書店)1979年第9号。責任編集＝石上三登志。野呂邦暢「〈荒野の七人〉から〈七人の侍〉へ」を収載。

◉『みすてりい』創刊号(1962年7月15日発行)。編集兼発行人は島崎博氏。寄稿者に仁賀克雄氏ら。表紙・今村昭。

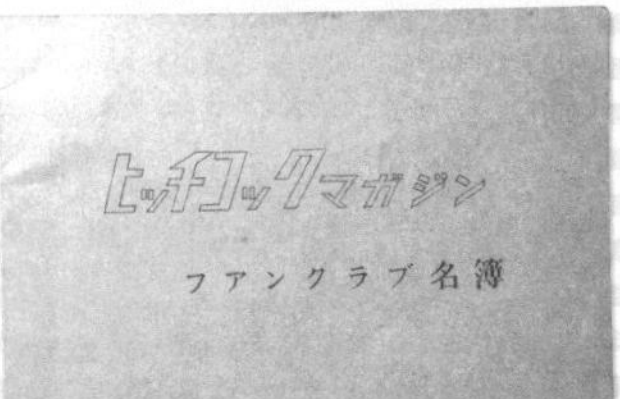

◉『ヒッチコックマガジンフアンクラブ名簿』(1960年4月6日現在)。扉に会長・淀川長治、名誉顧問・江戸川乱歩、双葉十三郎の名が記載されている。

暗闇の時間

映画館内にカメラを持ち込み、「シャッター音を気にしながら暗闇で撮りまくった」イメージメモ。小さなベタ焼きをスクラップブックに貼り、主なカットごとにシーンの概要やセリフを書き込むという偏執的な記録である。「映画を所有したい」という強烈な欲望の表れかもしれない。

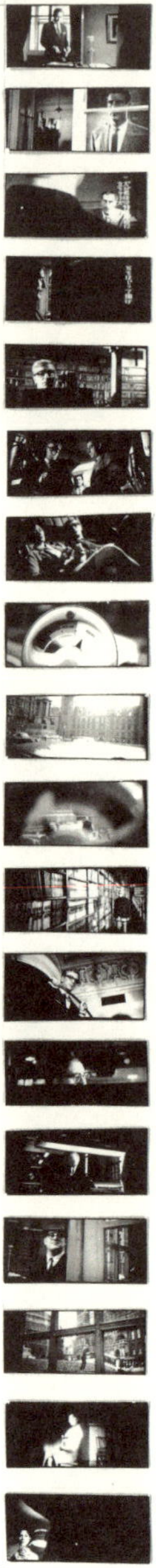

テーブルの上に ピンクの花一輪、赤い電話、パ…
"お前をドルビーの部にまわす"

パーマー コルト32を渡される

同じ建物内、テレビ会社の編集室とかかれた部屋
その試写室、ドルビー パーマーを同僚達に紹介、その一人 スー・ロイド 扮するジーン
映写はじまる。隠し撮りされた グラントビー 暗号名 ブルージェイ（かけす） とその部下
暗号名 ハウスマーティン（つぐみ）。ラドクリフは彼等の手中だ。パーマー自己流であたるとで出ろ
スコットランドヤードで知合いの警部にグラントビーの事を聞く。彼は度々駐車いはんをしている。

サイエンス ミュージアム ライブラリの前、パーキングメーター グラントビーの ロールスロイス

自分の車（ゾディアック）で待つパーマー

図書館から ハウスマーテイン が出てくる（パーキングメーター ごしのショット）
メーターにコインを入れなおし戻るハウスマーテインを 追うパーマー

図書館の中、書棚の前を歩くハウスマーテイン
その上を行く パーマー

下をのぞくパーマー グラントビー がいる。

グラントビーの後から監視している別の男、眼鏡の中央にバンソウコウ。

パーマー グラントビーの向いにすわり "科学器具をとりもどしたい" と言う。
グラントビー 紙に何か書き "6時以後に電話しろ" と渡す。

パーマー 外に出、赤い電話ボックスに入り、その番号をまわすが話中。
図書館を出てくる グラントビー と ハウスマーテインを見つけ、追う。
眼鏡の男が それを じっと見つめる。

パーマー と ハウスマーテイン の格斗、赤いボックスごしに数ショット
（眼鏡をはずし 胸ポケットに入れるパーマー）。グラントビーを追うが一瞬の差で 彼は車で逃走。
再び編集室、パーマー ドルビーに メモを 渡す。

パーマーの自宅。
電気がついている。拳銃を抜いてドアに近づく。鍵穴の中に拳銃を握った手
その中にズームアップ 拳銃を持った コートニイ。ロスの命令で パーマーの部屋を調べていたのだ。

ウイスキーをのむ二人。モーツァルトをかけ……

國際諜報局 The Ipcress File (1965)

建物から出てきた二人の男、待っていた車にのる。
ラドクリフ博士と諜報部のガードマン。

雑誌をよむ博士、おちつかずあたりを見まわす隣のガードマン。

走る車のフロントグラスからロンドンの外景。

駅につく車（赤いポスト）、アナウンスするスピーカー
ホームを行く二人。コンパートメントに博士をすわらせ別れるガード。

車に戻るがシートの上にカメラを発見、あわてて走る。

ドアをあけ、博士にカメラをわたそうとする。
中には博士のかわりに別の男が同じ雑誌をよんでいた。

発車する列車、車輪のアップ、煙突のアップ　ホームから遠ざかる列車。

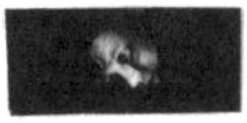

キャメラ右へパンすると　ホームにつまれた赤い郵袋の上にガードの死体。
その顔のup。

別の男の眼のup、キャメラゆっくりT.B.　ベッドの中のハリイ・パーマー。
びっくりしてとびおきる彼、部屋を見まわす。アウト・フォーカス
眼鏡をかけ、ベッドをおり、カーテンをあける。

戻ってきて手前の眼ざまし時計をたたいて、音をとめる。
そのアクションをうけてタイトル。

コーヒーの豆をひく彼の手元、赤い丸の中にメインタイトル

以下、コーヒーを入れ、それをのみながら新聞をみ、マークをつける彼の
動作を追ってタイトルが次々に出る。

たちあがり上着をきるパーマー
椅子の背の部分に　Directed by Sidney J. Furie

ベッドの上から拳銃をとりあげ、しまう

早朝の通りを歩くパーマー（移動）家の間から朝日。

ある家の階段をのぼり、ドアをけとばして"モーニン"
諜報部の監視部屋、望遠レンズつきキャメラやテープレコーダー、パーマーレンズをのぞき
テープに吹き込み出す。別の男がやってきてロスが呼んでいるという。

車からおりるパーマー、国防省の赤いパネル
通路を行き、ガードにパスを見せる。

ロスの部屋、窓の外に見える広場、赤いバスが行く。
窓のところの鳩にエサをやるロスの後姿。

整理魔

十代から二十代前半は、ほぼ英米の映画一辺倒だったイシガミ氏は一九六〇年代に集中的に日本映画を見ている。膨大なファイルにはメモや書き込みがされた銀座並木座のプログラムをはじめ上映の案内や名刺、葉書、書簡、チラシ、覚え書きなどさまざまな「紙もの」が収められている。

◉山本薩夫監督

◉『白い巨塔』滝沢修

◉黒澤明監督

◉『陸軍中野学校』市川雷蔵

◉『浮雲』高峰秀子

◉『用心棒』三船敏郎

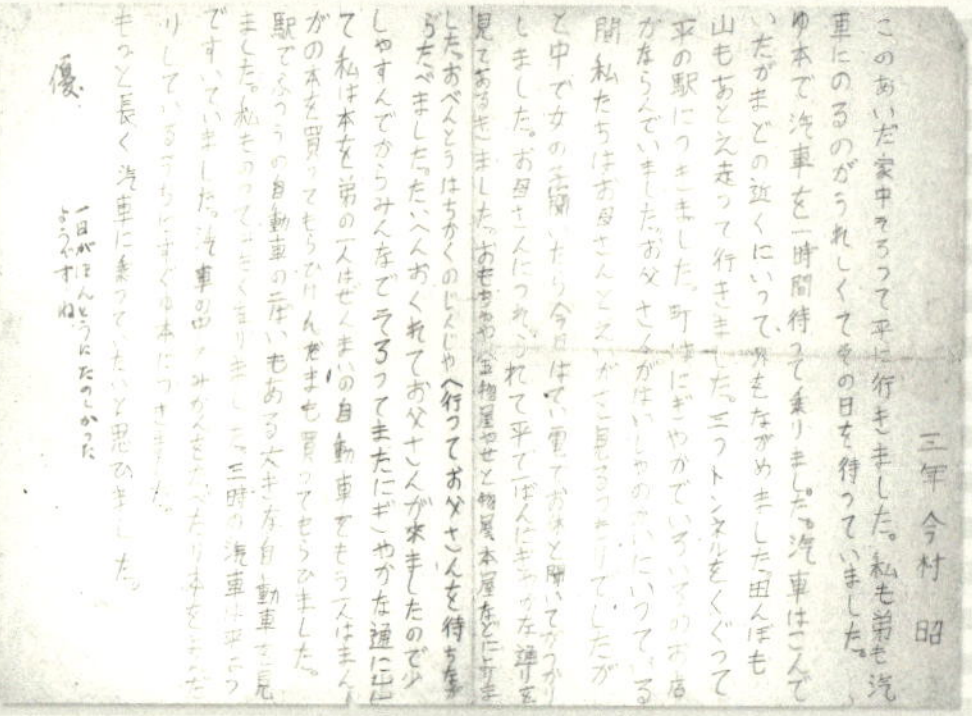
三年 今村 昭

このあいだ家中そろって平に行きました。私も弟も汽車にのるのがうれしくてその日を待っていました。ゆ本で汽車を一時間待って乗りました。汽車はこんでいたがまどの近くにいって外をながめました田んぼも山もあとえ走って行きました。三つトンネルをくぐって平の駅につきました。町はにぎやかでいろいろのお店がならんでいました。お父さんがはいしゃのかいにいってゐる間私たちはお母さんとえいがを見るつもりでしたがと中で女の子に聞いたら今日はてい電でお休と聞いてがっかりしました。お母さんにつれられて平でばんにぎやかな通りを見てあるきました。おもちゃや金物屋やせと物屋本屋などにいきました。おべんとうはちかくのじんじゃへ行ってお父さんを待ちながらたべました。たいへんおくれてお父さんが来ましたので少しやすんでからみんなでそろってまたにぎやかな通りに出て私は本を弟の二人はぜんまいの自動車をもらいはまんがの本を買ってもらいけんだまも買ってもらいました。駅でふつうの自動車の[illegible]いもある大きな自動車を見ました。私[illegible] 三時の汽車は[illegible]ですいていました。汽車の中でみかんをたべたり本を[illegible]りしているうちにすぐゆ本につきました。もっと長く汽車に乗っていたいと思いました。

優。
一日がほんとうにたのしかったようですね。

◉小学校三年(疎開先は福島県磐城地方)の時の作文。「このあいだ家中そろって平に行きました。私も弟も汽車にのるのがうれしくその日を待っていました。ゆ本で汽車を一時間待って乗りました。(中略)お父さんがはいしゃのかいにいっている間私たちはお母さんとえいがを見るつもりでしたがと中で女の子に聞いたら今日はてい電でお休と聞いてがっかりしました。」

◉東京駅八重洲北口前の観光文化ホール「KANKO BUNKA NEWS」VOL.6(1960年)。表紙は『西遊記』(監督＝藪下泰司＋手塚治虫、音楽＝服部良一)。

◉第1回OAC表現技術研究会フライヤー。講演と対談で参加。

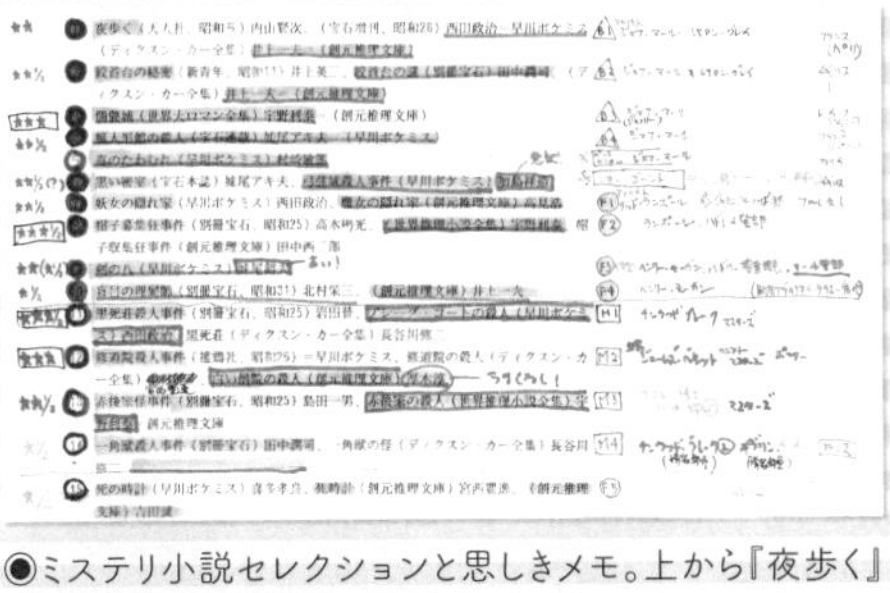
夜歩く（大九社、昭和5）内山賢次、（宝石増刊、昭和26）西田政治－早川ポケミス
（ディクスン・カー全集）井上一夫（創元推理文庫）
絞首台の秘密（新青年、昭和11）井上英三、絞首台の謎（別冊宝石）田中潤司（ディクスン・カー全集）井上一夫（創元推理文庫）
髑髏城（世界大ロマン全集）宇野利泰（創元推理文庫）
蠟人形館の殺人（宝石通信）妹尾アキ夫（早川ポケミス）
毒のたわむれ（早川ポケミス）村崎敏郎
黒い密室（宝石本誌）妹尾アキ夫
妖女の隠れ家（早川ポケミス）西田政治、妖女の隠れ家（創元推理文庫）高見浩
帽子蒐集狂事件（別冊宝石、昭和25）高木彬光
剣の八（早川ポケミス）
盲目の理髪師（別冊宝石、昭和21）北村栄三、（創元推理文庫）井上一夫
黒死荘殺人事件（別冊宝石、昭和25）
修道院殺人事件（雄鶏社、昭和26）＝早川ポケミス
赤後家殺人事件（別冊宝石、昭和25）
創元推理文庫
一角獣殺人事件（別冊宝石）田中潤司、一角獣の怪（ディクスン・カー全集）長谷川修二
死の時計（早川ポケミス）

◉ミステリ小説セレクションと思しきメモ。上から『夜歩く』『絞首台の秘密』『髑髏城』『蠟人形館の殺人』『毒のたわむれ』『黒い密室』『妖女の隠れ家』『帽子蒐集狂事件』『剣の八』『盲目の理髪師』が並ぶ。

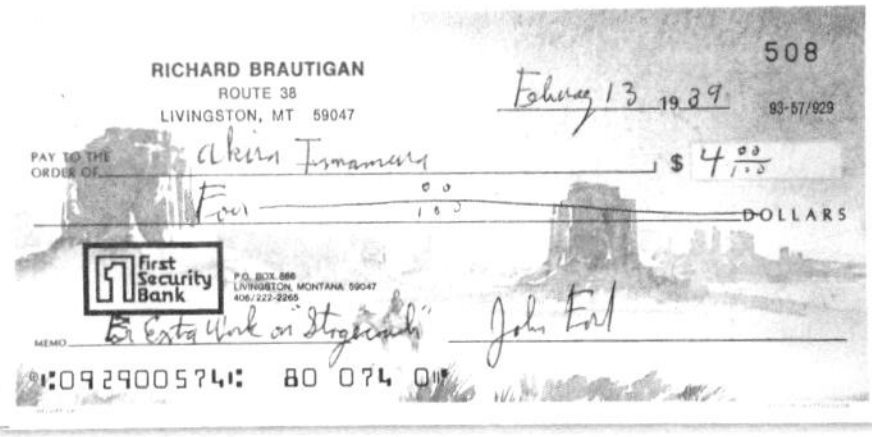

◉リチャード・ブローティガンからもらったトラヴェラーズ・チェック。「『駅馬車』のエキストラ出演料4ドル」として、ブローティガンがジョークで「ジョン・フォード」とサインしてくれた。

◉映像と実験演劇のアンダーグラウンド蝎座で行われた「大林宣彦回顧展・その映画への愛と祈り」(1968年)。

◉アンナ・カリーナ(1940-)のサイン。

◉大林宣彦監督『HOUSE／ハウス』1977年公開時の新聞広告。

I氏のアルバム

映画評論家、SF評論家、ミステリ評論家、手塚治虫研究家、電通のCFプランナー、映像クリエイター、時には俳優と、いくつもの顔を持つ石上三登志／今村昭の肖像。

◉エメロンCFグアムロケ（1968年）

◉あこがれの東映女優桜町弘子さんを演出する今村昭（1970年）

◉映画『HOUSE／ハウス』(1977年)には写真屋の役で出演

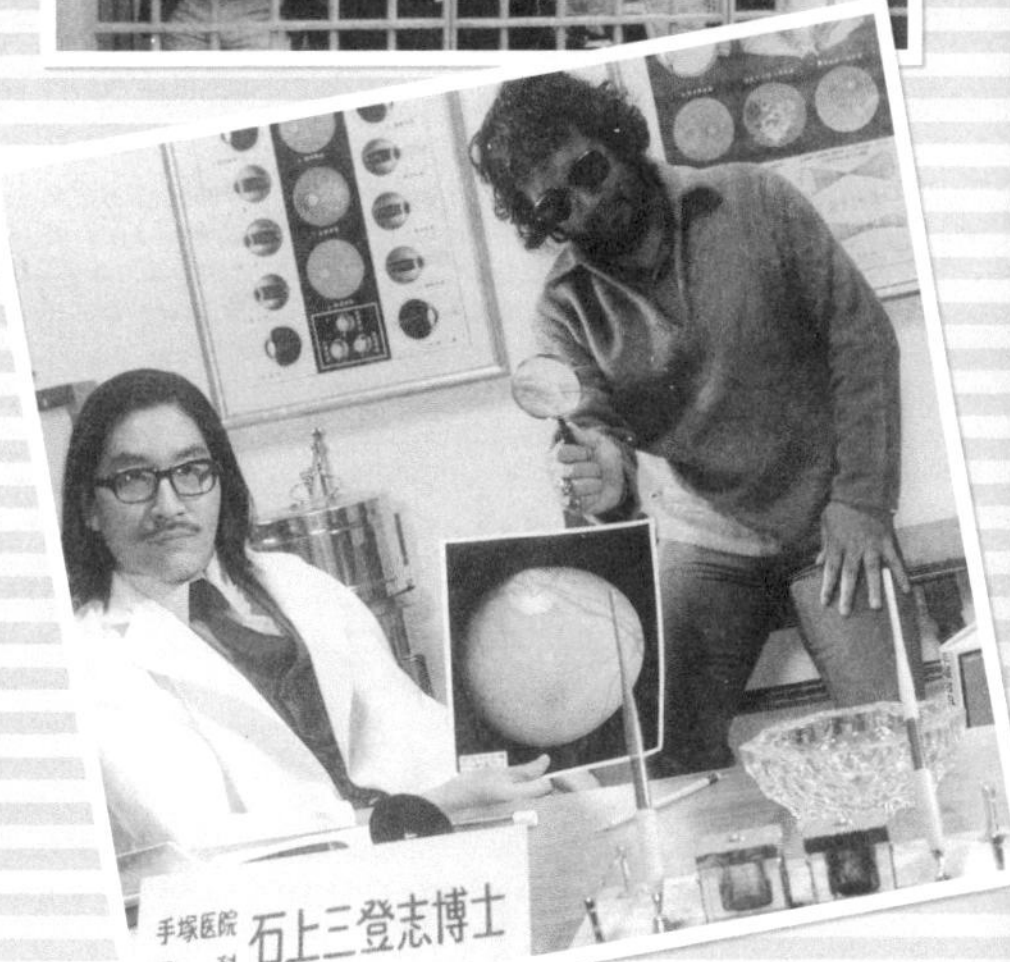

◉大林宣彦監督『瞳の中の訪問者』(1977年)撮影スナップ。

ブローティガンの死

話がやけにぐちっぽくなってきた。こっちもこっちで、いささかくたびれ果ててもいたので、ちっとも面白くなく、だからなんとか話題をかえようと、

「ところでC・カード氏の次のお話は、いつごろ読ませてもらえるの?」

といってみた。

*

C・カードというのは、いうまでもなくリチャード・ブローティガンが小説『バビロンを夢見て』で登場させた、拳銃のタマどころか、それを買う金すらもない、とことん落ちぶれた、それゆえにユニークな私立探偵の名前だ。ブローティガンと僕は会うたびに、この『バビロンを夢見て』の映画化の話を、それこそ〝夢見〟続け、語りあってきた。〝日本を舞台にしてしまってもいいんだ〟と、ブローティガンは言っていた。一緒に飲みあった室田日出男と川谷拓三が気に入り、

「ムロタを日本のC・カードにしよう。カワタニは死体置場係りがいい」

などと、いつもご機嫌だった。なのに、この時はやけに落ち込んでおり、だから僕は話題を変えてみたのだった。おなじみ六本木〈クレードル〉の、今年の三月末のことだ。

突然、ブローティガンの表情が変わった。そして、僕をまるで初対面の人間のように見つめ、でも例によってニコニコと、

「あんたの仲間があっちで待ってるよ。いってあげなよ」

といって、席を立った。それが、僕がブローティガンに会った最後だった。

*

以来、僕は奇妙な恥をおぼえながら、時々ブローティガンのことを考えていた。理由はまったくわからないのだけれど、でもとても悪いことをしてしまったのだと、そう信じ込んでいた。僕にそう思わせるほど、あの瞬間の彼は、間違いなく僕に対してピシャリと心をとざしてしまっていた。

考えてみれば、彼と僕とのつき合いは、まったく〝映画〟あるのみの、だから実にもう快適なそれだった。そうなってくると、もうささやかな言語のギャップなどどうでもよく、固有名詞を並べたてるだけでかなりといえば心がかよいあった。少なくとも僕はそのつもりだった。その時だけは、それぞれの〝現実〟を忘れ、いってみれば子供に戻ってしまえるのだった。

なのに、なぜかあの時ブローティガンは、自分の〝現実〟を語り出した。それが僕の〝現実〟とぶつかり、僕らは不愉快になった。それは、当然すぎるぐらい当然の、いってみれば〝なりゆき〟だった。そして、それから七ヵ月後に、僕はブローティガンの突然の〝死〟を知った。ブローティガンはC・カードとちがい、タマも、そして拳銃も持っていたのだった。僕はそれを知り、彼と僕が語りあった別の時のことを思い出した。

「C・カードのCは、一体何の略なの?」

僕は彼にそうきいたのだった。C・カードはC・Cだから、つまりサム・スペードのS・Sのパロディみたいなもんだというのが通説だったからだ。

「クリスマスさ」

ブローティガンはテレくさそうにつぶやいた。いつものように……そう、まるでクリスマス・カードのように、彼の顔はとてつもなくやさしかった。

[『キネマ旬報』一九八四年一二月上旬号]

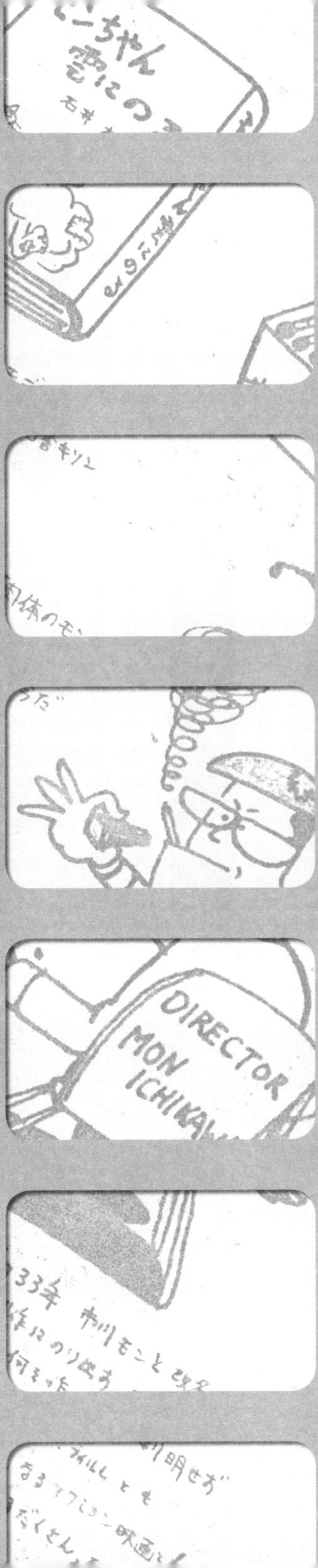

第4部……日本映画俳優名鑑

「◉石上三登志＝編◉宮崎祐治＝イラスト」

浅丘ルリ子

蔵原惟繕監督の『憎いあんちくしょう』(六二年)で、ガリのくせにブラとパンティだけで姿見の前に立ち〝わりかしイカすじゃない……〟なんてひとり言をいい、そこがなんとも可愛らしかったひと。中平康監督の『危いことなら銭になる』(六二年)で、エレベーターの中と外と上の大銃撃戦にまき込まれ、グチャッとつぶれた死体を見すぎ、思い出してはゲエゲエやらかし、そこがまたなんとも可愛らしかったひと。ついでにいってしまうと『危いことなら銭になる』は、都筑道夫のコミック・アクション小説『紙の罠』を原作とした、コメディ・アクション映画の秀作。ということは、そういう作品のヒロインとして、とてもピッタンコな、得難い女優さんなのである。しんねりむっつりの大スタアになってしまうと、こちらはとても困るのである。

浅茅陽子

赤川次郎原作、岡本喜八監督のTVムービー『幽霊列車』(七八年)の、探偵狂の女子大生永井夕子。〈テン・リトル・インディアン〉なんか口ずさみながら、天衣無縫に事件に首をつっこみ、天衣無縫なお風呂ヌード(当たり前だ!)なんかで本庁の宇野刑事(田中邦衛)を悩ませ、いや楽しいことおびただしい。なお、このコンビは好評に応えて、第二作『幽霊海岸』(七八年)でも共演。原作は同じ赤川次郎の『凍りついた太陽』だが、監督は岡本喜八から森崎東にバトン・タッチ。夕子さんと宇野さんの凸凹コンビ気分はいいのだが、こちらのミステリ趣味は平凡すぎて、ちょっとガッカリである。なお、浅茅陽子はよくよく見ると、なんとなく美空ひばりに似ているのですね。彼女主演で美空ひばりの伝記なんか映画化すると、これまた傑作なのではないかなア。もちろん夕子さんふうのコメディ・タッチでだけれどね。

東千代之介

中村錦之助と共に東映時代劇の一つの時代を作ったにもかかわらず、代表作がほとんどない、即ちわが国の代表的なB級スタア。その活躍のほとんど末期に作った大西秀明監督、笠原和夫脚本、藤純子共演の『めくら狼』(六三年)は、勝新太郎の〝座頭市〟シリーズに挑戦した異色作として記憶に残ったが、しかしあとが続かなかった。彼の無表情な、白痴的(?)なキャラクターを、逆に生かした秀作が、沢島忠監督、山本周五郎原作の『暴れん坊兄弟』(六〇年)。日ごろはモーローと暮らし、しかし怒り出すとまるで制御がきかなくなる、兄貴の方を演じてきわめて秀逸。クライマックスで大丸太をかかえて、ワアワアわめきながら暴れまわる様は、実になんとも痛快かつ滑稽であった。この昼行燈型の兄貴とは正反対の、鉄砲玉型の弟を演じたのは、中村賀津雄。沢島忠はついでに、彼らの恋人である大川恵子と丘さとみをも正反対の性格にし、まことに上質な時代コメディに仕立てあげていた。

天知茂

中川信夫監督の『東海道四谷怪談』(五九年)の、民谷伊右衛門が最高。夕陽を真ん中にして、池内淳子演ずるお梅とデートする、その茶屋のワンシーン・ワンカットの、様になるのなんの。一転すれば、田宮二郎主演の『宿無し犬』(六四年)以下の〝犬〟シリーズのレギュラーである、おかま帽によれよれレインコート(当然コロンボ以前である!)の迷刑事の、おとぼけ助演ぶりもまたサイコー! それから、そうそう〝座頭市〟シリーズ第一作『座頭市物語』(六二年)の、平手造酒も、この人の抜群の好演だったけど、これは伊右衛門の延長線だな。〝座頭市〟と対決した連中は、三船敏郎、仲代達矢、三國連太郎から、城健三郎こと若山富三郎や王羽ことジミー・ウォンまでいるのだが、第一作及び第十三作『座頭市の歌が聞える』(六六年)と二度もつきあったのはこの人だけで、つまり彼はそんなふうな魅力とつき合いのよさがあるのだろう。〝パリのメトロのテケツ〟が自慢の、彼が演じたキザなテレビ刑事もなつかしい。

池波志乃

野村芳太郎監督の『昭和枯れすすき』(七五年)で、ひたすら主人公高橋英樹をなぐさめる、飲み屋のおネエちゃん。どこがイイんだかわからないけど、その存在実感が最高で、テレビ『助け人走る/貸金大仕掛』(七六年)や、『破れ傘刀舟・悪人狩り/初姿おんな鉄火纏《まとい》』(七六年)や、『新木枯し紋次郎/四つの峠に日が沈む』(七七年)なんかまで見て、やっぱりイイなアなんて思い、そういえば僕が昔ほれ込んだ『リリー』(五三年)のレス

リー・キャロンに似てるんだと、ついこの間、やっと判明した。そういうこと……だったのだ! レスリー・キャロンは好きじゃないけど、彼女が演じたリリーは好きで、そういえばそのけなげさは、池波志乃がいつも演ずるキャラクターにそっくりで、だからイイ役で出てほしいなア!

石坂浩二

かつての〝人畜無害〟キャラクター、今や映像界最良の金田一耕助役者。『犬神家の一族』(七六年)、『悪魔の手毬唄』(七七年)、『獄門島』(七七年)、『女王蜂』(七八年)と続いた市川崑=石坂浩二エンターテインメントを軽視するむきもあるが、そりゃァとんでもないことですよ。あちらにジェームズ・ボンド・シリーズあれば、こちらには金田一耕助シリーズありと、なんでもっと胸をはっていえないのですかねえ。まったくの話、このシリーズは片岡千恵蔵に出発した横溝映画の、最良作ばかりであって、そのへんがわからないということは、あんまり探偵小説を知らないってことなんだよね。石坂=金田一に続いていいのは、七七年からスタートした、古谷一行のテレビ版金田一耕助で、とりわけその一篇である斎藤光正監督の『獄門島』(七七年)は、劇場版よりもさらによい出来だった。

犬塚弘

山田洋次監督の秀作喜劇『馬鹿が戦車《タンク》でやってくる』(六四年)で、元少年戦車兵のサブ(ハナ肇)の、頭の弱い弟を演じて印象的だった、元コミック・バンド〈クレージー・キャッツ〉のベース・マン。田舎の道を、時々両手をひろげて〝カアー!〟となきながら歩き、つい

には火の見やぐらの上から飛ぼうとして墜落死。同じ山田洋次監督の『吹けば飛ぶよな男だが』（六八年）における、日曜日には家族そろって遊園地なんかに出かけるマイホーム型のしがないヤクザさんと共に、日本映画史に残り得る、秀逸な助演ぶりといえるだろう。ついでにいえば、この『吹けば飛ぶよな男だが』でなべおさみが演じた主人公のチンピラも、やっぱりサブという名前だった。

植木等

須川栄三監督がフランキー堺、高島忠夫、雪村いづみ、益田キートン、浜美枝、中尾ミエ、ジェリー伊藤らの出演で作った本格的ミュージカル映画に、『君も出世ができる』（六四年）ってのがあるんだけど、その中でフランキーらサラリーマンたちが飲み屋から歌い出し、ついには通りまでくり出してのサラリーマン大合唱になるナンバーがいいんだけど、その中に巻き込まれ、トックリに指をつっ込んだまま、それを抜こうとやっきになって、ついに最後まで歌に参加しなかったのが、ゲスト出演した植木さんだったのよね。このころってのは、ほら、植木等主演のサラリーマン・コメディ『ニッポン無責任時代』（六二年）、『ニッポン無責任野郎』（六二年）、『日本一の色男』（六三年）、『日本一のホラ吹き男』（六四年）、『日本一のゴマすり男』（六五年）などがあって、植木等はいわばサラリーマンの代名詞みたいだったんで、そういうことにひっかけた、これはしゃれでもあったわけだね。日本映画もずいぶん上質な〝遊び〟をやってた時も、あったわけなんだね。

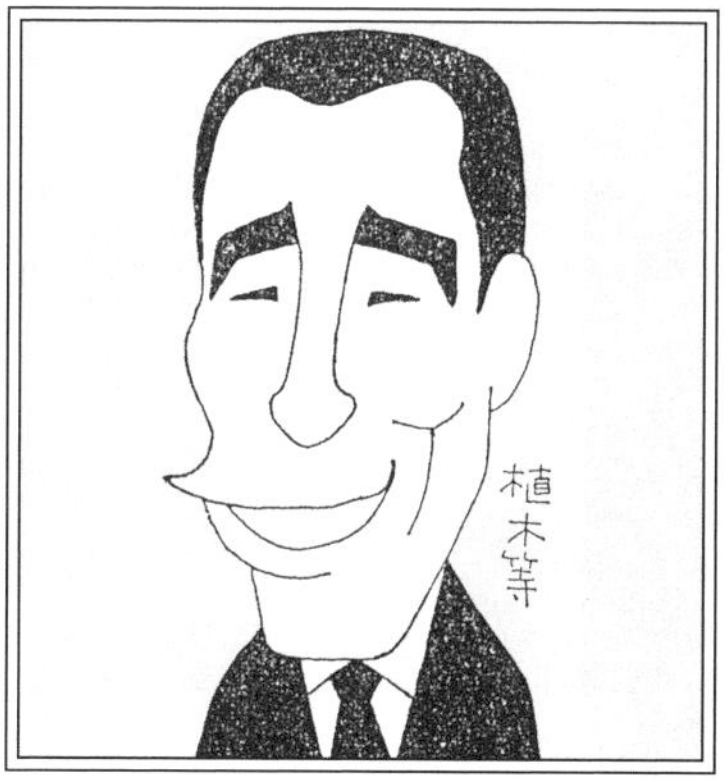

大滝秀治

奇ッ怪な人だなァと思ったのは、山本迪夫監督のスリラー『悪魔が呼んでいる』（七〇年）あたり。〝あッすごいや〟と思ったのは、山本薩夫監督の『金環蝕』（七五年）。この時彼は、政界の裏側を知りつくしているらしい怪議員を演じ、それを見こんで情報を持ち込んだ記者高橋悦史を、はじめニコニコ、あとは冷たくあしらう。そして立ち去る彼に、約束が違うと高橋悦史がつめよると、大滝秀治ゆっくりふりむいて、一言〝まだ、何か?〟。こいつが、何ともはや、ゾーッとするほどこわい。たったそれだけの言葉で、このキャラクターの実力の、そのすべてがわかってしまう、そんな重みのある、しかしさり気ないセリフまわしは、なんといったらいいか、なんともいえない大迫力であって、二、三日なんだか薄気味悪かった。たとえば倉本聰脚本のテレビ・ドラマ『前略おふくろ様』や『うちのホンカン』では、愛すべき好々人物を演じて定評だけど、こういう人には気をゆるさない方が身のためだと思います。

緒形拳

本当は新国劇のヒーローなんだけど、でもなんでもやっちゃうところが、色々おかしいんだな。なかでも最高におかしいのが、増村保造監督の『第二の性』(六八年)で、彼は安田道代演ずる百メートル選手のコーチ。〝女であることなど忘れるんだ!〟とトレーニングしたら、セックス・チェックの結果、彼女は本当に男か女かあやふやになっちまった。あわてた彼、今度は〝女になりなさいね〟とばかり、夜のコーチまではげみ出し、つまり、昼と夜じゃ、やってることがまるで逆。おかしいのなんの……なんていってるうちに、彼女はめでたく〝女〟になり、記録もダメってわけ。この人、もしかすると本格的スラップスティック・コメディも出来るかもね。なお、加藤泰監督がたった一本テレビ演出した、NTVの〈剣〉シリーズの一篇『縄張《しま》』(六七年)は、それとは逆の正調緒形として、出色の一篇だっ

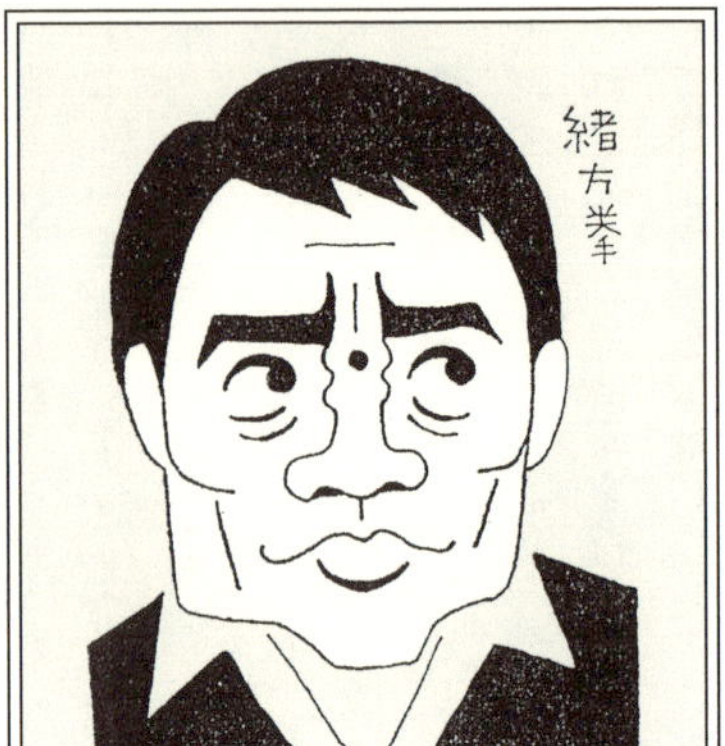

た。

岸田今日子

〝アーラ!〟っていうセリフがないと、彼女を見た気分になれない、それほどヘンテコなイントネーションの〝アーラ!〟である。木下亮監督の秀逸なコメディ、『男嫌い』(六四年)及び『肉体の学校』(六五年)以後、あの本当に気持ちの悪い、彼女の〝アーラ!〟をきいていないのは、ファンとしてまことに残念! そういえば、木下亮さんも、今はどこで何をしてるのやら……。こういうヘンな人たちに、なんにもさせてあげないようでは、日本映画なんかもう見ないと、筈見有弘がいって……なかったかな?

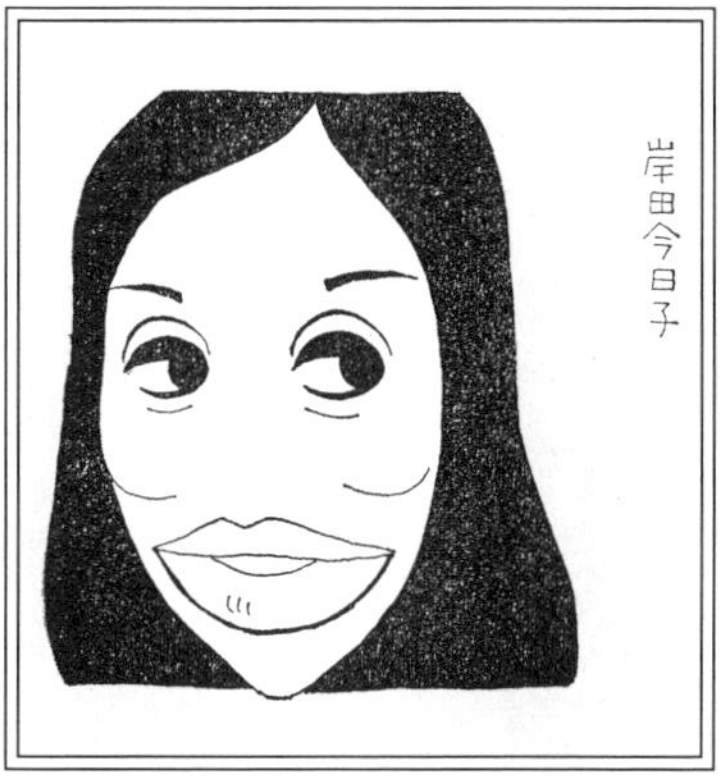

岸田森

『血を吸う人形』(七〇年)、『血を吸う眼』(七一年)、『血を吸う薔薇』(七四年)と続いた東宝怪奇映画の中で、『血を吸う眼』『血を吸う薔薇』の二本の吸血鬼を演じた、日本版クリストファー・リー。なにしろ壁なんか破って出てきちゃうのだから、ある意味では本家よりも大迫力である。なお彼は、実相寺昭雄監督の『あさき夢みし』(七四年)で阿闍梨《あじやり》を演じた時も、緋色の袈裟をひらめかせて女どもに襲いかかり、まったくもうドラキュラ的ではあった。〝血を吸う……〟シリーズのプロデューサー田中文雄さん、監督山本迪夫さん、そろそろまた岸田吸血鬼を出現させてくれませんか? あちらじゃ、もうクリストファー・リーのドラキュラも見られないことであるし、岸田森大売り出しは今がチャンスじゃないかなア!

北林谷栄

市川崑監督の『ビルマの竪琴』(五六年)の、ビルマのコーカン(交換)ばあさん。兵隊たちのところへ果物なんかを持ってきて、〝コーカン! コーカン!〟と物々交換を要求するくだりがやたらおかしく、おかげで名作という印象なし。北林調の名セリフ……というか、名イントネーションをもう一つあげれば、山本迪夫監督のスリラー『悪魔が呼んでいる』(七〇年)の、ラスト・シーン。〝おカネはみんな、ワタシのものヨ〟なるそれ、わが家ではやったもんである。

黒沢年男

岡本喜八監督の『日本のいちばん長い日』(六七年)で、日本の終戦に頭にきた青年将校をやって抜群！　西村潔監督の『死ぬにはまだ早い』(六九年)で、とにかく世の中に関して頭にきたスナック・ジャッカーを演じて、また抜群！深作欣二監督の『仁義なき戦い／頂上作戦』(七四年)でも、組のごたごたで頭にきた極道を演じて、またまた抜群！　とにかく、この人ほど頭にきて似あう人は、かつての三船敏郎以来である。いい作品に出ないと、こっちが頭にくるぞよ！

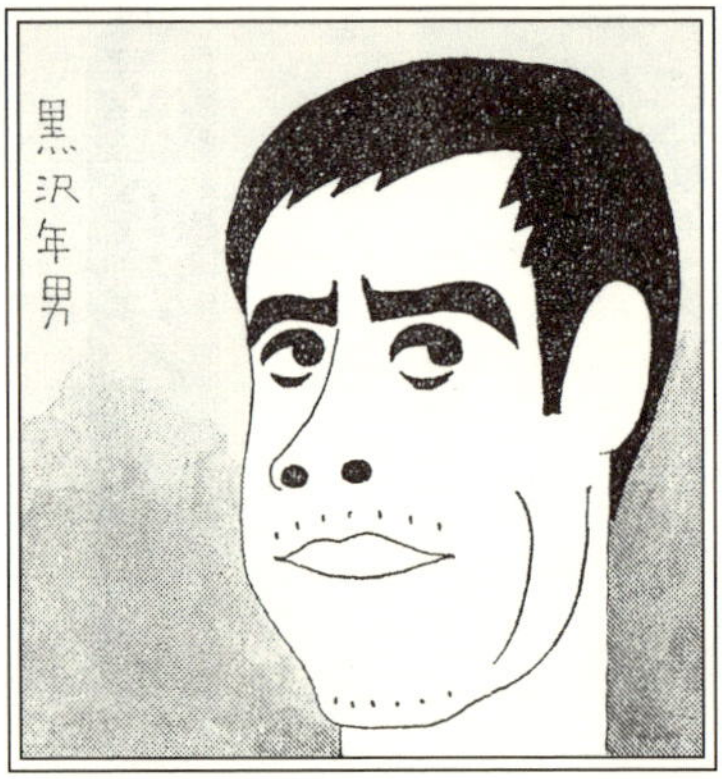

神山繁

篠田正浩監督のミュージカルふうアクション映画の秀作『夕陽に赤い俺の顔』(六一年)における、殺し屋株式会社のマネージャー氏。増村保造監督の犯罪映画『からっ風野郎』(六〇年)では、主人公を演じた三島由紀夫をデパートのエスカレーター上でしとめた、殺し屋〝ぜんそくの政〟。前者では、噛んでいたチューインガムをドアにはりつけてはノックするくせがよく、後者では、いつも首に巻いている長く薄汚れたマフラーがよし。最近はそうでもないが、この人の顔よくよく見ると、どことなくかつてのリチャード・ウィドマークに似ており、もう一人の和製ウィドマークこと佐藤允と共に、確実に日本殺し屋ベスト5に入ってしまうわけ。かつては、猪俣勝人脚本、

岡本愛彦演出の『挑戦』、飯島正脚本、岡本愛彦演出の『題名のないドラマ』などのテレビ・ドラマに主演し、きわめてユニークであった。

小林稔侍

倉本聰脚本、降旗康男監督の『冬の華』(七八年)で、心に残る名助演ぶりを見せてくれた、東映型バイプレーヤー。稔侍さんの役は、女房と一緒に小料理屋をひらきながら、高倉健演ずる兄貴分の出所を待っている、いわゆる古い古いタイプの男。セリフは〝ご苦労さまでした〟たった一つにもかかわらず、分をわきまえ、ひっそりと先輩たちのうしろにひかえ、しかしそれなりに色々と気をつかうという存在実感は抜群である。そして、その存在実感は、小料理屋における修羅場寸前のシーンにいかんなく発揮され、稔侍さん板のむこう側から、刺身包丁を逆手《さかて》に持って、さり気なく健さんの手元に置き、その〝動中の静〟の呼吸が素晴らしいのなんの。そういえば同じ倉本聰脚本の『浮浪《はぐれ》雲』でも、小林稔侍は元侍のすけこまし村野武範の、マネージャー役のチンピラやくざで好演。〝もう足を洗う〟というすけこまし氏に、突然ドスを抜いて居なおってみせる奇妙な迫力もまた、同様に印象的だった。こういう人、もっともっと活躍させてほしいんだなァ!

財津一郎

フーテンの寅こと、車寅次郎氏がですね。仮病をつかって、入院しましてね。そこの大部屋の患者たちに、例によって例のごとく馬鹿なこといって、笑わせていましてね。その部屋に、しかし、一人だけ苦しみに苦しんでいる患者がいて、その人は盲腸の手術したばっかりで、だから笑うのダメなんですね。いやもう、おかしいやら気の毒やらの、その患者をやったのが財津一郎でして……これ、例のシリーズの一体、どのエピソードでしたでしょう。憶えているひと、手をあげて! とにかく、こういうクセのあるキャラクターを、ちょいと使って抜群の効果を出すあたりの、そんな山田洋次演出ってのは、もっともっと認められてもいいですよね。アレ？ このシーンは、小林俊一監督の時だったかな？ それとも、森崎東監督の時だったかな？ やっぱり山田洋次の時だったかなァ？

坂口良子

倉本聰のテレビ・ドラマ『前略おふくろ様』における、萩原健一《ショーケン》の恋人〝かすみチャン〟もよかったけど、市川崑＝横溝正史ミステリ『犬神家の一族』（七六年）の宿屋の女中さんは、もっと良かったぞ。だって、今どきモンペと買い物かごの似合う女の子なんて、いるかしら。ついでにいうと、その宿屋の主人が横溝正史さんで、その奥さんが本物の横溝夫人で、なかなか雰囲気が出てました。

桜町弘子

東映股旅映画の秀作『股旅／三人やくざ』（六五年）の第一部〝秋の章〟で、あんころ餅をほおばりながらポロポロ泣く、とらわれの娼婦おいねを演じ、女の哀しさとたくましさを同時に僕らに感動させた、元東映城お姫さま女優。この沢島忠作品以後、彼女は僕らの間では〝あんころ餅のおネエちゃん〟で通じるようになったのだ。なお彼女のそんな素晴らしさは、加藤泰監督が翌年の『骨までしゃぶる』（六六年）でまとめてくれ、この時の役は洲崎遊廓を脱出する、やっぱり娼婦。そのクライマックスでは、なんと愛する男の方を人力車にのせ、それを彼女が馬車馬のごとくひいて、ついに脱出に成功しちまうのであって、いやはやなんともすごいのですね。

佐藤慶

『真田風雲録』（六三年）で、錦之助演ずる猿飛佐助と徹底的に対立する、クールでパワフルな大阪城の支配人、大野修理。で、クライマックスの落城シーンでは、燃えさかる天守閣にどっかと坐り、〝あいつも俺も本当は同じタイプの人間だったのかもしれぬ〟とか

〝俺を理解していたのはあいつだけかもな〟とか、もうまったく沈着冷静、余裕綽々。そのうち、しかし炎は天守閣一杯にひろがり、先生余裕たっぷりの独白のなかで、しきりに〝煙いぞ……〟とか〝あついなア……〟とか小声でボヤき出し、やがてついにたまらずに〝アツ――イ！〟と叫んで跳びあがった瞬間、加藤泰監督いじわるくも画面をストップ。おかげで佐藤慶氏は現在に至るも、われらの間では〈アツイ！の旦那〉で通っているのである。岡本喜八の『地獄の饗宴《うたげ》』(六一年)では城所英夫と、深作欣二の『ギャング同盟』(六三年)では内田良平と、それぞれアメリカン・ハードボイルドふうに組んでカッコよかった佐藤慶の、もっともっと評価されるべき珍一面なのである。

佐藤允

昔、劇団〈仲間〉にいたときは、アルベール・ユッソンの戯曲『俺たちは天使じゃない』の、映画でいうとアルド・レイがやった女房撲殺の凶悪犯を好演していた。しかし、その人と気がつかなかったので、杉江敏男監督の『三十六人の乗客』(五七年)の犯人当てでは、まんまとひっかかり、当たらなかったわけ。岡本喜八監督の『独立愚連隊』(五九年)とか、加藤泰監督の『みな殺しの霊歌』(六八年)といった主演作品よりも、〝オレ、五郎ってんで……〟なんてスネていた『暗黒街の顔役』(五九年、岡本喜八監督)の彼の方が、どういうわけか、ずっといい。そもそもは和製リチャード・ウィドマークだったのだから、たとえば村野鐵太郎監督の快作『闇を裂く一発』(六八年)のように、やっぱりそのセンで徹底してほしいなァ。

里見浩太朗

工藤栄一監督の『十三人の刺客』(六三年)では十三人の一人として、同じ工藤監督の『大殺陣』(六四年)では主役として、さらに同じ工藤監督の『十一人の侍』(六七年)では夏八木勲とのコンビで、つまり迫力満点の工藤集団時代劇において、最初から最後までメ一杯の大奮闘をしてくれた、体力型の時代ヒーロー。われらの名付けた〝里見運動会〟物は、この三部作の他に、長谷川安人監督の『十七人の忍者』(六三年)、『集団奉行所破り』(六四年)などがあげられる。手持ちカメラとカラミ役に追いまわされ、田んぼだろうと何だろうと、もうムチャクチャに駆けずりまわった彼のエネルギーは、もっともっと評価されてもいいと思うのだが……ねぇ！

宍戸錠

小林旭主演の日活アクション『南海の狼火』(六〇年)だったと思う。ヒロイン浅丘ルリ子がチンピラたちに襲われ、あわやという瞬間、颯爽と現われ、アッという間にチンピラたちをのしちゃったのが宍戸錠。乱れた裾などをなおして立ちあがったルリ子ちゃんが、〝おかげで助かりました。ありがとうございました〟という間もあらばこそ、〝俺もこのところ、女にゃうえてるんだ〟と、ぼやいた錠さん、ルリ子に襲いかかったのだった。おかげさんで、その後に出てきて〝はじきのジョー〟さんをたたきのめす小林旭さん……つまりは本当のヒーローさんの、印象が薄いのなんの。あれッ？　これは同じ小林＝浅丘＝宍戸の『渡り鳥いつまた帰る』(六〇年)だったかな？　それとも赤木圭一郎＝笹森礼子＝宍戸錠の『拳銃無頼帖・不敵に笑う男』(六〇年)の出来事で、二重に襲われたのは笹森礼子だったかな？　まァ……とにかくそんなわけで、どうでもいいや。

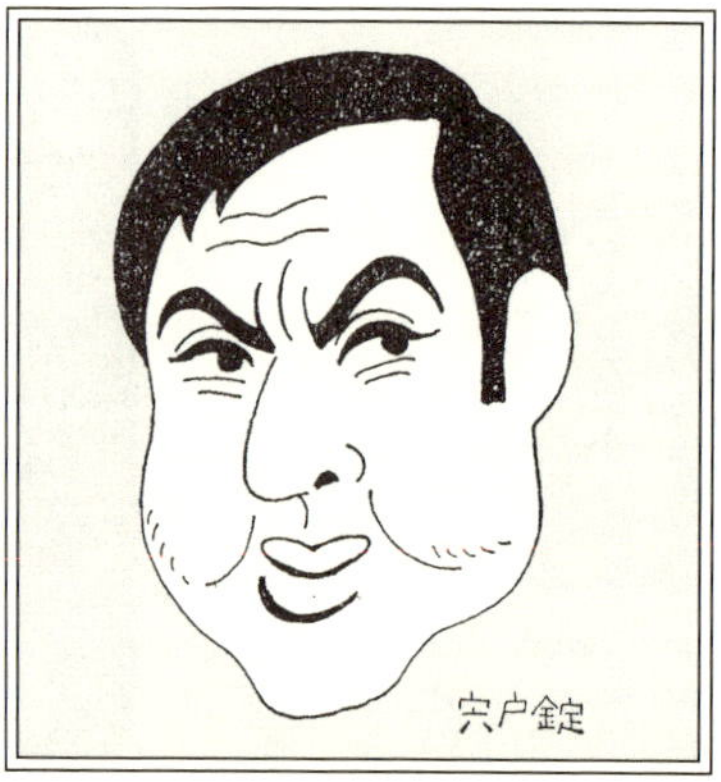

高橋悦史

岡本喜八の自主製作映画『肉弾』(六八年)で、日本刀と一升瓶をかかえてふてくされていた、特攻隊の生き残り。これにかぎらず岡本喜八映画における高橋悦史は、〝大東亜戦争〟的な意味で常に複雑に屈折したキャラクターを演じさせられ、つまりはそれだけ彼の役は岡本監督自身ということになるのだろう。その代表例が『日本のいちばん長い日』(六七年)の、終戦を認めずクーデターを起こそうとする青年将校たちの、そのリーダー。はじめは冷静に情況を判断し、クーデターには懐疑的なのだが、結局は先頭に立って行動を開始する。わが国ではまことに珍らしい、行動的な政治型ヒーローといったところで、最近でも山本薩夫監督の『皇帝のいない八月』(七八年)や、やはり岡本喜八監督の『ブルー・クリスマス』(七八年)と、その手のもうけ役が多い。『日本のいちばん長い日』と『肉弾』のちょうどあいだに岡本喜八が作った時代劇『斬る』(六八年)における、どっちが敵でどっちが味方かわからなくなってしまった彼の珍演も、大いにすてがたい。

宝田明

東宝コメディ・アクション・シリーズ『１００発１００中』(六五年)、『１００発１００中／黄金の眼』(六八年)で、ヒーロー、アンドリュー星野を演じたひと。影のない二枚目で、ヌーボーとしていて、それでかなりキザなので、日本映画の中では色々とソンをしているひとなのだが、そんな柄を逆利用したのが『１００発１００中』のオリジナル脚本を書いた都筑道夫と岡本喜八。フランス人のママンに、いちいち読みあげながらフランス語で手紙などを書いている宝田さんの姿は、まことにほほえましくたよりなく、これで福田純演出がもう一つしまってくれたらなァと、なげくことしきり。とりわけ、窓の外から浜美枝が投げたプラスチック爆弾を、両手両足をしばられた彼がパッと口でうけとめ、それをやはり両手両足をしばられた有島一郎に、モゴモゴいいながら口わたししようとする珍景は秀逸。宝田明ならではの、ユーモア・サスペンスとでもいいましょうか。この作品、佐藤勝作曲、布施明歌のテーマ・ソングがまた快調でした。

丹波哲郎

昔、新東宝時代の、たとえば『人喰海女』(五八年)なんかでは、ダボシャツきて、首から成田山の

お守りかなんかをぶらさげ、安物のドスでもってスゴんでいたけれど、今ではなにしろ『日本沈没』（七三年）のごとく、総理大臣とは出世のしすぎ。こういうことは観客からみても、あまり健康にいいわけなく、だから僕などはルイス・ギルバート監督の『００７は二度死ぬ』（六七年）の彼の役……即ち、日本秘密諜報部（！）のリーダー、タイガー田中なんかの方が安心してしまうのだ。地下鉄工事現場をよそおったオフィスに００７を強引に連れ込み、"Welcome to Japan, Mr. Bond!"なんて、実になんともカッコよかったねぇ。そんな意味でいえば、彼が彼らしかったのは、五社英雄監督の大作『雲霧仁左衛門』（七八年）の、女にデレデレしたあげく、一番馬鹿をみた、問屋の馬鹿旦那。なんでもやる人だけど、なんでもやるから、こっちは色々困ってしまうのです。そう、石井輝男監督の『恋と太陽とギャング』（六二年）における、カミさん孝行の中年ギャングも、やたら女房の肩なんかもんだりして、タンバさんらしくてよかったなァ！　女房はたしか、三原葉子だったっけ？　アア、新東宝……ってところだね。

津川雅彦

兄貴長門裕之にくらべ、様々な意味で印象の薄い彼ではあるが、テレビ朝日の例の〈必殺シリーズ〉で、松本明監督と組むと突然冴えるのは、不思議なことである。たとえば『必殺仕置屋稼業／一筆啓上罠が見えた』（七五年）、たとえば『必殺仕業人／あんたこの仕業どう思う』（七六年）……姉さんかぶりではたきを持って家の中を掃除してまわり、地下室では手製のヘンテコなバーベルや、サンド・バッグで身体をきたえている、まことに奇っ怪な親分を演じておかしく、劇場映画は一本も作ったことのない松本明監督共ども、もったいない存在なのである。なお、奇っ怪な親分の実体は、二人一役という落ちになり、そのへんもまた秀逸である。こういうのが時々あるから、やっぱりテレビもやめられないというわけなのだ。

土屋嘉男

東宝ＳＦ映画『地球防衛軍』（五七年）で、地球を侵略するミステリアンの、放射能に冒されているそのリーダー。同じく東宝ＳＦ映画『ガス人間第一号』（六〇年）の、ガス人間氏。この人の演ずるＳＦ

キャラクターは、常になぜかとても哀しく、とりわけ後者において、追いつめられた彼が、恋人である日本舞踊の先生(八千草薫)の、その晴れの舞台を見ようとしてしとめられるクライマックスは、たとえば『キングコング』のラスト・シーンのごとくあわれではあった。もしかするとこの人は、日本映画唯一無二のSFキャラクターといえるのかもしれないぞ。一般的には、黒澤明監督の『七人の侍』(五四年)の、若い百姓の方が有名だが、あれもしかし、野盗に人身御供として女房をくれてやった、哀しいキャラクター。もしかすると『七人の侍』っていう映画は、一種のSF映画なのかもね。

露口茂

村野鐵太郎監督の『闇を裂く一発』(六八年)における、迫力満点のベテラン刑事。犯人のこもる部屋のドアをすっとあけ、てのひらをひらいて前に突き出し、ゆっくりと踏みこんでゆきながら、〝デカを殺すと死刑だぜ〟なんていっちゃうんだね。それで犯人ブルッちゃって、拳銃などほうり出しちゃうんだよね。これ、クリント・イーストウッドと、ドン・シーゲルの『ダーティハリー』(七一年)よりも前の作品で、こっちもあっちに負けないぐらいの、いい〝はったり《ブラフ》〟なんだけどねぇ。もっとも、彼はこの作品で、凶悪犯佐藤允を追いつめた時もこれをやって、しかしさすがは佐藤允、そんなのにかまわずドカンと一発ぶちかまし、露さんは見事に主役の新米刑事峰岸隆之介にクライマックスをゆずってゆくのである。話は違うのだが、今村昌平監督の奇妙なドキュメント・フィクション『人間蒸発』(六七年)で、現実に

起こった蒸発事件を追う露口茂の、ヒーローともリポーターとも狂言まわしともとれる役割に、僕はたとえばリュウ・アーチャーを見てしまうのだけど、ちょっと考えすぎかしら。一体何をいいたいのかというと、たとえば露口茂あたりをフィーチャーしたところの、本格的な日本ハードボイルド映画の大期待なのでありますよ。

十朱幸代

長谷川伸原作、山下耕作監督の股旅映画の傑作『関の弥太っぺ』（六三年）のヒロイン、お小夜。成沢昌茂の名シナリオと、山下耕作の名演出で新しく生かされた、十朱お小夜ちゃんの、けなげで可憐な弥太郎への愛の、素敵だったのなんの！　彼女のセリフの中にある〝旅人《たびにん》さん……！〟の語感に、もうどこにもありはしない故郷《ふるさと》を恋う、われら日本の男どもの正体を、僕自身の中にも発見し、ささやかにもウロタエたことを、ついこないだのことのように思い出す。その時、木下忠司の甘くせつない主題曲がしのびより、なんだかもう、いたたまれなくなったとき、われらが代表関の弥太っぺは、はるか彼方の松の木の下かなんかで待っている敵どもの方へと遠ざかり、三度笠をぬいで青空へポーンとほおりなげ……とにかくカッコいいわけなんですね。この時の弥太っぺは、萬屋錦之介さんにはあらずして、あの中村錦之助さんでありました。

トビー門口

西村潔監督のアクション映画『薔薇の標的』（七二年）で、作品自体のバランスがガタガタになるほど、徹底的にアメリカン・ガン・アクションを見せてくれた、謎のガン・ファイター。主演の加山雄三の前で、拳銃を抜いてすごんでみせる、そのとりわけ動作が秀逸で、まわりがその気分になれないもんだから、色々目立つのなんの！　弾着技術の専門家で、アメリカで本物を使って勉強してきたのだから、色々様になっているのは当然なのだが、それにしても周囲の役者さんのアクションと噛みあわないこと、おびただしい。アクション演出家としては、『弾痕』(六九年)、『ゴキブリ刑事』(七三年)、『野良犬』(七三年)、『現代任侠史』(七三年)、『野獣狩り』(七四年)、『野獣死すべし／復讐のメカニック』(七四年)等々で活躍し、それぞれの作品にチョイ役で出演。こういう不思議な存在をうまく使えれば、日本のアクションももっと面白くなるはずなのにねぇ。うまく使えば、ティモシイ・ケリーみたいにやってくれるはずだと思うよ。

中北千枝子

堀川弘通監督の『黒い画集・あるサラリーマンの証言』(六〇年)ではサラリーマン小林桂樹の浮気に、山田洋次監督『なつかしい風来坊』(六六年)ではサラリーマン有島一郎の心意気に、それぞれてんで気付かず、ひたすらお家安泰のみを願う中年主婦を名演し、そのため印象が悪くてかわいそうな女優さん。かつては主役もやったことがあり、それがなんと黒澤明監督の『素晴しき日曜日』(四七年)。終戦直後のなんにもない時代に、彼女とその恋人が必死で〝素晴しき日曜日〟をすごそうとする様は、まことに涙ぐましくけなげすぎ、その結果の結婚ともなれば、色々よくわかってくる成長ぶり？　よくあるおカミさん像を、かくも見事に演じられる人は他になく、あるいはもしかすると彼女自身の地なのかななどと、失礼なことを思ったりして、いや、まったくもう、どうにもこうにも……。

仲代達矢

沢島忠監督の股旅オムニバス映画の秀作『股旅／三人やくざ』(六五年)の、その第一部〝秋の章〟で、旅人《たびにん》を絵にかいたような初雁の千太郎を演じて最高だった、しかし正体不明の怪二枚目。一宿一飯のその家で、出されたメシの、その食べ残しの魚の骨を、きちんと懐紙に包み、ふところに入れる、日本ダンディズム！　黒澤明監督の『用心棒』(六一年)では、首にスカーフ、片手に拳銃とアチャラカに徹し、ついにはマカロニ西部劇『野獣暁に死す』(六八年)にまで出てしまった先生なのであるが、どうしてどうして根は純日本製と、僕はみた。例の笹沢左保の木枯し紋次郎は、もう少し若かったら、本当はこの人こそが適役だったはずなのである。

中村錦之助

萬屋錦之介さんより、ずっとよかったひと。もうヤケくそで、〝タヌキがとれたよオッ!〟ってわめいていたのは、一体何という映画か知らない人とは、日本映画のこと、あんまり話したくないのよネ。沢島忠監督のオムニバス股旅映画『股旅/三人やくざ』(六五年)をはさんで、山下耕作監督の『関の弥太っぺ』(六三年)と加藤泰監督の『沓掛時次郎/遊侠一匹』(六六年)という二本の長谷川伸映画に主演し、これに同じ長谷川伸物である加藤泰監督の『瞼の母』(六二年)を加えると、旅人《たびにん》映画のヒーローとしてほぼ完璧という実感のスタアなのである。ついでに加藤泰作品を並べれば、『真田風雲録』(六三年)における彼のバテレンふうな猿飛佐助がまたよく、なにしろ彼の超能力は、赤ん坊のころ近所に落下した隕石の放射能によると語られるのだから、これはむしろSFだな。この時の音楽は林光でとてもよく、他の四本は弥太っぺと番場の忠太郎が木下忠司、沓掛時次郎が斎藤一郎、〝タヌキがとれたよオッ!〟が佐藤勝で、みんないい。中村錦之助の六〇年代映画のサウンド・トラック版、どこかで出してくれたら、何をさておいても買っちまうのだ。『笛吹童子』や『紅孔雀』……? そんなの、いらないなァ。『柳生一族の陰謀』や『赤穂城断絶』……? そんなのもいらないんだなァ!

西村晃

『散歩する霊柩車』(六四年)に主演したあたりから、『怪談せむし男』(六五年)、『怪談片目の男』(六五年)、『吸血髑髏船』(六八年)、『怪談蛇女』(六八年)、『牡丹燈籠』(六八年)と、日本怪奇映画の専門の役者のごとくなってきた。どうしてこういうことになってきたかというと、今村昌平監督の『赤い殺意』(六四年)に主演して、春川ますみと共に、奇っ怪な夫婦を演じたからで、あれはなんだかドラキュラ夫婦みたいな感じであって、それで佐藤肇監督の『散歩する霊柩車』でも春川ますみと共演させられたわけ。気味が悪いことはたしかだけど、でもあんまりこわくはないのですねえ。この映画では先生、主題歌まで歌っていたけど、その方がずっとこわい、こわい！　ま、なんだかんだいっても、彼は岸田森と並ぶ、日本怪奇の大物であることだけはたしかなようである。

野川由美子

鈴木清順監督、田村泰次郎原作の二作、『肉体の門』（六四年）及び『春婦伝』（六五年）で彼女が演じた娼婦、ボルネオ・マヤ及び春美が圧倒的な印象。泣き、わめき、走り、ころび、居なおり……ひたすら〝女〟を演じた彼女の素晴らしさは、ひっくりかえすとそのまま、深作欣二監督がテレビ『必殺仕掛

人／士農工商大仕掛け』（七三年）でとらえた、彼女の抱腹絶倒の大ドタバタに変化するのだろう。この時の彼女は、仕掛人つまり殺し屋稼業はもうかると勘違いした芸者……。その彼女が、角《カク》ちゃんなる名前のチンコロと、出刃包丁一本をかかえてウロチョロし、おかげで本物の仕掛人である山村聡や緒形拳は大弱りという珍景続出。これは日本コメディ映画史に残すべき、秀逸な珍作なのである。

万里昌代

新東宝末期の、三原葉子、前田通子らと並ぶグラマー女優……しかし。弟と共に敵討ちの旅をする女、その宿を敵側の刺客たちに包囲された時、衣擦れの音も生々しく衣服を脱ぎすて、懐剣片手に全裸で仁王立ちとなり、〝情を知れ！〟と叫びながら弟をのがすために斬り殺されてゆく。三隅研次監督の時代劇『斬る』（六二年）の中

の、きわめて強烈なエピソードの、その女が万里昌代である。なお彼女は、この作品と同じ大映の〝座頭市〟シリーズの第一作『座頭市物語』(六二年)と第四作『座頭市凶状旅』(六三年)で、勝新太郎演ずる座頭市のかつての恋人おたねを演じ、これまたきわめて印象的。いうまでもなくシリーズ第一作『座頭市物語』は『斬る』と同様三隅研次の演出である。その後〝おたね〟さんは、NHKの子供むきのSFテレビ・シリーズに、母親役で出ていたようだった。まるで別人のような印象ではあった。

平田昭彦

岡本喜八監督の快アクション『暗黒街の対決』(六〇年)における、ダンディな悪徳弁護士天堂さん。ステッキなんか持って、サッとタ

クシーにのり込み、〝警視庁へ……〟なァんていう呼吸のよさ、スマートさ、あんまり日本映画では生かされないんだなァ!『ゴジラ』(五四年)における、オキシジェン・デストロイヤーの発明者、悲劇の芹沢博士も、そりゃよかったけどさ。

藤田まこと

劇場映画ではチャンスにめぐまれないが、しかし『てなもんや三度笠』の昔から、〈必殺シリーズ〉の現在に至るまで、テレビではきわめて生彩のある、ユニークなタレントである。とりわけ〈必殺シリーズ〉中、第二部『必殺仕置人』、第四部『暗闇仕留人』、第六部『必殺仕置屋稼業』、第七部『必殺仕業人』、第十部『新必殺仕置人』、第十二部『必殺商売人』で彼が演じ続けた、八丁堀同心中村主水の屈折したヒーロー像は、わが国のフィクション・ヒーロー史のきわめて重要な部分に位置する、傑作キャラクターであろう。家庭では〝婿どの〟とさげすまれ、役所仲間には〝ぼんくら〟とののしられ、それを納得しつつ、陰にまわってはこそこそ、しかも〝殺し〟とは……。これぞ鬱屈サラリーマンの理想といったら、大藪春彦のファンあたりからしかられるかな。松本清張

原作、坪島孝監督の『愛のきずな』（六九年）は、そんな主水氏の実像として、記憶に残る一篇だった。共演の園まりもよかったぞ。

藤村志保

三隅研次監督の『斬る』（六二年）の冒頭シーン。懐剣をしのばせた彼女が、〝お家のため、お命頂戴つかまつりますっ！〟と呼んで、御内室にきりかかる、その凛々しさ、カッコよさ。普段はちょっと甲高すぎ、いささか耳ざわりなその声も、この時ばかりはきまっていたねぇ。色々な大映時代劇でお眼にかかったけど、あとはどれがどれやらよくわからないけど……そうそう、田中徳三監督の『怪談雪女郎』（六八年）の時の彼女も美しくて、かなしくて、こわかった。同様な声の持ち主の岸恵子がやった『怪談』（六五年）の雪女よりも、僕は彼女の方がずっと好きなんだ。しかし、なにかねぇ……雪女ってのは、いずれにしても、ああいううわずった声をしているのかしらねぇ。

フランキー堺

石原裕次郎がその全盛期に、八方破れのドラマーを演じて大ヒットした『嵐を呼ぶ男』（五八年）……あれにワン・カット、ゲスト出演して、僕らを抱腹絶倒させたコメディアン。いつものように大喧嘩をやらかし、ついにはブタ箱にぶち込まれた裕次郎、そこに入っても鉄格子なんかをドラムがわりにスティックでひっぱたき、てんでイイ調子。その時、突然向かい側の鉄格子にしがみつき、〝ウルサーイ！　今、何時だと思ってんだい！〟とわめくのが、われらのゲスト、フランキー堺である。でも、このジョーク、フランキー堺がそもそも名ドラマーだったたってこと、みんな忘れちまってるから、たぶん通じないだろうなア。ついでにいっておくと、『嵐を呼ぶ男』って映画は、ジェームズ・キャグニー主演のアメリカ映画『栄光の都』（四〇年）の焼きなおしで、あっちはアナトール・リトヴァク監督、こっちは井上梅次監督。あっちの方には、なぜかエリア・カザンがギャングの子分役で出ていたんだっけ。

三船敏郎

『独立愚連隊』（五九年）の砦のシーンで、来もしないのに〝敵襲！　敵襲！〟と叫びまわる、砲弾《シエル》ショックの日本軍部隊長。城壁の下では朝鮮のカミさんたちが、のんびり洗濯中。それに頭にきた三船部隊長、ホータイだらけの頭から湯気をふき出していわく、〝貴様らーッ、それでもキンタマあるのかーッ！〟。それに対し、カミさんの一人を演じている横山道代、顔もあげずにヘンテコな日本語でいわく、〝アルワケ、ナイデショ。パカダネ〟。ア……これはむしろ横山道代の項の方がいいのかな？　なおこれは岡本喜八監督作品における、三船氏のゲスト珍出演の好例であるが、岡本映画における彼は最初から珍であって、まず『結婚のすべて』（五八年）ではちょっとホモッ気までありそうな美容師、『暗黒街の顔役』（五九年）ではてんで気の弱い町の自動車修理屋のおやじ。〝世界のミフネ〟も、岡本喜八映画ではまるで形なしで、そこが何とも実に、よかった、よかった！

安田伸

コミック・バンド〈クレージイ・キャッツ〉の、元サックス・プレーヤーで、正直申して、メンバーの中で最も演技的にたよりない。にもかかわらず、山田洋次監督の時代喜劇『運が良けりゃ』（六六年）の、駕籠の中でうだっちゃったバカ殿様を演ずる彼の表情の、おかしいのなんの。どんな人でも、やる気になりゃ、それなりのキャラクターが生かせるという、これは見本のごとき〝絵〟だったのである。

山﨑努

わが国で二本映画化された、エド・マクベインの〈87分署〉シリーズの、そのどちらにも出演し、しかもどちらでも犯人役をつとめていた、演技派怪人。その二作、即ち『キングの身代金』を原作とした、黒澤明監督の『天国と地獄』（六三年）と、『殺意の楔』を原作とした、岩内克巳監督の『恐怖の時間』（六四年）。ついでにいってしまうと、原作の主人公であるスティーヴ・キャレラ刑事の役どころは、前者では仲代達矢、後者では加山雄三ということになる。山﨑努犯人の最近の例には、野村芳太郎監督の『八つ墓村』(七八年)における、作品以上に傑出した、あの冒頭の大殺戮シーンがあげられるが、僕はジョージ秋山＝倉本聰テレビ・ドラマ『浮浪《はぐれ》雲』に、彼が坂本竜馬役でゲスト出演したさいの快演の方をとる。色紙をいっぱい買い込んできて、マジック・ペンでサインの練習などしている、有名人になりかかりのヘンテコな竜馬さんで、なんともまったく痛快なのである。

笠智衆

東宝戦記スペクタクルの一篇『日本海大海戦』(六九年)の乃木大将。例の二〇三高地の大激戦のさい、後方の丘から三船敏郎演ずる東郷平八郎とそれをニコニコ顔でみつめ、ついでに東郷さんが首からさげている双眼鏡をちょっと拝借し、″ホッホォ！　ツァイスですね″ときたもんだ。名将か愚将かさっぱりわからない乃木さんの存在感につき、こちらとしては映画そのものの出来よりも、大いに納得。小津安二郎映画、『男はつらいよ』シリーズのレギュラー出演、それに『幻の町』(七六年)を代表作とする倉本聰テレビ・ドラマ、等々における笠智衆……彼にまとめられる平穏無事なる″日本″とは、つまるところわれらの内なる乃木大将ということか？

渡辺美佐子

一九六三年に、鈴木清順と加藤泰のそれぞれの代表作に、まことに日本映画らしからぬヒロインとして登場した。鈴木清順作品は宍戸錠主演のハードボイルド・アクション『野獣の青春』で、この時の彼女は和服のよく似合う、しかし心はダシール・ハメットふうの悪女。加藤泰作品は中村錦之助主演のコメディ時代劇『真田風雲録』で、この時の彼女はなんと赤いスカーフをなびかせ、下半身は網タイツがよく似合う、忍者お露(つまり霧隠才蔵の役)。この時、日本映画はかつてなく面白く、それはきっと異色のヒロイン渡辺美佐子がいたせいなんだろう。以後、この演技派の女優さんは、しだいしだいにブラウン管に接近してゆき、そしてだから日本映画はもう一つ面白くなくなってしまったのだと、僕は思うんだけれど、違うかしら？　それにしても、リアルな時代劇の中で、網タイツ姿でちっともおかしくないどころか、むしろカッコいいとさえ思わせたのは、あとにも先にもこのひとだけじゃないかなァ。そんなこと、誰もやってないんだから当然だけど……。

渡哲也

鈴木清順監督の『東京流れ者』(六六年)に出ていたころは、自分の名前〝不死鳥の哲〟を〝フジチョウのテツ〟なんていってて、かなりガックリだったけど、でも舛田利雄監督の『無頼より　大幹部』(六八年)あたりからグングンよくなり、ジョージ秋山＝倉本聰のテレビ・ドラマ『浮浪雲』(七八年)シリーズの雲さんなんか、最高！　やっぱりあれは、フジチョウのテツでもよかったのかな？　もはや、あちきもラブでんす！

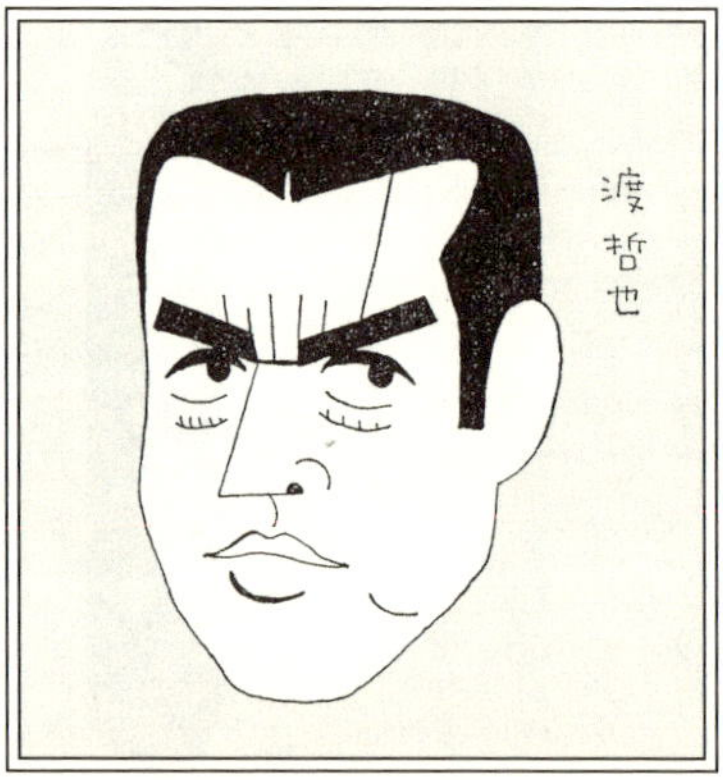

[『季刊映画宝庫』第九号　一九七九年]

◉編者註――

本文中、三船敏郎の役柄などに著者の記憶違いによる劇中人物描写などが含まれていますが、文章の流れを重視し、原文のまま再録しました。

第5部 日本映画のミステリライターズ

第5部は、早川書房刊『ミステリマガジン』二〇〇六年九月号から二〇〇九年九月号までに連載された『日本映画ミステリライターズ』全三十七回の記事です。「ミステリライターズ（＝脚本家・原作者）」ごとに順序を一部並び替えました。また掲載誌への著者による書き込みを反映し、作品クレジットを添えました。

（編者）

［作品クレジット凡例］

▼**『作品名』**（配給／製作／公開年）◉カラー・モノクロ種別／画面サイズ／ランニングタイム◉監督、制作、原作、脚本、音楽、撮影、証明、美術、録音、編集◉主な出演者

＊配給／製作が同一の場合は一つにまとめて表示しました。

第1章

比佐芳武と『七つの顔』

▼『七つの顔』(大映/一九四六)◉モノクロ/スタンダード/一時間二十一分◉監督＝松田定次、企画＝松山英夫、脚本＝比佐芳武、音楽＝西梧郎、撮影＝石本秀雄、照明＝加藤庄之丞、美術＝角井平吉、録音＝中村敏夫、編集＝西田重雄◉出演＝片岡千恵蔵、轟夕起子、喜多川千鶴、服部富子、原健作、月宮乙女、月形龍之介

今にして思うと、日本のミステリ映画、当時は探偵映画は、第二次大戦での日本の敗戦後に突然、それもかなりの悪条件のあげくの果てに、強引にひねり出されてやっと誕生したのだということが、納得出来る。

なぜならば、探偵小説すら英米のように成熟していない戦前のこの国に、ミステリ映画などあるはずがなく、例の江戸川乱歩原作の猟奇物『一寸法師』(昭和二年)という変則的な例外を除けば、あったとするとホームズを日本的に取り込んで生み出された、あの岡本綺堂の〈半七〉物を出発点とする〝捕物帳〟映画。それも映画化されて人気のあったのは、佐々木味津三原作の『むっつり右門』(嵐寛寿郎《かんじゅうろう》演)とか『旗本退屈男』(市川右太衛門演)といった〝侍〟物のほうだから、つまりは子供にも受ける〝チャンバラ〟人気である。

しかし、敗戦後のGHQ(占領軍総司令部)の検閲の結果、刀を振りまわす映画は(旧作上映を含み)まるで禁止され、チャンバラ映画こそ大衆娯楽の大典型と信じている映画界は困り果てた。アラカンやウタさんたち時代劇専門スタアはもっと困り果てた。

そんなスタアのひとり片岡千恵蔵を抱える、映画会社〈大映〉もやはり困った。困り果てた挙げ句、刀を拳銃に変えた現代活劇に、千恵蔵を使ったらと考えた。そしてそのシナリオを、ベテランの比佐芳武に依頼した。比佐芳武……もちろん戦前はアラカンの『鞍馬天狗/第一、二、三篇』(昭和十年)とか『角兵衛獅子の巻』(十三年)とか『龍攘虎搏の巻』(同年)を書いてきた脚本家である。阪東妻三郎(バンツマ)主演による〝角田喜久雄〟伝奇の映画化『鍔鳴浪人』(昭和十四年)や『風雲将棋谷』(十五年)も彼の仕事である。千恵蔵とだって『江戸

の花和尚』(昭和十三年)とか『神変麝香猫』(十五年)とか色々ある。

そこで生み出されたのが、日本映画史上初の〃名探偵〃、多羅尾伴内こと藤村大造。しごく冴えない風貌の多羅尾探偵を含む、七変化《へんげ》の謎の探偵ヒーローの誕生である。題して『七つの顔』……これはクライマックスでの犯人暴露のさい、変装をとりながらの彼の例の自己紹介、「七つの顔の男ですよ。ある時は多羅尾伴内、ある時は奇術師、ある時は老巡査、ある時は新聞記者、またある時は手相見、片目の運転手。しかして実体は、藤村大造だ」の、それこそ〃時代劇〃的な大仰さにまとまり、識者からは軽蔑されながらも、受けに受けた、昭和二十二年の正月映画である。監督は、比佐とは〈鞍馬天狗〉物の『角兵衛獅子の巻』『龍攘虎搏の巻』『江戸日記』『復讐篇』と作り、比佐=千恵蔵でもすでに『長八郎絵巻』(昭和十四年)を手掛けている、松田定次……。

どのぐらい受けたのかというと、たとえば『千恵蔵伝』などの落語で、その大仰ぶりを愛情こめて真似し続け、ついには『多羅尾伴内　七つの顔の男』(平成十七年)といった研究本まで監修してしまう、林家木久蔵師匠の例をあげておけばいいだろう。

それではこの作品、時代劇スタアの大仰キャラクターのみの印象なのかというと、そんなことはない。木久蔵さんや私とほぼ同世代の作詞家、『瀬戸内少年野球団』などなどの小説も書いた阿久悠さんに、『ちりめんじゃこの詩《うた》』という映画少年たちを描いた自伝ふうの小説があり、それによるとこんなである。学校の校庭に張られたスクリーンで納涼映画『七つの顔』を見、帰り道が怖くて怖くて……であって、つまりこの映画、スリラーとしても良く出来ていたということだ。

で、〃事件〃はというと、トリオ歌姫〈リリイ・シスターズ〉が出演中の東洋劇場から、そのひとり清川みどり(宝塚出身の大物スタア、轟夕起子)が、能面をつけたふたりのピエロ姿の男と、やはり能面の矢がすり和服の女に、なぜか誘拐される。一見彼女の首飾りを狙った犯行と思われるのだが、やがてある屋敷で、男のひとりと女はどうやら兄妹らしいと体験させられてのち、唐突に解放される。彼女の記憶からその屋敷を探し出すが、そこはある大物政治家の家で、現在はその息子(月形龍之介、別な時代劇スタア!)と彼の妹(喜多川千鶴)が住んでおり、妹の和服が矢がすり。もちろん犯行に使

轟夕起子（1937年頃）

用されたらしい能面も発見され、政治家の息子は逮捕されるのだが……。

　これが実は、探偵小説のほうでもまことに珍しい（以下、ネタばらしをします。未見のかたはとばしてください）、まるで同じ〝二つの家〟を利用した、政治出馬をひそかに計画中の息子への、その手の込んだ失脚作戦。

　〝二つの家〟トリックといえば、エラリイ・クイーンの中篇「神の燈火」があるのみで、この頃乱歩により「黒い家」として抄訳されているので、比佐はそれをヒントにしたのかもしれない。とにかくトリックも本格的で、だから探偵小説ファンも納得。かくてこの国の探偵映画は始まったと私はいいたいわけなのだ。

　もちろん、そういうふうに比佐芳武も意気込んでいたのだろう、藤村大造の〝探偵小説〟的な開き直りは傑作である。まず、貧相な私立探偵〝多羅尾伴内〟姿で静養中の歌姫の前に現れた彼は（その前に、東洋劇場のショウの奇術師として、まずカッコよく登場している）、のっけから彼女に「ところであなたは探偵小説を愛読しますかな」とやらかす。

　「ええ」と彼女がうなずくと、さらには「すると、シャーロック・ホームズをご存じですな。ホームズ、ルコック、ソーンダイク博士、チャーリー・チャン、フィロ・ヴァンス、クイーン」……普通の映画ファン、千恵蔵ファンには、なんのことやらさっぱりだったろう。そして歌姫に「あら、ルパンが欠けてますわ」と指摘されると、「いや、あれは怪盗です」とはげしく否定する。

　これは実は、第二作にもつながる、藤村大造の正体に関する伏線なのだが、同時に七変化の扮装についての言い訳にもなっている。比佐がもともと探偵小説が好きだったのか、それとも改めてかなり学習したのか、とにかく、これはあの混乱の敗戦直後……この映画でも、始まる前に「隣り近所、力を合はせて、援けあって、祖国の再建に、邁進しませう」というメッセージ・タイトルが加えられている頃の仕事である。頭が下がる。

そして、このヒットは当然のように次作が期待され、同じ昭和二十二年の七月、つまりお盆映画として、第二作『十三の眼』が公開される。ここでは第一作で、怪盗といわれ紳士盗賊として活躍しながら、昭和十六年頃に突然消えてしまったと語られた、藤村大造についての真相にあらためて触れられる。

冒頭、張り込み中の松川刑事(葛木香一)が、義眼ひとつを残した何者かに射殺され、藤村大造が積極的に捜査に乗り出す。この老刑事こそ、かつて彼に改心を勧めた、恩人だったというわけなのだ。

だから第一作で「あれは怪盗です」と否定しながらも、歌姫清川みどりに「同時に探偵よ。正義と真実のために戦ったひとですわ」と言われ、「ほお、あんたはそう思いますかな」と満更でもなさそうだったのは、そういうわけなのだ。比佐は〈ルパン〉物の通俗性を意識し、利用しまくった、そんなミステリライターだったのだ。

だから時代劇のベテランでもよかったのだ。そのへんを面白がるか、軽蔑するかが、このシリーズ評価の分岐点。当時の映画批評家のなかで、ミステリ好きの双葉十三郎はほとんどひとり、このシリーズに寛大だったのは、つまりそういうことなのだ。

そういう意味で、今回の探偵小説的な趣向はといえば、死んだ刑事が地面に書き残していた「××のデパート」という文字つまり〝ダイイング・メッセージ〟または〝ダイイング・クルー〟。正確には××部分の二文字は刑事が踏んでしまった(ドジな捜査!)ため、かえって〝謎〟のメッセージになってしまったということが、ちょっと面白いひねりではある。でも、そういうことよりも一般的には、自動的に降下してくる天井による危機一髪などの活劇要素を面白がるのだろう。なにしろ、日本映画初の本格的な名探偵なのだから……。なにしろ、〈多羅尾移動探偵局〉なる無線つきの自家用車で犯人を追跡中、防弾のフロント・グラス越しにとはいえ、敵の放った拳銃弾をいちいちよける探偵さん(第一作)なんだから……。

そして翌昭和二十三年の七月の、再びお盆映画『二十一の指紋』……これも面白い。

今回は、ノッケから例の〝当たり〟扮装、片目の運転手として登場する藤村は、埠頭で自殺しようとしている女(喜多川千鶴。一、二、三作連続登場は、比佐＝松田コンビ以外は彼女のみ)を助けるが、彼女が家政婦を勤める家のなかで、殺されている主《あるじ》を発見してしまうのが発端。そして考古学者の遺産を巡るこの事件には、家政婦とそっくりな、もうひとりのこちらは令嬢(喜多川千鶴の二役)が登場し、どちらかが悪人なのだが、そっくり過ぎて多羅尾伴内すら混乱するという、新鮮な設定が使われている。いうまでもなく、この設定は、オリヴィア・デ・ハヴィランドが善と悪の双子の姉妹を演じて有名な、ロバート・シオドマク監督の『暗い鏡』(一九四六年。『刑事コロンボ／殺人処方箋』のヒントとなった作品でもある)とほぼ同じなのだが、しかしこの映画の日本公開は昭和二十三年の十一月だ。つまり『二十一の指紋』のほうが先なのだ。どこかでいち早く情報を得ていたのか、それともオリジナルだったのか。とにかく、ミステリライター比佐芳武の面白さの、これは好例といえるだろう。

ちなみにこの作品と次の第四作には、警視庁の笠原警部という伴内探偵の理解者が登場するのだが、演じているのはこれまた時代劇スタア、大友柳太郎(のちに柳太朗)……。第二作では少しはそこから離れようとした形跡はあるが、結局は時代劇にもこだわり続けるのが、この比佐＝松田コンビの長所であり、そして欠点でもあるようだ。

その第四作、昭和二十三年の十二月三十日封切だからまた正月映画となった『三十三の足跡』……第一作のようににぎやかに〝劇場〟物、つまり〝ミュージカル・ショウ〟物。出演している月影姉妹が木暮実千代と喜多川千鶴、演出家が月形龍之介、コミック・コンビが歌手暁テル子とコメディアン杉狂児、彼らにまじって背景係に〝変装〟した千恵蔵の藤村大造と柳太郎の笠原警部がウロチョロしているのがやたらおかしく、つまりはお正月らしいオール・スタア・キャストではある。ついでに触れておくと、私がいちいち書いている正月映画、お盆映画というのは、今の冬休み夏休みという子供が基本のそれではなく、この時期はお手伝いさん(当時は女中さん)まで含む、様々な使用人が休みをもらえ、彼ら彼女らの多くは、映画にこそ娯楽を求めたからだ。つまりこのシリーズを支えていたのも、そういうひとたちでもあったのだ。

で、話を戻すと、変装した探偵と警部の件だが、なんでこうなったのかというと、この劇場〈こまどり座〉には、謎の〝幽霊〟が出没し、人をとり殺すという噂があり、事実目撃者も怪事件も発生しているから……。

　いうまでもなく、これはガストン・ルルー原作で何度も映画化されて有名な、『オペラの怪人（オペラ座の怪人）』の巧みな翻案。そんなわけだから、探偵趣味も活劇要素もきわめて少ないが、怪奇スリラーとしては出色の出来で、かつての阿久悠少年のようなファンを震え上がらせた。そして、とりあえずこのシリーズは終わった。

　なんでこのヒット・シリーズが終わったのかといえば、答えは簡単。比佐＝松田＝千恵蔵たちは、この頃大映京都の第二撮影所を使って創立された、東横電鉄系の〝東横映画〟の活動に努力を集中していたからだ。

　もちろん〈大映〉配給を目的としたこの〝東横映画〟は、時代に答える新しい現代劇を製作するためにまず作られ、昭和二十二年九月に第一作を大映配給で公開するのだが、その第三作目がすでに、比佐＝松田＝千恵蔵トリオの『三本指の男』（いうまでもなく横溝正史の『本陣殺人事件』の映画化）であったように、主力は彼ら……そして、あのやはり時代劇の市川右太衛門。だからということもあって、ここはアッという間に成長し、昭和二十五年十一月には大映から独立し、東京太泉《おおいずみ》に撮影所を持つ〈東映〉となった。その東映配給の第一作が、またまた比佐＝松田＝千恵蔵トリオのあの『獄門島・前／後編』……！

　そして、このほとんど直後に、時代劇制約は解除され、千恵＝右太を擁する〈東映〉は、日本映画の〝チャンバラ〟のメッカ〝東映城〟となってゆく。その〝東映城〟で、ヒット・シリーズは復活するのだが、〝それはまた、別な話〟……。


（『ミステリマガジン』二〇〇六年九月号）

第2章

比佐芳武と『獄門島』

▼**『獄門島』**（東京映画／東横映画／一九四九）◉モノクロ／スタンダード／一時間十二分▼**『獄門島／解明篇』**（東京映画／東横

映画／一九四九）◉モノクロ／スタンダード／一時間十五分＊
スタッフ、キャスト二作共通◉監督＝松田定次、企画・製作＝マキノ光雄、原作＝横溝正史、脚本＝比佐芳武、音楽＝深井史郎、撮影＝伊藤武夫、照明＝西川鶴三、美術＝嵯峨一平、録音＝佐々木稔郎、編集＝宮本信太郎◉出演＝片岡千恵蔵、千石規子、鬼頭月代、朝雲照代、谷間小百合、三宅邦子、喜多川千鶴、白木静子、大友柳太郎、小杉勇、斎藤達雄、進藤英太郎

ところで、前回にひき続いてなのだが〝今にして思うと〟、比佐芳武＝松田定次《さだつぐ》＝片岡千恵蔵トリオに関し、映画ファンはともかく、ミステリ・ファン、当時の探偵小説ファンが妙にウサンくさく思うのは、〈多羅尾伴内〉物とほとんど同時に、彼らがなんと〈金田一耕助〉物まで手掛けていたことだろう。これで、〈多羅尾伴内〉物にとりあえず好意をもったミステリ・ファンも、〝もういけません〟気分だったらしい。

なぜならば、これがもちろんあの横溝正史の〈金田一〉シリーズだったからだ。〈金田一耕助〉シリーズ……もう常識だろうが、戦前戦中のこの国の〝理性〟の酸欠状態が、敗戦の結果ほぼ全面的に解放され、それを直接のきっかけとして噴出するように生み出された、これは日本では正確な意味での最初の〝本格謎とき探偵小説〟シリーズである。噴出もなにも、敗戦後間もない昭和二十一年の一月号から十二月号の『宝石』誌にまず『本陣殺人事件』が、続いて昭和二十二年一月号から二十三年十月号の同誌に『獄門島』が一気呵成に連載である。そして、あのヨレヨレ和服の〝名探偵〟キャラクターとともに、圧巻の〝密室トリック〟や〝異様な方法での連続殺人〟といった、秀逸なアイデアを〝謎と論理〟として徹底的に印象づけた、これは〝戦後文化〟の快挙のひとつである。それを〝またナンということに〟……てな反応なのである。

その〝ナンということ〟〝もういけません〟の理由の第一は、あの金田一探偵がソフトをかぶり、ダブルの背広姿で登場してきたこと。これはしかし、千恵蔵＝藤村大造のあの先行イメージをほぼ踏襲したからで、映画のヒット性を考えれば仕方ないことだろう。そんな〝映画版〟金田一だから、白木静子という眼鏡をかけた、つまりインテリの美人助手（第一作が何と戦中からの大物女優、原節子！　第二作からはまたも喜多川千鶴）がついているのも同じこと。彼女の役割といえば、「君は物証を追い求め、僕は推理を掘り進めて、ここに至るとは

はからずも合致したね」と金田一に言わせている(『獄門島』)ように、比佐らしいワトスン役というか、時代劇の得意な彼らしい、新ガラッ八の創造といったほうがいいか……。

そんな第一作『三本指の男』(もちろん『本陣殺人事件』の映画化)が公開されたのが、『十三の眼』と同じ昭和二十二年の十二月。当時見たひと(たとえば脚本家桂千穂)によれば、例の〝密室〟を作る水車のメカニズムはキチンと映像化されていたらしいのだが、残念にもこれを実は私は未だに見ていない。理由は簡単で、この頃、東京育ちの私は、戦火から逃れるための強制疎開の結果、福島県の、映画館などあるはずのない農村のド真ん中で暮らしていたからだ。やがて父の土地《そこ》での就職のため、小学六年から映画館のある近くの港町に越し、それで見られたのが第二作『獄門島』『同／解明篇』……それも昭和二十五年の十一月、十二月と連続公開されたこの前後篇を再編集で一本物として二度目のお勤めをさせたいわゆる〝総集篇〟。ということは、前回で取り上げた『七つの顔』なども、私はずっとのちに見たというわけだ。ただしこちらは、すでに見ていた学校仲間に「ある時は片目の運転手……」などなどとさんざっぱら聞かされ、見たような気分にはなっていた。

で、その『獄門島　総集篇』(現在はこの形でしか残っていない)なのだが、戦地からの帰りのいわゆる復員船の中で、臨終の戦友鬼頭千万太(沼田曜一)から、「私のかわりに獄門島へ行ってください。三人の妹が殺される……」と頼まれ、金田一が島にやってくるというプロローグは同じ。

ただし、獄門島には病床についているとはいえ、千万太の祖父である島の支配者、網元〝本鬼頭〟の嘉右衛《かえ》門《もん》がまだ健在であるという設定で、ここからミステリとして決定的に違ってくる。

ましてその嘉右衛門を千恵蔵が二役で演じているとなると、これはもう〝多羅尾＝藤村〟物のあの〝変装〟のヴァリエーションで、事実それを利用した趣向もあとで出てくるほどなのだ。

そして嘉右衛門さんは、例の島の三人組、了然和尚(斎藤達雄)、漢方医村瀬幸庵(またも時代劇スタア沢村国太郎。長門裕之、津川雅彦兄弟の父親)、村長荒木真喜太(原作では真喜平。高松錦之助)に何事かを頼んだあげく急死し、葬式となる。

それから第一の殺人事件が発生し(たぶんここまでが

前篇だろう)、あとはご存知鬼頭家の狂乱の三姉妹……ゴーゴン(ゴルゴン)三姉妹にたとえられている奇怪な月代、雪枝、花子(千石規子、朝雲照代、谷間小百合。歴代の〝三姉妹〟女優の中では、この三人が最も奇怪!)が、千万太の遺言通り、次々に殺されることも同じ。ただし、物置小屋、岬の突端、祈禱所〝一つ家〟という場所はともかく、すべて絞殺後に首を吊られているという、つまりは例の〝発句屏風〟とそこにまとめられる異様な殺人趣向及びトリックはすべてなし……で、これが〝ナンということ〟の最大の理由だろう。

しかしこれは、やっと英米的に成熟した〝本格謎とき探偵小説〟も、掲載された『宝石』が探偵小説専門誌であったように、一般にはまだまだ理解外であったことへの、〝映画界〟的な、もしくは〝比佐芳武〟的な配慮だったとしか、取りようがない。

だからこそ、そのかわりに比佐は、クライマックスにとんでもない趣向を用意し、それこそ探偵小説ファンをすら、別な意味で唖然とさせた。実は真犯人の(以下、またネタばらしをします)嘉右衛門さんは、三人組らの協力で天井裏の隠し部屋で生きていたのであって、絵解きのさいの金田一の「降りてこい!」の一喝後、鎖の軋《きし》りとともに隠し階段から降りてくる……。

もちろんのこと、ほとんど〝時代劇〟的ではあるが、これはこれでかなりのヴィジュアル・スペクタクル。なるほどそういうわけで千恵蔵の二役だったのかと、おおかたはなぜか納得さえしてしまう。

そういうことの挙げ句、このあと、嘉右衛門の〝お家大事〟のかなり屈折した動機に関しても、千恵蔵＝金田一は「封建的な、あまりに封建的な……」と台詞《セリフ》で言ってしまうのであって、これは実は原作の最終第二十五章のそのタイトル。でも千恵さんが時代劇調で言ってしまうと、なんとなく収まるのもまた事実ではある。そのへんを面白がるか、軽蔑するかが、この『獄門島』評価の分岐点。でもさすがの双葉十三郎も、これは駄目だったらしく、当時の批評で「ごたごたしているだけで手がかりもなにもはっきりしないうちに犯人が出て来てしまう。手がかりがないのに犯人をさがすのが名探偵たる所以といってしまえばそれまでだが、これはあまりひどいでしょう。発句の手がかりとか吊鐘の舞台装置だとか、横溝先生の原作を面白くしているものが一切なくなっているから怪しからん、などと野暮なことは今さら申しませんが、もうすこし探偵映画らしくやってもらいたい(『映画芸術』誌の「日本映画月評」)とかなり手厳しい。

しかし、敬愛するがために同じ道を歩んでしまった私に言わせてもらえば、大先輩双葉十三郎らの当時の批評などを再読すると、この国の戦中戦後の様々な大制約をまるで無視して(戦中の日本の軍部によるそれは論外なのだろうが)批評していることが、色々ひっかかる。その頃子供だった私などは、それこそ〝今にして思う〟と、どう考えても少しは割り引いて評価すべきではないか……というのが実感だからなのだ。

では、当時の、だから小学六年の私の『獄門島』はといえば……もう、やたら怖かった！

だってそうでしょう？ 奇怪な島で、女性が次々殺されてぶら下げられる。もちろん生きている嘉右衛門さんの犯行(と三人組の事後処理)なのだが、たまたま夜の〝外出〟中の彼を見てしまった、親戚筋のライバル、〝分鬼頭〟の儀兵衛(進藤英太郎)は「幽霊だ！ 幽霊を見た！」と言い張る。そりゃ当然でしょう。でも、このことは横溝的じゃないが、手掛かりではありますよね。

挙げ句、原作ではそうじゃないが、ついにはこの儀兵衛と若い女房のお志保(月宮乙女)まで殺され、残した言葉が「幽霊に殺された……」。先に触れた〝変装〟趣向は、この儀兵衛を金田一さんが、なんと嘉右衛門に〝化けて〟反応を見ること、つまりおどかすこと。もうまるで〈多羅尾伴内〉である。

それやこれやが、雨や嵐の夜を利用して、効果的に描き出される。怖いはずである。今のひとたちにもう少しわかりやすくいえば、目的が定かでない殺人鬼が、夜な夜な出没し、女を殺しまくるといった意味で、これはたとえば『エルム街の悪夢』や『13日の金曜日』に似た実感といったらいいか。せっかくの〝謎と論理〟志向をみんな消してしまえば、横溝正史だろうとなんだろうと、まあこんなもの。おかげですでに横溝正史の〝少年〟物の『夜光怪人』や『幽霊鉄仮面』などを愛読し、さらには大人向きの探偵小説にまで手を出し始めていた私は、しかし横溝の〝大人〟物は怖いらしいからと、長いこと近づきもしなかったほどだ。

でも……いや、だからこそ、原作の『獄門島』を読んで圧倒されてのちも、この映画の印象は鮮烈だった。それで、同様の記憶のある、映画監督の高林陽一……横溝大好きで、自身『本陣殺人事件』(昭和五十年)や『蔵の中』(五十六年。前出の桂千穂脚色)といった〝横溝〟映画も手掛けている彼と一緒に、何十年ぶりだろう、〈東京国立近代美術館フィルムセンター〉で再び『獄門島』に巡りあった。「原作の気分は出ていたんだねえ!」が再見したあとの共通した感想だった。

それでももしかし、やはりこの作品の欠点はといえば、〈多羅尾〉物との印象の混乱ではあるだろう。いや、あの〈大映〉配給を目的とした、第一作『三本指の男』(原作の第一章のタイトルを利用)はともかく、新生〈東映〉配給のこれは、会社側がむしろそれを望んだらしい形跡さえある。それが、原作では〝謎〟を理想的に混乱させていた、あの復員兵らで構成されているらしい、瀬戸内の現代海賊たちの出没する部分。実は、孤児のため本鬼頭に引きとられている、千万太の従妹鬼頭早苗(『獄門島』の事実上のヒロイン三宅邦子)が、その中にやはり未帰還兵の兄がいるはずと信じて、色々不可解な行動をとるのだが、映画はここの海賊にむしろかなり力点を置いた。つまり活劇的になるからだ。

かくて、磯川警部(〈多羅尾〉シリーズの笠原警部こと大友柳太郎!)率いる警官隊は、海のギャングたちと派手に銃撃戦を展開し、われらの金田一も今度はなぜかソフトに黒シャツという、まことに〝それ〟に相応《ふさわ》しい姿で撃ちまくる。こればっかりは〈金田一耕助〉には相応しくなく、でも〈片岡千恵蔵=多羅尾伴内〉には相応しい。たぶん第一作はこんなふうになったはずがなく、この『獄門島』での〈金田一〉の唐突な〈多羅尾〉化は、だからこんなふうに〝推理〟出来る。

この『獄門島』のプロデューサーは牧野満男つまり新生〈東映〉のリーダーそのひとである。そして彼は、昭和初期の阪妻《バンツマ》、千恵蔵、嵐寛《アラカン》、月形ら時代劇スタアを擁し、〝チャンバラ〟的にわが世の春を謳った、〝マキノ映画〟のマキノ省三の、その子息。さらに加えるなら、戦前戦後を通じての時代劇の名監督のひとり、マキノ雅弘(戦前は正博)のその弟……。

だから、あの不自由な時代にも、人一倍〝チャンバラ〟映画の復興を願い、〝その時〟のためのトレーニングとしては、〝推理〟よりは〝活劇〟、だから〈金田一〉よりは〈多羅尾〉だと直感していたのだろう。かくてこの〈東映〉で〈金田一〉物は、『八ツ墓村』(昭和二十六年。脚色は比佐と高岩肇の共同、監督松田)、『悪魔が来たりて笛を吹く』(二十九年。比佐=松田)、『犬神家の謎・悪魔は踊る』(同年。脚色高岩、監督渡辺邦男)、『三つ首塔』(三十一年。脚色比佐、小林恒夫と小沢茂弘の共同監督)と作られ、ミステリとしてはしだいに失速していった。例の〝チャンバラ〟完全復活後……いつからという厳密な線引きは出来ないが、つまりは占領軍のゆるやかな撤退に同調して、マキノ満男＝松田＝比佐的には、昭和二十五年に『旗本退屈男捕物控　前篇・七人の花嫁』、『後篇・毒殺魔殿』を、もちろん右太衛門主演、月形、大友、国太郎、喜多川、朝雲、千石らの助演で、ほとんど喜々として手掛けたころからの、これは当然の現象だった。そして、だから〈多羅尾〉物のほうは、昭和二十八年の『片目の魔王』でやっと復帰した……。

〔『ミステリマガジン』二〇〇六年十月号〕

第3章

比佐芳武と『にっぽんGメン』

▼『にっぽんGメン』（大映／東横映画／一九四八）◉モノクロ／スタンダード／一時間十七分◉監督＝松田定次、制作＝牧野満男、脚本＝比佐芳武、音楽＝深井史郎、撮影＝川崎新太郎、照明＝西川鶴三、美術＝堀保治、録音＝武山大蔵◉出演＝片岡千恵蔵、市川春代、朝雲照代、橘公子、杉村春子、杉狂児、伊沢一郎、山口勇、原健作、藤井貢、大日方傳、月形竜之介、鈴木傳明

さらに……それこそ今にして思うと、色々な意味で本当は〝これ〟から語り始めるべきだったのかもしれない。なぜなら〝これ〟は、比佐芳武＝松田定次＝片岡千恵蔵トリオの、その〝敗戦後〟的な試行錯誤の、もうひとつのきわめて重要な作業だからである。そして、それが〈多羅尾〉物や〈金田一〉物以上に、わが国のミステリ映画史にほとんど画期的とさえいえる第一歩を加えたことを思えば、このトリオの時代的、あるいは時代劇的な〝不遇〟も、むしろ〝栄光〟でもあったのだと今は断言出来るからなのだ。

そう……その作品、トリオが〈多羅尾〉物の第三作『二十一の指紋』（昭和二十三年七月公開）と第四作『三十三の足跡』（同年十二月公開）の、ちょうど間の同年十月に公開した、『にっぽんGメン』。例の〈東横映画〉の製作、だから当然〈大映〉配給だ。

実はこれ、私はあの農村のド真ん中の、小学校の校

庭に張られたスクリーンによる、夏の夜の納涼映画として見ているのであって、つまり先に紹介した、阿久悠さんと『七つの顔』のカンケイとまるで同じ。しかもそれ以前の映画体験はといえば、東京で親たちと一緒に戦中に見た、『エノケンの鞍馬天狗』(昭和十四年作)、『エノケンのざんぎり金太』(十五年作)といった旧作喜劇、それから当時は珍しかった漫画映画(つまりアニメ)『フクちゃんの潜水艦』(十九年)をかすかに覚えている程度で、あとはもう、学校からはるばる町まで遠足ふうに歩かされて見にいった、『鐘の鳴る丘』(昭和二十三年〜二十四年)とか『蜂の巣の子供たち』(二十三年)という、当時の〝教育的〟な映画。だから『にっぽんGメン』は、私が本格的に接した初めての〝劇映画〟ということ(これが実はここから始めなかった理由の第一。出来過ぎの体験と思われるのはイヤだからネ)になる。

だから題名通り刑事たちとギャング団との攻防を描いたこの作品(理由の第二。ミステリ物というよりギャング物だものネ)の印象は強烈……とりわけギャングの一味である元女形《おやま》の古着屋(原健作。このひとも時代劇スタア)が、誘い込んだ刑事を殺しては床下に埋めるくだりや、銃火器どころか火炎瓶まで登場するクライマックスの大戦闘など、ごく最近やっと再見出来るまで、記憶鮮やか。なにしろ当時私はといえば小学四年か五年なのだから、随分と影響は受けたと思う。

そして、それからなんと六十年近くが過ぎ、「スカイパーフェクTV!」系の「日本映画専門チャンネル」がこの映画を唐突に放映し、私はついに再び見た！わが『にっぽんGメン』は、こんな作品だった……。

まずは「またも集團強盜／富豪の元子爵邸襲わる」「變幻自在の出没／一夜に都内二ヵ所を襲う」「怖るべき兇魔團の横行／當局必死の捜査も空し」「集團強盗既に六件／警視廳への不信たかまる」などの新聞記事がフラッシュし、そして警視庁。藤沢刑事部長(またも時代劇の月形龍之介！)が、居並ぶ刑事たちに〝不信〟は私の責任と、訓示中。その刑事たちとは、千恵蔵の江藤実刑事は仕方ないとしても、金森警部が大日方伝、加藤警部補が加東大介、白石刑事が伊沢一郎、甲野刑事が杉狂児というキャスティングは、これはかなりといえば〝現代劇〟的ではある。そこへもってきて、千恵さんは普通の背広にノー・ネクタイ……で、これも多羅尾や金田一に比べると、かなり現実感はある。つまり、〝そういうふう〟にもやる気充分だったのだろう。

だから、彼らの追う〝犯罪〟も当時の荒《すさ》む戦後世相を反映させた、〝そういうふう〟な説得力を持っている。どういうことかというと、現場のひとつに残された陸軍作戦用務令の一部、犯罪自体の統率された行動、そして被害者のひとりの聴いた〝参謀〟という呼び方などからしだいに捜査陣の前に姿を現すのは、〝部隊長〟(戦前の代表的な現代劇スタアのひとり、鈴木伝明)を中心とする、旧軍隊組織をそのまま利用した集団犯罪。ここでもまた、なるほど比佐芳武だなと、今の私は感心してしまう。なぜなら、この軍隊組織を利用した犯罪集団とは、アメリカ映画『オーシャンと11人の仲間』(一九六〇年)やイギリス映画『紳士同盟』(同年)がずっとのちに主題とした〝あれ〟と同じだからである。もちろん〝こちら〟はといえば、たとえば被害者に車で近付き、〝身ぐるみ〟剝いで、走りながら放り出すなどという、まるで昔々の山賊のごとき乱暴さ……これもまた荒んだ世相の頃としては納得させられはする。

それで、だから古着屋が登場する。いや、その前に千恵蔵はまたまた変装する。

だからといって失望することは今度はない。ノガミ……当時上野のことを裏社会的な陰語でそう呼んでいた……その上野駅近くの、浮浪者(今でいうホームレス)たちの溜り場である地下道に、江藤刑事は彼らのような扮装で三日間、故買屋(沼田曜一ら)とその周辺を探るため潜り込んでいたのであって、だからこれは(のちの黒澤明の『野良犬』での三船敏郎刑事がそうだったように。さらにのちの『天国と地獄』の刑事たちがそうだったように)現実的に説得力のある、捜査の一手法。その挙げ句、彼はひとりの浮浪児と出会い、その厚生を同僚刑事白石の、これも警視庁少年二課に勤務するその妹たか子(戦前の先駆的な不良少女型スタア、『若い人』の市川春代!)と、

市川春代(1934年頃)

彼らの母親とよ(のちの名女優杉村春子!)に託す。この『鐘の鳴る丘』的なドラマもまた、ミステリとは関係ないが、当時は話題になったスマートな婦人警官姿のたか子と共に、世相的なリアリティを伝えていると思う。で、その白石刑事なのだが、被害者が奪われた衣服を追って、単独で例の古着屋にやってくる。そして感付いた元女形に絞殺され、土間つまり三和土《たたき》の下に埋められてしまう。したがって、床下というのは私の記憶違い。もちろん、〝誘い込んで〟とか、被害者は他にもいたような記憶も、大きな勘違いではある。

この錯覚は、原健作=元女形(原の代表作はといえば、私もこれからほんの少しあとに見て大好きになった、戦前の『まぼろし城』!)の奇怪な実感と、悪人らしくない印象の人間でも殺人は行うという現実の、少年時代らしい認識からの産物だったと思う。つまりまたしても私は怖かったのだ。なにしろ元女形は刑事の絞殺死体の上に大きな漬物樽をのせ、ひとり暮らしの家にしてはそれが大きすぎることから発覚してしまうのだ。

そして……クライマックスの大銃撃戦。戦災の焼け跡ビル(これも当時のリアリティ!)に集結したギャングたちを警官たちが包囲し、かなり派手に撃ちまくる。例の火炎瓶はこの時に、自らを〝部隊〟と呼ぶギャングたちによって投げつけられ、刑事たちをかなり悩ます。ついでにいえば、あの火炎瓶……のちの学生運動で使われたアレと、たぶん印象が重なって覚えていたのだが……これはそんな生易しいものではなくて、瓶は瓶だが、そこに直接火薬を詰め込んだ、いわば手製の手榴弾だった。これらによる戦闘と、そして攻防が焼け跡ビルの地下室にまで発展する壮絶さは、日本映画としても特筆しておくべきだろう。

そして、見返してつくづく思ったのだが、この『にっぽんGメン』、題名からして戦前公開されたアメリカのギャング映画……というよりは、ギャング役者として人気のあったジェームス・キャグニーが一転して(改心して?)、ギャング掃討のGメンを演じたことでも有名な、ウイリアム・キーリー監督のあの『Gメン』(一九三五年)をとりあえずの物差しにして置いていたことだ。

どちらも同僚の殉職によって捜査は過熱化する。どちらも情婦的な女の自白によってギャングたちは追いつめられる。そしてなによりも、どちらもクライマックスの攻防が異様に凄まじい(『Gメン』の場合、山荘が攻防の場で、当然そこにいるギャングの女たちまで銃を撃ちまくる)……。

だから、またまた双葉十三郎氏に登場願おう。わが大先輩は、この『にっぽんGメン』を当時どう見ていたのか。「もっとよくなる作品で『裸の町』的に主題を一貫して警察の苦心を忠実にたどれば、ずっと力づよく昂奮も大きな作品になったと思う。浮浪児の世話などという陳腐な挿話を押し込んだりして徒らにダレさせているのである」(「日本映画月評」)

いいたいことはよくわかるし、今でもその通りだと思う。しかし、やっと一九三五年(昭和十年)の『Gメン』あたりに追いつこうとしている敗戦後の不自由な日本映画を、それと同年の一九四八年にアメリカで、ジュールス・ダッシン監督によって作られた(日本公開はその翌年)、刑事サスペンスの新秀作と比較してしまうのは、ちょっと酷だと思う。私が〝割り引いて〟というのは、そういう辺りなのだ。

それでは、私自身の印象はといえば、これはたぶんわが国最初の、本格的な〝刑事〟物、〝捜査〟物、〝警官集団〟物であるということ……。

そんな物は戦前にもあったろう……というのは大いなる錯覚だと思う。たしかに当たり前だが、警察官や刑事は戦前からいた。しかし、天皇を頂点とした、全体主義のかつてのこの国では、官憲は公僕というより、いってみれば大衆の監視役といった色彩が強く、だから庶民は彼らを〝オイコラ〟警官といって恐れた。不審者はなにかというと見さかいなく「オイ、コラ！」と詰問され、場合によっては引っ張られてしまうからだ。

まして軍国日本……そこでは警察はいわば軍部と連携しているその下部組織。国策の遂行が最大の役割であるからには、何ごとも秘密主義。組織や行動の実態を庶民などに知らしむるはずもない。だから、たとえば映画などでヘタに描いたりすれば、それこそ「オイ、コラ！」と警視庁に呼ばれてしまう……。

膨大にあるはずの戦前作品を、世代的に多くは体験出来ない私なのだが、そういうわけで戦前……まして探偵小説さえ未成熟なこの国に、〝刑事〟物、〝捜査〟物といえる映画などは皆無だったと断言してもいいかと思う。

敗戦後、しかしこの国はとりあえず民主国家となった。いや、強引にそうさせられた。だから、その結果の別な制約は発生したとしても、警察に関してはほとんど表現は自由だった。そして、かつての汚名を払拭するには、〝民衆の公僕〟としての警察官の活躍は、警察にとっても歓迎すべきことだった。だから以後、様々な〝刑事〟映画、〝警察官〟映画が作り出され、この国のミステリ映画に新たなリアリティを加えていった。

その重要なきっかけが、この『にっぽんGメン』……。だから、このオリジナル脚本を書いたのが比佐芳武だったことは、これはもう日本ミステリ映画史どころか、日本映画史のなかでもっと語られてもいいと思う。その上、彼は〈多羅尾〉物も〈金田一〉物も書いている。私がこの比佐から書き始めたかった理由である。

もちろん、この『にっぽんGメン』もヒットした。そして彼らトリオは、なんともうひとりの時代劇の大物スタア市川右太衛門まで加え、昭和二十五年一月三日、つまりは正月映画として『にっぽんGメン第二話／難船崎の血闘』を公開した。千恵蔵は海のギャングに接近するいわゆる警視庁からの〝潜入捜査官〟相原、右太衛門は海上保安庁の制服警部重藤。これが特定キャラクターのシリーズではなく、「第二話」つまり別なGメンたちの話であるところに、比佐らの新しい〝刑事〟物、〝捜査〟物としての狙いの確かさを感ずるのも、もはや私だけではないと思う。

もちろんのこと月形龍之介、大友柳太郎、進藤英太郎、原健作、加賀邦男、戸上城太郎ら、のちの〝東映城〟の面々も共演するこの作品は、だから現代劇ながら〈東映〉時代劇としてもほぼ完璧な布陣となってもおり、それでなのだろうあのプロデューサー牧野満男は、この時から誇らしげにマキノ満男を名乗り出している。

そして、このわずか三カ月後、千恵蔵の時代劇ヒット・シリーズ第一作『いれずみ判官　前後篇』が、八カ月後には右太衛門の戦前からの十八番〈旗本退屈男〉があの『七人の花嫁』及び『毒殺魔殿』で復活。

この年、他社もまた、たとえば〈松竹〉は阪東妻三郎の『影法師　寛永寺坂の血闘』『続影法師　龍虎相搏つ』を、〈東宝〉は大谷友右衛門（四代目中村雀右衛門）の『佐々木小次郎』を、〈大映〉は大河内伝次郎の『ごろつき船』や長谷川一夫の『紅蝙蝠』や嵐寛寿郎の『緋牡丹盗賊』を……を、〈新東宝〉は黒川弥太郎の『若様侍捕物帖／謎の能面屋敷』と並べ、マキノ満男の計算通り、時代劇は見事に復興する……。

［『ミステリマガジン』二〇〇六年十一月号］

第4章

比佐芳武と『三本指の男』

▼**『三本指の男』**（大映／東横映画／一九四七）◉モノクロ／スタンダード／一時間二十四分◉監督＝松田定次＋渡辺実、企画・製作＝牧野満男、原作＝横溝正史、脚本＝比佐芳武、音楽＝大久保徳二郎、撮影＝石本秀雄、照明＝西川鶴三、美術＝岩野音吉、録音＝加瀬久、編集＝宮本信太郎◉出演＝片岡千恵蔵、原節子、八汐路佳子、初音麗子、松浦築枝、風見章子、小堀明男、水原洋一、青山健吉、杉村春子、賀原夏子、宮口精二、三津田健

ところで、驚いたことに、ついに「あれ」を見ることが出来た！　まるで私のこの連載に合わせてくれたようなタイミングだ。今回はだから、脇道にそれて、というよりも最初のあたりにちょっと戻って、「あれ」に触れておこうと思う。「あれ」、つまり片岡千恵蔵＝金田一耕助の第一作目、『三本指の男』。

この、横溝正史の戦後の大エポック『本陣殺人事件』を映画化した、もちろん〈東横映画〉製作、〈大映〉配給作品は、公開が昭和二十二年の十二月九日。ということは、当時私は八歳で、以後現在に至るまで一度も見る機会がなく、もうフィルムはないものとばかり思っていた。それがなんと、今年つまり平成十九年の二月……「スカイパーフェクTV！」の「東映チャンネル」で、突然放映された！　だから私は、この作品の公開後、なんと六十年目にしてやっと見ることが出来たということなのだ！

そんなわけだから、これは少し丁寧に追っておこう。まずは、これまでに触れてきた、敗戦直後の日本ミステリ映画の、というより〈大映〉ミステリ映画の公開状況をここでまとめておく。

◉昭和二十一年六月十三日、『夜光る顔』（ラジオドラマ物）公開。
◉同年十月十五日、『パレットナイフの殺人』（乱歩の『心理試験』）公開。
◉同年十二月三十一日、『七つの顔』（〈多羅尾〉第一作）公開。
◉昭和二十二年六月二十四日、『十三の眼』（〈多羅尾〉第

二作)公開。
●同年十二月九日、『三本指の男』(〈東横映画〉の第三作目)公開。
●同年十二月二十三日、『蝶々失踪事件』(横溝の『蝶々殺人事件』)公開。
●昭和二十三年六月十四日、『三面鏡の恐怖』(木々高太郎原作)公開。
●同年七月十二日、『二十一の指紋』(〈多羅尾〉第三作)公開。
●同年八月九日、『狙われた女』(小國英雄の時代ミステリ)公開。
●同年十月十二日、『にっぽんGメン』(〈東横映画〉)公開。
●同年十二月二十八日、『三十三の足跡』(〈多羅尾〉第四作)公開。
●昭和二十四年七月十八日、『虹男』(角田喜久雄原作)公開。
●同年八月十五日、『幽霊列車』(ラジオドラマ物)公開。
●同年九月二十六日、『透明人間現わる』(SF物)公開。
●同年十一月二十日、十二月五日、『獄門島・前後編』(〈金田一〉第二作。〈東横〉が〈大映〉より独立して、〈東映〉と名乗る)……。

こう列記してみるだけでも、敗戦後の日本映画界の悪戦苦闘も、〈大映〉(そして〈東横〉)は一本筋が通っていたようにも受け取れる。

ちなみに『三本指の男』は、企画製作が牧野満男であることを除けば、脚本比佐芳武、監督松田定次、撮影石本秀雄、主演片岡千恵蔵と、メインはまるで『七つの顔』(企画製作は当時の大映京都撮影所次長だった松山英夫)と同じである。牧野満男つまりのちのマキノ満男が、〈東映〉のために〈多羅尾伴内〉的な企画をいかに欲していたかという、これは証拠だと思う。それで見つけた〝原作〟が、『本陣殺人事件』……。

まず、千恵蔵演ずる金田一耕助が列車でやってくる。そしてその車内で、大物女優原節子(すでに黒澤明の『わが青春に悔なし』などなどに主演)演ずる白木静子と出会う。原作ではまずはじめに、例の元〝本陣〟の旧家、一柳家の離れでの「密室」事件が起こり、その被害者久保克子の伯父久保銀造の依頼で、金田一はやはり列車でやってくるのだが、そこでのちに克子の親友だとわかる白木静子と出会うのは同じである。ただし、映画での彼女の役割は、なにしろ〈東宝〉からわざわざ借り出された原節子だから、これからのちの「比佐芳武」的展開は全然違ってくる。

それはともかくとして、金田一のほうも、実はアメリカで色々世話になった果樹園主久保銀造の、その姪克子の結婚を祝うためにやってきたというわけで、やはり〝彼ら〟の関係は原作と同じ。ただし昭和十二年(戦前)という〝過去〟に遡《さかのぼ》っての「事件」だからこその、〝アメリカ帰り〟という設定は皮肉で新鮮だったろう金田一も、映画のように敗戦後という描き方になると、なんとあの千恵蔵の〝あの〟スタイルにしっくりくることもまた事実。〝あの〟スタイル、つまり例の悪評だらけの〝ソフト&背広〟スタイル。でも、ここでもし、原作通りの〝ヨレヨレ和服〟姿だったら、当然〝アメリカ帰り〟には似合わず、それどころかなにしろ〝時代劇スタア〟千恵蔵なんだから、まるっきり〝時代劇〟になってしまう。この時は、「映画」はあれでよかったのだ!

そんな導入部を経て、克子の過去の「男」に関する、原作通りの〝中傷〟の手紙と、どうやらその「男」本人らしいと思われる例の「三本指の男」の登場となるのだが、ここが問題だ。やっと初めて見る私も、実は唖然!

原作の第一章の題を利用した、映画題名でもあることの「男」、なんと〝中傷〟に関しての人々の反応を確かめようとした、千恵蔵＝金田一のその〝扮装〟! もう最初から〈多羅尾伴内〉狙いではあったのだ!

これは、久保家での花嫁支度の場面にまで及び、〝扮装〟金田一は静子に目撃され、悲鳴をあげさせてのち、まともな姿で帰ってくる。この直後が、比佐芳武らしい出番。まず、金田一に静子は「眼鏡がなければかなり美人だ」と断定させ(当たり前だ! 原節子だ!)、「探偵が嫌いですか?」と彼女に問う。「別に関心持っておりませんわ」との答えに「しかし、僕の直感によると、あなたは近い将来に、あまり関心を持たぬものと、結婚するかも」と勝手にまとめてしまう。そういうことなんである。

そして、克子(映画では春子)と一柳家の長男賢造との結婚式。その新婚の夜の、〝離れ〟での〝あの〟怪惨劇……雪は降らせないにしても、ここは原作通りである……。

……で、磯川警部の登場。演ずるは〈文学座〉の宮口精二。ちなみに一柳家の糸子刀自《とじ》が杉村春子、新家の秋子が賀原夏子、そして久保銀造が三津田健と、主要キャストはすべて〈文学座〉ユニットである。加うるに、花婿賢造が小堀明男（のちのマキノ雅弘のあの『次郎長三国志』シリーズの次郎長！）、花嫁春子（克子）が風見章子……と、今見ても、いや今のほうが、なんともリッチではある。作り手たちもそれだけ入れ込んでいたのだろう。

こういうリッチな気分のなかで、金田一も加わった現場捜査が始まる。彼の使った名刺には「金田一探偵事務所」とあり、これも原作の設定。ただし、静子に関してはケゲンな警部に対し、金田一は「被害者春子の女高師時代の親友の白木静子。ただ今、僕の助手を務めています」で、静子もアッケラカンと「助手の白木静子です」……ということで、「メガネの白木女史」はこの映画シリーズのほうのレギュラーとなってしまったのだ。これが比佐らの作戦……。

でも、ここでなんと金田一は、〝あの〟密室作りのトリックを実に簡単に見破ってしまう。そしてさらには白木静子が、これも簡単に図面などを描いてしまう。あの複雑なトリックを、そんなに簡単には……でも千恵さんと原嬢じゃあ仕方ないかなぁ……などとボヤいていると、例の日本刀（映画では刺身庖丁。たぶんあのＧＨＱへの配慮）、鎌、琴柱《ことじ》、琴糸、石燈籠、添え木の青竹、そして水車のメカニズムは、意外にもキチンと映像化され、納得させられる。ただしこの〝解決〟が一時間目あたり……。

アレレ、これで終わりじゃ短かすぎるな、あとの残り時間では何をやるのかな……などと、ワルーい予感がしてくるのも事実ではある。そして実にまったく、その予感通りになってしまうのだ。

どうなってしまうかというと、とりあえず密室事件の真相は「保険金五十万円を遺族に獲得させるため。また逆にこの事件を謎の怪事件として、世間の評判を呼び、家名保持に汲々《きゅうきゅう》たる遺族に報復するため……」と金田一にまとめさせながら、次がこうなのである。「……と、こう我々が推理してゆけば、犯人の思うツボだったんでしょう」ときて「やはり殺人です」「犯人は別にいます」。エーッ！　てなもん……。

そしてなんと、真犯人は母屋と離れを結ぶ「秘密のトンネル（！）」から出入りしたとなり、そのトンネル内には蠟細工の「三本指の腕」なんかが隠されていたりして、これじゃまるで「捕物帳」程度の解決篇。だから映画版での真犯人は……もう、どうでもいいでしょう。横溝正史がたぶん心血を注いで考えた、そしてだから敗戦直後のこの国の〝探偵小説〟的なエポックとさえなった、あのとびきり意外な真相の、さらなる貧弱な〝ひっくり返し〟とは……！

でも、この横溝正史の『本陣殺人事件』からこそ、この国の小説としてのミステリは真の意味で成熟を開始したという事実から考えてみれば、映画が対象とせざるを得ない、それもこれ以外はラジオやせいぜいレコードしか視聴メディアのない時代の一般庶民に、「探偵小説」的な独創性などわかるはずもなく、事実『本陣殺人事件』はごくごく一部の、今でいう〝マニア〟の読み物ではあった。だから、この次の〈金田一〉映画『獄門島』がそうだったように、いわゆる探偵小説的なアイデアである〝トリック〟……あれはすべて放棄して映画化されるのが、いわば常識だった。『三本指の男』と同じ年の同じ時期に、〈大映〉のほうが製作公開した、別な〝横溝〟物『蝶々失踪事件』だってそう……で、こういう按配は、なんとずーっとのちのヒット作、〝清張〟物のあの『砂の器』あたりまで続くのだ。ミステリ好きが、しかしこの国のミステリ映画にはいつもかなり失望し、でも気になって見続けてきたささやかな歴史は、だから私のそれでもある。よくもまあ、こだわり続けられたなあ……なのである。

そんなこんなを、あの『七つの顔』のさいに、「ホームズ、ルコック、ソーンダイク博士、チャーリー・チャン、フィロ・ヴァンス、クイーン……」と多羅尾探偵に並べさせた比佐芳武が知らないはずがないと思う。

だからこの時、比佐は悩んだろう。原作の独創性をとるか、〈多羅尾〉的な大衆性をとるか……。そしてしかし、あの独創性は捨て切れず、とりあえずはキッチリ残し、そののちにもっとわかりやすい「大衆的」つまり「捕物帳」的な解決にまとめあげた……。

これがしかし、いけなかった。小説でもそうだけど、とりわけ時間レイアウトが重要な映画の印象はといえば、クライマックスの強さが重要である。なのに、この作品は、印象的なのは真中にあって、それに比べれば本当のクライマックスは、おそろしくつまらない。はっきりいって、先行の〈多羅尾〉物以下といってもいい。

だから、当時見た人の記憶といえば、「原作」のトリックはちゃんと描かれてはいたけど……程度であり、それ以外は何も語り継がれはしなかったのだ。当然の結果ではあるだろう。

それにしても、作品的な欠点は大きいけれど、比佐のおかげでとりあえず〝あのトリック〟だけは、しっかりと映像化されたことだけでも、これは語り継がれるべきだと思う。そういうことの積み重ねこそが、この国のミステリ映画を、遅ればせにしても、しだいに成熟させていったのだから……。こういうことがなかったら、のちの市川崑監督による本格的な〈金田一耕助〉映画は、生まれなかったはずだから……。

六十年目にして、やっと〝目撃〟できたこの映像は、だから私にとっては大収穫だったのだ。そう考えれば、たった一度の白木女史役(原節子なら当たり前か!)だったけれど、でも金田一の感想通り、ラストシーンでは眼鏡をはずしてしまう原節子が、やたら可愛らしくも見えてくる。

ところで、冒頭このふたりが、列車がトンネルに入ったことをきっかけとして、知りあうという趣向……同じ年の二月に日本公開となった、ヒッチコックのあの名作『断崖』(四一年)の同様なプロローグの影響ではないかしら? ヒッチコック作のほうでも、ヒロイン役のジョーン・フォンティンは、眼鏡をかけたインテリ女性だったしね。そんなふうに大女優は、くどかれたのかもね!

[『ミステリマガジン』二〇〇七年六月号]

第5章 小國英雄と『昨日消えた男』

▼**『昨日消えた男』**(東宝／東宝映画／一九四一)◉モノクロ／スタンダード／一時間二十九分◉監督＝マキノ正博、製作＝滝村和男、脚本＝小國英雄、音楽＝鈴木静一、撮影＝伊藤武夫、照明＝藤森甲、録音＝安恵重遠、編集＝後藤敏男◉出演＝長谷川一夫、山田五十鈴、高峰秀子、徳川夢声、江川宇礼雄、川田義雄

では、敗戦直後はともかく、この国の戦前戦中は、ミステリ映画はまったく不毛だったのかというと、そんなことはない。いつだって、どんな制約のなかでだって、それなりに自覚的に表現を模索するひとはいる。こんなふうに……。

第一に、様々な意味で成熟してはいないとはいえ、〝探偵小説〟はこの国にもあることはある。ということは〝自分〟のように読んでいるものもいる。受け入れられる土壌はだからある。

第二に、〝捕物帳〟という時代物も、元はといえば〝ホームズ〟から出発したのであって、こちらはこの国でもすでに理解されている、つまり受ける。

では、この〝捕物帳〟を例の〝チャンバラ〟抜きで、つまり〝謎とき〟重視の視点でやってみたらどうか……なんてことを、こともあろうに国策的に制約だらけの、全体主義、軍国体制の只中の〝戦中〟に考えたライターがいた。彼の名は、小國英雄……。

この小國は、まず〈日活太秦《うずまさ》〉から、山崎謙太とのコンビで、主として杉狂児主演の、だから当然軽コメディの、『軍国子守唄』(昭和十年)とか『昇給酒合戦』(十一年)とか『ジャズ忠臣蔵』(十二年)とかいった、いわゆる〝プログラム・ピクチャー〟を生産しまくった。そして、たぶんその喜劇的処理の手腕を買われたのであろう、昭和十三年には〈東宝〉に招かれ、喜劇の名手斎藤寅二郎監督の、あの名作『エノケンの法界坊』に参加する。これが彼にとっての最初の転機となり、同年には〈日活〉でもマキノ正博監督の『弥次喜多道中記』……〝名奉行〟遠山の金さん(千恵蔵)と〝名泥棒〟鼠小僧(杉狂児)が、相手の正体を知らぬまま、旅先で仲よくなり、〝あの〟コンビを自称したから、さあタイヘン!……てな具合で、日本人なら誰でも知っている素材を利用しながら、そのひねり《ツイスト》具合は抜群。続いて、やはり〈日活〉で、同じマキノと共に『清水港』(昭和十四年)、そして傑作『続清水港』(のちに『清水港・代参夢道中』と改題)(十五年)では……〝石松〟芝居のプランで悩む演出家(千恵蔵)が、夢のなかで当人になってしまい、つまり自分は〝あの〟エンマ堂で殺されることを、「タイムトラヴェラー」的に知っているのだから、さあタイヘン!……と、夢とはいえ趣向はほとんどSFであって、つまりはやはり大通俗の見事なひねりではある。

こんな小國=マキノが、少なくとも当時の製作者たちを色々刺激したのも、だから当然だと思う。ちなみに、このマキノ正博が、いうまでもなくのちの〝東映城〟の主《あるじ》である、あのマキノ満男のお兄さん……。

そんなわけで、次がだから凄い。今度はコンビ揃っての本格的な〈東宝〉入りで、それが前述したような、日本映画史上初の本格的〝謎とき〟型〝探偵映画〟であると今は納得すべき、『昨日消えた男』(昭和十六年)。しかし従来はこの作品、典型的な大衆映画としてしか評価されてはいない。なにしろ〈東宝〉どころか、当時の日本映画のスーパースター・コンビ、長谷川一夫＝山田五十鈴の主演作品。しかも同年の一月九日封切り(今のように全国同時公開ではなく、フィルムはしだいにローカルにまわってゆく。そしてこの頃は地方は旧正月が大事)だから、つまりは正月映画である。しかたないことではある。それでもしかし、この映画のメイン・タイトルがなんと「小國英雄・作　昨日消えた男」であるという

山田五十鈴(1937年)

凄さぐらいは認めてやるべきだ。

その「小國」作……舞台は江戸、本所横網《よこあみ》町。通称〝勘兵衛横丁〟の勘兵衛長屋。雨がうっとうしく降り、こういうのを「カンベエ天気というんだよ」と居酒屋〈上州屋〉のおやじ(進藤英太郎)。「あ、なるほどねェ！」と、商売あがったりの駕籠かつぎ〝なるほどの鍋八〟、「いや、まったくだ！」と、その相棒〝まったくの六助〟。演じているのは、当時の喜劇王エノケンの〈榎本健一一座〉と並ぶ、古川ロッパの〈ロッパ一座〉のコメディアン渡辺篤《あつし》とサトウ・ロクローで、こんなコメディ・リリーフがずっと持続する。こういう調子が小國さんのうまさであって、本格〝謎とき〟だろうと何だろうと、みんなノセられてしまう。つまり基本は〝ライト・コメディ〟……。

その大家の勘兵衛(杉寛)、通称〝鬼カン〟は、アダ名の通り今しも店子《たなこ》の浪人篠崎源左ヱ門(徳川夢声。活動弁士つまりカツベン出身の名優で、だから朗読の名手)と娘お京(のちの名女優、高峰秀子。子役出身の彼女の娘役のはしり)を、借金の取り立てでうっとうしく迫り、外で他の店子たちほとんど全員が聞き耳をたてているのもなんのその、お京の身までカタに狙い出す。

そこにやっと現れたのが、われらがヒーロー、長谷川一夫演ずるやはり店子の〝遊び人〟文吉。隣人の難儀を知り颯爽と……と思いきや、集まっている連中を見回し「これはまたなんでぇ？　いってぇ、何かあったのか？　首吊りか、人殺しか、押し込みか！　何をぼんやり突っ立ってやんでぇ。それなら誰か番所へ知らせたのか？　えれえことになってきやがった。こうしちゃいられねえや」と走り出そうとし、「何をひとりでサワイデんだよ。勘兵衛だよ。鬼カンだよ」と喧嘩友達の芸者小富（山田五十鈴）にいさめられる。この二人の掛け合い的なコンビネーション（シリアスな意味では、本格的に初共演した昭和十三年の芸道物『鶴八鶴次郎』で実証済み）は、もう天下一品で、まさしくアメリカ型のライト・コメディのリズムであり気分。当時のアメリカ型の俳優でいえば、ケイリー・グラント＝キャサリン・ヘップバーン……ミステリ映画としてキチンと受けとめられなかったのも、そんな無類の楽しさのせいかもしれない。とにかく、やたら騒ぎまわり、「女賢《さか》しうして牛売りそこなう。女子と小人は養い難し。アホのもの、ナンジの名はオンナなり」と自分をからかう文吉に、いちいち「バカね」と釘をさす小富の、毎回ニュアンスの違う演技を見るだけでも、実になんとも楽しいもの……。

実は、他のたとえば千恵蔵とかアラカンとか右太衛門とは違って、女形（たとえば昭和十年の『雪之丞変化』）も得意な典型的な美男型スタア長谷川の、その大魅力のひとつが、この軽さ。小國は、そんな彼の軽さを、クライマックスのミステリ趣向のために利用しているのだが、それはまだ先の話。で、〝軽い〟文吉のさらなる早とちりの次の台詞《せりふ》が、実は〝ミステリ〟を生み出すというあたりが、やはりうまい。

「鬼カン？　鬼カン殺されたのか？　おおそうかい、チクショー！　しまった！　どこのヤローが俺の先手打ちやがったんだ。そのうち俺の手でネムらせて、あいつの家でカンカンノウを踊らせてやろうと思ってたんだが、畜生、手の早いヤローがいやがったもんだ」

そして、事件の夜……雨は雪にかわっており、これまた〝ミステリ〟的にいい気分である。そんななかで、ほろ酔い機嫌のやはり店子のひとり、人形師の椿山《ちんざん》（鳥羽陽之助）が、近くの水車小屋で死体を発見。仰天して悲鳴をあげながら、やっと上州屋にたどりつき、たまたま居合わせた目明かしの八五郎（〈アキレタ・ボーイズ〉から独立した、歌うコメディアン、川田義雄。のちに晴久）とともに現場に戻ると、死体は消失していた！

　狐につままれたような彼らに、またどこかで悲鳴。あげていたのはなんと、今度は椿山の焼きもちやきの女房おこん（清川虹子）。彼女の指す先の、長屋の境の柵に、大家勘兵衛がカンカンノウを踊ってるような姿にされて、殺されていた……。

　こんなふうに紹介してみても、結構理想的な事件展開だと思う。発表された時代を考えれば、そしてこれが〝探偵小説〟ではなく〝映画〟であることも含めれば、〝日本ミステリ史〟のなかでさえ、きわめて先駆ともいえるはずである。まして事件発生の前後には、たとえば源左ヱ門が夜中に帰ってきて衣服の汚れを洗っていたり、別な店子の〝居合い抜き〟の松下源蔵（鬼頭善一郎）が手を泥まみれにして上州屋に入ってきたり、さらに別な店子でお京が慕う若い浪人横山求馬（坂東橘之助）が旅支度をしていたり、文吉まで深夜にこっそり帰宅したり……とほぼ全員が怪しくもある。おまけに、最初の発見現場の水車小屋までも、死体は運ばれてきた形跡があり、本当の現場らしい勘兵衛宅からは、お京と小富のそれぞれのかんざしまで発見されるなど、

江川宇礼雄（1934年頃）

〝犯人当て〟の前提としてもほぼ理想的に混乱。
　とりあえずは、見廻り与力の原六之進（江川宇礼雄）による詮議が、上州屋を借りて行われ、そこで例の二本のかんざしが登場。
　しかし、八五郎を含めみんなが一番怪しいと思っている当の文吉、「さあ、えれえことになってきやがったぞ。今度は女のほうに嫌疑がまわってきそうだ。勘兵衛殺しの一幕、お色気までおとり揃えてございます」ともう大はしゃぎ。おしゃべりの八五郎にまで「よくしゃべるなあ、お前。（黙って）座っててくれ」と呆れ

られる。

ちなみに、この辺りまでくると、文吉のはしゃぎぶりは、どうやら八五郎のトンチキ捜査への牽制と、第二の殺人（与力の指示で大家の金箱を開けた、清川荘司演ずる錠前屋が殺される）の暗示、自身の真犯人追い込みの布石などなどのためとわかってくる。顔を会わせるたびに八五郎が、「お前には、どっかであったことがある」とボやくことと、一回だけちょっと見えてしまう、腕の彫り物などから、そんな文吉の正体はもう誰にだってわかるのだが、それはまあ、どうでもいいだろう。なにしろ〝捕物帳〟でもあるんだから……。

そんなこんなで文吉は疑われ、捕り方に囲まれるのだが、見事に振りきって〝消えて〟しまう。これが題名の由来である。

そしてお白州での、〝昨日消えた男〟による〝犯罪の真相〟と〝意外な犯人〟指摘……あまり〝探偵小説〟に強くない普通の映画ファンは、ここで長屋の連中共々、かなり啞然とするだろう。とりわけ、たぶんアガサ・クリスティーのある作品からヒントを得たらしい、犯罪の奇妙な実体はこれは新鮮だった。そのあたりの〝小國〟的な才能に関しては、「英語はペラペラだ。英文の小説なども片っぱしから読破するからシナリオのタネは豊富だ」（『キネマ旬報別冊・日本映画監督全集』）という、岸松雄の証言からも今では理解出来ると思う。

実はこの作品、私は戦後間もなく、つまりあの『獄門島』を見た小学六年の頃、田舎町の同じ映画館で見ているのであって、すでにそこそこのミステリ・ファンになっていたから、もう面白くて仕方なかった。古い映画だということはなんとなく知ってはいた（たとえば貼られている宣伝用スティルの古さ）のだが、当時の新作よりははるかに印象的ではあった。当時の新作……つまり〝チャンバラ〟を禁じられて仕方なく色々作っていた作品。でもこの『昨日消えた男』は、別に禁じられてはいなかったのだが、自主的にそれを封じてしまった作品。だからこそ、〝チャンバラ〟映画は旧作まで公開禁止のこの頃、これは皮肉にも生きのびた。だから私も見ることが出来たのだ……。

そんな『昨日消えた男』が公開された昭和十六年の十二月、日本軍は真珠湾を襲撃。この国とアメリカは全面戦争に突入し、徹底的に不自由な時代がやってきた。それでもなお、小國英雄はまだ、これの続篇的な『待って居《い》た男』（昭和十七年）を手掛けていた。色々不自由はあったと思う。

　これも長谷川一夫演ずる文吉が主役だが、〝あの〟文吉ではなく、今回は目明し〝やらずの嘉兵衛〟親分の、その娘お光(もちろん山田五十鈴)の亭主、つまり期待されている婿養子。舞台は、ふたりでやってきた湯治《とうじ》場の温泉町で、宿の若おかみ(山根寿子)の足袋《たび》に針が入れられていたという、とっかかりの事件としてはまことに小さい。だから文吉はしばらくは動きもせず、顔すら見せずで、だったら私がと、お光がまず乗り出す。監督はもちろんマキノ正博なのだが、なぜか本木荘二郎(のちの『七人の侍』などの黒澤明作品のプロデューサー)と共同演出となっている。それなりに面白くはある(とりわけ地元の目明し金太を榎本健一《エノケン》が演じていること。誰にでも「色々親切に教えてくれて、どうもありがとう」という)のだが、映画としてはまどろっこしい印象につきる。やはり〝禁じ手〟ばかりの時代のせいということにしておこう。

　そんなこんなで、小國英雄もなす術《すべ》もなく、『阿片戦争』『あの旗を撃て』『不沈艦撃沈』といった国策映画に狩り出され……敗戦！

〔『ミステリマガジン』二〇〇六年十二月号〕

第6章 小國英雄と『幽霊列車』

▼『**幽霊列車**』(大映／一九四九)◉モノクロ／スタンダード／一時間二十二分◉監督＝野渕昶、企画＝辻久一、原作＝朽木綱博、脚本＝小國英雄、音楽＝大沢寿人、撮影＝宮川一夫、照明＝加藤庄之丞、美術＝菊地修平、録音＝奥村雅弘◉出演＝柳家金語楼、横山エンタツ、花菱アチャコ、日高澄子、藤井貢、小柴幹治、伊達三郎、大伴千春、近衛敏明

　その戦中……そこにどれほど理不尽な制約があったかを、小國英雄＝マキノ正博＝長谷川一夫トリオの例で挙げておこう。

　『待って居《い》た男』の次の次の作品が、『婦《おんな》系図』(昭和十七年)で、これはもちろん、お蔦《つた》(山田五十鈴)と早瀬主税《ちから》(長谷川)の〝湯島天神〟での別れで有名な、泉鏡花メロドラマだが、映画で〝許可〟されたその別れの原因はといえば、主税は真砂《まさご》町の先生(古川緑波《ロッパ》)ともども、

新式火薬の開発研究に専念という、モロ〝国策〟なんだから笑ってしまう。いや、ゲンナリしたひとはいたかもしれないが、笑うなどとはとんでもないのが〝この時代〟。

だから、敗戦直後、小國は待って居たように秀逸な娯楽作を書いた。例の〝チャンバラだめ！〟もむしろ平気な彼は、今度はミステリではないがミステリ的にひねり《ツイスト》のきいた、明治物（つまり非チャンバラ物）コメディ『或る夜の殿様』（昭和二十一年七月公開）。

箱根の温泉旅館を舞台に、フラリと現われた貧乏書生（長谷川）を元〝殿様〟に仕立て、鉄道敷設の利権を大臣（大河内伝次郎）から得ようと、色々ドタバタする男たち（進藤英太郎、志村喬ら）を描いたこれは、あきらかにアレを下敷きにしていると思う。アレ……つまりミステリ・ファンも好きなエーリッヒ・ケストナーの『雪の中の三人男』、さすがは小國英雄ではある。

ちなみにこの作品には、あの山田五十鈴も高峰秀子も出ているのだが、そして会社は当然〈東宝〉なのだが、監督はマキノ正博ではなくて、長谷川の〈松竹〉時代（当時の名は林長二郎）の名作『雪之丞変化』の衣笠《きぬがさ》貞之助。これが、戦後最初のウェルメイドな娯楽大作としてヒットし、評価もされたのは、しごく当然のこと。もちろん、あの〝焼け跡闇市〟の頃である……。

……というようなことどもを、昭和十四年生まれの私が体験しているはずもない。でも、そういうことどもに興味が持てたのは、あの『昨日消えた男』とほとんど同じ頃に、幸運にも別な小國作品に巡りあっていたからなのだ。当たり前だが、幼かった当時はまだそんな自覚などなく、つまり小國英雄などを知っているはずもなく、しかし映画館は『昨日消えた男』や『獄門島』を見た〈金美館〉ではなくて、同じ小名浜町の別な映画館〈磐城《いわき》座〉だったことなどはよく覚えており……で、作品はといえば昭和二十四年八月封切りの、これは〈大映〉映画『幽霊列車』。

たぶん長野県らしい、ある山間の小さな駅（駅のボードには〝白石〟）が舞台。雨の夜に軽便鉄道から降りた客たちが、全員待っていたバスに乗り込む。そこから一時間ほど行ったところにある白石温泉への客たちだが、しかしバスの故障と白石川の増水の危険のため、しかたなく駅に戻り、でも近くに宿などはないので、そこで一夜を明かすことになる。

私はこの頃から、こういった天候の荒れ具合などによって、やむを得ず〝呉越同舟〟になってしまうというシチュエーションが好きで……ミステリ・ファンは誰だって好きか……自分の家すらそんな〝場〟だと思っている形跡があり、これはたぶん私自身の〝ミステリ〟と関係があるのだろう。

それはともかく、だから何かが起こる。まず、たった一人で勤務している駅長（羅門《らもん》光三郎。戦前の時代劇スタア）が、〝この駅には幽霊が出る〟から、自分は夜はここに泊まらないといいだす。

その〝幽霊〟は何かといえば、「敗戦になるちょうど一年ほど前の、こんな雨の日の夜でした。その当時、終点の町に大きな軍需工場がありましてね。この鉄道もその工場のために出来たんです。で、その晩、東京から招いた女優さんの演芸会が工場でありましてね。すんだ後、白石温泉へ泊まらせるべく、臨時列車が出されたんです」ということで、しかし列車は十時四十五分にこの駅を通過した直後、ポイント切り替え最中の駅員の心臓麻痺による急死で、白石川の断崖から落下。女優七人、男優三人、それに機関士と、全員が死亡し、この駅舎に並べられた。以来……。

「雨の降る夜になると、シグナルが自然に鳴り出しま

『幽霊列車』（1949年）©KADOKAWA1949

す。すると、列車が物凄い地響きを立てて、この駅を通過してゆくのです。ブレーキの軋《きし》る音。叫ぶような蒸気の音。そして、悲しく泣くような、汽笛が……」

ということで、当時としてはまるで新鮮な、〝列車の幽霊〟という趣向なのである。そして、前述した語り口から、〝怪談調だな〟と思われたかた、正解です。

実はこれは、小國英雄のオリジナルではなく、この前年にNHKが朽木《くちき》綱博の作で放送した、スリラー物のラジオ・ドラマが原作。だからこんな〝語り〟調が効果的で、映画版でも羅門光三郎の〝時代劇〟ふうの台詞《せりふ》まわしが、結構気分を出している。

そして、もちろんのこと〝列車の音〟で、これこそが耳で聴くのみのラジオ的なポイントでありアイデア……だから〝幽霊列車〟。ラジオ版のほうは聴いていないけれど、これは映画でも強烈なのだから、かなり怖かったんじゃないかと、容易に想像出来る。

ちなみにいえば、この頃はまだまだ娯楽としてのラジオは重要で、そこでの人気が映画になだれ込んだ例は、『鐘の鳴る丘』(菊田一夫作)とか『向う三軒両隣り』(伊馬春部、北村寿夫他の共作)から、『君の名は』(菊田作)や『笛吹童子』(北村作)と色々あって、ことごとくNHKよりの放送(ここしか放送局がなかったのだから当然だ)……で、この『幽霊列車』もそのひとつということなのだ。

ところで映画はといえば、声優だよりのラジオと違い、顔の知られたスタアを使えること。もしくは使わねばならないこと。それで〈大映〉は、これをスリラー・コメディ(〝ゾッとしてドッと笑う〟が当時の宣伝コピー)として作ろうとし、柳家金語楼や花菱アチャコや横山エンタツという、当時の売れ筋のコメディアンを並べた。で、コメディがうまく、ミステリはもっとうまい、小國英雄の出番となった……んじゃないかなぁ。彼はこのひとたちとは、たとえばエンタツ＝アチャコ(関西漫才の重鎮。大阪初の全国区タレント)とは秀作『エンタツ・アチャコの新婚お化け屋敷』(昭和十四年)で、金語楼(東京の落語家でもある大物喜劇人)とはなんと自身の監督作として『金語楼の親爺三重奏』(同年。相棒の山崎謙太脚本)で、それぞれ付き合っているのだから、これは当然のポジションではある。この昭和十四年には、小國英雄は現存するエノケン喜劇の最高作『エノケンの頑張り戦術』(監督は中川信夫)も手掛けている。心底コメディの好きなひとではある。

そんなわけで、ここからが小國サンの腕の見せ場である。

　バスの客たちのひとりで、ＤＤＴの瓶に〝サントリーの十二年物〟を入れて飲んでいる、どうやら医者らしい妙に落ち着いた山下という男が、金語楼。ちなみに山下というのは彼の本名で、落語でも色々ネタにしていた。

　〝社長〟〝秘書〟という役柄分担で、いつもモメているあやしげな石田と藤木という二人組が、エンタツ＝アチャコ。この石田、藤木も、ふたりの本名！

　二人組のあやしい鞄の中身を狙う、土地者の山師《やし》が、やはり関西の志賀廼家《しがのや》辨慶。

　なぜか山下と同じようなカンカン帽を被った、へんに行動的な男渋谷が、〈大映〉の色敵《いろがたき》的なベテラン藤井貢。

　東京から来て、バスの運転手を脅す、サングラスのキザな青年野上が、この頃の〈大映〉の新人スタア、小柴幹治。のちに〈東映〉に移籍して、〝時代劇〟で三条雅也と改名。

　突然、駅舎に乱入し、この頃の〈大映〉のスタア女優京マチ子のように踊りまくる、謎の狂女京子に、その京マチ子にそっくりで同じ〈大映〉専属だからソンしている、日高澄子……。

　……他にも、ハンカチをやたら振り回す派手な都会女とか、バスの車掌といわくあり気な新婚旅行中の夫とか、盲目の傷痍《しょうい》軍人とか、ナントカ教の信者とか、あやしい連中がウロウロしているうちに、停電で闇。するると、家に帰ったはずの駅長が、突然現われてブッ倒れる。

　そして、十時四十五分。シグナルの音、汽笛……で、〝見たものは死ぬ〟と噂される幽霊列車の通過。さらに狂女（かつて遭難した機関士の妹？）の乱入、その上バス運転手（〈大映〉の名物脇役、伊達三郎）が殺され、キザな青年がなんとカンカン帽Ｂに手錠を掛けられて……と、どうです？　これまたミステリとして結構理想的に混乱しているでしょう？

　ところが、実はこの作品、〝探偵〟映画として優れているのはそんな辺りじゃないのである。以下、ちょっとネタばらしをしますので、目をつむって読んでください。

　まず、事件の真相……〝幽霊列車〟とはもちろんデタラメのでっちあげで、実は〝隠匿物資〟を積んだ不法列車を、付近の住民の目につかぬよう運行させるためのカモフラージュ。この〝隠匿物資〟というのは、戦中の軍関係の物資を、敗戦後まで密かに隠し、いわゆる〝闇〟市場でさばく、そんな〝焼け跡闇市〟時代の現実のひとつ。近くに軍需工場があったという例の設定が、その伏線となっている。そういう、いってみれば真相の〝社会性〟が凄い。ただのスリラー、ただのドタバタ喜劇じゃないのである。え、そんな〝イントク物資〟なんてこと、当時十歳の少年が知っていたのかって？　話は逆で、この映画で覚えたのだ。

次に、探偵役……これが何と本当は金語楼演ずる山下という男で、ドタバタ喜劇としても見ていたこちらには、これはかなり意外！　まして彼はクライマックスのちょっとした列車活劇にくると、「まてまて……山下敬太郎（本名のフルネーム）、刑事生活十三年」とボヤキながらも、スタントなしでアクションに参加さえしてしまう。落語家のくせに……。

……てなことで、今見ても結構面白いのだが、従来はその評価がきわめて低く、大先輩双葉十三郎や先輩桂千穂といった信頼筋でさえ、〝大愚作中の愚作〟（例の「日本映画月評」）とか「『幽霊列車』はひどいですよ」（『FLIX DELUXE』誌九四年冬号「ミステリの映像世界」での筆者との対談）とか、それはもう切り捨てもいいところ。「そうかなァ！」と永いこと寂しい思いをしていたら、突然思ってもみなかった援軍が出現した。ミステリ作家辻真先……私より年上である彼が、昭和六十二年に発表した長篇小説『くらやみの天使たち』（敗戦後間もなくの映画少年たちの物語）で、なんとこの映画をきわめて熱っぽく語ってくれ、私は色々とホッとしたものだ。

正直に申せば、この作品の唯一最大の弱点はといえば、監督が『吉田御殿』『静御前』『紀国屋文左衛門』『紫式部』などを作った戦前派であるのはいいとして、なんと大学教授（同志社）出身の大マジメ型で演劇派の、野淵昶《あきら》であったこと。だからノッてはいなく、ソツなくまとめただけということ。

どうしてこういうことになるのかというと、〝二本立て〟用に量産されていた、いわゆる〝プログラム・ピクチャー〟は、まずプロデューサーが狙いを定め（だから〝製作〟ではなくて、この作品のように〝企画〟とタイトル表示される場合もある）、脚本家にシナリオ執筆を依頼し、出来上がったものを基本的には、その時に手の空いている社内監督に渡すから……。

だからもしかすると、俳優たちを別にすれば、この〝小國シナリオ〟にノッていたのは、スタッフ……それも、名手宮川一夫カメラマンとか、のちの異才監督である助監督の加藤泰とか、そして列車特撮を手掛けた円谷英二らだったのかもしれない。

いずれにしても、才人小國英雄は、しかしそもそもがプログラム・ピクチャー作家でもあったのだから、その後『男の涙』（ロッパ物）『待っていた象』（金語楼、エンタツ物）『女医の診察室』（原節子物）『いつの日君帰る』（高峰三枝子物）『豪快三人男』（千恵蔵、右太衛門物）『海賊船』（三船敏郎物）『おかる勘平』（エノケン物）と、なんでも書きまくるのだが、この頃に、とんでもない監督から声がかかり、仰天することになる。

その、〝とんでもない監督〟、つまりあの黒澤明。「さすがに驚いたらしく、〝だって今の俺と黒澤とでは位が天と地ほども違うものな〟」（岸松雄『日本映画監督全集』）と、正直な小國さんはボヤいたとか。だから、ここからのちの〝小國英雄物語〟は、当然ながら〝それもまた別な話〟……。

〔『ミステリマガジン』二〇〇七年一月号〕

第7章

高岩肇と『パレットナイフの殺人』

▼**『パレットナイフの殺人』**（大映／一九四六）◉モノクロ／スタンダード／一時間十分◉監督＝久松静児、原作＝江戸川乱歩、脚本＝高岩肇、音楽＝斎藤一郎、撮影＝高橋通夫、照明＝伊藤幸夫、美術＝下河原友雄、録音＝長谷川光雄◉出演＝宇佐美諄、小柴幹治、植村謙二郎、小牧由紀子、西條秀子、平井岐代子、花布辰男

昭和十九年の冬、アトリエで『U夫人の肖像』を創作中の画家松村は、突然憲兵隊に踏み込まれ、そのリーダーの〝特高〟（特別高等警察の略。戦中に政治思想犯を担当した警察組織）岩崎中尉に、戦争画を描けと強要される。彼を反戦グループのひとりとして、思想犯で逮捕するためである。しかし、証拠は出てこず、もちろん松村も否定するのだが、強引に連行され、やがて敗戦……。

……敗戦後、様々な制約と貧困の中で、いち早く復興していった業界のひとつが、〝映画界〟。失意と荒廃の中での、ささやかな〝癒し〟のためが〝名目〟で、現実的にはこの国の映画製作のメッカ京都(だから時代劇!)が戦災を免れ、戦争で失われたスタッフら人材はともかく、再開は結構可能だったからだろう。事実、この昭和二十年のなんと八月三十日(終戦はいうまでもなく、八月十五日)には、〈大映〉が『花婿太閤記』(アラカン物)を、〈松竹〉が『伊豆の娘たち』(第二作が「リンゴの唄」で有名な『そよかぜ』)を、少し遅れた十一月二十二日には〈東宝〉が『歌へ! 太陽』(エノケン物)を、公開してしまっているのである。

翌二十一年になると、〈松竹〉が三十七本、〈東宝〉があの『或る夜の殿様』を含む十八本、そして〈大映〉が二十七本。この二十七本の最後が、例の『七つの顔』になるのだが、実はこの〈大映〉は、それ以前にすでにミステリ映画を送り出してはいたのである。

きっかけは、のちの『幽霊列車』と同じ、NHKの〝スリラー〟物ラジオ・ドラマ(菊田一夫作)が原作の『夜光る顔』で、この年の六月十三日の公開である。

作った人たちはといえば、脚色が高岩肇《はじめ》、監督が久松静児、主演者が宇佐美淳(のちに淳也。『トラ・トラ・トラ!』で、前任の司令長官吉田善吾中将を演じた)……で、このひとたちは、昭和十七年一月の〝戦時統合〟で、半官半民の〈大日本映画製作株式会社〉つまりのちの〈大映〉に吸収されてしまった、〈日活〉〈大都映画〉〈新興キネマ〉三社のうち、プログラム・ピクチャー専門みたいな〈新興〉にいた連中。いたもなにも、昭和十六年にはこのトリオで、どさくさまぎれに『旋風街』という現代活劇も作っていた……さらに前の十五年には高岩と宇佐美はやはり現代物『玄界灘』でも組んでいて……こういう作品こそ、見たい知りたいんだよね、私のような〝好きもの〟は! でも残ってないんだよね!

そんなわけで、例の〝チャンバラだめ!〟という規制のなかでも、〝このひとなら出来る〟と頼まれたのが高岩肇だったんだろう。

「高岩さんにインタヴューしたんですが、敗戦後は、何やっても進駐軍がだめだと言うんですって。それでアメリカ人はミステリが好きだから、それならばいいだろうとやりはじめたら、好評だったので続けることになったそうです」(『FLIX DELUXE』誌での筆者との対談)という、やはり脚本家の桂千穂の証言があるように、その次に手掛けたのが、まさしくミステリ。それも、江戸川乱歩の〈明智小五郎〉物の名作短篇『心理試験』を原作とした、『パレットナイフの殺人』(昭和二十一年)なんだからなんとも先駆的ではある。

ただし、原作とはいってもあのアイデア、つまり心理テストを受けねばならないことを予測した犯人が、その先手をうって反応の準備をすることを、さらに逆《さか》手《て》にとった明智探偵が……というアレをクライマックスに置いてはいるが、あとはまるでオリジナルであることが、この作品の成功の鍵。高岩の構成は、これがまず犯人側から描かざるを得ない〝犯人小説〟、いわゆる〝倒叙〟物でもあることに着目し、それで今回冒頭に紹介したような展開をまず持たせたのだ。

だから、あそこからあとは、こんなふうになる。敗戦後、公職を追放された元特高の岩崎(小柴幹治)は、しかし執拗にU夫人……岩崎と同郷で戦中の実力者本《ほん》荘《じょう》の、その未亡人悠紀子《ゆきこ》(小牧由紀子)に、財産ごと横恋慕。あげくアリバイ工作ののちに未亡人を殺し、画家松村(植村謙二郎)に疑いを向けようと画策……それで『パレットナイフの殺人』。いうまでもなく、時代色を様々に取り込んだ、いってみれば〝社会派〟的な設定ではある。

そして、〝心理試験〟……ここでは、〈東京心理学研究所〉での嘘発見機の使用となるのだが、そんな捜査側の動きを、やはり捜査のプロだった、元特高の犯人だから先読み出来る。まことに説得力があり、もはやほとんどオリジナルだというのは、そういうことなのだ。

そんなわけだから、このむしろ〝オリジナル〟シナリオの映画化には、あの天才型の明智小五郎はもはや

『パレットナイフの殺人』(1946年)©KADOKAWA1946

相応《ふさわ》しくなく、それで高岩や、またコンビを組んだ久松監督らが選んだのは、どちらかといえば平凡実直な、警視庁の警部川野……演ずるのはまたしても宇佐美淳！

つまりこういうことになる。

わが国初の本格的ミステリ映画は、この国のミステリのパイオニア江戸川乱歩の原作でありながら、色々乱歩らしくなく、なんとわが国はじめての〝倒叙〟ミステリ映画！

そして、倒叙ミステリといえば『刑事コロンボ』の、その誕生に刺激を与えたアメリカン・ミステリ映画『暗い鏡』が製作公開されたのが、なんとわが『パレットナイフの殺人』と同じ、一九四六年（日本公開は一九四八年）！　つまり〝倒叙〟物のミステリ映画としては、世界的にいっても、きわめて早い作品なのかもしれないのだ！

なのに、なぜこの『パレットナイフの殺人』があまり話題に上らなかったかといえば、もちろんのこと、この国の〝ミステリ〟がまだ成熟していなかったからだ。そのうえ、七十一分という上映時間が物語るように、そしてプログラム・ピクチャー専門の元〈新興キネマ〉スタッフとキャストで手軽に作られてしまったように、つまりは典型的な〝使い捨て〟映画だったからだ。この年のうちに作られ、ヒット・シリーズとなってゆく、あの千恵蔵主演の『七つの顔』とはわけが違うのだ。ちなみにその〝わけ〟とは、わかりやすくいえば〝格〟のことであり、あちらの主演者片岡千恵蔵は、三社のなかでは〈日活〉所属だった、時代劇の大物スタア。宇佐美淳は、最初から〝プログラム・ピクチャー〟スタアにすぎなかったのだ。それで、本来は〝こちら〟から始めるべきこの連載も、〝あちら〟から始めたのだ。これは、あまりにマニアックな印象を持たせないための、私の配慮……。

……で、前回でも触れた〝プログラム・ピクチャー〟の〝量産〟〝使い捨て〟的な状況とは、こんなことでもある。かつてこの国でも、映画会社はすべてのスタッフ、すべてのキャストを専属として丸抱《まるがかえ》する、いわゆる〝スタジオ・システム〟を採っていた。どうしてなのかというと、各社はそれぞれの系列の映画館を全国に持っており、そこへの週単位の供給のためにスタジオはあった。これを〝ブロック・ブッキング〟（作品ごとに各社から借り出す方式は、フリー・ブッキング）という。だから、〝映画スタジオ〟とは大量の映画を的確に、そして次々に生産してゆく、いわば〝工場〟……。

そういう〝流れ作業〟的な状況のなかで、〝企画〟つまり何を〝商品化〟するかは、プロデューサーとしてはもう手さぐり状態だったろう。ましてや彼らを取り巻く環境は制約だらけ……。

そんな時、どうやら〝ミステリ〟（もちろんそんな言葉は使われておらず、せいぜい〝スリラー〟〝探偵物〟）は結構イケるらしいとくれば、〝それっ！〟とばかり、まずそのへんが書けるライターに殺到する。いつの時代でも同じである。だから、たとえば高岩肇……。

荒廃と失意のこの時代としては、それぞれの出来不出来はともかくとして、凄い成果ではある。成熟しはじめた戦後の〝日本探偵小説界〟狙い撃ち……。

『パレットナイフの殺人』に続いて、翌年の昭和二十二年には、横溝正史の戦後再出発のひとつ『蝶々殺人事件』の映画化、『蝶々失踪事件』で、同年の十二月二十三日の公開。名探偵は由利先生ならぬ由利警部で、演じたのは岡讓二。

昭和二十三年には、戦後の新探偵小説作家木々高太郎の長篇の、その映画化『三面鏡の恐怖』で、六月十四日公開。

昭和二十四年は、戦前からの〝時代伝奇〟作家角田喜久雄の、戦後の探偵小説への転身作が原作の、『虹男』で七月十八日公開。探偵役の新聞記者明石良輔に、新人小林桂樹。

昭和二十五年は、乱歩が戦前に発表した、〈明智〉物の通俗長篇の第五作『吸血鬼』の映画化、『氷柱の美女』で三月十二日公開。明智探偵に、また岡讓二。

昭和二十六年には、〈大映〉から〈東映〉に移り、やはり戦後の新探偵小説作家のひとり高木彬光作品の映画化、『わが一高時代の犯罪』（西亀元貞と共作）で八月二十四日公開。

同年、なんとあの比佐芳武との共作の、横溝の〈金田一〉物『八ツ墓村』で、十一月二日公開。たぶん彼はこの比佐が〈東映〉に呼んだのだと思う。

これらのうち、『蝶々』『三面鏡』『氷柱』も監督は久松静児。〈松竹〉出身の二枚目上原謙（『愛染かつら』）と、その〈松竹〉から借り出された木暮実千代が共演するメロドラマ・サスペンス大作（プログラム・ピクチャーではないという程度の意味）の『三面鏡』のみ、彼と久松の共作シナリオ……。

それでは彼らの作品が、当時キチンとミステリ扱いされていたのかというと、そうではなかったから色々困る。たとえばこの時期の高岩ら以外の〈大映〉作品を並べると、昭和二十三年の『幽霊塔』(乱歩物。というより黒岩涙香物)。二十四年の『白髪鬼』(同)と『透明人間現わる』、そして例の『幽霊列車』。二十六年の『鉄の爪』。二十七年の『毒蛇島奇談　女王蜂』(もちろん横溝物。またまた岡譲二!)……。

これらと高岩作品を混ぜあわせてみるならば、出てくる答えは〝猟奇〟〝怪奇〟。だから〝プログラム・ピクチャー〟、だから『パレットナイフの殺人』よりは『七つの顔』のヒットだったのだろう。仕方ないことではある、〝探偵小説〟ファンだって成熟してはいなかったのだから……でも、そういう時代にさえ、こんな仕事に集中していたひとたちもいたということは、今だからこそ確認しておくべきだろう。

結局のところ、その後高岩肇は、比佐同様に復興したチャンバラ劇の世界に、とりあえず埋没していった。あの〝東映城〟の、たとえば千恵蔵主演の『新選組第二部　池田屋騒動』とか、大河内伝次郎主演の『喧嘩笠』とか、やはり千恵蔵主演の大作『南国太平記』『続南国太平記　薩南の嵐』とかである。

私自身は、この前後のあたりの映画群からの体験者であって、何度もいうように戦前、戦中、敗戦直後の作品は、様々な形であとで接しているにすぎない。ただ、のちの高岩の映画作家としての成熟ぶりから、こんなふうに逆算して辿ってみると、ふたつの奇妙な実体験に行き当たるのだ。

ひとつは、高岩が〈大映〉で手掛けた、これも例の〝スリラー〟物のラジオ・ドラマが原作(北条秀司作)の、『霧の夜の恐怖』(昭和二十六年。監督はまた久松静児で、主演が宇佐美淳!)。足の不自由になったバレリーナが、恋人と心中し、しかし生き残ってしまった彼のいる病院に、松葉杖の音と共に出没し、ついには交通事故で彼も連れ去ってしまう……。

十二歳の私は、もう怖くて怖くて、おかげで本当に見たのか、それとも予告篇だけの記憶なのか、まるで覚えていないのだ。

もうひとつは、高岩の〈東映〉での仕事のひとつで、『暁の市街戦』(昭和二十八年。舟橋和郎、館岡謙之助との共作。監督は春原《すのはら》政久)。またも宇佐美淳、そして宮城千賀子、ボブ・ブース主演のギャング映画で、今でもテーマ音楽を覚えており、当時私は十四歳。

これがしかし、それからもう少しあとに、実はこの音楽まで含め、かの名作『第三の男』からの〝色々いただき〟と判明して、驚いたのなんの！

どちらにしても、以後出会ったことはなく、それも〝プログラム・ピクチャー〟の宿命だろう。これらは残っている可能性はあり、例の〈スカイパーフェクTV！〉あたりに期待したいのだが……。

……とにかく、こんな実体験の意味あたりにまで、次回では踏み込んでみられたらと思う。それが私の〝映画〟愛、〝ミステリ〟愛なんだから！


［『ミステリマガジン』二〇〇七年二月号］

第8章

高岩肇と『神阪四郎の犯罪』

▼**『神阪四郎の犯罪』**（日活／一九五六）◉モノクロ／スタンダード／一時間五十一分◉監督＝久松静児、製作＝岩井金男、原作＝石川達三、脚本＝高岩肇、音楽＝伊福部昭、撮影＝姫田真佐久、照明＝岩木保夫、美術＝木村威夫◉出演＝森繁久彌、新珠三千代、左幸子、金子信雄、高田敏江、宍戸錠、清水将夫、深見泰三、下條正巳、轟夕起子、滝沢修

〝むせかえる女の体臭と仮面の情欲！　名匠久松静児が比類なき大胆さで描く微妙な人間心理!!〟


忙しかった！　大人じゃないから別に仕事をしていたわけではなく、さりとて勉学に励んでいたのでもなく、とにかくミステリ！　そして映画！

映画会社は〈東宝〉〈松竹〉〈大映〉の他に、〈大映〉から独立した〈東映〉、〈東宝〉から分離した〈新東宝〉の五社に、昭和二十九年についに復活した〈日活〉が加わり、日本映画だけで計六社。これで日本映画界の完全復興ということになるのだろう。

この六社から、無数のプログラム・ピクチャーを含む膨大な映画群が、ほとんど週替わりで送り出されてくる。もちろん外国映画だって、膨大な数。この時、十五歳の高校生であるコチラにとっては、とぼしい小遣いで、何を見るかではなく、何を見ないかのほうが

問題だった。おまけにその翌々年の七月には、かの『EQMM日本語版』創刊……もう本当に忙しかった！

そんなわけで、冒頭にあげたようなスゴい宣伝コピーがポスターについている、森繁久彌主演の〈日活〉文芸映画（……らしい。なにしろ原作者が石川達三だ！）『神《かみ》阪《さか》四郎の犯罪』は、〃犯罪〃の文字が気にはなったが、もちろんパス。ずっとのちに見たのだが、これが高岩肇の最初の力作だった！

ちなみにこの〈日活〉では、六月に再開した直後に彼は、典型的なプログラム・ピクチャーである〃私立探偵志津野《しづの》一平（河津清三郎演）〃シリーズの第一作『俺の拳銃は素早い』（十二月公開）を、オリジナル物（スピレーンとは関係なく、題名を頂いただけ）として手掛けており、さすがというか当然というか……でも安っぽそうなので、当時はこれもパス。ただし、これこそがのちの〈日活〉名物のあの〃無国籍アクション〃の出発点となったのだから、やっぱりさすが……。

で、翌々年の昭和三十一年作『神阪四郎の犯罪』なのだが、またも監督は旧友の久松静児。のっけから、雑誌『月刊東西文化』の敏腕編集長神阪四郎（森繁久彌）と、彼が世話していたといわれている文学少女梅原千代（左幸子）の、心中未遂事件が報じられる。睡眠薬入りのウイスキーが使用されたが、発見が早くて彼は助かり、しかし社の金を二百万横領していたこともわかり……彼を取り巻く関係者たちが手際よく紹介されて、即、偽装心中と横領罪での裁判。

まず、第一の証人の登場……神阪を現在の社〃三景書房〃に推薦した、売れっ子の文芸社会評論家今村徹男（新劇界の重鎮滝沢修）。彼は横領の件は社長から聞いていたが、神阪が独立を考えていたからとも思い、推薦者としての責任は感じていた。しかし、当の神阪はといえば、とにかく権威にはへつらう、卑屈な恥知らずで、嘘も平気な、むしろ俳優のような演技者だったと証言する。すると回想画面はまさにそういう神阪ばかりが描き出され、これがもうこの頃『夫婦善哉』とか『猫と庄造と二人のをんな』とかでその演技力を知らしめた、名優森繁（それ以前は達者なコメディアン）ぴったりのキャラクター……。

次の第二の証人が、神阪の部下の女性編集者永井（やはり新劇の当時の若手高田敏江）で、独身といつわり、自分を口説こうとした卑劣漢だが、今村との付き合いで始終金をつかわされ、独立だって考えていたんだから、お金のことは彼だけのせいじゃないと、妙に同情的。しかし、大嘘つきなことはたしかで、横暴で意地悪で秘密好きで、女性を軽蔑しているヒト……と、彼女のトーンでの回想画面として描かれ、これまた森繁《シゲ》さんにピッタリ。

三人目は、当然神阪夫人まさ子（これ以後、ミステリ映画が色々似合った、新珠三千代）で、彼女にとって神阪は、自分にも子供にもやさしい、いい亭主で、忌まわしい罪などを犯すなんて考えられないという。人から愛され、信頼されるのを願う夫だとも断言し、それで永井からは金までせびられた、千代の話は今村に頼まれたからだといい、とんでもない証言まで言い出す。千代はもともと今村に弟子入りした挙げ句、犯され、そのうえ今村の病妻の病いまでうつされ、絶望的になっていた。ここの回想での、神阪の良き夫ぶりは、これは同じ〈日活〉で前年の昭和三十年に公開されて評判となった『警察日記』（これも久松監督）で森繁が演じている善良な巡査のリフレインだろう。まさしく〝森繁久彌〟的な演技パレードである。

そして四人目が、彼とは戦争中に満州に慰問にいった時に世話になって以来の、付かず離れずの友達付き合いという、シャンソン歌手の戸川智子（歌える大物女優、『七つの顔』の轟夕起子）。戦後のカムバックも神阪のおかげという彼女の証言は、彼ははっきりいってお金にはルーズな女たらしだが、けして悪党じゃなく、世間知らずのわがままなお坊ちゃんとくる。そして事件の前に熱海で会った時には「妻も他の女もみんなイヤになった。結婚しよう」とまでいわれて金をセビられ、自分用の睡眠薬まで持っていかれ……となり、もう何がなんだかわからなくなってくる。ちなみに森繁さんは、たしか報道員として満州体験のあるひとだから、ここの演技はたぶんもっとも〝地〟に近いのだろう。

もはやここまでくると、「アレだ！」と思うひともいるにちがいない。そう……事件の顚末を当事者たちがそれぞれ違った主観で語り、だからこそ真実が不明瞭になるという、芥川龍之介の短篇「藪の中」、そしてそれを黒澤明監督が映画化した昭和二十五年のあの『羅生門』……。原作のほうなのか、それとも映画のほう（『羅生門』は高岩や久松たちのいた〈大映〉作品）なのか、いずれにしても影響は考えられるだろう。第一、芥川の「藪の中」自体、アンブローズ・ビアースの短篇「月光の道」に触発された作品なのだから、このへんは〝良い物は良い物に受け継がれる〟で片付けてしまっておこう。

そんなことよりも、私の印象はといえば、これはむしろレジナルド・ローズの裁判劇のごとき、陪審員たち、あるいは証人たちの、主観的な発言の連鎖による予測のつかないスリリングさ……あの『12人の怒れる男』もそうだが、印象は『ある町のある出来事』のほうに近い……アレなのだ。

そう……たとえばこのローズの持っているような、そんな意味での〝社会性〟あるいは〝社会心理性〟……それがわがライター高岩肇の本来の資質だったのではないか？　だから乱歩短篇をしも〝社会派〟的に発展させ、逆に成功させてしまったのではなかったか？　そして、だからその他のいわゆる〝謎とき〟型の作品では、かならずしも成功しなかったのでは……？

つまり高岩は、空想的な〝犯罪〟よりも、〝犯罪〟のリアリティにこそ興味を持つ、言い換えれば〝清張〟以後の流れのようなミステリの、実は映画的な先駆ではなかったのか？　なのに、ミステリの書ける、数少ない、しかし〝プログラム・ピクチャー〟ライターの常として、〝そういうモノ〟は何でも彼のところに来た。だから書きまくった。そしてたぶん『神阪四郎……』的な方向へと、学習していった……。

そんな『神阪四郎……』の巧さとは、たとえば廷内のディスカッションが混乱し、先が見えなくなってきた「戸川智子」証言のその直後、法廷の外で〝雪〟が降り出す、つまりは〝気分転換〟の妙！　あのシドニー・ルメット監督による映画版『12人の怒れる男』でも、同様の混乱のあげく、陪審員室の外で〝雨〟が降り出す。こちらの製作年度は一九五七年(原作であるTV版は一九五四年)だから、『神阪四郎……』の一年後……！

ここからあとの展開が、また巧い。混乱打破のためには、被害者つまり死者による〝真実〟の証言を……ということで、文学少女梅原千代(これと、翌年の『幕末太陽伝』で大女優となってゆく左幸子)の、その〝日記〟が読みあげられるのだが、これもまた当然ながら主観また主観。でも、同様な〝死者〟の証言を、なんと巫子《みこ》に呼び出させた被害者の死霊に語らせる『羅生門』と比べるなら、現代劇と時代劇の違いといったところで、リアリティとしては『神阪四郎……』の勝ち！

そんなこんなでこのドラマは、最後の奇妙な、そして説得力さえある神阪四郎の〝居なおり〟自己弁護で終わってゆく。だから、実は〝事件〟は解決などはしないままなのだが、それでもこれもまた秀れて〝ミステリ〟だと私は思う。いや、〝ミステリ〟でなくたって、秀れた〝映画〟にはちがいないと思う。少なくとも〝プログラム・ピクチャー〟ライター高岩肇にとって、とりあえずのベストワークにはちがいないのだから……。

ところで、〝清張〟以後などといったが、実はなんとこのあたりから、その松本清張は登場してくる！　具体的にいえば、彼の初長篇『点と線』が出版されて当たったのが昭和三十三年だから、『神阪四郎……』の二年後だ！　高岩肇にとってなんという好機……！

はじめは、『神阪……』に続いて故郷〈大映〉で、島田一男の〈弁護士南郷次郎〉物『冥土の顔役』(昭和三十二年、白黒ビスタビジョン第一作。鶴田浩二主演)、続いて新作家仁木悦子の〝乱歩賞〟受賞作『猫は知っていた』(三十三年、新人仁木多鶴子主演)と手掛けていて、まだまだ従来的なルーティンではある。

しかし、〈松竹〉がすでに『顔』(昭和三十二年)に続いて、三十三年に『張込み』と〝清張〟物をヒットさせるや、またまた〝書ける〟高岩に仕事が殺到！　ここからあとが、やっぱり凄い！

昭和三十三年の五月には、清張の長篇第二作『眼の壁』が、当然〈松竹〉の大庭秀雄監督、佐田啓二主演で公開。

同年六月には、〈日活〉でなんと鷲尾三郎原作の『地獄の罠』が、野口博志(『俺の拳銃は素早い』)監督、長門裕之主演で……。

同年十月、今度は〈大映〉で清張原作の『共犯者』が、田中重雄監督、根上淳主演。

昭和三十四年五月、また〈日活〉で楠田匡介(！)原作の『絞首台の下』が、西河克己監督、長門裕之主演。

同年同月、さらに〈日活〉でまた鷲尾三郎原作の『暗黒の旅券』が、鈴木清順監督(この監督とはのちに名作『春婦伝』で再び組む)、葉山良二主演。

昭和三十五年二月、〈松竹〉から有馬頼義原作の『四万人の目撃者』が、堀内真直監督、佐田啓二主演で……。

同年十一月、〈東宝〉から南条範夫原作の『第六の容疑者』が、井上梅次監督、三橋達也主演で……。

昭和三十六年八月、〈ニュー東映〉から水上勉原作の『霧と影』が、石井輝男監督(兼脚本共作)、丹波哲郎主演で……。

同年九月、同じ〈ニュー東映〉から松本清張原作の『黄色い風土』が、また石井輝男監督、鶴田浩二主演で……。

昭和三十七年二月、〈大映〉から高木彬光の〈弁護士百谷泉一郎〉物『誘拐』が、田中徳三監督、宇津井健主演で……。

同年八月、同じ〈大映〉から黒岩重吾原作の『真昼の罠』が、富本壮吉監督、田宮二郎主演で……。

……と、当時のいわゆる〝社会派〟ミステリの連打ではある。ただ、〝プログラム・ピクチャー〟作家のカナシさ、監督や主演者が選べないところに、この頃の高岩作品の出来不出来はたしかにあると思う。

でも、だからこそ、この直後に、高岩は彼ならではの原作に、そして監督についに巡り合う。その作品はといえば、いってみれば〝社会派〟の〝時代ミステリ〟……村山知義のあの『忍びの者』。それぞれの一派を持つ、忍者のリーダー百地《ももち》三太夫と藤林長門之守が、実は〝同一人〟(伊藤雄之助怪演!)だったという壮大な〝一人二役〟物が、〝ミステリ〟でないわけがない!

そして、監督……それこそ日本映画界きっての〝社会派〟の巨匠で、すでに木下順二原作の〝歌舞伎〟物『赤い陣羽織』で組んだことのある、山本薩夫!

昭和三十七年の十二月に公開されてヒットし、すぐにシリーズ化されていった、この〝市川雷蔵〟物で、高岩肇ははじめて、〝日本映画〟のなかに、確実な足跡《そくせき》を残した……!

……で、私のこだわりの『霧の夜の恐怖』と『暁の市街戦』だが、つまりは他人がなんといおうと、〝プログラム・ピクチャー〟だろうがなかろうが、自分の感性に忠実に〝映画〟を、〝絵〟や〝音〟で記憶するという私の性格の最初の幼い発露だったのかも。

〔『ミステリマガジン』二〇〇七年三月号〕

第9章

菊島隆三と『野良犬』

▼**『野良犬』**(東宝/新東宝/一九四九)◉モノクロ/スタンダード/二時間二分◉監督＝黒澤明、製作＝本木荘二郎、脚本＝黒澤明＋菊島隆三、音楽＝早坂文雄、撮影＝中井朝一、照明＝石

井長四郎、美術＝松山崇、録音＝矢野口文雄、編集＝後藤敏男
◉出演＝三船敏郎、志村喬、淡路恵子、三好栄子、千石規子、本間文子、河村黎吉、飯田蝶子、東野英治郎、永田靖、松本克平、岸輝子、木村功

1（F・I）射撃練習所

その標的。射撃の轟音と共に、標的を射ち抜いた弾が、土手の上に土煙をあげる。一列に並んで射撃練習をしている警察官達。そのなかに私服の村上刑事がいる。成績が悪いらしく、汗まみれの顔をゴシゴシこすって顔をしかめる。（WIPE）
木陰で休んでいる同僚達のところへ村上が来る。
同僚A「おい、何点とった？」
村上「駄目駄目、昨晩張り込みに狩り出されて寝てないんだ」
同僚B「フフフ、みんな弾痕不明か……」
村上「いや、一発、あの標的の上の切株に命中だ」
同僚A「ハハハ……早く帰って寝ろよ。目が真赤だぜ」
村上「ところが何もかも黄色に見えるんだ」
と、苦笑しながら弾の入った弾倉を、コルト式拳銃に装塡すると、無造作に上着のポケットにねじこんで立ち上がる。
「じゃ、お先に」

（『菊島隆三　人とシナリオ』）

……と、今回初めて、〝シナリオ〟を利用出来る。シナリオライターのことを書いているのに、なさけないことではある。でも、ここまでの作品は、使い捨てのプログラム・ピクチャーや大衆娯楽映画なんだから、シナリオなど残ってなくて当然でもある。
それが、この『野良犬』はなんで残ったかというと、菊島の実力はもちろんなんだけど、監督が〝巨匠〟黒澤明だから……身も蓋もないが、これにつきる。つまり〝サスペンス映画〟〝捜査映画〟だが、けしてプログラム・ピクチャーじゃないってわけだ。ちなみに、未だに〝プログラム・ピクチャー〟なんていう外国語を使っているけれど、むしろTV時代の現在ならば、訳して〝番組映画〟としたほうがわかりやすいと思う。毎週毎週大量に送り出され、ヴィデオテープのない頃は当然どんどん消えていった、アレと同じ映画群……。
ではなぜ黒澤明がプログラム・ピクチャー監督を経てではなく、ストレートに〝巨匠〟への道を歩めたのか

というと、つまりシナリオを最初から重視し、デビュー作『姿三四郎』(昭和十八年)ですでに自分で書いていたからだ。これは『一番美しく』『続姿三四郎』『虎の尾を踏む男達』(終戦直前に完成したが、例の検閲で「勧進帳」=〝復讐談〟だからと不許可、昭和二十七年になってやっと公開)とこの作業は続き、つまりは本当に作りたいものは自分で書かねば……ということ。戦後に、『わが青春に悔なし』(昭和二十一年。久板栄二郎)、『素晴らしき日曜日』(二十二年。植草圭之助)、『酔いどれ天使』(二十三年。同)、『静かなる決闘』(二十四年。谷口千吉)と共作になっても、その姿勢は同じ……で、次が〝刑事物サスペンス〟『野良犬』(同年。〈新東宝〉作品、〈東宝〉配給)と、菊島隆三の登場となる。

　菊島登場のいきさつは、こんなだったらしい。すでに書き上げ、雑誌に掲載されていた〝野球〟物のシナリオ(菊島の得意ジャンルのひとつ)『栄光への道』を読んだ黒澤から、「刑事ものを一本やらないか」(前出の『人とシナリオ』中の、鬼頭麟兵「菊島隆三の肖像——年譜風に」)と申し出られ、狂喜して、「早速、警視庁の捜査課へ通いつめたが、面白そうなネタはなく気持は焦るばかり。そんなとき、〝きみたちが考えるほど事実は面白いもんじゃないよ〟と係長が帰り支度をして、引き出しからコルトの拳銃をだして鞄にしまいながら言った。〝朝晩こんなものを持って通うなんて厄介なことだよ。大きな声じゃ言えないが、刑事のなかで紛失したりするのがいて困るんだ〟。その一言でシナリオは出来た、と菊島は思った」というわけで、「黒澤に話すと〝よし、シーンの繋ぎなどにとらわれず、面白いと思ったことはみんな書きこんでくれ。溶接作業はおれが考える〟と言った。そう言われて肩の力みがとれて、夢中で第一稿をあげた」……。

　冒頭にあげた「第一シークエンス」に続く、その菊島プロットとは、まず射撃練習からの帰路の、満員のバスの中で村上刑事は、実弾七発入りのコルトをスられる。演ずるは、戦後最初のスタア的大収穫、三船敏郎……。

❶ 気がついた村上は、バスから降りたスリらしい男を追うが、取り逃がす。

❷ しかし、スリ係のベテラン市川刑事(〈松竹〉から借り出された河村黎《れい》吉、好演!)からの、「逃げたやつとは限らない」とのアドバイスで、車内にいた女スリ(劇団〈俳優座〉の名女優、岸輝子)を割り出し、彼女に徹底的につ

きまとう。

❸ 根負けした彼女から、流れてきた出物をさばく〝ピストル屋〟の存在を聞き出し、汚れた復員兵の姿で、盛り場という盛り場を歩きまわる。そして、〝米の通帳(米穀通帳)〟をカタにして拳銃を借りる〝取引〟にまでこぎつける。しかし焦った村上は取引役の女(千石規子)を逮捕してしまい、〝ピストル屋〟の手掛かりはとぎれたかに見える。

❹ このころ、コルトによる傷害事件が発生し、村上はそれに使用された弾と自分のそれ(射撃場の切株から掘り出した!)とを比較させ、鑑識は同一の銃と確認。その傷害事件担当の、やはりベテランの佐藤刑事(当然の好演、志村喬!)に協力を頼む……。

当時の風俗(とけたアスファルト、〝自分〟という軍体ふうな呼び方、パーマ、人権蹂躙《じゅうりん》、バイバイ、私は誰でしょう、南瓜《かぼちゃ》、アプレゲール、などなど)をベースに置いた、捜査の徹底的にリアルな展開が見事である。これがリサーチの結果の、菊島プロットの成果なんだろう。ちなみに〝米の通帳〟は若い人にはわからないだろうが、今ならパスポートほどに個人にとっては大切な、当時の書類とでもいっておこうか。

このプロセスは同時に、佐藤刑事との出会いから具体的になってゆく、七発の弾の〝その後〟の顚末が、村上の自責的な反応と、その結果の切実な行動として、これまた見事にブレンドされてゆく。

①発目は、すでに触れた淀橋の強盗傷害事件で、女性の腕から……。

②発目は、愛妻家の夫(清水将夫)の出張中に、自宅で射殺された奥さんから……。

③④発は、犯人遊佐《ゆさ》(やはり〈俳優座〉の木村功)の宿〈弥生ホテル〉を、単独で張って彼に射たれた佐藤刑事自身から……。

そして、残るのはあと三発というわけである。「ウマイなー!」と、当時思った。誰がって、菊島さんではなくて、もう名監督と知らされていた、黒澤明がである。

ちなみに、例によって私の『野良犬』体験は、公開時ではなくてズッとあと。私の大学入学と父親の定年退職が一致して、東京に帰れたからであって、田舎の町にはない、いわゆる〝名画座〟でやっとこれは拾えたのだ。場所は、当時旧作の邦画ならここの、〈池袋文芸坐地下〉。〈谷口千吉監督、黒澤脚本の『暁の脱走』と二

『野良犬』[東宝DVD名作セレクション](東宝/1949年)
DVD発売中/2,500円(税抜)/発売・販売元=東宝

本立てだった。この年の暮れには、封切直後の『隠し砦の三悪人』も、〈東宝〉系の〈自由ケ丘南風座〉で見た。

ついでにいえば、その田舎町のほうで見た黒澤作品はといえば、あの『虎の尾を踏む男達』が最初で、強力《ごうりき》役のエノケンが面白かったという程度の印象だ。なにしろ十三歳だ。

そして思うのだが、もし当時見るチャンスがあったとしても、戦前の柔道物(つまりわかりやすいヒーロー物)『姿三四郎』や『続姿三四郎』ならともかく、戦後の『わが青春に悔なし』とか『素晴らしき日曜日』とか『酔いどれ天使』とか『静かなる決闘』とかは、なんだか文学的な、つまり子供にはわかりにくい題名の印象だけで、当然パスしていたと思う。おまけに黒澤作品は、ポスターなどにいわゆる〝惹句《じゃっく》〟つまり宣伝コピーがなく、あってもきわめて少なく、実はこの『野良犬』だってそう。

この題名は、犯人の遊佐とそれを追う村上が、どちらもみじめな復員兵で、どちらも敗戦後の盛り場などをウロつく姿からきている。とりわけ再び復員兵の姿で、例の〝ピストル屋〟を求めてさまよう村上を追った、そのドキュメンタリーふうの映像(のちの『ゴジラ』の本田猪四郎の担当)は圧巻で、まさしく〝野良犬〟である。

ただし、完成した映画の冒頭で、タイトルバックとして使われた、あえぐ野良犬のアップ……あれは菊島シナリオにはなく、でも野良犬は出てはくる。あの〝ピストル屋〟の女を、とりあえず村上刑事がしょっぴいた交番のシーン。菊島シナリオでは……。

40 同　表

村上、女を連れて出て来て、

「お邪魔しました」

と、水を撒いた表へ椅子を持ち出して休んでいる巡査に声をかける。

巡査「や……暑かったでしょう」

と、立ち上がって挙手の礼をする。

その巡査の足もとに、見るからに暑そうな毛むくじゃらの駄犬が、横倒しになって、死にかけているみたいに、はげしく舌を吐いている。

(F・O)

この〝犬〟の印象と、そして「野良犬が狂犬になるんだ」「人を殺した人間は、いわば狂犬さ」といった佐藤刑事の台詞から、〝野良犬〟はタイトルバックに昇格し(だから当然このシークエンスはすべてカットされ)、やはりいささか文学的な、『野良犬』という題名まで決まったのだと思う。

それでは、この菊島シナリオの本来の題名はといえば、これは単なる推理なのだが、例によって惹句のまるでないポスターの、その題名部分になぜかとってつけたように加えられている、サブタイトル「七つの弾丸」、これだと思う。

たぶん、惹句なんかいらない、中身で勝負なんだ、タイトルだけで充分だ、と主張する〝巨匠〟黒澤に対し、それじゃあまりにも何も伝わらないと判断した宣伝部が、これならと残してもらったのが、元のシナリオ題名。たしかに、これがあるだけで、かなり具体的に内容は伝わってくる。ちょっとプログラム・ピクチャー的で、文学的では決してないのだが……。

そんなこんなもあって、とりわけ映画が〝絵〟と〝音〟の世界であるがために、子供のころから監督作品として見続け、〝文字(活字)〟での役割を最初に受け持つ、シナリオライターの作品としてはあまり見てこなかった私は、「菊島さん、ウマイなー!」と今はいってしまいたい。

なにしろ、今までに取り上げたライターたち、それに黒澤明も含め、このひとたちはすべて戦前、戦中派。そしてこの『野良犬』の菊島隆三は、だから初めての戦後デビューのひと。それで戦前、戦中派のような、例の制約を前にしたあの悪戦苦闘は、このひとには必要なく、当時の現実を素直に見つめ、取り込み、「戦後映画」の快作、代表作のひとつをまとめられたのだろう。

ただ、実をいえば、これをミステリ映画として見ると、不満は残る。クライマックスに近付くにつれて、犯人遊佐(とそのガールフレンドのレビュー・ダンサー並木ハルミ。淡路恵子デビュー)の〝敗戦後〟的な悲惨さが強調され、捜査物の快感が薄れてゆくのであって、これはもちろんのこと監督黒澤のほうの資質。このひとは、たとえば自作『酔いどれ天使』や『天国と地獄』(これにも当然菊島隆三は参加。いずれ触れます!)とか、脚本のみ書いた『銀嶺の果て』(谷口千吉監督、三船敏郎デビュー!)や『獣の宿』(大曽根辰夫監督、鶴田浩二主演)とかのように、どちらかといえば「犯罪者」に対するシンパシーがきわめて強い。あるいは彼らを生み出す、時代や社会への関心といったらいいか……とにかくそういう方向に行きたがり、ミステリ的なバランスさえ見失いがち。それがしかし、どの作品にも通ずる〝黒澤イズム〟でもあって、だから〝巨匠〟。でも、そういっちゃあ、おしまいでもあるが……。

ただ、ミステリ映画もその典型だと思うのだが、そんなプログラム・ピクチャー的な面白さをも愛する、私を含む大衆への奉仕は二の次ともなると、なんとなく寂しい。たとえば、もう少しは子供にだって入り込めるような〝入口〟だけは作ってもらいたかったと思う。「七つの弾丸」的な意味でネ。

だからもう一度いってしまおう。

「菊島隆三、ウマイなー！」

［『ミステリマガジン』二〇〇七年四月号］

第10章

菊島隆三と『闇を裂く一発』

▼『**闇を裂く一発**』（大映／一九六八）◉カラー／シネマスコープ／一時間二十三分◉監督＝村野鐵太郎、企画＝原田光夫、脚本＝菊島隆三、音楽＝山下毅雄、撮影＝上原明、照明＝久保江平八、美術＝間野重雄、録音＝飛田喜美雄、編集＝中静達治◉出演＝峰岸隆之介、佐藤允、露口茂、加藤武、北村和夫、高橋悦史、浜田ゆう子、笠原玲子、赤座美代子、青山良彦、平泉征

1（C・I）射撃練習所

乾いた銃声が、暑苦しい蟬の声に混じる。競技用の拳銃を構える、「日本チーム」ユニフォームの若い警察官本多。並んだ人体型の標的。

審判「用意」

本多、一瞬反転した標的に、正確に連射する。着弾をチェックする本多。拳銃を構えるやはりユニフォームの警察官木村（青山良彦）。連射して、スコープで確認。連射する同じく中尾（平泉征）。ド真中に集中。ライフルに装塡し、射つ本多。別場所で練習する制服警官たち。拳銃に装塡し、構える本多。足速にやってくる監督（高橋悦史）。

監督「本多！」

本多「（振向いて）どうもまだタイミングが摑めなくて。ちょっと見てください」

監督「練習はやめだ」
本多「はあ？」
監督「銃をしまって、俺と一緒に来い」
本多「どこへ行くんですか」
監督「いいから早く支度しろ」
本多「はっ！」
と片付け出す。通路を歩く、無言の監督と三人。

2　ジープ内

本多「監督さん、質問していいですか」
監督「本庁へ帰るんだ」
本多「本庁へ？」
監督「(無言)」
本多「しかし強化合宿中は、特別な事がないかぎり、練習は許されていたんじゃなかったんですか」
監督「その特別な事が起きたらしいんだ」
本多「何でしょう？」
監督「それがわからんからイライラしてるんだ。課長いわく〝お前たちはオリンピック候補選手である前に警察官だ〟。それだけじゃ見当もつかん」

先に触れたように、菊島隆三ののちの主作業は、いわゆる「黒澤組」となってゆくのだが、それは別な話として、ここでは彼がキチンとした〝ミステリ・サスペンス〟型の「番組映画《プログラム・ピクチャー》」作家でもあることを語っておこう。たとえば昭和四十三年の〈大映〉作品……だから『野良犬』から数えてなんと十九年後の、『闇を裂く一発』。『座頭市果し状(シリーズ第十八作！)』との二本立てだから、典型的な「番組映画」である。監督は、田宮二郎主演の〈犬〉シリーズで元気よかった、やはり「番組映画」監督の村野鐵太郎。私はといえば、すでに二十九歳の既婚サラリーマンで、仲間と映画同人誌なんかを出していたのだから、もうウルサイ、ウルサイ。でも、この作品はイタく気に入り、その年の「私のベストテン」の、『黒部の太陽(熊井啓監督)』『ハナ肇の一発大冒険(山田洋次監督)』に続く第三位。当時はまだまだ〝監督作〟として評価していたのだけれど、冒頭に紹介したように、今にして思えば、やはり菊島脚本が巧い……。

もちろん、例によって「番組映画」ゆえにシナリオなど残っていないので、私が「それ」的におこしたのだが、これだけでもう、ほとんど『野良犬』の別展開であることがわかる。

この「第一」「第二シークェンス」に続く菊島プロットでは、本庁の捜査会議に参加させられた、三人の若手警察官(所属は教養課)は、こんな「事件」を知らされる。

台東区千東町で、やくざ大門組の大門親分が、レミントン3030ライフルを持った、やはりやくざの犯人《ホシ》に射殺され、しかも犯人は近くで遊んでいた八歳の男の子を人質にして逃走中。そのうえ、まだ実弾を五十発ほど持っているので、やっかいきわまりなく、だから彼らの射撃の腕を、ぜひ借りたい……。

さらには、男の子の危険に配慮しての、報道管制は三日間、つまり七十二時間以内にという〝デッドライン〟テーマも加わり、実になんともイイ設定ではある。

ここで、やくざゆえ「面《メン》」は早く割れた犯人の手塚亘《わたる》……まず捜査資料の「写真」としてのみ映し出されるのは、あの「佐藤允」。そもそも、〝アメリカ・ギャング〟スタアのリチャード・ウィドマークに似ているからと売り出した、『独立愚連隊』などなどのアクション・スタアである彼が、久々の悪党役で、「東宝」からわざわざ借り出された!


対するに、若い警察官=スナイパーの本多修一は、人気絶頂時(昭和三十六年二月)に事故死した〈日活〉の赤木圭一郎に、その「甘いマスク」などが似ているからとデビューしてきた、〝新スタア(とタイトルに表示)〟峰岸隆之介(のちに峰岸徹)。「番組映画」らしい作戦ではある。

ここからが、さらに菊島設定は面白い。

本多らの「射撃班はわれわれ三人だけで済むんですか?」という当然の質問に、担当主任の係長の台詞はこう続く。「射撃は優秀でも、捜査はズブの素人だからな。そんなアブナっかしいことはさせられない。君たち一人に一人ずつ、本職の殺しの刑事をつける。つまり二人一組になって、ホシが一番立回りそうな所を、三箇所にしぼって張り込んでもらうんだ」

というわけで……。
❶ 本多は、ベテランの江森刑事(TV『太陽にほえろ!』の刑事ヤマさんこと露口茂。大好演!)と、犯人の出生地三浦市三崎町の、母親の墓のある寺に張り込む。
❷ 中尾は、やはりベテランの犬丸刑事(映画『天国と地獄』の中尾刑事こと加藤武。当然の存在感!)と、ホシの女の住むマンションに張り込む。
❸ 木村は、これもベテランだが、やたら身重のオク

さんを気にする坂井刑事(TV『日真名氏飛び出す』の泡手大作こと高原駿雄)と、ホシの経営していた〈手塚不動産〉を張り込む。

つまり、ベテラン刑事たちの、三人三様のキャラクターがまず素晴らしく、これは『野良犬』の時のあの〝タテ型〟の連携プレイを、ここではよりリアルな〝ヨコ型〟にしたということ。菊島隆三、やっぱりウマイなー! ということ。

さらには、「射撃はスポーツ」と誇らし気に話し、実は捜査にあまり関心のない本多に対し、「威嚇射撃なんて捜査の邪道だよ。いくらセッパつまったからって、銃を出さなきゃ捕まえられないなんてのは、捜査一課の名折れもいいとこだ。俺だって持っちゃあいるがね、こんなのおカザリでね。一ぺんだって使った事ないんだよ」という江森との対比が面白く、この❶のラインが消される、後半への伏線として絶妙。これにさらに、中尾が犬丸刑事から聞いたという「江森」像……「凶悪なピストル強盗をアパートに追い詰めた時、素手でたったひとりで乗り込んで、捕まえたそうだ。こうやって、犯人のピストルをてのひらでふさぐようにしながら、犯人に近付いて、〝刑事を射つと死刑だぜ〟……」のカッコよさが、色々とこちらの期待をふくらませる。

一方犯人は、昭和十二年生まれ。父親は上海で戦死し、戦後は進駐軍のメイドをしていた母親のみの手で育てられ(昭和十四年生まれの私のきわめて身近にも、こういう体験者がいた)、最初の非行は、母と関係したその米兵の拳銃を盗むことからだったと語られ、だから江森たちは彼の母親の菩提寺をまず張る。その犯人に盾にされた八歳の少年は、なんとシャツの袖にドイツ陸軍のマーク、胸にはアメリカ陸軍のバッジという、「戦無派」時代のそのハシリ。そしてさらに、彼らを追う本多は、「メキシコ・オリンピック」出場のみが最大の関心事……『野良犬』ほど明快ではないが(つまりあの頃よりずっと平穏な時代になっていたからだろう)、でも時代的な背景としてはこれらは説得力がある……と私は思う。

そんなこんなで、ライフルの出所の判明、購入のさいに使われた意外な名義人……とドラマは展開し、江森=本多組は、たぶん団地の工事現場(これも当時の時代風俗)で、一旦ホシを追い詰める。ライフルを抱えたホシの実像が、初めて本多の視界をかすめる……しかし、一瞬ためらったために、とり逃す。この〝一瞬〟の印象は、素晴らしい！

　ただ、改めて見てこの作品の弱点は、ギター・ソロにのみバック音楽（山下毅雄）を徹した、つまりはムードでまとめあげようとした、村野演出の問題。それはそれで〝甘いマスク〟の〝赤木圭一郎物〟的にはスタイリッシュでいいのだが、だからワイルドな黒沢作ほどのインパクトは生まれない……と、それをいっちゃおしまいなのだけど、ムズカシいモンですよネ、菊島さん。

『闇を裂く一発』（1968年）©KADOKAWA1968

　そして、江森刑事とホシの手塚との劇的な対面（ここでもホシは顔は見せず、銃のみの印象！）と、例の台詞「刑事を殺すと死刑だぜ」を経て、クライマックス……ついにホシが追い込まれたのは、〈東京球場〉！

　先に〝野球〟は菊島の得意技のひとつ（『不滅の熱球』『人生選手』『男ありて』と〝野球〟物かなりあり）と触れ、あの『野良犬』でも、とりあえずピストル屋（山本礼三郎）を追い詰める、野球場のシークェンスが、実際の巨人軍を取り入れてスリリングだった。そして今回犯人は、なんとスコアボードの裏側の作業場を占拠し、さらにスリリング。こんな〝野球〟の生かし方の巧い菊島サスペンスは、同様に球技場《スタジアム》を取り込んで見事だった、アメリカン・サスペンスの秀作『追跡』（六二年、ブレイク・エドワーズ監督）や『ダーティハリー』（七一年、ドン・シーゲル監督）などの、むしろ先駆とさえいえると思う。いや、このさいだからいってしまおうじゃないか。

　だから、ここでの菊島的な展開もまた見事である。犯人の逃走資金の受け渡しが、結局はボード裏の占拠となってしまう段取りも、しかし試合は延長でナイターになるというペース変更も、そして捜査陣と監禁従業員との連携プレイも、映画的に素晴らしく、これで赤木＝峰岸にもう少し重み……というか、切実感があったらなぁ……と、菊島さんは残念に思ったろう。でも、これが「番組映画」の宿命でもある。

実は私は、これ以前にもう一本、秀れた菊島のサスペンス・ミステリ物「番組映画」も見てはいる。こちらも私の好きな作品で、昭和三十四年のやはり〈大映〉作品『闇を横切れ』。川口浩、山村聰、叶順子、高松英郎、滝沢修出演で、菊島と監督の増村保造の共作だが、私は当時、もちろん増村作品として見にいった。この時二十歳の映画マニアの私は、彼のファンでもあったからだ。雷蔵、勝新の、今では時代劇の名作のひとつとなった『薄桜記』(森一生監督)との二本立て……。

どういう話かというと、ストリッパーが殺され、そのそばに市長候補者が倒れていたという事件を、川口浩演ずる記者が追う……と、このへんまでで、タイトルには明記してないのに、「アッ、これはマッギヴァーンの『緊急深夜版』だ」とわかってしまった。それほどに私はミステリ・マニアでもあった。

ちなみにこの頃の〈大映〉には、どういうわけかタイトルにクレディットせずに、外国ネタを映画化するケースがあった。代表的な例が、フランク・グルーバーの『六番目の男』(というより、ジョン・スタージェス監督によるその映画化作品)を翻案した、市川雷蔵の時代ミステリ『無宿者』(昭和三十九年、三隅研次監督)……なにをいいたいのかというと、当時私はそれは監督のセンスとばかり思っていた。

しかし、「番組映画」であるがゆえに、このセンスは、むしろ企画したプロデューサーか、シナリオを書いたライターのものととらえなおす必要あり……ということ。だから、『闇を横切れ』は、菊島作品としてもう一度接したいということ。

増村はこの後すぐに、同じ菊島の脚本の『からっ風野郎』(昭和三十五年、かの三島由紀夫主演！　もうひとりの和製ウィドマーク、神山繁の殺し屋〝ゼンソクの政〟が秀逸！)を撮っているのだから、どうしたって気にはなる。

ちなみに、一度「ある映画」で脚本の仕事を御一緒したことのある菊島隆三先生は、足に支障があって杖を使っておられるのに、目の覚めるようなダンディだった。三船敏郎さんには『五十万人の遺産』(昭和三十八年)を、勝新太郎さんには『顔役』(四十六年)を、小林旭さんには『春来る鬼』(六十四年)をと、このひとたちには監督デビュー作まで書いてあげる、やさしいひとでもあった……。そういえば、山村聰さんの監督第二作『黒い潮』(二十九年)も菊島さんだった……。

〔『ミステリマガジン』二〇〇七年五月号〕

第11章 渡辺剣次と『死の十字路』

▼『死の十字路』(日活/一九五六)◉モノクロ/スタンダード/一時間四十一分◉監督=井上梅次、製作=柳川武夫、原作=江戸川乱歩、脚本=渡辺剣次、音楽=佐藤勝、撮影=伊藤武夫、照明=吉田協佐、美術=中村公彦、録音=福島信雅、編集=鈴木晄◉出演=三國連太郎、新珠三千代、大坂志郎、芦川いづみ、山岡久乃、安部徹、三島耕、多摩桂子、東谷暎子

「従来の日本のスリラーである探偵映画から一歩前進し、その水準を外国の物に匹敵する迄に高めた、スリラー物の傑作。原作は江戸川乱歩の『十字路』。」

さて……ここまでに触れてきた日本ミステリ映画は、公開当時見たにしても、見られなかったにしても、後々に続く私の実体験には、色々と忠実な反応ではあったのだけれど、だからといって当初は素朴な他動的な接触だったことも間違いない事実だろう。では、もっと意識的に見始めたのはいつからかというと、私の場合、これが結構はっきりとしてはいる。

私の、現在もほとんど同じ形式で続いている「映画ノート」……感想などは一行も書かず、見た映画のスタッフやキャストのみを徹底的に列記しているその記録……はじめは敗戦後という時代をもちろん反映して、ひたすら「アメリカ映画」のみの印象のその記録に、突然「日本映画」が、それも冒頭に挙げたような感想短文つきで加えられてきた頃からだろう。たとえば、すでに触れた昭和三十一年二月封切りの、例の再生〈日活映画〉『神坂四郎の犯罪』の、その翌月公開の(やはり〈日活〉の)この『死の十字路』がそんな一本で、私は十七歳の高校二年……。

ついでだから、他の短文つきのこの頃の「日本映画」も、このさい紹介しておこうか。

「本邦初の本格的トリック映画、これを怪獣映画と称す。Mr.ゴジラの大熱演に敬意を表す」……『ゴジラ』(昭和二十九年)。

「先に作られた『ゴジラ』の続編。アンギラス登場。前作よりも華やかである。技術的進歩が目立つ。東宝特殊技術陣の勝利!」……『ゴジラの逆襲』(昭和三十年)。

「日本映画には珍しくスケールの非常に大きな時代劇。幕末の北海道開拓団を描く、東映としても異例な良心的作品」……『大地の侍』(昭和三十一年)。

他にも久松静児監督の『警察日記』(昭和三十一年)や木下恵介監督の『夕やけ雲』(同年)などにも、こんな、短評にもなっていない「紹介文」がついている。このころから間違いなく、時々の情報としての日本映画の新しさは、書きとどめておこうと私は思っていたらしい。もちろんのこと、このころは高校(福島県磐城高)の新聞部に所属していたので、これは当然の反応だったのかもしれない。

で、その〝新情報〟としての『死の十字路』……もちろんメモには監督井上梅次《うめつぐ》とは書かれているのだが、脚色者《シナリオライター》の記載はなし。だから〝乱歩原作〟というあたりにひかれて見たのだろう。これが実は大問題なのではあるが、それはのちのこととして、とにかく〝新映画〟は……。

……伊勢商事の社長伊勢省吾(三國連太郎。初めての老け役だろうが、好演!)が、愛人である秘書の沖晴美(新珠三千代)のアパート「若葉荘」でくつろいでいる夜、突然「日輪教」を狂信している妻の友子(山岡久乃)の、ナイフ片手の乱入にあう。当然のとっ組み合いのあげく、伊勢は首を締めすぎて、友子を殺してしまう。

結局伊勢の判断で、自社が採石場として利用しているが、やがてダムの底になってしまう埼玉県の藤瀬村の、そこの古井戸に隠そうと計画。自家用車のトランクに友子の死体を積んで出発する。一方晴美は、友子に扮装し、教団支部のある熱海での自殺を、色々と偽装する、これはとりあえずはいわゆる「倒叙」物……。

そして、ここがきわめて新鮮なのだが、この二人の行動とはまったく別に、新宿繁華街のバア「桃色」での出来事が、一見何の関係もないように、平行して描かれてゆく意外性。そっちでは、バアの今夜の客である、商業画家(今でいう広告デザイナー)の真下幸彦《ゆきひこ》(三島耕)と、ラジオの声優相馬芳江(芦川いづみ)は恋人同士で、これからやってくる芳江の兄良介(大坂志郎)から結婚の許可を得ようと真剣。しかし、商業絵画などは軽蔑している、やはり画家の良介とは、先に芳江が帰ったばっかりに、たちまち口論となり、酔っている良介は転倒して頭を打つ。そしてフラフラと夜の店外へ……。

　だから、夜の新宿の、ある〝十字路〟。やって来た伊勢の車は、そこでトラックと接触事故を起こし、近くの交番へ。その、わずかな間に、フラフラとやってきた画家の相馬は、停車していた伊勢の車の後部席に入り込んでしまう。そうとは知らず走り出した伊勢は、「そこ」に別な死人がいるのにア然……。

　……と、まずは「倒叙」ミステリとして、ここまで徹底的に丁寧に展開させていることに感心。それにさらに別な事件が絡み、いわば二つの人生がクロスする〝十字路〟の物語となってゆくのが、とにかく素晴らしくも新鮮で、それで冒頭の私の「感想短文」にまとまってゆく。

　しかし、これは実は、まるで原作通りなのである。結末が、絶望の伊勢＝晴美で終わる「映画」に比べ、「小説」は若い幸彦＝芳江のハッピーエンドなのは、これはメディアの違いによる「余韻」効果の差、つまりはインパクトの問題であって、当然ではあると思う。しかし、それ以外は、ミステリといえば「目のカタキ」のようにグチャグチャにしてしまう日本映画の「この頃」としては、何とも原作に忠実で、「そういうこともあるんだなぁ！」と感激さえしたことを、私はよく覚えている。ちなみに原作は〈書下し長篇探偵小説全集〉（講談社）の第一巻として、昭和三十年に発表されたもので、私はこのシリーズのとりわけ高木彬光の〝謎とき〟物『人形はなぜ殺される』の大ファンではあった。そして、この乱歩作品はといえば、従来の彼らしくない様々なスマートさ、リアリティある新鮮さが、戸惑いと共に評判になっており、そもそもそれほど乱歩が好きではなかった私の印象も、実はほぼ同じ……。

　だから、この映画のほうの具体的な印象はといえば、まずは「さすが乱歩！」というふうにまとまり、これは当然だろう。そして次が、これほど原作通りに映画化した、井上梅次監督の巧みさあたりに行き着き、事実私などは彼のファンにさえなっていた。巻頭のタイトルにもちろん表記されていたのだが、この作品でデビューした新脚本家の渡辺剣次のことなどは、だからこの時、誰の目にも止まりはしなかったのだ！

　このことは、次回で詳細に触れたいのだが、渡辺剣次の次の作品が問題だった……いや、不明瞭だった。同じ〈日活〉の、あの大（新）スタア、石原裕次郎の主演作のひとつ『夜の牙』（昭和三十三年）がそれで、この作品は今でも私が『死の十字路』よりもむしろ好きな、ミステリ・サスペンス物の秀作である。そして、これまた先に触れておけば、今までにこの連載で取り上げたすべての作品（例外はずっとあとのほうへと先に辿った『闇を裂く一発』）が、時代的には当然「モノクロ／スタンダード」だったのに、ここではじめて「カラー／シネマスコープ（日活スコープ）」となる。そういう頃のこと……である。

その頃、圧倒的に人気のあった、〝時代のヒーロー〟たる「ユーちゃん」を、これといったスタアのいなかった新生〈日活〉のなかで、具体的に育てあげたのが、『死の十字路』の一年後の『勝利者』（昭和三十二年。ボクシング物）、『鷲と鷹』（同年。海洋物。三國連太郎共演！）、そしてあの『嵐を呼ぶ男』（同年。ドラマー物）と、脚本まで自ら書いて一年で三本も監督した、この井上梅次なのであって、実に『夜の牙』も、脚本は渡辺と共作！

つまり、こういう印象になってしまう。やっぱり〝ミステリ映画〟的に巧かったのは、無名の新人渡辺剣次ではなくて井上梅次だった！　『死の十字路』は、そもそも乱歩原作がそうだったように、すでに「映像」的であり、渡辺がいなくたって、井上的には出来上がってしまう……。

……というふうに、私だって受けとり、なんとなく渡辺剣次の印象は、うすボンヤリとなっていた。

……ところが、なんと肝腎の江戸川乱歩自身が、とんでもない証言をしてしまった！　昭和三十四年（『探偵小説四十年』の「自作解説／『十字路』について」）のことだ。

昔から「書けない書かない」病のような、だから連載なども放棄状態で逃げまわるので有名だった乱歩が、戦後の新時代らしい「書下し」を依頼され、その「講談社の書下しも、本来なら断るべきであったが、私が書かなければ、他の作家も書かなくなるということで、誰かに手伝ってもらう条件で引受けた」。「手伝い役には渡辺剣次君を選んで、プロットの立案を助けてもらうことにし」「たびたび会って、筋の相談をしたが、セントラル・アイデイヤは渡辺君の創意によるもので、部分の多くも渡辺君がよい知恵を貸してくれた。私はそれを一貫した筋にまとめ、文章は私自身の手で書いたのである」……。

なんと、この『十字路』という小説は、どうやらプロットもアイデアも、そしてたぶんキャラクターやイメージも、そもそもが渡辺剣次のものらしいのだ。乱歩は極端にいえば、それを文章化しただけ(?)なのだ。だからそもそも『十字路』は乱歩作というよりは、剣次との共作ととらえるべきなのであり、実に本来は『死の十字路』こそが、剣次のオリジナル・シナリオと呼ばれるべきではあったのだ！

このあたり、乱歩はどういっているのか。先の「証言」を続けてみよう。

「『十字路』の立案にも映画的なアイデイヤが多く、私が書くときにも、多くの場合、それをそのまま使っているので、全体が映画向きの小説になっていた。はたして、映画会社から申込みがあり、日活ときまって、シナリオ執筆には、全く素人の渡辺剣次君が起用され、渡辺君はだいたい自分で考えた筋だから、映画化も楽なわけで、うまいシナリオを書き、それが権威あるシナリオ雑誌にものせられたほどである」「映画評も従来のミステリものに例のない好評であった。ずっとのちに座談会で井上梅次さんに会ったとき、〝僕の代表作は『死の十字路』だといわれているのですよ〟という話であった」てなわけだそうで、どうやら自分の実績としてしまうことが、この一見正直めかした「証言」の狙いみたい！

ところで、この渡辺剣次というライター、どういうヒトなのかというと、大正八年生まれのNHKの放送記者で、本名は渡辺建治。別名「伊勢省吾」(いうまでもなく『十字路』の主人公の名)。学生時代からファンとして江戸川乱歩に近付き、親交を深め、例の『類別トリック集成』の資料収集にも協力し、昭和二十二年には「日本探偵作家クラブ」の書記長に就任した方。作家の氷川瓏の弟。その後は、NHKラジオのミステリ・クイズ番組「私だけが知っている」(私も学生のころ、一回だけ解答者になった！)の脚本も手掛け、退社後は『13の密室』『13の暗号』『13の凶器』などのミステリ・アンソロジーを編纂。昭和五十一年、死去……。

……というあたりまでは、今ではミステリマニアには比較的に知られてはいるようだ。

でも、知られていないのは、彼のたぶん代表作だろう『夜の牙』を含む、渡辺剣次のほんのわずかな映画界での実績。複雑かつ曖昧な映画界のことども……そうだろうなぁと、私などは思ってしまう。

どんなにシナリオが秀れていても、結局はそれを元に「映像」として完成させた作品は、監督のものとなる。つまり、それがどれほど素晴らしくても、シナリオは未完成品で、結局は監督が現場に即して手を入れてゆく。

あの「黒澤組」の名ライター菊島隆三の、こんなエピソードを思い出す。

彼は終生、フランス映画界の大脚本家シャルル・スパーク、その黄金期には『どん底』『女だけの都』『我等の仲間』などなどを書きまくったあの大物からの、その名刺を大切にしていたそうな。名刺の裏にはサインがあり、いわく「日本の友よ、監督は泥棒である」。

菊島さんはそれを見せ、読みあげたあと、「破顔一笑され」「そのあとすぐさびしそうな表情になった」(鬼頭麟兵「菊島隆三の肖像」——年譜風に——／『菊島隆三　人とシナリオ』より)そうな。

渡辺剣次も監督を、いやそれ以前に江戸川乱歩を、泥棒と思ったのだろうか？　聞いてみたかったような気もするし、聞かなくてよかったような気もします。まあ、いずれにしても、私にとって『死の十字路』という映画は、十字路ではなく、分岐点のひとつだったことは、間違いないと思うからであります。

〔『ミステリマガジン』二〇〇七年七月号〕

❶英国映画。
❷ほり出し物。
❸アルフレッド・ヒッチコック監督作品。
❹黒澤明監督作品。
❺木下惠介監督作品。

第12章
渡辺剣次と『夜の牙』

▼**『夜の牙』**(日活／一九五八)◉カラー／シネマスコープ／一時間四十二分◉監督＝井上梅次、製作＝児井英生、脚本＝井上梅次＋渡辺剣次、音楽＝大森盛太郎、撮影＝岩佐一泉、照明＝藤林甲、美術＝中村公彦、録音＝福島信雅、編集＝辻井正則◉出演＝石原裕次郎、岡田真澄、月丘夢路、浅丘ルリ子、白木マリ、森川信、小林重四郎、安部徹、西村晃、安井昌二

❻ゲイリー・クーパー主演作品。
❼ジェイムズ・スチュアート主演作品。
❽石原裕次郎主演作品。
❾(歴代)アカデミイ作品賞及びノミネート作品。
❿見たテレビ作品、そして見たテレビ放映の映画。
⓫ＮＨＫテレビから放映予定のフランス映画リスト。

前にも触れたように、私は大学へ入学するタイミングで、一家全員で故郷の東京に戻ってきた。父親の定年退職の結果でもあった。そして、田舎とは違う、映画館だらけの世界に、まるで「ニボシの山を発見した猫」のように私はいた！ 引越したその日の夜に、私は『陽気のせいデス』と『腰抜けＭＰ』の二本立てを、近くの「自由ヶ丘劇場」で見た！ この時、私は十八歳……。

で、その頃の例の「映画ノート」の三冊目に、見た作品の列記とは別に、今回の冒頭に紹介した「項目」が、読んだ「探偵小説」と一緒に巻末に挙げてある。飢えた〝猫〟状態での、「見る」目安、「見たい」目安なんだろう、❶は、アメリカ映画とはちょっと違った魅力に気付いたということ。❷は、田舎町ではほとんどなかった旧作との、名画座などでの出会い。❸から❽はごヒイキ。❾は学習の基本。❿⓫は、すでに無視出来なくなっていた、テレビ映像の存在で、もちろんわが家には受像機はまだなく、すべて親戚の家か街頭テレビでの体験。昭和三十二、三年のことである。

面白いのが、❽の石原裕次郎物……。

私は実は彼には、はじめは何の興味もありはしなかった。それどころか、石原慎太郎のあの小説『太陽の季節』や、それに影響された「太陽族」という若者たち、そしてこれが〈日活〉で映画化(弟の裕次郎、チョイ役でデビュー！)され、そこから発生していった様々な「不良型」青春映画に、私は憎悪にも似た偏見をもっていた。ようするに〝不良〟が嫌いなのだ。自分だって、タイプは違うものの〝不良〟的青春にはちがいないのに……だ。

だから「口笛と共に謎を秘めて迫る影の女！ 鉄拳と愛欲の夜に生きる熱血の男！ 裕次郎の強烈なアクション・ドラマ！」という惹句で、『東京野郎と女ども』(ジャズ歌手の柳沢真一主演)との二本立てで昭和三十三年(一九五八年)の一月十五日に公開された、この『夜の牙』も、十九歳の私はまず簡単にパス！

なのになんで見たのかというと、私よりちょっと歳上の従姉妹が、もうこの裕《ゆう》チャンに夢中で、「見ろ見ろ！」とうるさかったから……。それでほとんど仕方なく、近場の「一本立て」三番館「自由ヶ丘ひかり座」で、『夜の牙』がかかったので見た。「謎を秘めて迫る影の女」なんてあたりに、かろうじてこちら的な興味部分を感じたからだ。ただの「不良」物じゃなさそうだったからだ。

そして、始まるや、すぐにノった！　まず、のちに「土曜日の男」と語られる、怪犯罪者のシルエットと、こちらに向けられる拳銃の銃口にタイトル文字は、これはきわめて通俗的な趣向だが……続いて、どうやら新橋あたりらしい電車のガード下の「杉浦診療所」。今しも電車が上を通過中で、棚の薬瓶などが激しく揺れるなかで、〝不法〟治療されているヤクザさんが痛がっている。ここでの、「このくらいで痛いなら、ケンカなんてすんな！」という、ハードボイルド的にサッソウたる石原裕次郎医師の登場で、「ア、なるほど！」と納得すればシメタもの。これは、戦後すぐの黒澤作品、『酔いどれ天使』＋『野良犬』というか、志村喬＋三船敏郎の、あのちょっと乱暴で、だから新鮮だった登場の、まるでリフレインだ……なんて思えれば、ノれること間違いなし！　違うところは、通いの看護婦甲野朱美（白木マリ）と、「オレだって夜は寒いんだ」なんてデキていて、さすがは不良！

そのうえ、この治療後、粋がるヤクザさんたちを相手に、もっとイキのいい、つまりは若くてピンピンの浅丘ルリ子チャンと岡田真澄クンの〝青春〟スリ・コンビ、チビのお銀チャンとノッポの三太を巻き込んでの快アクションがさらに新鮮。これぞ「日活アクション」！

で、このシークェンスのまとめとして、杉浦健吉医師を慕う二人に、「足を洗え！」と諭《さと》すことが、ミステリへと展開してゆくあたり、まず実に小気味よい！

そのミステリは、三太の「実は、映画のニュー・フェイスに応募したいのだけれど、オレは前科があるから、兄貴の戸籍謄本を借りたいんだ」という頼みで、「城南区役所」に抄本を取りにゆくことに始まる。そしてなんと、彼は戸籍上ではすでに死亡していたとわかり、ガク然！　おまけに届け人は、空襲の中で生き別れたままだった、弟の忠夫なのにさらにア然！

で、彼が二階に下宿していた飲屋のママによれば、この「ギター弾き」のちょっと乱暴な（まさに裕次郎！）忠夫チャンは、伊豆の伯父さんが死んでかなりの遺産が入ったので、銀座にビルを建てキャバレーを経営すると、はりきって出ていったとか……。

この、自分の名前で死んで埋葬されたのは一体誰なんだ……という謎の設定は、この頃の日本映画ではきわめて新鮮で、なかなかいい。そしてこの謎が、なんと『十字路』から出発しているとなれば、色々知ってさえいたら、すぐに「お、渡辺剣次うまいぞ！」という反応になっていたと思う。しかし……。

死因を鑑定した立松医師（浜村純）によれば、ここの近くの「十字路」での、トラックのひき逃げによる脳底骨折で、死亡診断書は伊豆の親戚と友人が持っていった。ひとりは「眼鏡をかけたガッチリした男」、ひとりは「やけにニヤけたヤクザひげの男」、ひとりは「背が低くて神経質な男」……そしてもうひとり、「黒い男」としか印象のない誰か……。

この黒い四人目の男（のちに「土曜日の男」）あたりで、何を思い出すかといえば、もちろんあのキャロル・リードの名作『第三の男』だろう。事実、映像的にも、杉浦医師と三太が、当然のプロセスとして伊豆へ行くのだが、狭く長い木橋の上での、「そこ」に似合わない都会的な美女（月丘夢路）との「すれ違い」の出会いを、監督井上梅次は長いショット……誰だって『第三の男』の有名なラスト・ショットを思い出す……で描いてもいるのです！

こういう換骨奪胎が井上監督はうまく、この『夜の牙』のすぐ前に作られた、裕次郎最初の本格ヒット作である、あの『嵐を呼ぶ男』（昭和三十三年）だって、実は戦後間もなく公開されたアメリカ映画『栄光の都』（一九四〇年。アナトール・リトヴァク監督作品）の頂き……音楽家志望の弟を援助しようと「ボクサー」になる兄（ジェームズ・キャグニー）の役柄を、こちらではご存知「ドラマー」に代えている。例の「オイラはドラマー♪」である。

ついでにいえば、もっとのちの〈大映〉作品『女と三悪人』（昭和三十七年）などはなんと、かのフランス名画『天井桟敷の人々』（一九四六年）の換骨奪胎とくる！　だから、とりあえず井上梅次の印象強し……なのだ。

それはともかくとして、ミステリとしての展開はここからも面白く、伊豆の杉浦本田《ほんでん》村で自分の墓をたしかに目撃した医師らは、その寺の住職卓然和尚から、色々と土地の事情などを聞き出す。演ずるは、戦前からのコメディアンで、これのずっとのちの、あの『男はつらいよ』（昭和四十四年）シリーズの、その初代かつ最良の「オイちゃん」役で有名な森川信！　そんなわけだから、ここでペースが少し変わり、田園ふうというか「横溝」調というか、とにかく「太陽族」的な青春だろうとなんだろうと、古い日本的な土着性からは離れられないといったらいいか……。

　そんな気分のなかで、奇妙な人々が事件に参加してくる。たとえば、杉浦家の家屋を譲り受け、猫たちと暮らしている、「オドオド型」の執事の加納（西村晃）。その彼が頼る、東京銀座の「ガッチリ・タイプ」の弁護士の赤沼（安部徹）。彼らの溜り場のキャバレー「カサブランカ」の〝ヒゲ〟が〝キザ〟な支配人の土井（小林重四郎）。そこのトップ・ホステスで、忠夫の元恋人で、だからあのとき伊豆に墓参り（？）した、「謎の女」花岡真理（月丘）。その「カサブランカ」の周辺に出没し、なぜか「エレベーター、こわいこわい！」と繰り返し叫ぶ、元ダンサーの狂女とき（南寿美子）。そして、このあたりに土曜日になると出現し、彼らを支配する、「謎」の「黒い男」……

　そういうミステリ的群像のなかで、裕ちゃんは月丘さんともデキちゃったり、ルリ子＝真澄コンビはスリ才能を色々発揮したり、つまり不良〈日活〉としてなんとも楽しく、だから私もファンとなり、あの巻末リストに、これ以後見た「裕次郎」物を、『嵐を呼ぶ男』『明日は明日の風が吹く』『陽のあたる坂道』『素晴らしき男性』『地底の歌』『風速40米《メートル》』『嵐の中を突っ走れ』と並べている。

　でも、私がやっとフォローし出した、こんな「裕次郎」的魅力よりも、この『夜の牙』が圧倒的に秀れているのは……と、ここでまたもや**ネタばらし**。これはちょっと大きいから、まだ見ていないヒトは、しばらく目をつむっていてくださいな……犯人の意外性、というよりは、犯人役者の意外性、これにつきる。もはやいうまでもなく……いわなきゃまだわからないか……この映画の真犯人は、喜劇俳優森川信演ずる卓然和尚で、従来コメディアンの登場は、「コメディ・リリーフ」と呼ばれる軽い客演がほとんど。この『夜の牙』でいえば、「城南区役所」の課長を演じている内海突破がそれ。犯人役などとは、誰も考えない頃のことである。私の知るかぎり唯一の例外は、落語家柳家金語楼に犯人を演じさせて意外（当然だ！）だった、中川信夫監督の時代劇映画の秀作『若様侍捕物帖／謎の能面屋敷』（昭和二十五年）で、実はこの脚本を書いたのが井上梅次だったのだ。たぶん、彼はこの時に「こういう手」を中川監督から学んだのだろう。

ということで、どうしたって井上監督のほうに興味がいってしまうのは当然だ。そして、その分だけ渡辺剣次は間違いなくソン！

しかし、〝不良〟専門の〈日活〉にはその後、純正ミステリと呼べる作品なく、というより興味なく、井上梅次すら『第六の容疑者』（昭和三十五年。南条範夫原作、高岩肇脚色）、『わたしを深く埋めて』（三十八年。ハロルド・Q・マスル原作、井上脚色）、『黒の切り札』（三十九年。長谷川公之オリジナル脚本）といった「他社」作ミステリはもうひとつパッとせず……なのに、「あの」江戸川乱歩発言による、驚きの新事実！　なんと映画『死の十字路』は、すでに原作にしてからが、剣次のオリジナルでさえあった！

にもかかわらず、渡辺剣次は映画界にあまり執着しなかったのか、それとも見限ったのか、あるいは……で、脚本には一向に手を出さなかった。

ちなみに、乱歩のいうこの「全くの素人」が脚本書きに起用されたのは、やっと復興してもなかなか自社らしいパワーを見付けられず、色々アセリ気味だった〈日活〉の、それゆえの旺盛な吸収力だったといえるのかも。これがしかし、「石原裕次郎」の発見にまで発展し、日本映画界にそれなりの〝新鮮さ〟を加えたということあたりにも、〝全くの素人〟剣次はてんで興味がなかったからかもしれない。

でも、実はそんな彼も、この後一回だけ、またも新興会社のスタートに協力を求められてはいる。こちらは〈日活〉のような復活ではなくて、既存の〈東映〉から増殖の〈第二東映〉……ここの第一作である『危うしGメン／暗黒街の野獣』が彼のオリジナル脚本作なのである。伊賀山正光監督、波多伸二（まるでおぼえのない俳優。スタアとして育てそこなった？）主演で、旧スタアの黒川弥太郎主演の『次郎長血笑記／秋葉の対決』との二本立てで、昭和三十五年の三月一日に封切られたこの典型的な「番組映画《プログラム・ピクチャー》」……たぶん私を含む多くのミステリ好きの前を、まったく素通りして、どこかへ消えていった……。

［『ミステリマガジン』二〇〇七年八月号］

第13章

長谷川公之と『警視庁物語』

▼**『警視庁物語／逃亡五分前』**（東映／一九五六）◉モノクロ／スタンダード／一時間◉監督＝小沢茂弘、企画＝坪井與＋斎藤安代、脚本＝長谷川公之、音楽＝山田栄一、撮影＝星島一郎、照明＝森澤淑明、美術＝藤田博、録音＝加瀬寿士＋広上庄三、編集＝祖田富美夫◉出演＝堀雄二、伊藤久弥、南原伸二（宏治）、星美智子、神田隆、小宮光江、松本克平、日野明子、富田仲次郎、山本麟一、須藤健、花澤徳衛

"警視庁シリーズ" ＊脚本はすべて長谷川公之
❷**『警視庁物語／魔の最終列車』**（一九五六）監督＝小沢茂弘、❸**『同／追跡七十三時間』**（一九五六）監督＝関川英雄、❹**『同／白昼魔』**（一九五七）監督＝関川英雄、❺**『同／上野発五時三五分』**（一九五七）監督＝村山新治、❻**『同／夜の野獣』**（一九五七）監督＝小沢茂弘、❼**『同／七人の追跡者』**（一九五八）監督＝村山新治、❽**『同／魔の伝言板』**（一九五八）監督＝村山新治、❾**『同／顔のない女』**（一九五九）監督＝村山新治、❿**『同／１０８号車』**（一九五九）監督＝村山新治＋若山栄二郎、⓫**『同／遺留品なし』**（一九五九）監督＝村山新治、⓬**『同／深夜便１３０列車』**（一九六〇）監督＝飯塚増一、⓭**『同／血液型の秘密』**（一九六〇）監督＝飯塚増一、⓮**『同／聞き込み』**（一九六〇）監督＝飯塚増一、⓯**『同／不在証明』**（一九六一）監督＝島津昇一、⓰**『同／十五才の女』**（一九六一）監督＝島津昇一、⓱**『同／12人の刑事』**（一九六一）村山新治、⓲**『同／謎の赤電話』**（一九六二）監督＝島津昇一、⓳**『同／19号埋立地』**（一九六二）監督＝島津昇一、⓴**『同／ウラ付け捜査』**（一九六三）監督＝佐藤肇、㉑**『同／全国縦断捜査』**（一九六三）監督＝飯塚増一、㉒**『同／十代の足どり』**（一九六三）監督＝佐藤肇、㉓**『同／自供』**（一九六四）監督＝小西通雄、㉔**『同／行方不明』**（一九六四）監督＝小西通雄

〈日活〉が石原裕次郎を発掘し、〈松竹〉が間もなく、「清張」鉱脈に到達し、〈東宝〉は"ゴジラ"などなどの「特撮」路線に踏み込んだそのころ、〈東映〉も時代劇の失速をまだまだ自覚せず、ひたすら「番組映画《プログラム・ピクチャー》」の量産にセイを出していた。つまり、日本映画の最盛期のことだ。

そんな中でも、もっとも典型的な「番組映画」といえ

ば、「添え物」と呼ばれる、「二本立て」用に気楽に作られた、一時間程度の中篇作品のこと。時代劇の〈東映〉でいえば、『警視庁物語／逃亡五分前』(昭和三十一年)を第一作目とするそんなシリーズで、大友柳太郎主演の時代劇『鍔鳴浪人』(角田喜久雄原作)との「二本立て」用だった。

警視庁の外観や内部を描いたイラスト(というよりはスケッチ?)をバックに、タイトルが終わると、夜の東京を走るタクシー。

「おい、ここを左だ」と指示され、物かげのほうに入った運転手は、突然拳銃で撃たれ、金を奪われる。犯人によって倒される、当時のメーター、「80円」!

翌朝、現場にやってきた第一課長(松本克平)、主任(神田隆)、長田部長刑事(堀雄二)、宮川刑事(南原伸二、のちに宏治)ら、捜査一課の面々によって、これは「このところ、上野下谷で続く自動車強盗」と「手口が似ている」と捜査が開始される。脚本は長谷川公之のオリジナルで、監督小沢茂弘。

こんなふうに紹介しても、とりたててユニークでもなんでもない「刑事」物、あるいは「捜査」物である。これ、実は「朝日新聞警視庁担当記者団」のまとめた原作を、白石五郎(記者のひとり)と森田新が脚色し、監督小林恒夫で前年の昭和三十年六月に公開した、同様の「捜査」物『終電車の死美人』からの、単純な発展型。それで、宇佐美淳、松本克平、堀雄二、山形勲、花沢徳衛といった俳優たちの、その何人かがそのまま受け継いだ。ちなみにこの時は、こちらのほうが「トリ」つまり「売り」で、「添え物」は伏見扇太郎主演の時代劇『天兵童子・第一篇　波濤の若武者』……「子供番組」に近い。

でも、そこから派生したものが、それなりにユニークだったのは、ライター長谷川公之の存在につきると思う。こんなふう……。

殺されたタクシー運転手の目に出血があることから、刑事は「窒息死ですか?」と、鑑識課員に質問。課員それに答えて「いや、死因はほとんど接触して射った、拳銃の一撃です」。「眼球の溢血《いつけつ》点は?」「脳のなかで出血した多量の血液を、直接喉から吸い込んで、窒息したためでしょう」「犯行の時刻は?」「硬直の進行程度と、死体の直腸の温度の下がり加減とを総合しますと、だいたい夜中の十一時ごろから一時ごろまでというところでしょうか。詳しい時間は解剖の結果を見ませんと断言出来ませんが」。

こんなふうに、捜査上の手掛かりなどの描写が、やたら詳しい。それが、ミステリ的にはあまり関係はないのだが、でも間違いなく新鮮ではあったのだ。

どうしてこういうことになったのかというと、何のことはない、このライターの長谷川公之というヒト、実は当時現職の警視庁鑑識課員！

私の知っているかぎりでは、昭和二十五年の『君と行くアメリカ航路』あたりがデビュー作で、このころの代表作には美空ひばり主演の『リンゴ園の少女』(二十七年。共作)、『ロマンス娘』(三十一年。共作)などなどがある。なんというか、本職の片手間にしては、便利なライターではあったのだろう。

で、この「本職」らしく、弾道鑑識とかモンタージュ写真とかの描写が、面白いロケ(東京駅内の、ワイシャツ洗濯サービスつきの床屋……こんなところあったんだね！)とともに展開したあげく、映画は犯人逮捕と連行の画面に、こんな文字がスーパーインポーズでタイトルされて終わる。

「強盗人ヲ——死ニ到シタル時ハ死刑又ハ無期懲役ニ処ス(刑法第二百四十條より)」。メッセージくさく、ヤボったい。この「字幕」を入れることが、「警視庁」自体の狙いだったのかもね。

それで、同年中に第二作『警視庁物語(以下同)／魔の最終列車』。脚本はもちろん長谷川で、監督も同じ小沢茂弘。私は当時これは見ている。

ただし、二本立ての片方の、市川右太衛門主演の『快剣士笑いの面』は見ていないから、ローカルでは別作品との組み合わせだったのだと思う。いずれにしても、ついでに見るようなそんなモノなのが、「添え物」だ。

タイトルバックは同じイラスト、多摩川の鉄橋を夜行列車が行く。その郵便車の中では、三人の局員たちが、区分などをしている。ドアが開き、拳銃を手にした男が侵入し、やにわに発砲。赤行嚢《あかこうのう》の中身を確かめ、時計を見て……と、「博多発上り1006列車」での、局員三名中二名の即死事件が発生。捜査第一課の面々の登場となる。

鑑識によれば、「硝煙痕は半径約四センチ、七、八メートルの距離で射たれているようです。射入口が射出口より小さい点と、弾丸による火傷《かしょう》の大きさとを考え合わせると、まず十メートル以内というところでしょうか」となり、助かった一人の「偽装」の可能性も含まれる、そんな捜査となる。だが、ミステリ的にはどうってことのない「解決」で、最後にまたあの「警告」タイトル！

でも、やはり同年中に第三作『同／追跡七十三時間』で、脚本長谷川、監督は今回はドキュメント派の関川秀雄。

タイトルバックは代わって、ジャズ・ビートにのせて東京の夜景。ガソリンスタンドにタクシーが入り、給油を受け、なぜかグルッと回って戻ってくる。不審に思うスタンド員に、運転手はやにわに拳銃を発砲。金を奪って逃走する……。

第一、二作に続いて、今回も犯行はかなり乱暴で、私はもう忘れているけれど、まだ「敗戦後」的にかなりすさんだ、そんな世相だったのかと、あらためて驚かされる。長谷川公之と「警告」の登場は、そんな時代の必然だったのかもしれない。ちなみに長谷川は昭和二十七年の犯罪ドキュメンタリー『青い指紋』（新東宝＝理研映画。監督青戸隆幸）の脚本、同年の捜査ドラマ『殺人容疑者』（新東宝＝電通ＤＦプロ。監督鈴木英夫。主役の犯人で丹波哲郎がデビュー！）の構成なども、すでに手掛けており、なるほどと納得出来る。

だからこの第三作では、例の捜査知識のウンチクもかなりこなれてくる。このタクシーを奪われて殺された、運転手のキャップに関し、「ひさしのこの部分、つまり右側にあった指紋は全部被害者阿部一郎さんのと一致しましたが、左側のこの血紋は被害者のと一致しません。指紋技師の鑑定では、流線の状態からみて、左人差し指による血紋らしいとのことでした」……レギュラーの金子刑事（山本麟一）の台詞なのである。

でも今回も、ミステリ的にはどうということもない結末で、同じ「警告」タイトル。今度はなぜか横組みで入る。

そして、翌三十二年に第四作『同／白昼魔』。脚本はもちろん長谷川で、監督も関川の連投。

歩道を行く様々な足を追ったタイトルバックに続き、夜の〈第一ホテル〉……だから新橋付近。その駐車場に向かう、男の後ろ姿。男は一台の外車をコジ開けて、入り込む。そこに、日本女性連れの、持ち主の外国人が来るが、やはりやにわに男に拳銃で射たれ……。

この男、結核を病んで、かなり捨てバチになっている戦後派の若者。演じるは木村功……で、誰だってあの『野良犬』の「犯人」を連想する。「添え物」とはいえ狙いは確かだが、でも真似といえば真似。「ついでにしか見てもらえない」この手の映画の、当然の弱点だろう。「警告」タイトルなし。

次の第五作『同／上野発五時三五分』(同年)から、若手スター格の南原伸二(宮川刑事)は、波島進(山村刑事)に交替し、それ以外の刑事メンバーはやっと固定。それだけ受け出したということだろう。バイクのオートレース場(どこにあったのだろう?)の観客の一人を、のちにパチンコの玉を手製拳銃(!)で射ったとわかる、奇妙な殺人事件が発生。犯人に、やはり黒澤映画などの名バイプレーヤー、多々良純というのも、前作同様、いい狙い。脚本長谷川、監督は村山新治で、「警告」タイトルあり。

さらに次の、第六作『同／夜の野獣』(同年)から「東映スコープ」つまりワイド。それにあわせて、六十、六十一、五十四、五十一、五十八分と、「添え物」作りで来たシリーズも、今回は八十三分と長篇の仲間入り。でも、地下鉄のなかでスリの被害にあった男が、小石川駅でそれに気付き追ったあげくに、共犯たちにナイフで刺されるという事件では、スリ専門の三課の刑事(加藤嘉。第三作の犯人!)までも参加とはいえ、ドラマ的に長篇にふさわしくない、つまり長谷川公之に適さない。結局のところ、刑事たちの生み出す、「集団」キャラクターのアンサンブルこそが受けたということなのだろう。担当はだから、当初の長谷川＝小沢コンビに戻り、「警告」タイトルもまた縦組み。

翌三十三年の第七作『同／七人の追跡者』は、五十七分の「添え物」枠に戻る。若手スターは、大村文武演ずる太田刑事に交代。彼はこの年に、同じ〈東映〉のあの『月光仮面』で売り出し中……つまりそういうレヴェルでもあって、だから私だって当時真剣に見ようと思うはずもない。多摩川近くのマンホールの中で、女性の絞殺死体が発見され……という事件。長谷川の脚本(以下すべて担当)で、監督は村山。「警告」タイトル、以後なし。

第八作『同／魔の伝言板』(同年)も六十一分。監督村山。深夜の神田駅前、酔払い三人を乗せた運転手が絞殺され、同様の一連事件の捜査は、駅の伝言板による仲間同士の連絡作戦へとたどりつく。容疑者などのグラフでの消去推理など、「ミステリ」的にかなりイイ線いっている。

第九作『同／顔のない女』(三十四年)は、また八十四分の長篇で、若手スターは大村に代わって南広の山村刑事。この南また、同年の〈東映〉で『特ダネ三十時間』や『拳銃を磨く男』といった「添え物」シリーズでも、大売り出し中。荒川で発見された、女性のバラバラ死体事件は、顔つまり首がなかなか出てこないため、その捜査も「長篇」的にアッチコッチとバラバラ。「どうも長篇はいけません」だが、監督はまたも村山……。

……という具合に、このシリーズは『１０８号車』(同年)、『遺留品なし』(同年)、『深夜便１３０列車』(三十五年)、『血液型の秘密』(同年)、『聞き込み』(同年)、『不在証明《ありばい》』(三十六年。仲川刑事として千葉真一デビュー。佳作!)、『十五才の女』(同年)、『12人の刑事』(同年)、『謎の赤電話』(三十七年)、『19号埋立地』(同年)、『ウラ付け捜査』(三十八年)、『全国縦断捜査』(同年)、『十代の足どり』(同年)、『自供』(三十九年)、『行方不明』(同年)と、計二十四本が作られる。一本一本はともかく、そして当時全部見たひとなどいない〝条件〟にもかかわらず、たぶん手探り状態で全作を書き上げてしまった、そんな長谷川公之の作業は、これは理屈抜きの「偉業」と、今ならいえる。そのうえ彼は、これらのほとんどを「小説化」、今でいう「ノヴェライズ」をしているのだから、頭が下がる。

ちなみにその「小説」版は、探偵小説と時代小説の専門だった〈春陽文庫〉に、入れられているのは知っていたが、すでに探偵小説マニアだった私が、手にとるはずもない、そんな存在ではあった。

それやこれやを考えれば、この手探りの偉業は、そのほとんど(第一作は坪井與と共同)にずっと寄り添ってきた、プロデューサーの斉藤安代の先駆的な功績が大きいと思う。「日本映画史」的にいっても、特筆評価しておくべきなのだ。

なぜなら、この「警視庁」シリーズの、その魅力と可能性から、昭和三十六年つまりシリーズ製作中に、TBSテレビがあの「捜査」物の、『七人の刑事』をスタートさせたからだ。それも、刑事メンバーは堀雄二を中心に、芦田伸介、菅原謙二、佐藤英夫たち。誰でも知っているように、わが国の「刑事」物、「捜査」物の映像は、ここからポピュラーになってゆき、それは映画にさえ逆流してゆくほどだった。

その証拠……昭和三十八年、〈松竹〉がこの大人気テレビ・シリーズを、同じメンバーで映画化した時、当然のように脚本を書いたのが、長谷川公之。その時、「これ」はもう「添え物」ではなかった……！

〔『ミステリマガジン』二〇〇九年九月号〕

第14章 橋本忍と『張込み』

▼『張込み』（松竹／一九五八）◉モノクロ／シネマスコープ／一時間五十六分◉監督＝野村芳太郎、企画・製作＝小倉武志、原作＝松本清張、脚本＝橋本忍、音楽＝黛敏郎、撮影＝井上晴二、照明＝鈴木茂男、美術＝逆井清一郎、録音＝栗田周十郎、編集＝浜村義康◉出演＝大木実、宮口精二、照明＝鈴木茂男、田村高廣、高千穂ひづる、浦辺粂子、清水将夫、高峰秀子

一

柚木《ゆき》刑事と下岡《しもおか》刑事とは、横浜から下りに乗った。

東京駅から乗車しなかったのは、万一、顔見知りの新聞社の者の眼につくとまずいからであった。列車は横浜を二十一時三十分に出る。二人はいったん自宅に帰り、それぞれ身仕度をして、国電京浜線で横浜駅に出て落ちあった。

列車に乗りこんでみると、諦《あきら》めていたとおり、三等車には座席はなく、しかもかなりの混《こ》みようである。二人は通路に新聞紙を敷いて尻《しり》をおろして一夜を明かしたが、眠れるものではなかった。

京都で下岡がやっと座席にありつき、大阪で柚木が腰をかけることができた。

（松本清張『張込み』）

そんなこんなというプロセスで、この国のミステリ映画は、とりわけ刑事物、捜査物の確立といったあたりを軸として、だから比佐／松田の『にっぽんGメン』（昭和二十三年）、菊島／黒澤の『野良犬』（二十四年）、そして長谷川公之の〈東映〉作品『警視庁物語』シリーズ（昭和三十一年～三十九年。全二十四作！）を経て、決定版に辿りつく。決定的な原作との出会いといってもいい。

それが、いうまでもなく、私も封切館〈自由ヶ丘松竹〉で『七人の女掏摸《すり》』との二本立てで見た、松本清張

原作、橋本忍脚色、野村芳太郎監督の、あの昭和三十三年一月十五日公開の刑事物の秀作『張込み』。〝清張物〟という映像鉱脈は、ここから発掘されだした。

厳密にいえば、この前年の昭和三十二年に、同じ〈松竹〉から公開された、井手雅人＝瀬川昌治共同脚色、大曽根辰保監督の『顔』からになるのだが、これはメロドラマ的にかなり改変された印象のせいで、私は簡単にパス。なにしろ、例の犯人である若手男優が、人気ファッション・モデル(岡田茉莉子)に変えられていたほどだからだ。これはつまり、撮影所のある場所から命名された、いわゆる〝松竹大船調〟……結婚やその結果の家庭を基本とする男女の様々なドラマ、通俗的にはメロドラマ(戦前は昭和十三年の『愛染かつら』、戦後も昭和二十八年の『君の名は』)、よくいえばホーム・ドラマ(小津安二郎の名作『東京物語』などなど)に、なにがなんでもまとめようとする、この会社の特性というか方針……つまりは「女性向き」。これが、私を含む「男の子」とは無縁で、だから〈松竹〉は一番お世話にならなかった映画会社だったともいえるのだ。

実は、皮肉にもこの「会社の特性」が『張込み』で幸いした。でも、そのことはとりあえずあとで触れるとして、今回の冒頭に挙げた通り、松本清張の原作が短篇であるにもかかわらず、ほとんど映画の展開と同じことに、今では誰でも驚かされると思う。この冒頭部ももちろん、タイトル前の映像処理(「アバン・タイトル」という)として、きわめて丁寧に描き出されており、〝新幹線以前〟の列車の旅の切実感を、今に伝えて出色の出来ではある。

正確にいえば、このあと、柚木刑事の単独張込みとなる原作とは異なり、映画では終始柚木刑事(大木実)と下岡刑事(宮口精二)の共同作業となるといった、当然の、しかもより現実味のある展開となってゆく。

で、その「張込み」の目的はといえば、東京で発生したピストル強盗殺人事件の、その犯人のひとりのかつての同郷の恋人が、今は嫁いで九州の佐賀市(原作ではS市)にいるのだが、肺を病み自殺を願望する彼は、彼女に「もう一度会いたい」と仲間にほのめかしていたからだ。それで、そのささやかな可能性に賭けて、「張込み」が開始されたというわけだ。

場所は、その女性さだ子(高峰秀子)の嫁ぎ先横川仙太郎(清水将夫)家の、その斜向《はす》かいにある平凡な旅館〈肥前屋〉の二階。そこから見える横川家には、子供が三人おり、だから当然彼女は後妻だということもわかってくる。もちろん、この辺りも「原作」通りである。それにしても……。

……いわゆる〝謎とき〟派で、だからそれほど清張さんに興味のなかった、やはり第12章と同じく「十九歳」の私が、これをきっかけとして、なんで彼のファンにさえなっていったのか？

簡単にいえば、この映画が新鮮で、色々納得したからだ。そして、今にして思うと、この「映画」はきわめて「原作小説」に近く、だから、なんだかちょっとヘンじゃないか……ということ。これではつまり、この「清張」短篇は、まるで映画のシノプシスみたい……ということ。

これはたぶん、松本清張の書きっぷりが、必要な情報はすべてとにかく盛り込むという意味で、いわゆる新聞記事的な、ジャーナリスティックな文体だからだと、今ではまず指摘出来る。早い話、「物語る」のではなくて、「記録する」「伝える」のであって、そのへんが未だに彼の作品を好きになれない、たとえば私の家内のようなタイプの読者だっている。「無味乾燥」なんだそうである……。

しかし、そこに実はユニークな「映画性」をまず感じとった才能があったとしたら……。つまりは映画のシノプシスとして秀れていると、はじめから理解していたのが、このシナリオライターの橋本忍だったとしたら……！

そう考えてみると、少なくとも私はすべて納得である。この映画が大好きになったことも、そしてここから「清張」小説に入り込んでいったことも……。

橋本忍……すでに登場してもらった菊島隆三同様、彼も敗戦後のヒト。監督伊丹万作（いうまでもなく伊丹十三の父親である名監督）を師として脚本を書きはじめ、若死にした伊丹の代わりに、かの黒澤明に芥川龍之介の「藪の中」を脚色した自作を読んでもらう。そして、黒澤の案で、同じ芥川の「羅生門」も加えたものとして完成し、その黒澤監督による「映画化作品」でデビュー。同様体験の菊島隆三の、『野良犬』によるデビューの、その翌年の昭和二十五年のこと……！

すでに触れたように、この『羅生門』も一種のミステリ。だから、純然たるミステリ指向ではなかったにしても、彼の資質がそっちに適していたことはいうまでもないだろう。ただし、以後その資質は、黒澤作品の

『生きる』(昭和二十七年)などの他、『加賀騒動』(二十八年)、『真昼の暗黒』(三十一年)といった、いわゆる〝社会派〟(ヘンな名称。この国独特のリアリズム?)映画にその才能を発揮するのだが、私にはあまり縁がなかったのもまた事実。

でも、少し視線を変えて見ると、実は面白いことにも気付いてしまう。

私がこの『張込み』を見た、そのまさしくすぐ次に、あの乱歩＝剣次の『死の十字路』を、なんとテレビ(日本テレビ)ですでに見ているのであって、つまり世の中はもうかなり「テレビ時代」になりつつあったということ。しかし、当時の日本映画界はそのことに気付かず、あるいは気付きたくもなく、ただひたすらテレビを差別しまくっていた。そして、ついでに復興新勢力〈日活〉に対しても、才能の引き抜きを警戒し、「五社協定」(松竹、東宝、大映、新東宝、東映)をふりかざして、「村八分」状態に……!

その〈日活〉は、「ならば!」とテレビに旧作をいち早く提供してしまい、それで『死の十字路』の放映……この頃はわが家にはまだ受像機がなかったから、たぶん親戚のお世話になったんだろう。

しかし、このへんの問題は、映画会社が抱え込んでいたスタッフやキャストのそれであって、フリーランスに近いシナリオライターは、そのかぎりにあらず……てなことだったのだろう。橋本忍は早くからテレビに興味を持ち、『張込み』と同じ昭和三十三年にすでに、オリジナル・ドラマ『私は貝になりたい』を「サンヨー・テレビ劇場」の一作として、TBSテレビ(当時はKRテレビ)から放映。翌三十四年にも同番組で、やはりオリジナルの『いろはにほへと』(どちらも演出は岡本愛彦《よしひこ》)をと、大胆に挑戦している。私としては、こちらの橋本忍のほうが印象は強烈だったとさえいえる。なにしろテレビ界にはまだビデオテープがなく、編集はカメラの切り替え(スイッチングという)で行なう、そんな不自由な時代の成果である。別メディアの映像表現にも、先駆として意欲的だった……それが橋本忍!

それでは映画『張込み』のほうはどうだったのかというと、テレビが極小画面へのチャレンジなら、こちらは極大画面(「松竹グランドスコープ」といった。『顔』はまだスタンダード)へのそれ!

なにしろ大画面なのに、いや、だからこその、最初から列車内の狭苦しさ、蒸《むし》暑さ! 張込みになってからも、狭い宿部屋にこもりっぱなしの、いわば閉鎖空間の連続だ！　おまけに、彼らが見続けている対象も、ケチな銀行員一家のせせこましい日常生活ばかり……！

だから、夕方になると買物に出るさだ子とともに、刑事も……つまりはカメラも外出するという、その辺りの描写の、佐賀の風物を取り込んでの、なんという「解放感」、「ワイド画面」感！

さらに決定的なのが、ついには犯人石井久一(田村高廣)からの、ひそかな呼び出しの結果の、さだ子のバスでの遠出。この時、柚木はたまたまひとりであって、だから彼女に出し抜かれ、仕方なくタクシーを飛ばす……。

突然、田畑のなかを突っ走るタクシーの小さな姿を、カメラは空中撮影でとらえ、もう、まさしくワイド映画の大快感！

もちろん、こういった映像効果は、監督野村芳太郎の才覚も大きいとは思う。そのうえ彼は、黒澤明がこの〈松竹〉で『醜聞』『白痴』を撮った時の、その助監督だったひと。だからタッチはといえばかなり〝黒澤ふう〟で、それで宮口精二を筆頭に、清水将夫、藤原釜足(柚木の恋人の父親)、小田切みき(旅館の女中)、多々良純(佐賀署の刑事)、大友純(石井のいた工事現場の親方)……と、黒澤映画でなじみ深い「顔」を並べている。ほとんどオマージュとさえいえる。これが何でもこなす、いわゆる「番組映画《プログラム・ピクチャー》」監督の野村芳太郎の、真の意味での最初の代表作となったのも、しごく当然ではあると思う。

で、先に述べた〝松竹大船調〟……この作品の設定自体が、もうキッチリと「それ」していることに、誰だって気付く。

まず、その平凡平穏な日常を見つめられる「横川家」は、「ホームドラマ」。

しかし、張込みの結果の、きわめて距離感のある「描写」が、たまらなく「冷酷」である。たとえていえば、顕微鏡で微生物を覗いている、そんな感覚。その「冷酷さ」のなかに、まったく自我を押し殺して生活を続けている「さだ子」の外見がある。まだ若いゆえに、痛ましい……外見のみの存在感！

それが、元恋人の出現によって、「内面」を一時的に取り戻す。しかし、彼が「犯罪者」であるがために、本当に「一時」……の「メロドラマ」。なんとも切なく、寂しい。演じているのが、〝松竹大船調〟の名女優、『カルメン故郷に帰る』『女の園』『二十四の瞳』『喜びも悲しみも幾歳月』などの、当時の「黒澤映画」の大ライバル「木下恵介映画」の、高峰秀子だからなおさらそうだ。

ちなみに〈東宝〉の子役出身の彼女は、その頃の代表作『馬』(昭和十六年。黒澤の師山本嘉次郎監督)で、助監督黒澤明と出会っており、以来彼女は黒澤監督のアイドルだったとか……。

そんな、「日本映画」的に複雑(?)な構造のなかで、柚木刑事は彼女と自分の恋人(高千穂ひづる)とを重ね合わせることによって、自身の「顕微鏡覗き」的な生き方を自省する。このあたりはもちろん、橋本忍のオリジナルなまとめであり、つまりは〝大船調〟の逆利用である。だから、この「自省」は、観客であるこちらにさえ跳ね返ってくる。重い……!

意外性もなく、普通の意味でのサスペンスもないが、この「十九歳」以後、何度も見返しては複雑な溜息をついてしまう私は、これも秀れたミステリ映画だと断言してしまおう。なにしろ〝大船調〟ならではの、〈松竹〉にしか生み出せない、そんな「刑事物」「捜査映画」……!

そのうえ、私自身を含む「ミステリ好き」も、多かれ少なかれ、「顕微鏡覗き」的な性格には間違いないからだ。いずれにしても、私はこの辺りから、大人の領域に入っていったようなのだ……。

[『ミステリマガジン』二〇〇七年九月号]

第15章

橋本忍と『黒い画集 あるサラリーマンの証言』

▼『**黒い画集 あるサラリーマンの証言**』(東宝/一九六〇)◉モノクロ/シネマスコープ/一時間三十五分◉監督＝堀川弘通、製作＝三輪礼二、原作＝松本清張、脚本＝橋本忍、音楽＝池野成、撮影＝中井朝一、照明＝森弘充、美術＝村木忍、録音＝藤好昌生十下永尚、編集＝黒岩義民◉出演＝小林桂樹、原知佐子、平田昭彦、江原達怡、西村晃、中北千枝子、三津田健、中村伸郎、織田政雄

女は、鏡に向って化粧を直していた。小型の三面鏡は、石野貞一郎が先月買ってやったものである。その横にある洋服箪笥《だんす》も、整理箪笥もそうである。ただ、デパートから買入れの時日だけが違っていた。

部屋は四畳半二間だが、無駄のないように調度の配置がしてあった。若い女の色彩と雰囲気とが匂《にお》っている。四十八歳の石野貞一郎が、この部屋に外からはいってくるとたんに、いつも春風のように感じる花やかさであやった。

（松本清張『黒い画集　証言』）

とにかく、これだけは間違いない。前回の、あの昭和三十三年の橋本忍／野村芳太郎作品『張込み』で、「日本映画界」に〝清張熱〟の火がついた！　具体的にいえば、すでに『顔』『張込み』と作った〈松竹〉が、続いて三作目の『眼の壁』（高岩肇脚色、大庭秀雄監督）を、同年の十月十五日に公開するのは当然としても、そのわずか一週間後の十月二十二日に、〈大映〉が『共犯者』（これも高岩脚色、田中重雄監督）、〈日活〉が『影なき声』（原作は『声』。佐治乾と秋元隆太の協同脚色、鈴木清順監督）と、なんと同時公開。そして、そのさらに二十日後の十一月十一日には〈東映〉が『点と線』（井手雅人脚色、小林恒夫監督）を公開。もちろんのこと、『張込み』に「ソレ続け！」「松竹に負けるな！」みたいな作業の結果だろう。ちなみに、当時の〈松竹〉のトップスター佐田啓二主演の『眼の壁』や、まだまだ特別なカラー作品（南広主演は地味だが）の『点と線』はともかく、『共犯者』

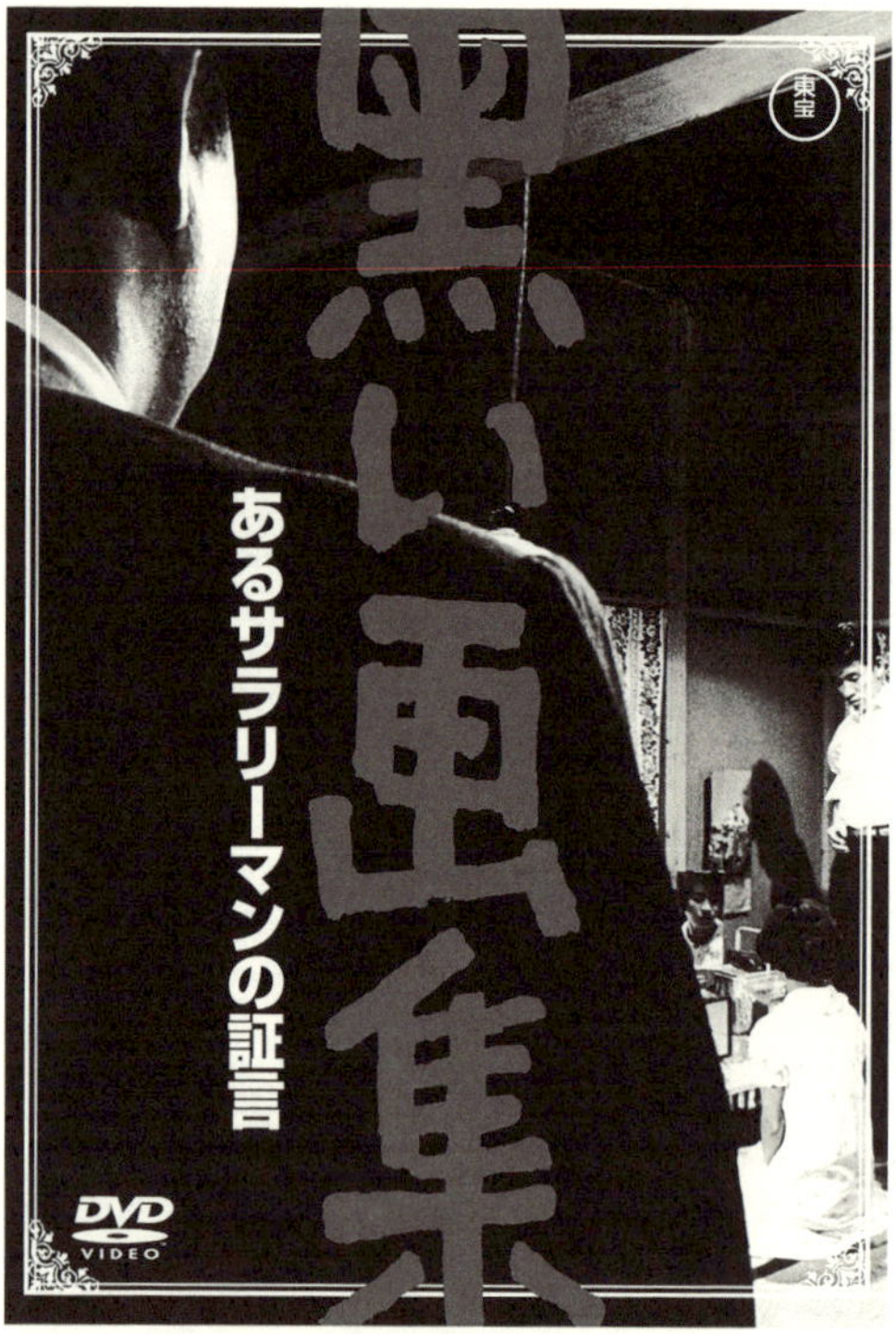

『黒い画集　あるサラリーマンの証言』（東宝／1960年）
DVD発売中／4,500円（税抜）／発売・販売元＝東宝

が根上淳主演物、『影なき声』が南田洋子主演物と、とにかく書けるひとに書かせ、空いている監督に回す「番組映画《プログラム・ピクチャー》」の、さらには「添え物」たち。出来不出来をいってもあまり意味がない。

　でも、以上の作品を「十九歳」の私は、その年のうちにすべて見ているのであって、そのあたりに私の周囲でのこの国の、小説を含む「ミステリ」環境の様変わりを感じてもらえたらと思う。ついでに触れれば、鈴木清順作品との初めての出会いとなった『影なき声』は、学友たちと腕時計などを質に入れて、学園近所の封切館〈神田日活〉で見た。本当は数をこなしたいので、〈テアトル新宿(『点と線』)〉〈目黒銀映座(『共犯者』)〉のような、安い二番館、三番館でよかったのだが、多勢に無勢ではあった。二本立てのメダマのほう(トリという)の、あのキミ悪い〝純愛〟物『絶唱』(大江賢次原作、滝沢英輔監督。小林旭、浅丘ルリ子主演)のほうが、間違いなく彼らの目当てだった……。

　それではそんな時、「火つけ人」だった橋本忍は……というと、もともとあの「黒澤組」のひとりだから、菊島隆三や小國英雄らと〈東宝〉の時代大活劇『隠し砦の三悪人』に参加中。これは、黒澤映画初の「東宝スコープ(シネマスコープ)」である!

　で、やっと期待の〝清張物〟に戻るのが、短篇連作『黒い画集』の一篇、「証言」を原作とした〈東宝〉映画『黒い画集　あるサラリーマンの証言』で、二年後の昭和三十五年三月十三日の公開。

　「あるサラリーマン」、丸の内の〈東和毛織〉の建材課長石野(小林桂樹)が、同じ課の女子社員梅谷千恵子(原知佐子)と出来、西大久保のアパートに囲っているが……という発端の、冒頭に挙げた男女の描写が、映画でも描き出されるそのひそやかな生活ぶり。

　でも、ここから始めるのでは、「映画」的じゃない。少なくとも、ワイドスクリーン映画としてはせせこましい……というわけで、橋本忍はまずは大東京のパノラミックな描写、そしてまるで玩具のように走る郊外電車(井の頭線。原作では石野の家は大森だから、電車は国電京浜線のはず)を空撮でとらえて……と、ワイド画面ならではの巻頭展開とし、そこにこんな石野のモノローグ・ナレーションをかぶせている。

　「果てしなく、海のように広がっている街。人口九百万、世界最大の都市、東京。僕は、この東京の西北の住宅街に住み、妻と子供ふたりの、平穏な家庭生活を営んでいる。日曜祭日以外は、郊外電車を利用して、この渋谷で山手線に乗り換えます……」

つまり、『張込み』とは「映画」的に逆の展開である。あちらが閉鎖的空間からの解放ならば、こちらは閉鎖空間への没入……！

もちろん、これまた、この作品の監督である堀川弘通の技量でもあるだろう。そして、面白いというか、当然というか、この堀川監督も『張込み』の野村芳太郎同様、黒澤映画の助監督体験者。こちらはといえば、体験もなにも、あの『馬』の時にすでに、チーフ黒澤とフォース堀川という助監督仲間。以来、第二作『一番美しく』(昭和十九年)からほとんどの黒澤作品につき、その黒澤脚本による『あすなろ物語』(昭和三十年)で監督デビューしているひとなのである。松本清張の「社会性」が、黒澤志向になってゆくのか、それとも橋本忍の脚本が、黒澤映像こそを求めているのか、このへんは、それこそ「日本映画論」としてもかなり興味深い。

そういう「興味」の中で、「ミステリ」あるいは「サスペンス」として、何が起こるかというと、もちろん原作通り……。

いつものように、会社を出て彼女のアパートに寄ってすごし、そこから帰る駅への路地で、石野は自宅近所の知人とすれちがい、相手の動作につられて、頭を下げて挨拶してしまう。その男は、保険の外交員の杉山孝三(織田政雄)で、同じ時間に発生した向島の若妻殺しの、その容疑者とされ、だから石野の「証言」が最重要となってくる。しかし、浮気がバレるのを恐れた石野は、彼には「会ってない」と証言してしまい……。

面白い、というか、奇妙というか、この清張さんの原作「証言」は、文庫本でわずか二十二ページの分量しかなく、どちらかといえば印象は「ショートショート」に近い。だから『張込み』よりもさらに簡潔で、語られるのは石野の不安のみ。

おまけに、「浮気がバレないだろうか！」のその不安は、ほとんど唐突に、女の別な若い愛人の口から簡単にバレたと語られ、さらには「人間の嘘には、人間の嘘が復讐するのであろうか。――」と、清張さんはエッセイふうというか、論文ふうにまとめてしまう。

これでは、シノプシスですらなく、むしろちょっとしたストーリー付きの、映画の「企画書」といったほうがわかりやすいか。もしかすると清張さん(映画好きなのか？ ここでも浮気時間の言い訳として、「渋谷で映画を見ていた」!)も、そんなつもりで書いたのではと、推察さえ出来るほどなのだ。

だから橋本忍は目をつけた。といっても、これだけじゃ長篇映画にならないのは当然で、それで彼は石野のその後を徹底的に描き込んでいった。

石野は、千恵子の愛人の不良学生(江原達怡《たつはる》)に、「バラすぞ」と強請《ゆす》られ、仕方なく取りひきに出向いたら、彼はアパートの自室で兄貴分のヤクザ(小池朝雄)に殺されていた。

だから当然、石野に嫌疑がかかり、彼は今度は本当の自身の行動(実は時間つぶしに映画をみていた!)を、先の証言は嘘だったと自供したあとで述べるのだが、前が前だからと、てんで信じてもらえない。

そんなこんなで石野は、自身も家庭も職場の地位ももうボロボロになり……と、まさしく〝清張調〟で、彼は橋本忍にノリうつったよう。いや、そもそも橋本は彼にノリうつられるに最適な体質だったのかも……。

それほどに橋本忍には、清張物が似合ったのだろう。これ以後彼は、出発点の〈松竹〉で、『ゼロの焦点』(昭和三十六年。山田洋次と共同脚色。久我美子、高千穂ひづる、有馬稲子主演)、『霧の旗』(四十年。山田洋次監督、倍賞千恵子主演)、『影の車』(四十五年。岩下志麻、加藤剛主演)、そしてあの自らの〈橋本プロ〉の第一回作品『砂の器』(四十九年。山田洋次と共同脚色。加藤剛、丹波哲郎主演)と、『霧の旗』以外はすべてあの野村芳太郎監督で完成し、ヒットさせ、わが国らしい「ミステリ映画」の大主流、つまり「清張映画」の本流を固めていった。

この「清張映画」らしさ……これを現在、私は私なりに、犯罪などの周囲を取り巻いている、この国の人々の「貧しさ」とまとめている。この貧しさとは、経済的なそれではなくて(関係は少しあるが)、むしろ「心」のそれ。外国物にはほとんど感じられず、だから「日本」的といい切ってもいい。

ある地位と、その地位に関連する身近な人間たちさえ守れれば、あとはもう多少のモラル違反などは平気である……という、たとえばこの映画の石野貞一郎のような生き方である。先の『張込み』でいえば、自分の子三人を後妻に任せ、しかし彼女には自身の晩酌分コミで、毎日百円しか渡さない、あのケチの横川仙太郎もそんなひとり。そういう連中のリアリティを描かせたら、この松本清張の右に出るものはなし。そして、その辺《あた》りのリアリティに大いに共感したのだろう、橋本忍はまた次のような、「ミステリ」ではないが、自身の「発展型」映画に、そんな「日本」的な「貧しさ」を、効果的に取り込みだしてゆく。

いわく、医療学界の奇怪な人脈図を描いた、山崎豊子原作の『白い巨塔』（昭和四十一年。山本薩夫監督、田宮二郎主演）。いわく、敗戦のまさにその一日の、軍部の混乱を追った、大宅壮一（現在では真の作者は半藤一利と判明）原作の『日本のいちばん長い日』（四十二年。岡本喜八監督、小林桂樹が徳川侍従役で客演）。そしてこれはもちろん大フィクションだが、日本列島の壊滅を仮想した、小松左京原作の『日本沈没』（四十八年。森谷《もりたに》司郎《しろう》監督——このひとも黒澤映画の助監督出身。小林桂樹主演）。さらには、これまたかつての軍部の悲惨な大失態演習を追及した、新田次郎原作の『八甲田山』（五十一年。橋本忍／野村芳太郎製作、森谷司郎監督、高倉健主演、小林桂樹客演）。

これらはことごとく「ミステリ」物ではないのだが、しかし「ミステリ」同様、時間との対応が重要な、つまりは「サスペンス」型であるあたりが重要だと思う。別な言い方をすれば、この橋本忍のように、秀れた「ミステリ映画」ライターは、他ジャンルを手掛けても、やはり秀れた「映画」ライターであるということなのだ。

そもそも映画こそは、時間を自在に手玉にとるべきメディアなのだから……。

だから橋本忍——このひとはもともと一旦過去へ戻るといった手法が巧く、「回想の橋本さん」などと私は呼んでいた——は、画面の大小の違いこそあれ、同様な「時間」メディアであるテレビドラマに、先駆的に挑戦出来たのだろう。そしてそれを、自身の映画監督進出の第一作である、あの『私は貝になりたい』（昭和三十四年。テレビ版と同じフランキー堺主演。誤って戦犯にされた庶民が、処刑へと辿らされるドラマ）として発表出来たのだろう。

いや、もちろん映画は脚本家のみのものでもない。こちらだってなにしろ学生程度なんだから、それやこれやを色々とわかるはずもない。

でも、この『黒い画集——』に主演した、小林桂樹の異様さは間違いなく印象的ではあった。なぜかというと、この〈東宝〉で、『ホープさん』（昭和二十六年）、『ラッキーさん』（二十七年）の昔から、この頃まだ続いていた〈社長〉シリーズ（第一作が昭和三十一年の『へそくり社長』。森繁久弥、小林桂樹、加東大介のトリオで、計三十七作！）に至るまで、彼は同社名物の「サラリーマン物」

の、明るく影のないヒーロー役者だった！

それが一転して、ここではセコくてスケベで暗い印象の中年男（さすがに原作の四十八歳は、映画では四十二歳と若くしてはいる）。これと、同じ堀川監督の前々作の、あの『裸の大将』（昭和三十三年、水木洋子脚本）の「放浪の画家山下清」役の名演で、彼は演技派の性格俳優へと進化していった。その進化を引き出したのは、たぶんこの堀川監督だ。

ついでに触れるならば、三船敏郎主演の黒澤映画『椿三十郎』（昭和三十七年）は、本来はこの小林桂樹主演で堀川監督が演出するために、黒澤自身が脚本を書いていた。それが〈東宝〉の事情（『用心棒』の第二作を要望）で、ああなった！

そう、つまりは多くのスタッフ、キャストの力が結集する「集団創造」である映画は、それぞれのパートの能力（潜在能力も含む）が、ほとんど奇跡ともいえるほどに理想的に化合する時、名作傑作異色作が誕生する。

でも、とにもかくにもそれらを具体的に出発させるのが「シナリオ」。これだけは間違いない事実ではある……。

［『ミステリマガジン』二〇〇七年十月号］

第16章
井手雅人と『三十六人の乗客』

▼『三十六人の乗客』（東宝／東京映画／一九五七）◉モノクロ／スタンダード／一時間三十五分◉監督＝杉江敏男、製作＝山崎喜暉、原作＝有馬頼義、脚本＝井手雅人＋瀬川昌治、音楽＝神津善行、撮影＝岡崎宏三、照明＝下村一雄、美術＝島康平＋狩野健、録音＝矢ノ口文雄◉出演＝小泉博、淡路恵子、志村喬、扇千景、多々良純、千秋実、佐藤允、若山セツ子

ところで、前回の「それ続け！」「松竹に負けるな！」的には、たしかに日本ミステリ映画の急進化は「松本清張」からだけれど、そして「橋本忍」的にも間違いなくそうだけれど、日本映画史としてみればコトはそんなに短絡でもない。そもそも、「日本」的な「心」の「貧しさ」のリアリティなど、まだまだ学生に毛のはえた程度のこちらの年齢には、所詮理解不可能……というものだ。

そのあいだあたりに、実は重要な作品がひとつあり、「好き」という意味でいえば、私は「清張」物よりもずっと好き。あの乱歩＝剣次の『死の十字路』の翌年の、昭和三十二年四月の公開作品だから、こちらのほうがミステリ史的にも、むしろ正しい流れなのかもしれない。その作品、有馬頼義《よりちか》の短篇を原作とした、東宝映画傘下の〈東京映画〉作品『三十六人の乗客』で、監督は杉江敏男。

夜道を酔払い（のちの『天国と地獄』のあの被害者の父親、佐田豊）がフラフラ歩く。突然銃声！　しかし彼はクラッカー音と間違え、「メリー・クリスマス！」と御機嫌。瞬間、ヘッドライトがひらめき、一台の車が走り去り、目前で人が倒れ込み……で、強烈なドラム・ソロの音楽（神津善行担当）とともにタイトルと、オープニングからきわめて快調！

『オール讀物』に掲載された原作短篇は、バスの乗客のひとりとなった刑事が、他の乗客を気遣いながら、凶悪犯人を消去法で推理……という、リアリティある〝捜査〟物で、同時に基本的には「犯人当て」。まず私などが好きになる、そんなユニークなアイデアである。

でも、清張の短篇同様、これだけじゃ長篇映画にはならない、というわけでライターの井手雅人（と瀬川昌治《まさはる》。後述）は、まずこの「刑事」の近辺をふくらませてゆく。こんなふうである。

所轄署。当然捜査本部が設置され、本部長（佐々木孝丸）のもと、ベテランの山上刑事（志村喬！『野良犬』の佐藤刑事ののちの姿？）の指揮で活動開始。事件は信用金庫からの三百万円強奪で、守衛、その妻、そして逃走に使われたタクシーの運転手の、計三人がすでに射殺された……。

……で、山上刑事は渡辺（一郎）刑事（小泉博）を捜すが、腹痛で休みときかされ、さらには同僚に辞表も渡していたと知り、「またか！」と舌打ちする。

実はこの山上刑事は、渡辺刑事の妻ひろ子（若山セツ子）の父親で、だから娘が気になる彼は、とりあえず彼ら夫婦の住まいの団地へ行く。そこで、しかし山上刑事は、渡辺がスキー支度で出たということを知り、それをしも張込みのためと信じて疑わぬ娘に、何もいえないまま帰る。

さらに山上は、「またか！」の理由である、渡辺の三年前からの愛人、洋装店主の柳沢三津子（淡路恵子。『野良犬』がデビュー作！）の店を訪ねるが、そこで留守番の女店員(河美智子。クリスティの『ホロー館の殺人』に夢中なのがオカシぃ!)から、彼女は渡辺とスキー・バスで草津へ行ったと聞かされる。

同じ頃、上野駅に張り込んだ刑事が、上信越線の切符売場で使われた、盗難の千円札を確認するが、犯人は取り逃がす。しかし、そこから出るのがいわゆる「スキー列車」のため、ひとつの可能性、つまりそこにまぎれ込んでの逃走という「それ」が浮上。

山上は次に、京都のバス・ターミナルを、ひとつの確信と、ひとつの推測を抱えて、訪ねる。ここで「確信」のほうは確認され……で、走る夜行バス。

実にうまい展開で、プロだなぁと、今の私などは感心しきりである。とりわけ「刑事」の、その周囲の女性たちのドラマだけで、ほとんど無理なく「本舞台」であるバスに持ち込んでしまう。そんな巧妙さ。

そのうえ、走るバスの中では、当の渡辺と三津子は「後悔してるんでしょう!」と、すでに喧嘩状態。そして最初の五分停車地の浦和駅で、彼は彼女に「東京に帰る!」とまでいわれてしまう。

ここで、しかし渡辺は接触してきた浦和署員に、山上刑事からの連絡として「凶悪犯は上信越に土地カンがあるらしいので、万一の場合のためバスのなかも警戒するように」と聞かされ、拳銃まで受けとる。

この会話を、物陰から誰かが聞いており、そのことと、なぜか壊されていたバス用のラジオ受信機とか、犯人の拳銃用の弾はまだ六発が未使用といった伏線とかが、これも巧妙で、いたって上質なサスペンスを生んでゆく。

で、まずはバスガイド(扇千景。もちろんのちの国会議員のあのヒト。この頃は実にカワイぃ!)の動きに従って紹介される、容疑者たちつまり乗客たちは、こんなである。

❶連れの妹の車酔いを心配する、眼鏡の青年(佐藤允《まこと》。後述)。
❷妙に人目を避ける、学生ふうの青年(中谷一郎)。
❸やたらビクつき、ポケット瓶で酒をラッパ飲みする、関西弁の中年(多々良純)。
❹色っぽい女を連れた、ちょっとキザな中年(森川信)。
❺鞄を大事そうに抱える、調子のいい男(千秋実。彼も『野良犬』でデビュー!)
❻やたら時間を気にする、元気な青年(矢野宣)。
❼寝たふりをしているらしい、妙な中年(瀬良明)。
❽……。

「犯人当て」としても、なかなかのキャスティングでしょう。例の「黒澤組」がいるのは、これも黒澤映画と同じ〈東宝〉作品だからである。この杉江監督にも黒澤組の助監督体験が一度(『姿三四郎』の時)あるのも、同じ理由ではある。まぁ、しかし〈東宝〉調サスペンス作りとしては、色々とトクか。

ちなみに佐藤允だが、このちょっとあとあたりからの、彼の強烈な存在感以後(もちろん今でも)なら、「コイツだ!」とわかってしまっただろう。でもこの当時は、彼は中谷一郎と共にまるで無名の新人で、だから結構意外ではあった。〈仲間〉という劇団出身で、その地方公演『俺たちは天使じゃない』(アルベール・ユッソン作の喜劇。彼はあの女房殺しの囚人役!)を、私は「高校」時代に見ていて、彼を知っていたのにだ。

それはともかくとして、この辺りから「原作」通り、渡辺刑事の「犯人探し」の面白さになってゆく。「二人ずつの座席が片側に九つ、両側で三十六人になる……(渡辺刑事のモノローグ。ついでにいえば、映画音楽いわゆる「劇伴」は冒頭とエンドのみで、後はすべて効果音のみの大胆さ!)というわけで、その消去はこんなふうに素朴……。

❶ 犯人なら、眠っているはずがない。
❷ 三百万の分量の札束はどこにある?
❸ 時間や地理が気になっているはず……。
❹ もしや、自分が刑事だと気付かれているのかも?
❺ ……。

これに、結局は別情報と共に戻ってきた三津子と、これまた結構活躍するバスガイド嬢も参加し、きわめてリッチなサスペンス・エンターテインメントにふくらんでゆく。とりわけ、そんな緊迫した車内描写に、時折インサートされるバスのロング・ショットが、効果的なアクセントとなってサスペンスをさらに盛りあげ……。

……というふうに今回見なおして、アッと気が付いた。この井手雅人……実は私がかつてパスした、あの主人公を女性に「改悪」している「清張」映画第一作『顔』(同年一月公開)が、彼とやはり瀬川昌治の作業! そして、「それ続け!」の時の、あの〈東映〉の『点と線』(昭和三十三年)も、こちらは彼の単独作業! とりわけ後者は、夫のために病床でダイヤグラム利用のアリバイ工作を思いつく、あの真犯人安田亮子(高峰三枝子)がきわめて印象的で、私などはほとんど「彼女」だけで覚えていたほどだ。

だから、この井手は、「女性」が得意な、というか、女性の存在にこそミステリのリアリティを求める……そんなシナリオライターだったのじゃないのか？　そう考えれば、映画の方の『三十六人の乗客』のオリジナル・キャラクターである、柳沢三津子や渡辺ひろ子やバスガイド嬢らの、最後の最後まで持続する魅力や存在実感も、これは「十八歳」にだってわかる新鮮さ、大人っぽさ……。

では、共作者の瀬川昌治はというと、その後〈東映〉で監督デビューし、渥美清が車掌を演じた、『喜劇・急行列車』(昭和四十二年)以下の〈列車〉シリーズを発表。これらはさらに〈松竹〉で、フランキー堺主演の『喜劇大安旅行』(昭和四十三年)以下の、〈旅行〉シリーズへと発展してゆく。つまり彼は、そんなふうに典型的な「番組映画《プログラム・ピクチャー》」監督。だから、こんなのちの作品が語るように、この人は井手との共作のさいは、〝乗物〟もしくは〝旅〟担当だったのだと思う。

それでは、この映画『三十六人の乗客』の監督である、杉江敏男はというと、この人も「番組映画」的に、もっと凄い！　まずはご存知美空ひばり＝江利チエミ＝雪村いづみの「三人娘」による、『ジャンケン娘』(昭和三十年)や『ロマンス娘』(三十一年)があある。『大学のお姐ちゃん』(三十四年)以下の〈お姐ちゃん〉(団令子＝中島そのみ＝重山規子)シリーズがある。〈若大将〉(加山雄三)シリーズの第一作『大学の若大将』(三十六年)もこの人の作品である。他にも森繁久弥らの〈新三等重役〉シリーズ、〈社長〉シリーズ、さらにはクレージー・キャッツの〈クレージー〉シリーズまで手掛けている。まさしく〈東宝〉喜劇のエース的な、でも「番組映画」監督だと思う。私は結構見ているのだが、たとえばミステリ好きなどには、最も縁のないタイプの監督ではあるだろう。

だから、おおむね映画監督としては過小評価されてきたはずだ。でも、優れたシナリオにさえ行き当たれば、そしてそれが自身のテイストに合致すれば、なにしろプロ中のプロなのだ、この作品がそうだったように、秀作だって誕生する可能性はある。そう、いまだに杉江作品としてはてんで評価されていないけれど、これは秀作だ！　間違いなく、杉江監督の代表作といえるのだ！

そんな彼の「自覚」の証拠はある。これからのち、杉江監督は少しは積極的に、「この手」の作品に向かい出す。たとえば、これも〈東京映画〉なのだが、久生十蘭原作の『肌色の月』(同年十月公開。長谷川公之脚色、音楽は神津善行)を、乙羽信子、石浜朗主演で撮る。さらに、また〈東京映画〉で、松本清張原作の『黒い画集　ある遭難』(三十六年。石井輝男脚色、音楽はこれも神津善行)を、伊藤久哉、土屋嘉男主演でほとんどドキュメンタリーふうに描き出す。

これらのキャストが、当時としてはすべてかなり地味なあたり、スタア・システムに徹底束縛されていただろう杉江監督の、ささやかな抵抗だったのだと、私には今は思えている。ついでに触れれば、〈００７〉映画ヒットの影響で色々と作られた中の、これはなんと世界で最初となったスパイ・シリーズの第一作、『国際秘密警察　指令第８号』(三十八年。小川英、間藤守之脚本)を、三橋達也、佐藤允主演で手掛けているのも、この杉江敏男！　〈社長〉や〈三人娘〉や〈若大将〉らの「にぎやかさ」の中では、なんとも「ひそやか」な実績ではある……。

……で、井手雅人。「刑事」にだって、自身の適性を疑い、挫折しそうになり、それを浮気でごまかす、つまりは「人生」に失望しているやつもいる。そんな彼をしかし、徹底的に信頼している奥さんだっている。こんなリアリティのある「生活」に、どちらかといえば「夢想」的なミステリにドップリつかっている、十八歳の幼い私を対面させてくれた、そんなライターだったのだと、これは今にして思う。「女性」の存在感が重要というのは、つまりそういうことなのだ。

それに比べると、十九歳で『張込み』、二十一歳で『黒い画集　あるサラリーマンの証言』と対面出来た、「橋本さん」はといえば、こちらだって「浮気」の不安感とか、「再婚」の絶望感とかを描いているのだが、それらをもう冷たく冷たく見つめ、「これが日本人だ！」「お前だってその一人だ！」とくる。それはそうかもしれないけど、まだ「恋愛」だって体験してないこっちに、そんなこといわれてもねェ！

結局、橋本忍、というか、松本清張を理解するには、もう少し時間が必要だったのだと思う。もちろんのこと、それはそれでよかったのだろう。

〔『ミステリマガジン』二〇〇七年十一月号〕

第17章 井手雅人と『五瓣の椿』

▼**『五瓣の椿』**（松竹／一九六四）◉カラー／シネマスコープ／二時間四十三分◉監督＝野村芳太郎、製作＝城戸四郎、原作＝山本周五郎、脚本＝井手雅人、音楽＝芥川也寸志、撮影＝川又昂、照明＝三浦礼、美術＝松山崇＋梅田千代夫、録音＝栗田周十郎、編集＝浜村義康◉出演＝岩下志麻、加藤剛、早川保、左幸子、西村晃、加藤嘉、小沢昭一、田村高廣、岡田英次、伊藤雄之助

さて、時代はちょっと飛ぶのだけれど、『三十六人の乗客』から七年後の、昭和三十九年つまり一九六四年の頃、私は例の「映画ノート」に、上中下と生意気にランクをつけて記録している。で、この年の日本映画の私の「上」を数えると、まるで計算していたように、以下の十本、つまりこの年の私の「ベスト・テン」になる。

❶	花と怒涛	（鈴木清順）	日活
❷	あゝ爆弾	（岡本喜八）	東宝
❸	肉体の門	（鈴木清順）	日活
❹	大殺陣	（工藤栄一）	東映
❺	暗殺	（篠田正浩）	松竹
❻	仇討	（今井正）	東映
❼	俺たちの血が許さない	（鈴木清順）	日活
❽	非行少年	（河辺和夫）	日活
❾	五瓣の椿	（野村芳太郎）	松竹
❿	幕末残酷物語	（加藤泰）	東映

今でも感じられるのだが、当時の諸先輩とは違う、かなりの新鮮さ大胆さ。「私」の時代を明快に物語っており、「私」なりの見方や評価にこの頃から自信を持ったのだと思う。この時、私は二十五歳で、まだ映画評論家にはなっていない……。

……ところで、このテンには、大好きなミステリ映画は山本周五郎原作の、大作時代劇『五瓣の椿』一本。厳密な意味ではコメディ『あゝ爆弾』もそうなのだが、それは別の折に話そう。

で、『五瓣の椿』なのだが、不思議なことにこの周五

郎の原作小説、ミステリとして論じられたような文章を、私はまるで読んだことがない。なぜなんだろう？　そんな原作(長篇)はともかくとして、映画のほうはこんなふうに始まる。『三十六人の乗客』の井手雅人の脚色、あの『張込み』の野村芳太郎の監督作！

まず、椿を描いた淡い色調の水彩タイトルバック画に、芥川也寸志の甘美でちょっと不安なテーマ音楽……これだけですでにかなりノせてくれる。ちなみにミステリ映画のテーマ曲にノせられるなんて、私は日本映画では初めてのことだ。そして、映画製作の作業としてはおおむね一番最後になる、音楽採《ど》りの「ノり」しだいで、作品の出来具合が判断出来るということも、これは映画好きの常識だ。そういうふうに私はノせられた！

続いて芝居小屋〈中村座〉の場面で、今しも「梅川忠兵衛」が演じられており、客席から異様な視線を舞台に送る、若く美しい町娘がひとり(岩下志麻、二十三歳！)。その視線の先は、役者ではなくて、三味線を演奏中の若い常磐津《ときわづ》師匠の蝶太夫(『張込み』の田村高廣！)。この異様な娘を見ていた、隣りの母親に抱かれている幼女が、突然火がついたように泣き出す。痛烈なアクセント！

ここの「芝居小屋」シークェンスでは、さらに被害者と加害者がそれぞれ舞台の上と下で、スポットライトで強調されるという、かなりの舞台劇的な手法が実にイイ！　だからここで私たちは、間違いなく「これはイケるぞ！」と膝を乗り出すことになる。

そして、のちに「おしの」という名とわかる、「らしからぬ」娘による、色じかけ……そして平打ちの銀カンザシでの蝶太夫刺殺という、強烈な第一の殺人。さらには現場になぜか残された、一輪の真っ赤な椿の花……と、はじめから見事にミステリである。いや、殺人犯「おしの」の、その強烈な印象からスタートするのだから、これは倒叙型のミステリ？

さらにいえば、またしても「犯罪」と「女性」という、これは井手雅人の得意らしい領域だ！「ノリ」は当然か？

だから続いての、同じ娘による第二の殺人が、これまた強烈！　しかも、「殺し」のさいに娘のメイクが極端に変わるという、これも舞台劇的な非現実さも、前述の「スポット」と同様に、強烈なシーンにはむしろ効果的！　この頃でいえば、そう、まだ世の批評家には認められていなかった、あの鈴木清順監督のこれらは得意技であり、その影響なのだろうか？

で、今度の被害者は、性的なインチキ治療で女性患者をくわえ込む、不法医師海野得石《とくせき》（伊藤雄之助、怪演！）。この彼と、そして第一の被害者蝶太夫への「おしの」の詰問にあったように、彼らは「おその」という名の、日本橋の薬問屋「むさし屋」のおかみ、つまりは「おしの」の母親と、それぞれ関係があったらしいとわかってくる。そのうえ、奇妙なことに、彼らつまり〈むさし屋〉喜兵衛（加藤嘉）、その妻「おその」、そして娘「おしの」は、亀戸の寮の火災で、全員焼け死んだということもわかってきてしまう。

そして、その火災の日の回想。喜兵衛は実は番頭あがりの婿養子で、淫蕩な性格の娘「おその」を案じての、これは大旦那の懇願の結果だった。そして月日はたち、色々と我慢に我慢の挙句、胸を病んだ喜兵衛は、娘「おしの」の看病にもかかわらず、もはや危篤状態。しかし妻の「おその」（左幸子。その華麗なクズれ加減、圧巻！）は、寮に若い役者をひっぱり込んでの放蕩生活。そんな彼女に「どうしても、ひとこと言いたいことがある」と、雪の夜に四手《よつで》に担がれて寮に向かった喜兵衛は、その途中で当然絶命してしまう。だが「おしの」によって運び込まれた夫の遺体を、「おその」は気味悪がり……

……で、父思いの「おしの」は、喜兵衛の故郷に咲いていたという赤い椿と共に、母とその恋人を道連れに、なんと「放火」火葬にしてしまう凄まじさ、サンタンさ！　でも、ここで、意外や「第一部」の終わり！

一体、ここからのち、何を物語る？　もう、ほとんどを知ってしまったような気分の私などは、例の甘くせつないテーマ曲を休憩音楽として聞きながら、ちょっと考え込んでしまったものだ。

それで、そういえば、この一見したところ「関連がなさそうな」被害者たち、つまり江戸川乱歩の命名した「異様な被害者」というテーマとしては、コーネル・ウールリッチのあの名作に似てるよなぁ……とりわけ個性的な女性殺人者ときたら、誰だってアレを連想してしまうよなぁ……するってえと、この原作もミステリなのか、読んでみようか……なんて思っていると、「第二部」が始まる。

そして、八丁堀の与力青木千之助（加藤剛）の当然の登場によって、「倒叙」ではない、「ストレート」な捜査物に一応はなってゆく。つまり「第三の殺人」……札差屋の息子で遊び人の清一(小沢昭一)殺し、「第四の殺人」……芝居小屋の元出方でやくざの佐吉(西村晃)殺し、「第五の殺人(未遂。意外な展開の結果である!)」……袋問屋主人丸海源次郎(岡田英次)殺しへと事件は発展し、時代的背景は「捕物帳」にもかかわらず、その捜査プロセスはといえば、たとえば「87分署物」的にリアルで、説得力がある。たとえば、蘭方医の立ち会いで、墓を掘り返し、遺骨を再検証するなどなど……。

しかし、「第一部」が犯人側から、つまり「倒叙」として描かれたがために、観客と同様、犯人は「おしの」とほとんどわかっているような青木与力は、むしろ「なぜ?」と動機中心に推理を進め、彼女と対面しても「これは違う」「人を殺すような娘じゃない」と、しきりに自問する。

このことは、「おしの」自身が、自分の行為を隠そうともしていないどころか、「私は罪を犯してはいない」「感じてもいない」と語ることに関係する。

そして、その分だけ被害者たち、実は男女の世界ではムチャクチャに理不尽な、でも現実感のあるむしろ「加害者たち」が、それこそ名優らの演技によって、丁寧に描き出され、その醜悪さはもう気が滅入ってくるほどだ。

つまり、これはそんな理不尽によって父を奪われたと、純粋に思い込んでいるがゆえに、自分を「犯罪者とは思っていない」犯人と、それが「御定法《ごじょうほう》」では罰せないなら、私が手をくだす」という彼女の、その「殺人行為をどこかで認めている」探偵との、きわめてユニークな連帯ドラマ……エンディングでの、この二者の悲しい合体には、とりわけ胸を締めつけられる!

これは、原作的にいえば、あの「そんな人なんているはずがないが、いたら面白い」という基本アイデアで生み出された、周五郎ならではのユニークなキャラクター(たとえば『赤ひげ診療譚』の新出去定《にいできょじょう》)物の、実はオムニバス長篇のひとつ……だからミステリとしてはくくり難く、でも一本筋で映画化すれば、間違いなく優れたミステリ映画……そういうことだったのだ。

ちなみにいえば、周五郎作品は、こんなふうに映画化されることによって、小説のほうにも光が当たっていったというか、そもそもが映像的だったといったらいいか、そういう形跡が確実にあり、同様な清張とともに、今後の研究への課題のようではある。

というわけで、もともと『沓掛時次郎』(昭和二十九年。あの菊島隆三との共作、佐伯清監督)、『獄門帖』(三十年)、『鶴八鶴次郎』(三十一年)、『大忠臣蔵』(三十二年。以上大曽根辰保監督)、『酒と女と槍』(三十五年。内田吐夢監督)といった時代劇をも手掛けてきた井手雅人は、たぶん天性の資質だったろうミステリ的な才能と、それらとを合体させ、代表作『五瓣の椿』で飛び出した!

そんな彼を、最初に受け止めたのが、なんとあの「黒澤組」。そもそも、なぜか「女性を描くのが下手」(なのではなくて、男の印象が強すぎるということ!)といわれ続けてきたこの「組」だから、これは当然の反応なのかもしれない。そして、新たに井手を加えた黒澤＝小國＝菊島チームは、またしても山本周五郎原作(当然?)を選び、例の傑作時代劇『赤ひげ』(昭和四十年)を、「この組」最後の三船敏郎映画として完成させた。

ここからの井手雅人の業績が、また素晴らしい。黒澤作品の『影武者』(五十五年。黒澤との共作)、『乱』(六十年。黒澤、小國との共作)を含み、三船プロ＝石原プロの異色スペクタクル『黒部の太陽』(四十三年。熊井啓監督)、清張物の中でもっとも「女」のすさまじい『鬼畜』(五十三年。野村芳太郎監督。岩下志麻主演!)、岡本喜八コメディ『ダイナマイトどんどん』(同年。古田求との共作)、松本清張と野村芳太郎が設立したプロダクション「霧プロ」と〈松竹〉の第一回作品『わるいやつら』(五十五年)、「黒部」的な別スペクタクル『海峡』(五十七年。監督森谷司郎と共作)……「ミステリ映画が巧けりゃ、どんなジャンルの映画だって巧い」の、見本のようなヒトである。

そして、またこの『五瓣の椿』からちょっと飛ぶ。これから五年後、だから井手雅人が『黒部の太陽』を手掛けた、その翌年の昭和四十四年つまり一九六九年、同じ〈松竹〉では、最後の、そして最長の番組映画《プログラム・ピクチャー》ヒット・シリーズ、『男はつらいよ』が、そして同年中に『続・男はつらいよ』が、渥美清、倍償千恵子主演でスタートする。もちろん、山田洋次の原作(TVシリーズ)、脚色、監督の快シリーズで、最初はしかし、一方が旧スター伴淳三郎主演の『喜劇　深夜族』(森崎東脚本、渡辺佑介監督)、他方がフランキー堺、倍償千恵子(!)、伴淳三郎(?)主演の『よさこい旅行』(瀬川昌治監督)との二本立てだった。

例の量産対応のスタジオ・システムが、だからそこから送り出される「二本立て」の番組映画が、急激に崩壊し始めたのは、実にこの頃のこと。対応を間違え、

〈大映〉と〈日活〉が〈ダイニチ〉へと合併（昭和四十五年）し、一年たらずで消滅したのも、やはりこの頃だ。そして日本映画界には、内容こそを充実させた、「一本立て」の時代へと、たとえば昭和五十一年にあの『犬神家の一族』（市川崑監督）で名乗りをあげた、「角川映画」を筆頭に進化してゆくのも、「現在」へとつながる歴史の必然ではあった。

実に井手雅人は、その後期の作品群が実証しているように、そんな「一本立て」時代への、先駆の一人だったのだ。そしてすでに『五瓣の椿』が、異例の一本立ての興行だったように、これも井手の必然だったようだ。

そして、冒頭に記したように、番組映画の可能性あたりに目覚め、映画評論家になった私はといえば、きわめて複雑な心境で、たとえば「角川映画」をも積極的に評価していった……。

〔『ミステリマガジン』二〇〇七年十二月号〕

第18章

久里子亭と『天晴れ一番手柄 青春銭形平次』

▼**『天晴れ一番手柄　青春銭形平次』**（東宝／一九五三）◉モノクロ／スタンダード／一時間三十四分◉監督＝市川崑、製作＝田中友幸、原案＝野村胡堂、脚本＝和田夏十＋市川崑、音楽＝黛敏郎、撮影＝遠藤精一、照明＝横井總一、美術＝北猛夫、録音＝宮崎正信、編集＝庵原周一◉出演＝大谷友右衛門、伊藤雄之助、杉葉子、伊豆肇、柳谷寛、木匠マユリ、島秋子、見明凡太郎、小林桂樹

そして、いつの間にかライター久里子亭《くりすてい》がいた……いやディレクター市川崑《こん》がいた。

と、このヒトについてはこんなふうに始めてしまう。

なぜなら市川崑は「私の頃」には始めからおり、でも高峰秀子主演での第一作目『花ひらく　眞知子より』（昭

和二十三年。野上彌生子原作)、上原謙と高峰の主演での第二作『三百六十五夜／東京篇・大阪篇』(同年。小島政二郎原作)、上原と山口淑子(元李香蘭《りこうらん》、この頃の別名シャーリー山口!)主演での第三作『人間模様』(二十四年。丹羽文雄原作)などなど、間違いなく「メロドラマ」路線。だからこの頃十代前後の「少年」には、あまり関係ない活躍のヒトだったからだ。こんな印象は、私としては、あの文芸作『こころ』(三十年。夏目漱石原作。これが崑サン二十六作目!)、『ビルマの竪琴』(三十一年。竹山道雄原作)あたりまで続いていた。のちに、たぶん映画界きってのミステリ・ファンであるとわかってくる、あの崑サン……なにしろライターとしてのペンネームが「クリスティ」になってしまうヒトなのになんだ!

そんななかでの、私の彼のかすかな記憶はといえば、まずは横山泰三の風刺漫画が原作の『プーサン』(二十八年)、次が石川達三原作の『青色革命』(同年)、そして『わたしの凡《すべ》てを』(二十九年)なんかは、「見たようだ」といった程度。なんで見たのかというと、前の二作はどうやら喜劇らしかったからで、もう一本は「八頭身美人」として当時は大評判(ミス・ユニヴァース第三位)の伊東絹子が主演していたためだ。それ以外は全然覚えていず、他の日本映画に比べてテンポがかなり早く、だから喜劇としては面白かったなぁという印象のみであって、「見たか見てないのか」の自信がまるでなかったのだ。

これらを私は、実に五十四、五年後に、例の「スカパー」で再見し、ほとんど覚えていないことを確認(?)した。ただひとつ、敗戦後の生活難で、ナーンにもない教師プーサン(あの、「乗ったひとより馬は丸顔」の、怪優伊藤雄之助の主演!)が、それだけが家にあった生キャベツを頭にのせ、狂ったマネをするくだり……すでに十四、五歳とはいえ、そしてこれらがのちの名監督の習作だったとはいえ、カンケイないことにはカンケイないのです。

これがしかし、そのあいだに挟まった『天晴れ一番手柄　青春銭形平次』(二十八年)になると、もう色々と覚えているから正直なものである。いうまでもなく、第一章ですでに触れたように、この国では「探偵小説」の親戚筋として重要な、これは「捕物帖」だからである。そしてこの捕物帖映画……色々と見ましたねぇ。市川右太衛門の『旗本退屈男／毒殺魔殿』(昭和二十五年)や『同／江戸城罷《まか》り通る』(二十七年)、長谷川一夫の『銭形平次』(二十六年)、嵐寛寿郎《アラカン》の『右門捕物帳／片目狼』(二十六年)、『同／帯《おび》とけ仏法』(同年)とかとか……面白くて面白くて、でも記憶は断片的だ。しかし、こういうモノでもちゃんと見ていたからこそ、『青春銭形平次』の面白さも、私は早目に受け入れられたのだろう……。

……で、お話はといえば、題名通り、捕物名人として売り出す前の、若き日のあの平次を描いてケッ作な、これはパロディ作品でもある。あるからして、ノッケからこんな……。

銀行ギャングたちの乗った車が街を突っ走る。猫がその前を横切り、車はハンドルをきりそこね、商店に飛び込んで、彼らは全員逮捕……。

そこで伊藤雄之助(ガラッ八の八五郎役)によるナレーション、「ごめんなさい、間違えました。これは昭和二十八年の東京。えーと、江戸は……天保年間の江戸はどこへ行ったかな。あ、ありました、ありました。まず駕籠が走ってゆきます。ハハハハハ……」

で、その駕籠屋も猫(の死骸)に驚いて店に飛び込み、乗っていた御金蔵破りは、ライバル三輪の万七(柳谷寛)が逮捕……。

では、われらの銭形平次はというと、すでに十手捕縛はあるけれど、それはただ親から受け継いだだけ。そんなお手当だけじゃ食えないので、アメ屋なんかを開いている。そういう「青春」だから、もう色々と面白オカシい。

❶ のちの恋女房お静さん(杉葉子。戦後映画のエポックのひとつ『青い山脈』の新子さん！ 当時見てないけどね)は、隣りで豆腐屋を営んでおり、もう派手に夫婦喧嘩！ 理由はといえば、ケチとキチョーメンの解釈の違いで、今まさに買った豆腐の大きさを厳密に計りっこ……。

❷ 平次も平次で、暇さえあれば、「御用！」の声のかけ方とかポーズとか表情とかの研究中。例の「投げ銭《せん》」は、このなかから偶発的に誕生したのであって、あとで庭や縁の下から拾ってくる……、そんな平次を演じたのは、歌舞伎の名女形の大谷友右衛門、のちの雀右衛門で、これが全然いい！ この頃は彼は『佐々木小次郎』三部作(稲垣浩監督)の小次郎もよかったが、でもこちらの方で圧巻だったのは、後半に突然現れる、三船敏郎(時代劇初出演！)のムサい武蔵……。

❸ それはともかく平次さん、事件ともなれば、これまた「ヨイトマケ！」なんかでバイトしている八五郎を

捜しては、当然駆けつける。現場にはすでにカッコいい連中が捜査中で、「あのヒトは？」「黒門町の伝七だ」「こちらは？」「人形佐七親分よ」「こっちでニヤニヤしてるのは？」「若様侍だ」……蛇足でしょうが、「平次」は野村胡堂、「若様」は城昌幸、「佐七」が横溝正史、そして「伝七」が胡堂、昌幸、陣出達朗ら「捕物作家クラブ」創造の、「名探偵」たち。

この若様が、てんで「らしくない」小林桂樹のゲスト出演なのが笑わせる。昭和二十七年の『ラッキーさん』（昭和二十七年）で、彼はすでに主演ずみ。喜劇あの『プーサン』でも客演……だから彼は崑さんお気に入りのひとりなのだろう。

こういうふうに書いてくれれば、もう明白なように、これはもちろん「ミステリ」という以前に、なんとも優れて先駆的な「コメディ」なのである。第一、プロローグがそうであるように、「過去」に「現在」がまぎれ込んでの混乱の笑いなど、これ以前にはほとんどこの国では見当たらない。舞台演出家が夢で時代劇の世界を体験してしまうという、あの「夢落ち」の『続清水港（清水港代参夢道中）』（昭和十五年。マキノ正博＝小國英雄）が、まったく珍しい例としてある程度なのである。

この辺りの面白さをさらにいうと、「出動」前に八五郎が神棚の燈明を点けようとして、なぜかそこに「ライター」が置いてあるのに気付く。一瞬彼はカメラを、つまり私たち観客のほうを見、役者の伊藤さんに戻っちゃったように、「スタッフの小道具さんが置き忘れた？」てな「？」顔をしてみせ、やっぱりここは火打ち石で点けて……というギャグに発展。さらにこの混乱は、あの「投げ銭」をいちいち拾うのは大変だからと、平然とゴム紐（！）をつけて、投げては受けとめるなんて活劇に、すんなりとエスカレート！　だからもう、なんでもアリなのです……てな調子となる。

そういうわけで、こうなってくる。造り酒屋のバイト人足として、八五郎が担いでいた酒樽から、死体と、そして小判が……という発端の事件は、「贋小判」製造犯らの大掛かりな「それ」へと大展開！　それはいいのだけれど、これに対する幕府の対応が、次から次へと色々な形の小判……四角あり三角あり梅型ありなどなどに、そのたびに作り変える「付け焼刃」作戦なのが、結構この時代、つまり戦後の世相を反映していて（今でも通用するか！）笑わせる。

そして、決定打が、そんなこんなの評議が行なわれる江戸城内部の描写。内部だからもちろんあの「松之廊下」があって、その鴨居のうえにはそう書かれた看板まであり、おまけにガラス・ケースがひとつ。そこには烏帽子《えぼし》が入っていて、説明文にいわく「吉良上野介《きらこうずけのすけ》、刃傷《にんじょう》受《うけし》烏帽子《えぼし》　過ちは二度と繰り返さない様に致しましょう」！

で、結局「最初の形に戻せ！」なんて結論して、葉巻をくわえるのが、小川虎之助演ずる老中水野越前守であって、当時の総理吉田茂にそっくりだ！

つまり、私が再見した『プーサン』や『青色革命』などなどがそうだったように、この監督はまずはきわめて優れた「風刺作家」だったようだ。だからかつての幼い私にはわからなかったのだ！

それにしても、ここからしばらくの崑作品も、私にはわからなかった。なにしろ漱石、竹山道雄に続けて、石原慎太郎（『処刑の部屋』）、泉鏡花（『日本橋』）、深沢七郎（『東北の神武《ずんむ》たち』。これではじめて久里子亭の名を使用）、三島由紀夫（『炎上』）、谷崎潤一郎（『鍵』）、大岡昇平（『野火』）、村松梢風（『女経』）、山崎豊子（『ぼんち』）、幸田文（『おとうと』）などなど……と、ほとんど「日本文学全集」。『おとうと』を見たのが、私はやっと二十一歳なんだから、まだわからなくて当然だろう。

でも、この頃だって、これらのすべてが脚本家和田夏十との共作だってことは知っていた。そして、いうまでもなくこのナットさんとは、デビューの頃からの協力者である、市川崑夫人であることも、もちろん知っていた。

どれもこれも、だからなのだろうか、力作、異色作にはちがいなく、つまり原作では味わえない、「映像」の美しさ、シャープさが見事であり、さらにいえば、時折見せる、原作を裏切るようなキャスティング（『炎上』の市川雷蔵と仲代達矢！）の妙！　でもやっぱり「文学全集」にはちがいなく、一体この監督は本当は何をやりたいのだろうと、首をひねることしきりではあったのだ。

で、とりあえずの納得といえば、彼は原作の小説を「映像化」するというよりは、映像で「批評」してしまう、そんな映画作家……なんてね。なにしろこちらも、いつの間にか映画評論家になっていたのだから、そんなことまで考えるのも当然だ。そして実に、あの「優れた風刺作家」と、この「批評型作家」とは、現実を冷静に、距離をおいて見詰めるという意味で、まさしく「スタンス」は同じ。夏十さんというクッションがあいだにあったのも、そんな意味で重要なのだと思う。でも……。

私が本当に好きな市川崑作品はといえば、もはや大監督のひとりでもあった、そんなヒトの「文学全集」でも何でもなく、まずこの和田夏十さんと「遊びまくって」書いた、『青春銭形平次』には間違いないのだから色々と困ってしまっていた。いや、欲求不満だったといったらいいか……。

だって、これに直接つながってくる作品はなく、『東北の神武たち』での「久里子亭」の唐突な登場だって、これはミステリ映画でもなんでもないのだから「気付く」はずもなく、だからやっぱり困っていた。この時私は十八歳。

それで私は、これの次に、つまり「文学全集」のあいだに見た『穴』(昭和三十二年)で、この「久里子亭」の正体を知り、色々と納得した。でもまだこれ一本……第一、私はミステリ・マニアだからすぐにわかったけれど、この原作が「ポケミス」で訳されたウイリアム・ピアスンだなんて、クレディットはどこにもなかったのですぜ！

そうしたら、そのさらに翌々年の昭和三十四年、今度はなんとテレビから、コーネル・ウールリッチの短篇〝二本立て〟を原作とした、生ドラマ(日本テレビ。VTRのない頃。フィルムすら使用せず)の『隣りの椅子』の演出ときた！　私が今回、このヒトを「監督」としてではなく「ディレクター」と記したのは、このせいだ。

なにしろ、最初から自分でシナリオを書いているがゆえに、例の単純な「番組映画」監督ではないはずなのに、だからすでに「巨匠」だったのに、新興のテレビにもこの興味、好奇心！　お話はといえば、非番の刑事(杉浦直樹)がおくさんと映画を見にいったら、今やったばかりのニュース映画に出ていた「凶悪犯人」(春日俊二)がなんと「隣りの椅子」にいるというスリリングな設定。これで私は、このヒトは間違いなくミステリ好きだと確信した！

それにしても……今にして思うと、ひとつは「捕物帳」パロディ、ひとつは「ノン・クレディット」のアメリカン・ミステリ物、そしてひとつがテレビの「単発」生ドラマ！　たったこれだけで、映画監督の本音のところの興味まで触れようとしてしまう、私も私ではありますね。

〔『ミステリマガジン』二〇〇八年一月号〕

第19章

久里子亭と『穴』

▼『穴』(大映/一九五七)◉モノクロ/スタンダード/一時間四十二分◉監督=市川崑、製作=永田秀雄、企画=藤井浩明、脚本=久里子亭、音楽=芥川也寸志、撮影=小林節雄、照明=米山勇、美術=下河原友雄、録音=渡辺利一、編集=中静達治◉出演=京マチ子、菅原謙二、船越英二、川上康子、山村聡、石井竜一、潮万太郎、見明凡太郎、浜口喜博、春本富士夫、北林谷栄、日高澄子、早田雄二、浜村純、石原慎太郎

ある雑誌を相手に賭けた三十日間の失踪ゲームを無事しおおせて、賭金はわが手中にありと思ったのも束の間、留守中に、何者かが彼になりすまし、彼の銀行預金を残らずおろしたばかりか、彼の拳銃で人を殺していた！　アリバイもなく、友もなく巧妙に仕組まれた「すばらしき罠」にかかって、警察から殺人犯として追われる主人公ヴァンス・ウェストフォールの取るべき道は……法科出身の異色作家ピアスンのハードボイルド派探偵小説にウールリッチ風の趣向をこらした傑作。一九五三年発表の処女作である(『ハヤカワ・ミステリ総解説目録』)……ウイリアム・ピアスン『すばらしき罠』)。

ところで、前回〝ノン・クレディット〟のアメリカン・ミステリ物なんて簡単に書いてしまったけれど、海外ネタの映画化はといえば、例の戦前からの「洋書派(今年、小鷹信光氏や小山正氏らと、残されていた蔵書を「某所」でのぞき、その徹底ぶりに啞然！)の異色ライター小國英雄の、あの快作たちを除けば……。

……昭和二十六年、だからあの戦後の規制の時代に、〈松竹〉がモーリス・ルブラン原作の『虎の牙』(瑞穂《みずほ》春海監督)を上原謙主演で、さらに三十年にも『顔のない男』(芦原正監督)を岡田英次主演で作った程度。これらがどんなものかというと、さらに翌三十一年に今度は〈東映〉が、同じ岡田英次演ずる名探偵「明智小五郎」で、『少年探偵団第一部　妖怪博士』(小林恒夫監督)、『同第二部　二十面相の悪魔』(小林監督)、三十二年も『同・かぶと虫の妖奇』(関川秀雄監督)、『同・鉄塔の怪人』(関川監督)と作り続けた、あの「お子様番組」に毛の生えた

ようなものといったらいいか。私はといえば、そんなものよりも例の「捕物帳」映画なんかを面白がっていたころだから、まぁカンケーない！

そんな頃に、つまり昭和三十二年に、なんと「ハヤカワ・ポケミス」物で、〈大映〉映画の『穴』である。この早さに、たぶん今でも驚くひとはいるだろう。なぜならこのラインは、ここから、〈松竹〉の『その手にのるな』（昭和三十三年。岩間鶴夫監督。ジョルジュ・シムノンとタイトルに表示《クレディット》）、〈大映〉の『闇を横切れ』（三十四年。増村保造監督。マッギヴァーンと『緊急深夜版』の名はまるでなし！）、〈松竹〉の『死者との結婚』（三十五年。高橋治監督。アイリッシュと表示）、〈東映〉の『白い崖』（同年。今井正監督。アイラ・レヴィンの『死の接吻』が表示なし）、〈大映〉の『わたしを深く埋めて』（三十八年。井上梅次監督。ハロルド・Q・マスルと表示）、〈東映〉の『親分《ボス》を倒せ』（同年。石井輝男監督。マッギヴァーンと表示）、〈大映〉の『無宿者』（三十九年。三隅研次監督。グルーバーの『六番目の男』はまるでなし！）……と続いてゆく、外国ネタによる新刺激。

つまり、監督市川崑は、「日本文学全集」どころか、「捕物帳」といった大衆小説にも、そして「ポケミス」的な輸入物にも、早くからキチンと目を向けていた、そんな「映画作家」だったのだ！　そして、この「捕物帳」から「ポケミス」的な部分が、つまり久里子亭《くりすてい》の担当だったのだろう。

で、そんな早い市川＝久里サンが、冒頭に紹介したピアスンをどう料理するかというと、まずはあとで「第億銀行渋谷支店」とわかる、その閉店後の行内で、支店長の白州《しらす》桂吉（山村聡）、支店長代理の千木《ちぎ》恋介（船越英二）、出納《すいとう》係の六井《むつい》外次（春本富士夫）の三人が密談中。「六井君、どうして今日やりませんでした？　大きな金額の出し入れは、二十五日前後しかないのですよ」「最初から駄目だっていったでしょう。こんな臆病な男を！　僕に任せてくださればよかったんだ」「支店長の僕や支店長代理のあなたが、銀行強盗の真似が出来ますか。万事穏便に運ぶためには、出納係の六井君の助けが必要なんですよ」なんて、公金横領の打ち合わせ中なのが、「久里子亭」的にかなりトボケた会話で、妙にオカシい。

次のシークエンスは、ここの近くの警察署（だから渋谷署？）の描写で、ここもまた「市川崑」的でさらにオカシい。

今しも、雑誌『文芸公論』を見てタケリ狂っているのが、黒い口髭が特徴の猿丸警部(菅原謙二。のちの〈金田一〉シリーズで加藤武が演じた「あの警部」の原型!)。それに「警察の腐敗を暴く」という記事が載っているからなのだが、内部に情報提供者がいるらしいからの怒りではなくて、そこに登場する「S警部っていうのは俺のことらしい。俺は猿丸警部で、だから頭文字はSだ。そうだ俺のことだ!」で、だから「名誉キソンで訴えてやる!」てな具合の、いたって個人的な怒り。

そこで当然、彼自身で『文芸公論』編集長室に乗り込むのだが、なんと編集長(見明凡太郎。『天晴れ一番手柄青春銭形平次』の犯人!)が倒れていて、拳銃を持った青年がそばに立っている。「殺人だ!」と仰天した警部の前で、しかし編集長は立ち上がり、青年も「拳銃ってのは、ちょっとばかり実存的な重量感があるな」なんてことをツブヤキながら出ていってしまう。「なんだ、あの男は!」という警部に、編集長答えて「今売り出しの小説家ですよ。なにしろ歳が若いので経験不足だから、殺人場面を書くのに私が練習台になってやらにゃならん始末で……」。

で、若い小説家を演じているのが、この頃「太陽族」の教祖だった、『太陽の季節』の作者石原慎太郎の、その「特別出演」なのだから、笑ってしまう! ちなみに私は、このヒトの主演作である「ブン屋」物『危険な英雄』(昭和三十二年。鈴木英夫監督)も、脚本監督作である「ボクシング」物『若い獣』(三十三年)も当時見ており、後者などはアルバイトで「試合シーン」のエキストラな

『穴』(1957年)©KADOKAWA1957

んかに参加していた。だからじゃないが、どちらも「悪くない出来」の作品だったと記憶している。もっとも、『穴』ではこのあと、弟の裕次郎を意識してか、歌まで歌っちゃって、これがまあ？……ではありました！

　それはともかく、猿丸警部は編集長に、「責任を感じて担当の女性記者はクビにした」と聞き、それでも気がすまなかったら、「大衆」の心理に答えて、「白書」を書くことを勧められてしまう。「大衆の心理なんか、クソくらえ！」とさらに怒る警部に、「それだけはいっちゃいけない」なんて……風刺派のコンさんだよねぇ。

　そして、やっと主役の登場……そのクビになった女性記者北長子《ながこ》（京マチ子）は、もうヤブレカブレで、今しも自室で遺書の執筆中。でも、「あら、また遺書？」なんてやってきた親友の赤羽スガ（北林谷栄《たにえ》）の、「人生に失望して家出するひとが多い」から、「アンタが失踪して、そういう大衆の心理を体験し、そのルポルタージュを書いて、売り込んだら」というアイデアの提供にノり、新興の『週刊ニッポン』に持ちかける。そして、その「失踪」の資金は、これもスガの知り合いの、第億銀行のあの白州支店長に頼み込む……。原作小説の設定に、やっと近付いたわけである。

　でも、このあたり実は「映画」的にきわめて手が込んでもいる。まず、演ずる京マチ子さんは最初はほとんどスッピン《ノー・メイク》！　だからこのあとの彼女の、超グラマーからオテモヤンふうまでの、雲隠れ「七変化《へんげ》」が強烈になるのだが、この京さん、スッピンだと別人みたいというのは、「業界」では結構有名なのだ。私もあるパーティ（たしか黒澤明監督の紫綬褒章受章記念のそれだったと思う）で、いらっしゃっていると聞き、その気で捜しまわったけど、ついに発見出来なかったという体験がある。

　そう、これはだからそんな京マチ子を最初から想定して書かれた、つまりいわゆる「当て書き」シナリオなのだ。初めにシナリオありの、あの「番組映画《プログラム・ピクチャー》」だったら、こうはいかないのだ。

　だから、彼女の親友役の北林谷栄……市川映画の常連でもあり、たいていは老婆役（『ビルマの竪琴』の「コーカン」バアさんが代表例）の彼女が、ここではなんと実年齢での若々しさ！　これもまた、京マチ子の役に説得力を持たせるための、ユニークなキャスティングなのだ。

　そして、この設定は原作通りの「犯罪」にまで発展し、それは実は白州支店長の作戦……つまり、北長子の

「失踪」中に、彼女にそっくりな女を北長子の名で銀行に勤めさせ、預金を持ち逃げさせ、長子の犯行にしてしまうということ。このそっくり女、支店長が飲み屋でみつけたという中村武子を、あの日高澄子に演じさせているのも、市川流のキャスティングの妙！

日高澄子、あの『幽霊列車』の時に触れたでしょう？同じ〈大映〉に所属し、でもトップ・スターの京マチ子に似ているので、かなりソンをしていた、あの人です。そのことを逆に利用とは……、そしてそのためにトップ・スターのほうはスッピンとは……、崑さん、なんともウマいですね。そのうえ、このふたりが出会うと、お互いにシゲシゲと見合って、あとがもう大変。「たいして似てないわ」という京さんに対して、「似てるよ！　化粧すると、みんなアンタと間違えたんだから」と断言の日高さんで、それからはとっくみあいの大喧嘩！　ヤレヤレ！

というわけで、ピアスンの原作をむしろ「倒叙」的に、そして思いっきり「コミカル」に、久里子亭は仕立てているのである。なぜなのか？

私はといえば、この作品の京マチ子さんのキテレツなコメディエンヌぶりに、大感激していた。こんなメッチャクチャな女優さん、日本映画では見たことがなかったからだ。

ただし、彼女は例の黒澤明作品『羅生門』が、ヴェネチア映画祭で日本映画初のグランプリを受賞したことで、世界的にも認知されていた。日本ではそれまで、大阪松竹歌劇団（ＯＳＫ）出身で、だから踊れる彼女は、グラマラスなプロポーションが大魅力の、いわゆる「肉体派女優」。しかしこれと『地獄門』で彼女は「グランプリ女優」の名で知られていった。

でも、作品は『偽れる盛装』とか『雨月物語』とか名作は色々あっても、こんなメッチャクチャな彼女では、まだまだなかったのだったが……。

ところが、この同じ昭和三十二年の一月に、アメリカ映画『八月十五夜の茶屋』がロードショー公開され、私も早速〈有楽座〉にスッ飛んだ。なぜならば、このブロードウエイ喜劇が原作の、敗戦直後の沖縄を舞台としたコメディ、主演がマーロン・ブランド、グレン・フォード、そしてわが京マチ子！　『羅生門』による彼女の世界的な認知の、これはその実証第一号にちがいなく、だからおよそ日本人ならば誰だって「それっ！」てなモンだ。

『穴』(1957年)©KADOKAWA1957
DVD発売中／価格：2,800円(税抜)／発売・販売＝株式会社KADOKAWA

そして、その成果……およそマーロンもグレンもヘッタクレもない、芸者「ロータス・ブロッサム」を演ずる京さんの、もうメッチャクチャなコメディエンヌぶり！　にもかかわらず、クライマックスでの「引き抜き」を基本とした彼女の日舞（振付は藤間万三哉）の、「シネマスコープ」的にケンランゴウカ、華麗なのなんの！

なんとなんと、「京マチ子」のこんな本来的な大魅力は、日本の映画人よりも、この映画の監督のダニエル・マン（元ブロードウエイの演出家で、自身の手掛けた『愛しのシバよ帰れ』の映画化でデビュー）らアメリカ人のスタッフのほうが、よく知っていた……！

……なんてことを、たぶん市川崑監督も感じたのじゃないか？　それで、次回作『炎上』の前に、同じ〈大映〉でこの頃、急遽一本撮らねばならなくなった崑さんは、その〈大映〉のトップ女優だが、しかしまだ組んだことのなかった京マチ子さんで、でもこちらは逆に「アメリカ物」を利用して彼女らしい新魅力をと、『穴』にまとめていった……。

……なんてことを（？）、今の私は、直感と推理で理解している。そうだったかどうかは、お仕事を手伝ったこともある市川監督に聞いてしまえばいいのだが、なぜかそういう気はまるで起こらない。これらが好きで、今まで様々にこだわってきたことを、そんなに簡単に済ませてしまうのは、なんだかもったいないないからかもしれない。なにしろこの時、たかが十八歳だった私は、でも『穴』のすぐ前の『東北の神武たち』（自由ヶ丘南風座で、もちろん黒澤監督の『どん底』と二本立封切）も、『穴』のすぐあとの『炎上』（自由ヶ丘ロマンス座で、菅原謙二主演の『嵐の講道館』と二本立封切）も、当時キチンと見ているのだから……ねえ！

え、「ミステリ」に関係ない？　だって「推理」しているのだから、イイじゃないか。

［『ミステリマガジン』二〇〇八年二月号］

第20章

関沢新一と『暗黒街の対決』

▼『**暗黒街の対決**』（東宝／一九六〇）◉カラー／シネマスコープ

／一時間三十五分◉監督＝岡本喜八、製作＝田中友幸、原作＝大藪春彦、脚本＝関沢新一、音楽＝佐藤勝、撮影＝山田一夫、照明＝西川鶴三、美術＝阿久根厳、録音＝渡会伸＋下永尚、編集＝黒岩義民◉出演＝三船敏郎、鶴田浩二、司葉子、夏木陽介、佐藤允、河津清三郎、田崎潤、北あけみ、ミッキー・カーチス、平田昭彦

ここで、関沢新一の登場……。

でも、彼をここで〝ミステリライターズ〟の中に入れてしまうのには、私は少しためらいを持つ。いや、でも入れてしまいたい！　なぜなのか？

関沢新一……といわれて、映画好きならすぐ思い出すのは、「ミステリ」じゃなくて「ＳＦ」。つまりこの国のＳＦ映画の、『大怪獣バラン』(昭和三十三年。本多猪四郎監督)以下、『宇宙大戦争』(三十四年。同監督)、『電送人間』(三十五年。福田純監督)、『モスラ』(三十六年。本多監督)、『キングコング対ゴジラ』(三十七年。同監督)……などなどの、その脚本を書いたのが彼なのだ。

これは、昭和三十一年に彼が、小プロダクション〈国光映画〉で、自作脚本の『空飛ぶ円盤恐怖の襲撃』を、自ら監督までして〈新東宝〉で配給してからの出来事だ。

それ以前は彼は、主として同じ〈新東宝〉で、大友柳太郎主演の『隠密七生記(剣雲碓氷峠の乱陣／龍攘虎搏《こはく》の決戦)』(昭和三十一年)とか嵐寛《アラカン》主演の『勤王？　佐幕？　女人曼陀羅《まんだら》(正続篇)』(同年)といった、チャンバラ映画を書いている程度の印象だった。それが、なぜか突然「ＳＦ映画」！

それで当時、まだまだ未開拓なＳＦ映画(呼び方はだから「特撮映画」「怪獣映画」)に関し、それを例の『ゴジラ』(昭和二十九年。本多猪四郎監督)で始めてしまった、〈東宝〉の田中友幸プロデューサーの、その触手が当然のこの関沢に向かった。

まぁ、これはわが国でのＳＦ映画史にとっては、きわめてメデタイことなんだけれど、ミステリ映画史にはあまりカンケーない。でも、このユーコー(田中プロデューサーを仲間はこう呼ぶ)さんが、そんな「特撮映画」路線とは別に、自分好みのアメリカ的「ギャング映画」路線も狙っていて、このあたりは戦前の『少年倶楽部』でモロに育ったような、ユーコーさんならではの面白さ。そういうこのひとの資質が、「ＳＦ映画」などを得意ジャンルとして映画評論を書き出した私は大好きで、のちのある取材を縁に、随分とお付き合いをさせてい

ただいたものだ。

そのユーコーさんがこの頃、ハワード・ホークス監督の一九三二年のあの名作、『暗黒街の顔役《スカーフェイス》』(昭和八年日本公開)あたりを目標に、とりあえず「同じ題名」のギャング物を、この関沢新一に、まず西亀元貞と共同で書かせてみた。

そういうふうに、関沢新一は器用なひとでもあったのだろう。なにしろのちには、都はるみのあの『涙の連絡船』などなど、千曲以上の歌謡曲の作詞まで手掛けたひとでもある。

で、そのギャング映画の脚本は、そのまま『暗黒街の顔役』として昭和三十四年の正月に公開された。私ももちろん、『グラマ島の誘惑』(川島雄三監督のコメディ)との二本立てで、例の「自由ヶ丘南風座」での封切りで見た!

ある犯罪組織(日本ではつまりはヤクザ)の幹部(鶴田浩二)と、その歌手志望の弟(宝田明)の、犯罪と兄弟愛の板挟みという設定の、あまり新鮮味はないがソツなくまとまっているこの脚本の、演出を任された監督の、その「さばきかた」のウマさ! そのひとこそ、『結婚のすべて』『若い娘たち』(私はこの第二作から見て、ファンとなった)と続き、これが第三作目となる、新進岡本喜八……!

「ウエットに出来てた話を極力ドライに撮りました。アクション場面には大いに凝った(中略)シナリオの関沢新一さんとは、これがはじめての出会いです」(『キネマ旬報』六二年秋の特別号「自作を語る」)

「これは正月ものをやれということで、ホンはもうできていたんです(中略)極力ドライに撮って、アクション場面は大いにこってやりました。つまりアソビのところで工夫するしかない映画だったんですね」(《アートシアター》六二号、『肉弾』パンフレット)

などと、岡本喜八監督はのちに語っている。当時のいわゆる「番組映画《プログラム・ピクチャー》」の実体が、よくわかる証言である。

ただ、〈東宝〉ファンとして不満はあった。正月らしく、これは鶴田、三船、宝田競演の〝東宝オールスター〟的に売ってはいたのだが、鶴田、宝田らはともかく、わが三船敏郎はといえば、昔からの友達の「喜八チャン」の、お正月映画への抜擢を祝い、ほんのチョイの友情出演……それもヤクザに脅される、自動車修理《スズキ・オート》の町工場のオヤジ役では……ねぇ!

『暗黒街の対決』(東宝/1960年)
DVD発売中/4,500円(税抜)/発売・販売元=東宝

それで、翌三十五年のやはり正月のこれ！　今度は、三船、鶴田の両雄激突にはちがいなく、それに〈東宝〉の元気な若手たち、佐藤允、夏木陽介、平田昭彦、中丸忠雄、中谷一郎、ミッキー・カーチス……（のちの「喜八一家」の面々！）。そして司葉子、北あけみ……といった女優陣は、これはたしかに華やかで、さらに今回は大人気の大藪春彦の『血の罠』が原作ということで、確実に期待は高ぶる仕掛け。脚色は関沢新一の単独作業……。

ストーリーはといえば、「暴力都市の荒神市に本庁の汚職刑事藤丘（三船）が左遷されてやってくる。彼は着任早々、大岡（河津清三郎）組の経営するキャバレーで大暴れし、次の日には対立する小塚（田崎潤）組の元幹部村山（鶴田）を訪ね、彼の妻への引き逃げ事件を探り出す……」なんて書いてみても、関沢的、せいぜい大藪的で、ちっとも面白くないと思う。面白いのは、喜八演出がタッチしてからで、さぁ、文章であの面白さが伝えられるかどうか。すでに見て知っているひとへならともかくだ。

まず、御存知〈東宝〉のマークに続いて、ワイド画面でとらえられた、点滅する車の赤いテールランプのみ。闇の中なので、まるで猫の目のよう。「警視庁」の文字入りの提灯をふりながら、その車に近付くパトロール警官。バックシートのドアを開けさせると、そこにトランクがひとつ。手を伸ばした警官に、助手席の男が、やにわに拳銃を発砲する。警官はトランクを握ったまま、道路に倒れ込み、車は逃走。警察署で開けられたトランクの中は、新品の拳銃だらけ……で、象徴的に赤く照明されたバックの前で、拳銃が一挺、こちら（つまり観客）に向けて乱射！　「警官射殺さる！　拳銃密売犯人のしわざ」の新聞記事。乱射拳銃が二挺、三挺と増えて、「暗黒街と化す荒神市。激化する縄張り争い」と新聞記事も過激になってゆく。そして拳銃の大乱射を受け、流れる外燈だけでとらえられた夜のハイウェイをバックに、佐藤勝の快調な音楽にのって、赤いメインタイトル『暗黒街の対決』……！

❶　というふうに、「喜八映画」は、けずりにけずった、最少限の情報で適確にドラマを伝えてゆき、そのリズムがまずは快感！

続いて、列車内の網棚の上のやはりトランク。カメラがパンダウンすると、リーゼント・スタイルの髪に背広と、いつもと違いちょっとスマートな、でもブッチョー面は同じ、藤丘刑事こと三船敏郎。彼の座席では今しも、隣りの大阪弁でキザな男(沢村いき雄)と、向かいの芸能人ふうに派手な女(浜かおる)が、「むこうに行ったら頼むで」「また警察にひっぱられるんじゃない?」と結構挑発的な会話中。あげく「大丈夫や。ちゃんと摑まさせとる。大舟に乗ったつもりで、派手にやるんや」という男に、「まかせといて!」と胸を広げてみせる女。「アホ! まだ早い」と男はあわてて彼女の胸を新聞で覆い、彼らはつまりストリッパーと興行師。でもまだ三船サンはブッチョー面。そこで興行師、新聞の汚職刑事の話を持ち出してクサすと、後ろの座席からステッキが伸びてきて肩を叩き、ソフトに眼鏡の紳士天堂(平田昭彦)いわく、「警察にうらみでもあるのかね」。興行師、怯えて藤丘刑事に煙草の火を借りようとしたら、脇の下の拳銃のホルスターがチラリで、さらに震えだし……。

❷つまり、この直後に登場し、藤丘刑事に「おたく、流れモンの殺し屋でしょ。目つきがいいモン! ボクもちょっとした殺し屋。どう、組まない?」なんてつきまとい、「ケツでも冷やしな!」とトイレにブチ込まれる、「黒づくめ」(まるで喜八さん自身だ!)の軽薄不良杉野(ミッキー・カーチス)が典型であるように、つまり演ずる俳優のキャラクターに合わせて、かなり誇張して、ほとんどマンガ的に描いてしまう、その人物群像のオカシさ!

それで、これが実は最も大事なんだけれど、杉野の前でバーン! と閉じられた列車トイレのドアは、次のショットでバーン! と開けられる、救急車のドアの動きと連動し、「荒神」駅近辺の事件へと展開がつながってゆく。これぞ喜八カントクの得意中の得意技である、「アクションつなぎ」。これは、こんなふうに重要……。

❸すでに見られた、トランクのあの連鎖イメージを、瞬時につないで快感にしてしまう、この「喜八」的話法。普通はトランクの場合のように、「絵」と「絵」の構図や類似なんかでつなげるフィルムを、「同様な動き」……というよりも「動体」でつなぐものだから、確実に「大きな画面」でないと、感覚的には伝わってこない。だってそうだろう、「スコップでぶち撒かれる砂利」と「打たれるゴルフボール」のつなぎなんて、テレビの小画面で見ても、馬鹿みたいですよ! 私は何度もスクリーンで見て、その「快感」を確認したものだ……。

……てな調子で、対立するふたつの組織(組)の両方に色々とチョッカイ出して、結果自滅させてしまう、藤丘刑事こと「暴力対策の隠れたベテラン」、つまり「潜入捜査官」野口刑事のカッコよさが、こんな喜八映画の「魅力」で徹底的に見せつけられる。だから、これは「ミステリ」らしさでもなければ、「ライター」の実力ですらない……といってしまえば、それまでだ。しかし、原作が大藪春彦の「ハードボイルド・ミステリ」であることも間違いなく、でもそのこととはほとんど無関係に私は「身震い」した。どれほどかというと、正月の三日に『天下の大泥棒　白浪五人男』(前年の『グラマ島』と同様、森繁久彌やフランキー堺らの主演の喜劇)と二本立てで封切られ、私はその日のうちに見たのだけれど、ソッチは見ないで帰ってきた!　そして翌四日また見に行って、やっぱり併映作はパス……で、それほどに「こっち」だけにこだわった。この時私は二十一歳。そして、この前作の喜八オリジナル『独立愚連隊』(昭和三十四年。佐藤允主演!)からではなく、ここから熱狂的な「喜八」狂となった!

ただ、それから年が経つごとに気になっていったことはある。この映画が、原作の持ついってみれば「ダシール・ハメット性」、悪くいえば「ハメットからのいただき」を、この国の娯楽のなかに実にスンナリと呈示してしまったということ。その「ハードボイルド」性の面白さを、本格的に日本映画のファンに知らせてしまったこと。そして、この翌三十六年の四月、あの黒澤監督による、同じ〈東宝〉、同じプロデューサー「田中友幸」、同じ「三船敏郎」の、時代劇の快作『用心棒』(モロ「ハメット」、モロ『赤い収穫』だ!)を誘発していったこと。この印象は、現在から振り返ってみるとまことに面白く、まるで『用心棒』のそのパロディ作品を、先に岡本喜八が作ってしまったようにさえ、見えてしまうのだ。

だから、このことは、今までにも何度も指摘してきたのだけれど、皆さん、もういい加減に黒澤明監督ばかりを神格化するのはやめませんか?　そりゃ、たしかに黒澤さんは凄いけれど、でも「日本映画史」的には、この『暗黒街の対決』!　いってみれば(前回で触れたような)日本映画を面白くした、「海外」物による刺激の結果の意義としては、こちらのほうがまず、とても重要に私には思えるのです。第一、逆もまた真なりで、The Last Gunfight の題でアメリカで公開されたこの作品、「ガイドブック」で今でも「星三つ」と点が高い！
そんなこんなの、われらの喜八監督は、でもこの関沢新一とはよっぽど気が合ったらしく、以後『大学の山賊たち』（昭和三十五年。共作。山崎努、佐藤允、ミッキー・カーチス主演）、『独立愚連隊西へ』（同年。共作。加山雄三、佐藤允主演）、『暗黒街の弾痕』（三十六年。加山、佐藤、ミッキー主演）、『戦国野郎』（三十八年。共作。加山、佐藤主演）と、この国の娯楽映画の最上質部分を連発し、私たちをきわめてリッチにしてくれた！　どれもミステリではないが、そういう面白さも色々とある、きわめてユニークな日本映画の、でも番組映画《プログラム・ピクチャー》たち……だった！

〔『ミステリマガジン』二〇〇八年三月号〕

第21章　池田一朗と『顔役暁に死す』

▼**『顔役暁に死す』**（東宝／一九六一）◉カラー／シネマスコープ／一時間三十六分◉監督＝岡本喜八、製作＝田中友幸＋三輪礼二、原作＝大藪春彦、脚本＝池田一朗＋小川英、音楽＝池野成、撮影＝太田幸男、照明＝山口偉治、美術＝村木忍、録音＝渡会伸＋宮崎正信、編集＝黒岩義民◉出演＝加山雄三、水野久美、ミッキー・カーチス、平田昭彦、田崎潤、中丸忠雄、中谷一郎、島崎雪子、柳永二郎

ところで、とりわけ大好きな前回の『暗黒街の対決』に関しては、まだまだ語りたりないのだけれど、ま、和田誠の『お楽しみはこれからだ』ふうに、次のような印象的な台詞群を並べて、とりあえず済ませておこう。すでに見ていて、わかるヒトには……だけどね！

「いっとくけど、俺はケタが違う。ケタがね」（藤丘刑事こと三船敏郎が大岡親分こと河津清三郎に）。

「冗談でしょう、オレたちはみんな音痴だぜ」（殺し屋市野こと天本英世が大岡組の代貸し柴田こと中丸忠雄に）。

「目なしのサイって知ってるか」（元小塚組の鉄こと鶴田浩二が組員弥太こと佐藤允に）。

「天井だ。天井へ寝るんだぞ」(藤丘刑事が鉄に)。

「タヌキとキツネ！」(ホステスのサリーこと司葉子が藤丘刑事と大岡親分に)。

「友達か。妙な友達だな」(鉄が藤丘刑事に)。

「あのー、ボクのギャラの残り、どうなってんですか？　まさかパーじゃないでしょうね」(チンピラ殺し屋杉野ことミッキー・カーチスが柴田に)……。

……などなどと、一体何度見たんだろう、みんな私はソラんじている。

こうなってくると、シナリオにある「台詞」というよりは、それを俳優に当てはめた「演出」の面白さにちがいなく、だから映画をライターで語るこのへんが限界ともいえる。つまりはこれらが「喜八」調……！

こういった「喜八」調は、これから五作あとの、ハードボイルド・アクション物『顔役暁に死す』(昭和三十六年)でも、もちろんやはり同じ。

例の削りに削った、簡潔な導入部……〈東宝〉のロゴに続けて、ジッポのライターを弄《もてあそ》ぶ「手のアップ」、ゴルフバッグを手元に引き寄せるその男(中谷一郎)、運転手(岩本弘司)ナメの彼の不敵なツラがまえ。大通りから取り壊し中の裏通りへと進む車、ある空《あき》ビルの前でゴルフバッグとともに降り、ビルに侵入し、階段を昇る男。バッグのジッパーを開けライフルを取り出す。突然喚声、窓から覗くと、マーチを演奏する警察の吹奏隊のパレードが来る。頭上に張られた幕には「祝市長当選　佐伯大三」。その下を市長を乗せたオープンカーが通過。ライフルのスコープ内にとらえられた佐伯市長(林幹)、銃声とともに倒れ込む。床に落ちる薬莢、逃げ去る足音……で、車のヘッドライトで白くとんだ画面に、赤い文字のメインタイトル「顔役暁に死す」！

『暗黒街の対決』と同じく、台詞まるでなしでも、「事件」はほとんどわかってしまう。ミステリ映画、アクション映画の理想的なプロローグではある。原作も同じ大藪春彦で、こちらは『火制地帯』。

『暗黒街の対決』との違いの最大の因子はといえば、こちらは当時売り出し中の、加山雄三が主演であること。

　だからタイトルに続いての主役の登場はこんなふう。「倉岡市」の標識の脇を通過する車。カーラジオのプッシュボタンを押す「手のアップ」。流れてくるメロディに合わせて、軽快な口笛を吹く若者(加山)、前方から奇妙なアーチが迫ってきて唖然。なんと「遊園地」を通って、ガスステーションへ……。

　以下、そこの従業員(大村千吉)との会話。「あれは何だい?」「倉岡名物、ドリームランドですよ」「フーン、柄にもないモン、作ったもんだな」「へえ? 倉岡を御存知で」「ああ、昔々のお話だがね」「ここ二、三年ですっかり変わってね。今じゃれっきとした観光都市ですよ」……。

　そして、このガスステーションでカモを求めてタムロしている、チンピラたちに彼はまず狙われ、いとも軽快に片付ける。三船サン的に豪快ではなく、加山サン的にカワイラシクでもあり、いってみれば、まあスポーティ。

　そう……この加山さん、〈松竹〉の二枚目スタア上原謙(戦前の『愛染かつら』などなど!)の、そのジュニアで、「長身」で「歌え」ちょっと「不良っぽい」から、圧倒的な人気のあった例の〈日活〉の「湘南ボーイ」こと石原裕次郎の、〈東宝〉的な後追い狙い。同じ時期の〈大映〉でいえば、作家川口松太郎(〈大映〉の重役でもある)のその息子の川口浩(デビューは裕チャンよりわずかに先なのだが、アッという間に「彼」的な不良役になった!)の登場……。

　で、この上原ジュニア、まずわが岡本喜八に預けられ、『独立愚連隊西へ』『暗黒街の弾痕』で佐藤允とのコンビで登場する。これは喜八さんが父親上原謙とはすでに、『結婚のすべて』『若い娘たち』『ある日わたしは』『大学の山賊たち』(これはなんと幽霊役!)など、初期の青春コメディで組み、ワキながら〈松竹〉時代とは違う、軽妙な魅力を引き出していたからだろう。このへんが裕次郎とは違う狙いというか、加山雄三ならではの個性ではある。

　その次が、まさしく「裕次郎」売り出しの、あの大功労者だった、井上梅次の脚本監督による単独主演作『東から来た男』(昭和三十六年)なのだから、〈東宝〉の期待も色々とわかってくる。その辺り、先に触れてしまえば、この『顔役暁に死す』を経て、次の『大学の若大将』(同年。笠原良三、田波靖男脚本、杉江敏男監督)で始まり、翌年に第二作『銀座の若大将』(スタッフは同じ)と続

『顔役暁に死す』（東宝／1961年）
DVD発売中／4,500円（税抜）／発売・販売元＝東宝

いてゆく、例の〈若大将〉シリーズで「加山雄三」のイメージは決定的になる。そのまさしく過渡期……。

つまり、本格的な大売り出しの『東から来た男』の、そのまた次がこの『顔役暁に死す』なのであって、ハードボイルドらしくはなく、もちろん「大藪春彦」的でさえなく、どことなく「お坊ちゃん」ふうにカワイくて当然だろう！　なにしろクライマックスの大アクションなんか、あの「遊園地」でなんだから……ねェ！

で、話を戻すと、「ドリームランドの次がチンピラ強盗。市長もボケたかな」「佐伯市長が生きていたら、こうはならなかったんですがねェ！」なんて会話になる。

ということで、彼、佐伯次郎は、ここではじめて父親が殺されたことを知る、アラスカの森林開発からやっと帰ってきた、その息子であることがわかり……と、ドラマは暴力で対立する二つの勢力、「後藤興行」(ボスは平田昭彦)と「半田運送」(ボスはこの直後の〈若大将〉シリーズの青大将こと田中邦衛！　三つ揃えだがチョッキが真赤！)の周囲で、彼の独自の「犯人捜し」となってゆく。

とりあえずの情報源は、「狩猟用のホロー・ポイント。つまりダムダム弾だったから完全に即死だった。(銃は)ウインチェスター、モデル70」などと、「大藪調」で話す細木警部(田崎潤。『暗黒街の対決』の小塚親分)。そして、「だけど、ネグリジェ着たお母さまなんてのも、困りモンだな」と次郎にいわれ、ついでにニーッと笑われちまう、市長の元秘書で後妻の佐伯久子(島崎雪子。『暗黒街の対決』の司葉子と同様「らしからぬ」役の面白さ！)。

「喜八」調の決定版はといえば、「アタシゃ、肋骨三本ないんですからね、医者は手術しろ手術しろっていうんですけどね。なにしろブン屋のサラリーじゃね。さっしてくださいよ」なんていいながら情報を売り込む、マスクやら眼帯やらで病人のつもりの、セコい地方紙記者佐野(ミッキー・カーチス)……などなど！

脚本はだから、喜八さんと気の合う例の関沢新一でいいんじゃないかとファンは思うのだが、実は違うから、「番組映画《プログラム・ピクチャー》」の「撮影所《スタジオ》」というか「製作者《プロデューサー》」は面白い。

つまり田中友幸、あのユーコーさんと協同プロデューサーの三輪礼二が名指しした脚本家は、池田一朗(と小川英)！　この池田一朗は、〈日活〉の「裕次郎」物でも「映画」的に最も評価された、石坂洋次郎原作のあの『陽のあたる坂道』(昭和三十三年)を、名監督の田坂具隆《ともたか》と共作で書いて、たぶん本格的に評価されたヒト。なのに、このあとには同じ〈日活〉で、菊村到原作のハードボイルド物『けものの眠り』(昭和三十五年。鈴木清順監督、長門裕之主演)なんかも手掛け、なによりも〈東宝〉でも『男対男』(同年。谷口千吉監督)……ユーコーさんのプロデュースで、三船敏郎対池部良というスタア対決アクションを、これも小川英と共作でまとめてさえいる。そして、この〈東宝〉作品は、ワキながら加山雄三のデビュー作でもあり、それで当然のようにこちらも「池田一朗」ということになったのだろう。

だから彼はこのあとに、〈日活〉でも『堂々たる人生』(昭和三十六年)、『あいつと私』(同年)、『雲に向って起《た》つ』(三十七年)などの「裕次郎」物にも戻っている。「売れっ子」ライターの活動ぶりが、実によくわかってしまう。この頃、池田一朗は裕《ユー》ちゃんとは、彼の「石原プロモーション」で『殺人者を消せ』(昭和三十九年。舛田利雄監督)というサスペンス・ミステリ(原案は長沢朗)も書いているのだが、あまりに例の名作『シャレード』(六三年。同年十二月日本公開)を意識しすぎ、見ていてこちらがテレくさかったことを、私はよく覚えている。

つまらない作品ではないので、だから二度も映画館で当時見たのだけど……ねえ!

ちなみに、『けものの眠り』の監督さん……そのあとにも『峠を渡る若い風』(昭和三十六年。和田浩次主演)でのこの池田さんと付き合った、鈴木清順監督(次回に登場する)にきいてみる。池田さんって、どういう脚本家なんですか? すると、監督いわく……。

「東大の仏文出身で、シャレた才能があって、一目も二目も置かれていたな」

「でもね、共作者を誰かつけて置かないと、書かないで逃げっちまうのよ」だってさ。

そうか、それで共作者の「小川英」たちなのか! 映画脚本のグループ作業には色々な機能があるが、そういう「監視役」「お目付け役」というのもあったのか! 彼は岡本喜八監督とも、このすぐあと、中村真一郎の『黒い終点』を原作とした、『地獄の饗宴《うたげ》』(同年)でも組んでいるのだが、やはり共作者は小川英。こちらは三橋達也が犯罪者を演じて、喜八ハードボイルド中、一番暗い印象の作品だったが、それでも佐藤慶と城所英夫が演じた「殺し屋」コンビのユニークさは、初期のドナルド・ウェストレイクの小説のようにカッコいい存在だったことを覚えている。喜八作品の場合、どうしても脚本よりも演出の巧みさの話になってしまう。仕方ないことではある。

でも、そうなってくると、このことはどう解釈しておけばいいのだろう。実はこの作品の、大藪春彦が書いた原作小説『火制地帯』(浪速書房から出たらしいが、私は一度も見かけたことがない!)が、未訳のアメリカン・ハードボイルドからの「頂き」という噂が当時あった。無数にあるペーパーバック・ハードボイルド物だから、誰かよっぽどの原書愛読者(当時も、やはり小鷹信光か?)が指摘したのだと思う。

私はといえば、そんなことよりも喜八狂でありますから、もう映画のスマートな出来で大満足……!

で、そんな噂なんか忘れてしまったころ、東京創元社から、ロス・マクドナルドが習作時代に本名のケネス・ミラーの名で書いた『憂愁の街』(のちに『青いジャングル』として文庫入り)が翻訳出版され、もちろんのことすぐ読んだ。そしてほとんど叫んだものだ、「これは喜っパチさんの『顔役暁に死す』じゃないか!」

それほどに、「ロスマク」のこの小説の印象は、少なくとも私には「あの映画」だった。なぜか、やたらうれしかった! そう、ここまでアメリカン・エンタテインメントに接近出来る、日本の映画監督がいるのだ……ということ!

敗戦後、アメリカ映画に目がくらみ、たぶん露骨に日本のそれを差別してきた私の、だからこその本音の喜びだったと思う。

今にして思うと、それは実は、池田一朗の実力だったのかもしれない。いやいや、たとえ「頂き」だろうとなんだろうと、大藪春彦という当時の若い作家(早大の学生だった!)が、脇目もふらず「ハードボイルド」のこの国での消化に、熱中してくれたからだともいえる。

そして、だからこそ黒澤明までをも触発し、間違いなくあのハメット・ハードボイルド的な、大エンタテインメント映画『用心棒』をさえ生み出した……。

まあ、とにかく「映画」は、こんなふうにまずは「文字」として生み出され、「監督」の創造力を刺激する……このことはもっともっと理解されてもいいと、今の私は思う。

[『ミステリマガジン』二〇〇八年四月号]

第22章

池田一朗と『野獣の青春』

▼**『野獣の青春』**（日活／一九六三）◉カラー／シネマスコープ／一時間三十二分◉監督＝鈴木清順、企画＝久保圭之介、原作＝大藪春彦、脚本＝池田一朗＋山崎忠昭、音楽＝奥村一、撮影＝永塚一栄、照明＝大西美津男、美術＝横尾嘉良、録音＝中村敏夫、編集＝鈴木晄◉出演＝宍戸錠、渡辺美佐子、川地民夫、香月美奈子、小林昭二、江角英明、鈴木瑞穂、信欣三、清水将夫、金子信雄

そして、「鈴木清順」映画！

ライターとしてではなく、映画製作のアンカーである「監督」の作品としては、「市川崑」物、続いて「岡本喜八」物、そして「鈴木清順」物といった日本映画の流れが、私は「実体験」としては一番好きだなァ……なんて気持でこのところ書いていたら、なんとその出発点「コンさん」が亡くなった！

二〇〇八年二月十三日、九十二歳！　この方はまた登場するから、ここではまずは黙禱！　色々「現場」的に教えてくださいまして、本当にありがとうございました！

で、その「コン」作品ではなく「清順」作品だが、実に第二十八作目（もう典型的な番組映画《プログラム・ピクチャー》監督だ！）となる、この人の最初の傑作が、やっぱりあの池田一朗の脚本で、またしても大藪春彦原作。こちらは〈日活〉の〝エースのジョー〟こと宍戸錠主演の『野獣の青春』（昭和三十八年）！　清順監督はこのひとつ前の、『探偵事務所23（ツースリー）くたばれ悪党ども』（同年）もやはり大藪物で、主演も同じ宍戸錠なのだが、なぜかまだまだ助走的。

そして、「こちら」のまぁ、ノッケから「新ハードボイルド」調というか、「この監督、ナニモノ？」というか、とにかくなんとも個性的なんだ。

でも、なにしろ番組映画だから、脚本的にはまあ普通ではある。都内某所の連れ込み宿〈やまとホテル〉で、男女の死体が発見される。「妻のある人を本気で……」という女の遺書から、無理心中と判明するのだが、「このくらいの女にホレられりゃ、ある意味で幸せ」な

んて刑事にいわれてしまう。その男のほうもなんと現職の刑事だった……。ということで、次のシークエンスは、タテつく街のチンピラどもを相手に暴れまわり、キャバレーでは大盤振舞いで無銭になったあげく、そこを根城にしている暴力団「野本組」に、実は自分を売り込む、「謎の男」水野錠治こと宍戸錠……。なんて調子は、〈日活〉アクションとしてごく普通の展開だろう。これがしかし、ひとたび「清順」旦那の演出にかかると、こんな冴え！

〈日活〉のロゴに続き、白いキャンバス地に黒文字のタイトルで「野獣の青春」。「の」だけが赤文字なのが、やけに印象的だ。

このタイトル・バックが、前述した無理心中の捜査のモノクロでの描写に代わり、文字は青一色となるのも、かなり官能的。そして、そのタイトル画面が、なぜか一輪だけ活けられていた赤い椿の花(着色。強烈！)でまとまるや、街中《まちなか》を文字通り「肩イカらせ」たジョーさんが、まるで猛牛のごとく突進してくる。チンピラを殴る、蹴とばす、靴の汚れを倒れた男になすりつける。さらに彼のデモは、某キャバレーでのそれにつながり、ここがなんとも凄い！

まずは大鏡張りのフロアの席についた、ブッチョー面《づら》のジョーさん、「ご指名は？」と尋ねるウエイターに、黙ってその鏡を指す。「ハ？」とけげん顔の彼に掴みかかり、デモの再開。で、ホステスたちに取り囲まれて、大盤振舞いのジョーさんを素通し鏡《マジック・ミラー》の向こうから、「野本組」の幹部小沢(金子信雄)らが見ているというわけ。そしてそこからは、コチラの世界は無音であって、これがなんともユニークな「清順」空間になっている！

そこへホータイだらけの組の若いモンがやってきて、「アイツだ！」……で、無音空間の中のジョーさんが連れ出され、その空いた空間にショウのストリッパーがセリ上がってきて、無音で踊り出す……これ官能的でなくて、一体なんなのだ！　安キャバレーだろうが、場末の踊り子だろうが、だ！　これが鈴木清順演出なのだ！

ここからジョーさんは、ガラス張りの床(！)の下から、アオリ(仰角)で異様に撮らえられた、カウンターを通って、この「二重世界」のオフィスで、ガン・アクションのデモ……。

……と、喜八さんと比べるならば、アチラが時間レイアウトの巧みさならば、こちらは空間レイアウトの巧みさが大個性！　なんてことを私は、これから四本あとの小林旭主演の任侠物『花と怒涛』（昭和三十九年）でやっと体験できたのだ。この『野獣の青春』は、その結果、あわてて追いかけたものだ。

理由はといえば、主として銃火器での暴力描写の新鮮さはともかくとして、大藪春彦の原作には、小説としてかなり失望していたからだ。その映画化などには、この頃あまり興味がなかったのだ。

だって、この『野獣の青春』の原作である、長篇『人狩り』（昭和三十七年）にしてからが、対立する大和銀行（映画では野本組）に潜入してツブすために、三光組に雇われた主人公の私立探偵（？）水野雅之は、「ガメついんでない。俺は命の安売りをしないだけだ」なんて口調である。彼にタテつくチンピラなど、「よくも俺たちに恥をかかしやがったな。俺たちが大和銀行の青年行動隊と知ってか知らずでか！」なんて、まるで下手な時代劇である。あげくに、もう行き当たりばったりの活躍の結果の、とってつけたような（言葉通りに受けとってください！）水野のクライマックス・アクション！　『野獣の青春』にコーフンした私達が、ついでに手を出してア然とし、すぐに忘れてしまう、そんな小説だからなのだ。

それでも当時、そこにある銃火器描写の新鮮さ（くどさ！）、さらには「対立する二つの組織」間のヒーローといった、いわゆる「ハメット因子」の面白さにひかれてか、早くから映画化はされていた。最初はやはり〈日活〉で、長門裕之主演の『街が眠る時』（秋元隆太脚色、野口博志監督）で、昭和三十四年五月二十六日公開。たしか雑誌『宝石』に載った短篇が原作と記憶している。併映は水島道太郎主演の『トップ屋取材帖　迫り来る危機』（島田一男原作、井田探《もとむ》監督）で、裕チャンを筆頭とする、あの大人気路線がまだないことがよくわかる。次が、『野獣死すべし』。白坂依志夫の脚色で、須川栄三が監督の、これは大藪ヒーロー「伊達邦彦」を仲代達矢が演じた〈東宝〉作品。『街が眠る時』とほとんど同時の、六月九日の公開だった。

そして、翌三十五年の一月三日に公開されたのが、すでに関沢新一の項で取り上げた、あの快作『暗黒街の対決』。もちろんこれで私は完全に「大藪ばなれ」……！

同じ〈東宝〉からは、この年の十二月二十九日にも、不良型歌手の水原弘と仲代共演の『みな殺しの歌　拳銃よさらば』が、寺山修司脚色、須川監督で公開された。さらに翌三十六年四月十六日には、池田一朗＝岡本喜八のあの『顔役暁に死す』が登場……で、昭和三十七年の『くたばれ悪党ども』『野獣の青春』と、〈日活〉の「宍戸錠」物につながってくる。

ちなみに、この〈日活〉の宍戸錠主演物だが、その誕生のいきさつが面白い。この会社ではすでにあの大人気路線……石原裕次郎、小林旭、赤木圭一郎、和田浩治と並ぶ、「ダイヤモンド・ライン」なる番組映画ラインナップがあった。

ところが昭和三十六年の一月、メインの裕次郎がスキーで骨折、二月には赤木がゴーカートで事故死……と続く「出来事」のため、ラインナップを急遽補強せねばならず、それで脇で当時人気のあった宍戸錠と二谷英明を加え、新ダイヤモンド・ラインを編成した。

この頃の錠さんは、どちらかといえばヤサ男＝好青年タイプ(たとえば『警察日記』の警官など)だった自分を、豊頬手術などで大胆に顔の印象さえ(オースン・ウェルズふうに)変え、役柄も敵役《かたき》に徹して、かなりの人気があった。

だから、当然の主役大抜擢！　それで、〈日活〉では和田浩治物の担当で、つまりあんまり期待されていない清順旦那にも、この宍戸錠物が回ってきた！

そしてその錠サンといえば、なにしろ手術までして自分の役柄を考えるヒト。アクションなどなどのアイデアは、もちろん一杯持っている。最初の出会い、つまり『くたばれ悪党ども』では、たぶんとまどった清順旦那も、ここはむしろ色々と頂いてしまったほうが……とばかりアイデアを取り込んで、それで出来たのがこの大秀作である、『野獣の青春』だと思う。

それほどに、ここには映像的なアイデアが詰まっている。対立する片方の組織「三光組」の、その事務所はなんと映画館のスクリーン裏にあり、そこでの撃ち合いなど、スクリーン内のそれと呼応してしまったり……クライマックスの銃撃戦では、ジョーさんなんと逆さづりにされたままの姿勢だったり……ペルシャ猫を愛する野本ボス(小林昭二)とか、カミソリでひとの顔をすだれのように切り刻んで喜ぶ、その弟「スダレの秀」(川地民夫)とか、プラモデル・マニアの下っぱ(錠さんの弟、郷鍈治)とか、特攻隊くずれの自爆型「三光組」ボス(信欣三)とかとか、キャラクター群の味付けもきわめてユニーク！　とにかく、語られるストーリー以上に、清順「映像」はリッチだということだ。

このへんの、たとえば清順＝錠的な連携プレイは、私には具体的によくわかる。どういうことかというと、とにかくそれやこれやで清順映画に大興奮してしまった私は、しかし当時のいわゆる批評界が、ちっとも評価しないのに腹を立て、それではと、仲間や家族と同人雑誌（『ＯＦＦ』という）を作り、その創刊号を「鈴木清順特集」にまでして、このカントクと近付きになってしまったからだ！

そして、そんなお付き合いをしているうちに、私はいつのまにか「清順流」番組映画《プログラム・ピクチャー》の製作に、参加してしまう。私が体験した「それ」は、こんなふう……。

まず、会社から担当すべき作品のシナリオが主演者たちの名前と共に与えられる。読んだ清順監督は、そこに描かれたドラマのジャンルや主題、背景に関して、色々知識のある人々を集め、意見を聞く……というより、具体的にアイデアを求める。私が参加させられた『けんかえれじい』（昭和四十一年）の場合でいえば、こちらの担当は喧嘩の様々な手に関する、アクションもしくはコメディ映画的なアイデア。

つまりそういうものこそ、この映画の原作小説（鈴木隆）にも、それを元に書かれた脚本（新藤兼人）にさえあまりない。「もっともっとあっていい」……「なんか面白い手、ない？」ということなのだ。そして、ストーリー、その設定、だから台詞といったあたり、つまりは基本的な構成さえ変えなければ、あとは演出の自由……という、これは考え方、受け止め方なのだ。

実は、こういったかつての「番組映画」監督ゆえの切実さは、昔から批評家にすらよく知られてはいず、でも私はなぜかそこに一番興味を持ってしまっていたようだ。なにしろあの時、私は「（もらうだけの）シナリオなら、ト書きなんかいらないよ。台詞だけでいいんだよ」なんていう、清順旦那のボヤキまで聞いてしまってさえいる。そんなあたりに、「会社」の方針と、自身の「表現」のハザマで悩む、作家を見てしまったからだろう。

実に、同じことはライター側にもいえ、自作に勝手に手を入れられてしまうことには、やはり色々と複雑な気分ではあったと思う。でも、こんな証言もある。『けんかえれじい』という、清順旦那の代表作のひとつを書いた新藤兼人の、「見事な映像表現」という文。「（前略）出来た映画を見ておどろいた。わたしの平板なシナリオが鈴木清順監督の見事な演出でキラキラかがやいているのだ。まさに監督の情熱がはじけとんだという感じだった。(中略)省略と抽象、鈴木清順監督の青春がおどっていた」。

自身も「監督」である新藤兼人の、だからこれは特殊な反応なのだろうか。自作を同様な傑作に仕上げられてしまった、池田一朗(と共作者、つまりお目付け役の山崎忠昭)も、やはりこんなふうに感じたのだろうか？

そうあってほしい！

だって、清順サンがノったのは、大藪ハードボイルドの部分ではなくて、池田シナリオにこそ描かれた、あの冒頭の「事件」の、そのミステリ性。つまり冒頭とエンディングの、あの「赤い椿」の官能は、池田一朗のこの、むしろオリジナル・シナリオからこそ生み出され、私たちをミステリとしてもドラマとしても、納得させてくれたからだ！

そんな、ドラマティックでもあった「番組映画」作りの時代も、いつのまにか過去となった。だから、こんな「会社(製作者)」「脚本家」そして「監督」の三者による、特殊でシ烈な戦いもなくなった。でも、「映画」はもちろん、まだある。それが「集団創造」の場である以上、戦いは別な姿となって、やはりどこかにあるのだろう。でも、新藤兼人のいう「監督の情熱がはじけとんだ」ような、そんな化学反応がそこにはあるのだろうか。そう考えると、「池田一朗」という名は、今とても重要に思えてくる……。

[『ミステリマガジン』二〇〇八年五月号]

第23章 池田一朗と『危《やば》いことなら銭《ぜに》になる』

▼**『危いことなら銭になる』**(日活／一九六二)◉カラー／シネマスコープ／一時間二十二分◉監督＝中平康、企画＝久保圭之介、原作＝都筑道夫、脚本＝池田一朗＋山崎忠昭、音楽＝伊部晴美、撮影＝姫田真佐久、照明＝岩木保夫、美術＝大鶴泰弘、録音＝福島信雅、編集＝丹治睦夫◉出演＝宍戸錠、長門裕之、浅丘ルリ子、藤村有弘、郷鍈治、左卜全、草薙幸二郎、武智豊子、浜

田寅彦、野呂圭介

一九二三年、東京生れ。本名・池田一朗。四八年、東大仏文科卒。在学中、辰野隆《ゆたか》、小林秀雄らに師事する。同年、東京創元社に入社、五三年、中央大講師。東宝、日活などの映画の脚本を書き、五九年、映画『にあんちゃん』でシナリオ作家協会賞を受賞した。六一年、中央大助教授を辞職。テレビドラマ『荒野の素浪人』(七四年)などの脚本を手がけた。作家デビューは八四年の『吉原御免状』。『影武者徳川家康』『捨て童子・松平忠輝』などを次々と発表するが、八九年死去。同年、柴田錬三郎賞を受賞した。(「隆慶一郎は終わらない」二〇〇八年二月三日・朝日新聞)

ごく最近の特集記事である。池田一朗はそんな人なのである。いや、隆慶《りゆう》一郎だったのである。でも、私はあまり興味ない。なぜって、私にとっての池田一朗といえば、『顔役暁に死す』であり『地獄の饗宴《うたげ》』であり『野獣の青春』であり……で、つまりは彼のミステリ映画作家としての才能のほう。そりゃ、炭鉱で父を失った在日韓国人の四兄妹が体験する、「現実」の厳しさを描いた『にあんちゃん』(長門裕之主演)なんてのは、誰だって切実に受けとめるだろう。でも、なにしろ「ミステリ」という「嘘っ八」を楽しみの基本としている私などには、てんでだめ。

まして、これが当時十歳だった安本末子さんの日記(だから実話)を原作としたなんて、もうどうしようもなく現実的で、そういうものは監督今村昌平と池田さんの共作だろうと、受賞作になろうと、私のテイストとは全然違う方向なんだよね。

それにしたって、「こんなふう」に人物紹介を、「受賞作」なんかだけですませる、この国のワルい習慣、なんとかならんかね。大事なところが何も伝わらないじゃないか。〝野獣〟とか〝顔役〟とか〝地獄〟とかの部分！

そういう意味で私には、もう一本忘れられない池田一朗作品があって、主演はまたしても宍戸錠の、だから〈日活〉映画。ただし原作は大藪春彦ではなくて、意外なことに都筑道夫の長篇ミステリ『紙の罠』。

意外だというのは、そもそも『エラリイ・クイーンズ・ミステリ・マガジン日本版』(『ミステリマガジン』誌の前身)の初代編集長だった彼は、昭和三十六年の長篇ミステリ『やぶにらみの時計』で本格的に作家としてデビュー。その「通好み」の書きっぷり、つまり主として「謎とき」を基本とした巧妙なジャンル選び、軽妙洒脱な文章、読者を翻弄する構成、奇抜なアイデアなどなどで、「読者を選ぶ」作家である。つまり「わかるヒトは読んで！」みたいなその姿勢は、「誰でもとっつけて」人気の大藪春彦とは、もうまるで正反対。

つまり、例の「無国籍」アクションの、「ダイヤモンド」路線《ライン》の不良王国〈日活〉に、この都筑テイストなどわかるわけがない……と、最初からの都筑ファンだった私などは思い込んでいたものだ。すでに喜八アクションが出発し、『顔役暁に死す』も楽しめた、〈東宝〉映画ならともかくだ。

でも、この頃、都筑作品の映画化と聞いて、飛んで行かないようじゃミステリ・マニアじゃない。で、私ももちろん〈渋谷日活〉に飛んで行った。昭和三十七年の十二月一日のこと。併映は、典型的な添物シリーズの一篇『機動捜査班／群狼の街』(小杉勇監督、青山恭二、益田キートン主演)……。

ちなみに、見る前の私の知識。原作では、紙幣印刷用の「すかし」入り「みつまた」和紙が、輸送中に大量強奪される。それを知った近藤庸三と土方利夫という、なんというか「犯罪ピンハネ屋」が、それぞれ何とか紙幣贋造の名人坂本剛太を先に押さえ、強奪した犯罪組織に高く売り込もうという作戦の、そのドタバタ競争なのだ。これに、もうひとりのピンハネ屋沖田、組織のボス芹沢などがからみ、つまり登場人物がすべて、「幕末の有名人」から名前を借りての、都筑調のドタバタ・ドラマが展開してゆく。これに関してセンセー(都筑氏は私の師匠なのだ)は、「スラップスティック・コメディに対する執心から生まれ……だからlack-gothic thrillerと断り書きして……(これは)語呂あわせで、ラクゴティック——落語的なスリラーという意味」とまで書いているのである。

そして、そんなユニークな小説の映画化である、この『危《やば》いことなら銭《ぜに》になる』、監督が中平康《こう》というのも、私の当時の事前知識。これは期待半分といったところで、期待のほうは、これの前に彼が監督した、石原裕次郎主演の航空アクション・サスペンス『紅の翼』(昭和三十三年)を見て、「結構満足！」だったからだった。

それとは対照的に、彼は同じユーちゃんを『狂った果実』(三十一年)で本格デビューさせており、これは中平自身のデビュー作。監督中平の評価は、ほとんどここから始まっており、でも私は前に触れたように、こんな「太陽族」などという「不良」が大嫌い。結局、この映画の原作者石原慎太郎(自身で脚色も担当)がそうだったような、有閑青年たちへの、ビンボー学生たる私の嫉妬！　とにかく、そんなこんなであまり期待もせず、いや、むしろ失望を覚悟で……てな按配だった。なにしろ池田一朗など、まだてんで眼中になかった頃だ。

では、どうだったのかというと、初めからノせられた。ついでに長年の体験から触れておくと、イイ映画というのはみんなこうだ！

まず、〈日活〉のワイド・ロゴが威勢のいい音楽《ジャズ》(伊部晴美)で始まると、続いて暗闇にスロー・モーションで降る、紙幣《サツ》の雨。そこに宍戸錠のナレーションで「子、いわく。君子危うきに近寄らず。オレ、いわく……」。これを、節をつけた大合唱が受け、「危《やば》いことなら銭《ぜに》になる！」と叫ぶと、画面の紙幣はストップ(フリーズ・フレーム)し、メイン・タイトル。

ストップがとけ、また紙幣の雨が降るのにのった、「誰があなたを殺すのかしら／にぎやかなその町角で／冷たいナイフの一つきで／ある晴れた秋の朝／誰があなたを殺すのかしら」という、谷川俊太郎作詞、伊部作曲、三宅光子唄のけだるいシャンソンがいい。さらにその気分を邪魔するような「危いことなら……」の合唱で、また画面ストップがいい。

タイトルが終わると、「中田運送」と書かれたトラックが行く。そのトラックを追ってきた車などが前方を遮《さえぎ》り、そこから降りてきた男たちが、いきなりナイフでトラックの運転手をグサグサと刺し始める。そのトラックの文字を道具でキイキイ削り出す。刺されて吹き出す血を、用意してきたでかいフォームラバーで押さえているのが、なんともオカシい。

場面はかわって、今しもソープ嬢のマッサージ責めで「痛い痛い！」とわめいている、われらが錠《ジョー》サンこと近藤錠次。携帯ラジオのニュースで、「大蔵省印刷局の千円札用のすかし入りみつまた和紙十億八千万円相当が盗まれた」と聞き、飛び出してゆく。

場面はさらにかわって、スポーツ・ジム。バーベルを持ちあげている芹沢健(草薙幸二郎)、やはりラジオで「運転手らしき死体は、日活多摩川撮影所(！)付近の林の中で発見され」と聞き、同じく飛び出す。

さらにさらに場面はかわり、拳銃がデザインされたカードで仲間とゲーム中の沖田哲三(長門裕之!)、通称「計算尺の哲」。名前の由来は、「ぼくの計算尺によると、勝ち目はこれから落ちてゆく」「数字以外、信用しない」なんてホザくからで、実は三文誌『週刊犯罪』の編集長。彼も、窓の外の電光ニュースで「みつまた盗難」を知るが、なぜか足にギプスでステッキのため、飛び出さず、雑誌のバックナンバーから「贋金づくり日本一　坂本雅章氏」の記事を捜し……と、キャラクターは多少違うが、基本的には原作通りの設定である。

違うところは、まずこの三人の乗物。沖田編集長が普通のセダンなのは当然として、近藤ジョーさんのそれが、柄にもなくカワイらしい真っ赤なメッサーシュミット! そして、芹沢がなんとダンプ・カーで、ご丁寧に砂利まで積んである。通称「ダンプの健」の由来である!

通称といえば、笑ってしまうのが近藤さんのそれで、「ガラスのジョー」。なぜかというと、この無敵《エース》のジョーさんの唯一の弱点が、ガラスをこする、あの「キイキイ」音! たぶん、この頃ハヤっていた「ガラスのジョニー」という歌からの発想? これを哲は心得ていて、何かというと、ポケットからプレパラートを二枚出し、キイキイ音を立ててジョーをモンゼツさせる。

このオカシさは「商品」である坂本老にもいえる。捕獲したはいいが、仕事は「ゴミゴミして、ウルサくて、色っぽい所」じゃないとやらないなんてヌカす名人……演じているのが枯れ果てたごとき、あの左卜全で、その結果アクロバット・ダンサーの踊るガラス床の、その真下の地下室が仕事場となる!

一方、彼の老妻はガン・マニアで、拳銃を突きつけられると、「アラ、これはたしかロシヤのトカレフ!」なんて興奮する。演ずるはガラガラ声で下町バァさん専門の、武智豊子!

もうひとり、ヘンテコな状況で参加してくる、柔道二段、合気道三段の女子大生、秋山とも子に浅丘ルリ子。こんなヒトたちが色々と事件をかきまわす、つまり笑わせる……。

……なんてことに触れてゆくとキリがないほど、これには「笑い」がつまっている。たとえば、キャバレー「アカプルコ」(ステージの下が例の仕事場)を根城とする、組織のボス土方(浜田寅彦)以下全員が「赤い羽根」を胸につけているとか……。

このキャバレーに突っ込んだ健のダンプが、とも子の運転で逃走すると、車の去ったあとに砂利道ができているとか……。

エレベーターに追いつめられた、ジョー、哲、とも子の三人の、意外な武器を得ての、かなりヘンな銃撃戦とか……。

圧巻なのが、東京湾、埋立地での、最後の取引。犯罪映画などでよく見るシーン。双方が横にズラリの、あのシーン。

ところが、暗いうえに、カメラを引き過ぎ(?)て超ロングショットになってしまったため、そのズラリがほとんど見えない！　仕方なく(?)画面上に矢印を二つつけ、それが音楽に合わせて移動してゆき……！

なんてあたりにまでくると、これはもう池田脚本なのか、それとも中平演出なのか、ほとんどわからなくなってくる。いや、番組映画《プログラム・ピクチャー》には違いないのだけれど、これはもう監督と脚本家が色々話し合った結果の、そんな成果だと理解するしかないとも思う。

なによりも、アクションの錠サンはともかく、浅丘、長門、草薙、浜田、左といった、むしろ演技派を揃えての、そのコミック騒ぎのオカシさなんかは、「お仕着せ」脚本や「当てはめ」キャスト に出せるものじゃない。第一、中平と池田は、先行の「裕次郎」物『あした晴れるか』(昭和三十五年)、『あいつと私』(三十六年)で共作済みなのだ。

でも、「まとめ」の巧みさは、『野獣……』『顔役……』同様、やはり池田一朗の腕と特筆しておくべきだろう。なぜなら、都筑原作は会話や描写が、むしろプロットに先行する面白さを持ち、改めて読んでみても、よくもまぁ「それ」をこんなに〈日活〉的にと、感心してしまうほどなのだ。そのうえ、「落語」的にもキッチリと面白くまとまっている。そのへんのことは、映画に関して色々と小ウルサい師匠《センセー》から、「これはイイね。好きだね」と、私が直接聞いているほどなのだ。

でも、やはり池田一朗は、『にあんちゃん』なんだろうか。そしてそれに『陽のあたる坂道』や『若い川の流れ』や『あじさいの歌』、さらに『あいつと私』と並ぶ、裕次郎＝石坂洋次郎物などの池田作業を繋げ、納得するのだろうか。面白くないんだよなぁ。

やっぱりここは、『顔役……』の、『地獄……』の、『野獣……』の、そして『危いこと……』の池田一朗。ということは、六〇年代の「番組映画」監督の三人のクセ者、岡本喜八、中平康、鈴木清順に、ほぼ均等に「ミステリ」的な大刺激を与え、それぞれの代表作どころか、日本ミステリ映画の代表作たちをさえ生み出させてしまった、池田一朗……とまとめるべきだろう。
そう、そんなことにやっと気付いた、映画評論家がこの私。時代小説作家としての力量は、だからほとんど知らないが、でもこれぞ本物のプロフェッショナルなシナリオライターであると、まことに遅まきながら称《たた》えたいと私は心から思う。

［『ミステリマガジン』二〇〇八年六月号］

第24章
都筑道夫と『１００発１００中』

▼『１００発１００中』（東宝／一九六五）◉カラー／シネマスコープ／一時間三十三分◉監督＝福田純、製作＝田中友幸＋角田健一郎、脚本＝都筑道夫＋岡本喜八、音楽＝佐藤勝、撮影＝宇野晋作、照明＝森弘充、美術＝小川一男、録音＝矢野口文雄、編集＝藤井良平◉出演＝宝田明、浜美枝、有島一郎、黒部進、多々良純、草川直也、平田昭彦、堺左千夫

都筑道夫
わが国において、最も早く、最も熱心に、かつ最もしつっこく、〈００７〉を紹介及び消化しようとした、ミステリ作家、研究家、編集者。一九五七年三月号の『エラリー・クイーンズ・ミステリ・マガジン』誌に『死ぬのは奴らだ』（五四年）を初紹介。同年二月に翻訳刊行され、〝あとがき〟を書く。六十一年に〈００７〉風冒険小説『なめくじに聞いて見ろ』を雑誌連載開始。六十五年にはＴＶ映画『スパイキャッチャーＪ３』のオリジナル・ストーリィを書き、同年にこれを『暗殺教程』と題して雑誌連載開始。同じく六五年に、〈００７〉風冒険映画『１００発１００中』の……。
（石上三登志『地球のための紳士録』）

そう、それはそもそもこんなふうに〈００７〉で始まった。都筑道夫がこの好エンターテインメント（もちろん小説のほう）を、紹介し、自分も作品にとり込もうと、ノリにノっていたからだ。

でも、前回で触れたように、不良〈日活〉では、やっぱりダメ！『危《やば》いことなら銭《ぜに》になる』は、ただの偶発的な産物で、その次も宍戸錠主演はいいとして、なんと「あの時」の添え物のほうの監督小杉勇による、『怪盗X／首のない男』（昭和四十年十月公開）で、三年後！ちなみにこのカントクは『土』『五人の斥候兵』『土と兵隊』といった戦前作品でかなり知られている、映画スタア。でも、戦後は監督業に熱心で、作品もかなり多いにもかかわらず、期待とは無縁の存在で、さすがの私もその落差に唖然。見にもいっていないのだ！

したがって、これが都筑道夫の何が原作だったのか、忘れてしまった。ジュブナイルだったような気もするのだが、まぁ、どうでもいいか！

でも、これとほとんど同じ頃に、やっぱり〈東宝〉から、『１００発１００中』（同年十二月公開）で、こちらはなんと、都筑道夫と岡本喜八による、オリジナル脚本なんだから、色々とうなずいてしまう。しかも、この仕掛け人が、『ゴジラ』の、『独立愚連隊』の、『暗黒街の対決』の田中友幸プロデューサーともなれば、もう大納得！

この頃、田中プロデューサーつまりユーコーさんは、〈００７〉（もちろん、映画化されたほう）にすかさず反応し、いち早く『国際秘密警察／指令第８号』（昭和三十八年）を第一作とする、まさに〈００７もどき〉シリーズを、三橋達也主演で出発させていた。第二作『国際秘密警察（以下同）／虎の牙』（三十九年）、第三作『同／火薬の樽』（同年）、第四作『同／鍵の鍵』（四十年）……。

これは実に、〈もどき〉シリーズとしては、〈マット・ヘルム〉や〈電撃フリント〉どころか、フランスの〈ＯＳＳ１１７〉より早かったことに、誰でも驚くと思う。

けれども、これらの監督といえば、❶杉江敏男、❷福田純、❸坪島孝、❹谷口千吉……である。脚本はといえば、❶小川英と間藤守之、❷安藤日出夫、❸関沢新一、❹安藤日出夫……わからないことはないスタッフィングではある。でも、当たり前だが、「イアン・フレミング」のリッチな原作がなくては……という結果の、きわめて「日本的」なスタッフ。

そこで、ユーコーさんの作戦が、「そもそも」の都筑道夫と、「あのタッチ」の岡本喜八の起用というわけで、さすがは……である。ついでに触れておくと、崑さんのあの快作『天晴れ一番手柄　青春銭形平次』も、この

『100発100中／100発100中　黄金の眼』［DVDツインパック］（東宝）
DVD発売中／8,000円（税抜）／発売・販売元＝東宝

人のプロデュースだったのだ。

で、結局宝田明主演、福田純監督で映画化された、その『100発100中』は、こんなふうである。

〈東宝〉のワイド・ロゴが、佐藤勝のこの映画のテーマで始まると、すかさず映し出される、〈バンコックの踊り子〉の絵葉書。場所は機内、客席の青年(宝田)が、フランス語でいちいち読みあげながら、それをママに書いているわけ。

「……ママへのおみやげは、まだ買ってありませんが、香港で何か面白いものをみつけたいと思ってます。ホントです。だってパリから一緒の日本人が……」

私は、この導入部から好きで、かつてこんなことを書いている。


「**宝田明**……(略)影のない二枚目で、ヌーボーとしていて、それでかなりキザなので、日本映画の中では色々とソンをしているひとなのだが、そんな柄を逆利用したのが『100発100中』……(略)フランス人のママンにいちいち読みあげながらフランス語で手紙などを書いている宝田さんの姿は、まことにほほえましくたよりなく……」(日本映画俳優図鑑/『季刊映画宝庫』)。


その一緒の「日本人」からは、だが「口をきいたおぼえはない。私のあとをノコノコついてくるのはやめたまえ」といわれ、でも香港でもまだ一緒。二人はそこで、オートバイを利用する殺し屋たちに狙われ、青年は意外に軽快な行動で反撃するが、「日本人」は「ルボアは東京らしい」という言葉を残して死んでしまう。

そして、爆発炎上するオートバイの画面のうえに、「100発100中」のメイン・タイトル。そこに、岩谷時子作詞、佐藤勝作曲、布施明歌の、軽快な主題歌がのる。私はこれが好きで、今でもア・カペラで歌える。

「背広を肩にかけ/地球を一まわり/(中略)/幸せ探して命を狙われる/それが僕の旅なのさ……」。

『危いことなら銭になる』もそうだったけれど、「都筑」映画は意外にも、主題歌が似合う。それだけ軽快なのだろう。

こんな調子で、その「謎」の青年、「アンディ」こと「アンドリュー星野」は、なぜか東京の羽田空港にきてしまう。そして、その税関でトランクからガスを発生させ、用意したガス・マスクを被って逃走する、怪中国人(多々良純)を追い、手を貸すという謎の美女(浜美枝)の車に乗り、催眠タバコを吸わせられ、スヤスヤ……まったく、「ほほえましくたよりない」!

そんなふうにドラマは犯罪世界へと入り込んでゆくのだが、ストーリーはまあ、どうでもいいだろう。新興勢力の青沼興行(平田昭彦ら)と、旧勢力赤月組(堺左千夫ら)の、銃器密輸ルートをめぐる暗闘に、なぜか国際秘密捜査官のようなアンディと、謎の美女沢田ユミ、そしておとぼけ部長刑事手塚(有島一郎!)が、色々参加してドタバタする……なんて程度だからである。

それで、このドタバタは都筑師匠《センセー》のいう「アタック&カウンターアタック」のアイデア、つまり「どうやられ」「どうやりかえす」かの面白さにつきる。師匠は、ライター、ボーリングのボール、腕時計、補聴器など、何でも「武器」として利用するのだが、ケッ作が水着姿が魅力的な浜美枝さん(なんと『007は二度死ぬ』での大抜擢の前!)の、そのブラジャー! そこにパッドとしてプラスティック爆弾が仕込まれており、だからてんで愉快な展開となる。当たり前か!

そんなこんなの「攻撃と反撃」は、マニラの孤島の銃器密造工場をめぐる、大活劇へと発展するのだが、この辺りがちょっと問題。

ここではセスナ機による、なんと有島一郎危機一髪なんていうスペクタクルまでに発展するのだが、なんというか、その映像に説得力があまりない。典型が、工場に置かれた空《から》のドラム缶群を利用した反撃で、アンディは火のついたマッチをその口に放り込んで、爆発させる。つまり、結構派手な場面なのだが、でも「空のはず」なのにわけがわからない。

それで師匠《センセー》にきいてみた。

「あれはねえ、空のドラム缶には、少しでもオイルが残っていると、気化して溜まっているの。それに火をつけてね……」

じゃあ、そういう説明は映画の中でどうしても必要だろう。この辺り、せめて細部のアイデアを大事にする喜八さんの演出だったらと、残念に思ってしまう。

ちなみに、この都筑=喜八の共同脚本は、もちろんのこと、喜八演出を前提として、ユーコーさんがまず都筑道夫にアイデア・レヴェルで書かせ、それを岡本喜八が映画的にまとめていったものだろう。

それがなぜ、「監督」喜八にならなかったのかというと、友幸=喜八は、〈三船プロ〉の『侍』(同年一月公開)、続いて『血と砂』(同年九月公開)と、三船敏郎大作にかかりっきりだったからだ。おまけにユーコーさんはなんと、あの黒澤＝三船での最後の作品『赤ひげ』(同年四月公開)も抱えており、そんなこんなで『100発100中』は、「番組映画《プログラム・ピクチャー》なんだ」から「よしなに!」てなことだったのだ。

そのうえ、『100発100中』がユーコーさんと角田健一郎の共同プロデュースであったように、他のプロデューサーとの共同作業も並べると、この年は『暗黒街全滅作戦』(二月公開。角田と共同。福田純監督)、『風来忍法帖』(五月公開。武中孝一と共同。関沢新一脚本)、『太平洋奇跡の作戦　キスカ』(六月公開。田実泰良と共同)がある。これらに当然、『フランケンシュタイン対地底怪獣』(八月公開)や『怪獣大戦争』(十二月公開)も、レギュラーとして加わる……。

〈暗黒街〉シリーズ、〈8月15日〉物、〈怪獣〉物、それに新しく〈007もどき〉物や〈忍法帖〉物さえある。のちに〈東宝〉の撮影所長(もうなっていいたんだっけ?)、そして〈東宝映画〉の社長にもなってしまう、ユーコーさんらしい「一年」ではあったと思う。

それでは、ミステリ作家として初めて、映画自体に本格的に取り組んだ、都筑道夫はどうだったのかというと、その真剣さに比べ、ファンにとっては可もなく不可もなしとしかいえないのが、まことに残念ではある。

ちなみに、これ以後の「都筑映画」を並べてみると、こんなふう。『俺にさわると危ないぜ』(昭和四十一年。〈日活〉)。原作(『三重露出』)&中西隆三との共同脚色、長谷部安春監督、小林旭主演。『殺人狂時代』(四十二年。〈東宝〉)。原作(『飢えた遺産』)のみ。喜八、小川英、山崎忠昭の共同脚色。喜八監督。仲代達矢主演。

『国際秘密警察／絶体絶命』(同年。〈東宝〉)。原案のみ。関沢新一脚本。

『100発100中／黄金の眼』(四十三年。〈東宝〉)。都筑、小川、福田脚本。福田監督。

なんと「宍戸錠主演」物ではなくて、「小林旭主演」物であり、封切り一週間前に「オクラ入り」を宣言された『殺人狂時代』である。そう、「都筑映画」は決して〝幸せ〟ではなかったのだ。

ここで、前述した「ユーコー映画」を、もう一度見てみる。すると、もうそろそろ「一本立て」の大作主義になろうとしている、そんな「日本映画界」が見えてくる。

『赤ひげ』なんか、間違いなくそうである。〈三船プロ〉作品もそうだろう。

つまり、大量生産の映画会社の、あのスタジオ・システムの崩壊と、その結果の番組映画の消滅は、もうすぐそこだったのだ。田中友幸プロデューサーは、たぶんそんなことを予感しながら、大作と番組映画とのバランスをとっていたのだろう。だから自身の路線としては実に明快だったのだ。

そして、しかしそのバランスの、間違いなく「番組映画」側に、われらの都筑道夫はいた。そのそもそもの出発点である〈００７〉映画もまた、いわゆる「一本立て」興行への、大いなる火付け役だったにもかかわらず、この国の〝もどき〟はといえば、「番組映画」の中に埋没させられていったのみだった。

ただ、そんなことなどを、少しも意識しない、当時の私はといえば、この『血と砂』で岡本喜八と共同脚本を書いていた、佐治乾なんかを、むしろ面白がっていた。『花と嵐とギャング』（昭和三十六年）、『恋と太陽とギャング』（三十七年）、そして『白昼の無頼漢』（三十六年）、『誇り高き挑戦』（三十七年）、『ギャング同盟』（三十八年）……いや、これらの〈東映〉作品を書いた佐治乾への興味というよりは、監督した石井輝男や深作欣二への関心といったほうが、正しいだろう。

そしてそこに奇妙にユニークに描かれた、犯罪者たちの魅力を、広義のミステリとして、「都筑映画」よりも楽しんでいた。

しかし、実にこちらのほうの、その先にあった世界はといえば、この〈東映〉の〈網走番外地〉（石井）であり〈仁義なき戦い〉（深作）だった……！

〔『ミステリマガジン』二〇〇八年七月号〕

第25章 「黒澤組」と『天国と地獄』

▼『**天国と地獄**』（東宝／黒澤プロダクション／一九六三）◉モノクロ／シネマスコープ／二時間二十三分◉監督＝黒澤明、製作＝田中友幸＋菊島隆三、原作＝エド・マクベイン、脚本＝小國英雄＋菊島隆三＋久板栄二郎＋黒澤明、音楽＝佐藤勝、撮影＝中井朝一＋斎藤孝雄、照明＝森弘充、美術＝村木与四郎、録音

＝矢野口文雄◉出演＝三船敏郎、仲代達矢、香川京子、三橋達也、木村功、石山健二郎、加藤武、志村喬、田崎潤、中村伸郎、伊藤雄之助、山崎努

靴会社のダグラス・キングは、会社の乗っとりを画策していた。彼はそのために自分の全財産をなげうって金をつくった。だが、そのやさき、幼児誘拐事件がもちあがった。しかも、誘拐されたのはキングの息子ではなかった。犯人は誤って、住込みの運転手の息子を連れ去ったのだ。その身代金は五十万ドル！　もしこの金を払えば、キングが会社を自分のものにする夢は永久に失われてしまう。もし拒絶すれば――ひとつの貴重な生命が失われるのだ！　誘拐事件に真向うから取組む、期待の八七分署シリーズ第十作！（『ハヤカワ・ミステリ総解説目録』……エド・マクベイン『キングの身代金』）。

さて、〈東宝〉&〈黒澤プロ〉の、昭和三十八年の大作『天国と地獄』である。原作はもちろん、マクベインの『キングの身代金』。設定は冒頭に引用した通り……で、こんなふうである。

白黒ワイドで〈東宝〉のマーク。続いて横浜港などの遠景をバックに、そっけないタイトルが展開し、同じように港の遠景を見下ろす、ベランダへのガラス戸の前を、応接室の権藤金吾（三船敏郎）が横切り、「で、今日の話ってのは何だね」と彼。

❶そこは丘の上に建つ、権藤の豪邸の応接室で、今しも彼は、《ナショナル・シューズ》の幹部たち、販売を兼ねた営業全般担当の馬場専務（伊藤雄之助）、デザイン担当の石丸常務（中村伸郎）、宣伝担当の神谷常務（田崎潤）、それに権藤の右腕の秘書河西（三橋達也）を加えての、「会社のガン」である「社長」オロシ作戦を密談中。ここはほとんど原作通り。

❷その「持ち株」合算での対抗策を、権藤に簡単に断わられ奮然と重役たちが帰ったのち、同じ部屋で彼は、河西とひそかに進めていた、やはり「株」作戦を電話で手配し、そして妻の伶子（香川京子）にそれらを打ち明ける。そこに、西部劇ごっこで走り回っている息子の純（江木俊夫）と、運転手青木（佐田豊）の子供進一（島津雅彦）が登場してのち、突然「息子を誘拐した」との電話。この辺りももちろん、原作通りである。

❸しかし、犯人の「間違い」に気付き、権藤がコンタクトした結果、《高島屋》の店員に変装してやってきた、神奈川県警の戸倉警部（仲代達矢）以下、荒井刑事（木村功）、中尾刑事（加藤武）、そして〝ボースン〟こと田口部長刑事（石山健二郎）という捜査布陣は、〈87分署〉物じゃないのだから、色々と違う。

でも、ここもまた応接室のみを中心とした捜査側の対応、犯人との電話接触、逆探知などなどで、基本的には❶❷と同じ。

つまりここまでの三シチュエーションは、「場」がまるで同じで、ほとんどが「会話」ドラマの緊迫感、切実感……だからきわめて「舞台劇」的でもあるということだ。

しかし一方、三シチュエーションはきわめて「映画」的でもある。なぜなのか。

黒澤明監督は、この辺りをすべて、いわゆる「マルチ」カメラ、つまり「複数」カメラによる、徹底的な「ドキュメント」狙いを試みているからだ。そして、その結果の、それぞれの「溜息」や「絶句」や「本音」などなどまでが、拾われてしまったような、そんな真実感、そして閉塞感！

この、空間的な感覚は、時折開けられるベランダへのガラス戸の、そのまた向こうに拡がる「横浜の街」の、「ワーン！」という騒音が、当時は日本映画ではまだまだ珍しかった、あの「ステレオ音響」で表現され、観客を「ああ、ワイド映画だなぁ！」とウナらすこと間違いなし！　ビデオなどでの小画面では、この辺りはよくわからないだろうが、「効果」としては、実にあの新趣向〝ピンクの煙〟（黒澤初のカラー！）程度のことじゃない。

続いて、疾走する特急「こだま」の描写のその解放感が、しかしまた瞬時に別な閉塞感に……という展開の巧妙さ！　つまり、終始一貫して走る車内のみの、それも「こだま」を実際に一列車借りきって徹底描写される、あの「身代金受け渡し」と、誘拐された「少年の確認」というスリルとサスペンスである。

実に、「長細く」しかも「走っている」とはいえ、ここもきわめて「舞台劇」的な空間に違いなく、黒澤魔術の強烈な側面が見え隠れする、凄いシチュエーションではある。

ここからが、たぶんわが国では最高の、「捜査」映画のスペクタクルとなる。まずは、捜査する側の、プロ

『天国と地獄』［東宝DVD名作セレクション］（東宝／1963年）
DVD発売中／2,500円（税抜）／発売・販売元＝東宝

ジェクトとしての計画、作戦、行動の連鎖が素晴らしく、さらには彼らがしだいに正体をあばき、追いつめてゆく、真犯人である医学インターン、武内銀次郎（山崎努）の強烈奇怪な自己主張……。

この辺りになると、その圧倒的な緊迫感の持続はともかくとして、私はいつも「なぜ？」と色々考えてしまうのだ。その疑問は……。

❶マクベインが原作なのはともかく、この作品はなぜ、小國英雄、菊島隆三、久板栄二郎、黒澤明という、複数の脚本家なのか？

❷その中のひとり、菊島隆三が、なぜ田中友幸と共に、プロデューサーをも務めているのか？

❸そして、これはもう忘れられてしまったことなのだが、当時この映画の、完全密封されている「こだま」でも、「洗面所の窓だけは7センチほど開く」というあの発見に関し、三好徹のミステリ『乾いた季節』からの盗用騒ぎが、なぜ裁判沙汰にまでなったのか？　この「不愉快」の真相は何だったのか？

まず❶についてだが、これは『生きる』（昭和二十七年）、そして次の『七人の侍』（二十九年）がすでに、橋本忍、小國英雄、黒澤明の合作だったころからの傾向で、当の橋本忍が近著『複眼の映像——私と黒澤明』で、いみじくもそんなふうに名付けているほどだ。しかし、あの二本は、きわめて斬新な、でもまったくのオリジナル。「複眼」の必要さもよくわかる。しかし、すでに触れたように、こちらには原作があり、それどころか全体の設定に関しては細部（たとえば持ち株のパーセンテージ、子供たちの遊び、などなど）まで踏襲しているので、あまり説得力はない。『生きる』以前のように、一人もしくは黒澤本人ともう一人で充分に思えてしまうのだ。

❷は、これは簡単なこと。『悪い奴ほどよく眠る』（昭和三十五年）から、黒澤作品は〈黒澤プロ〉の製作、〈東宝〉の配給となったからだ。だからもちろんこの第一作は、黒澤明自身と、〈東宝〉の田中友幸つまりユーコーさんの共同プロデュース作品。この、黒澤好みのミステリ的な作品が、実はあまりヒットせず、だからだろう彼には作品自体に集中させるべく、次の『用心棒』（三十六年）から、菊島隆三とユーコーさんの共同製作となった。

ところで、この〈黒澤プロ〉なのだが、このあと〈三船プロ〉以下、様々な「大スタア」プロダクションが生まれ、ついには「番組映画《プログラム・ピクチャー》」さえ消滅させる。その「きっかけ」となった出来事であるが、こんなことが原因。

まず〈東宝〉側からいえば、このころの黒澤作品は、その名声とは裏腹に、一般的にはあまりヒットしなかったこと。それにしては、この方はなんとも色々と「小ウルサく」て、「扱いにくい」監督……。

黒澤側からいえば、しかしそもそも黒澤作品を番組映画のなかにおしこめるのは、土台「無茶」！ こころみに、番組映画として扱われていた、このころの黒澤作品は、こんなである。

◉『蜘蛛巣城』——小坂一也主演の歌謡映画『星空の街』との二本立て公開。以下同じ興行形式。
◉『隠し砦の三悪人』——記録映画『巨人軍物語』。
◉『悪い奴ほどよく眠る』——これは少しマシで、でも乙羽信子、加藤大介主演で成瀬巳喜男監督の、小品『秋立ちぬ』。
◉『用心棒』——森繁久彌らのシリーズ喜劇『社長道中記』。
◉『椿三十郎』——同じく森繁らの『サラリーマン清水港』。
◉『天国と地獄』——さらに同じく森繁らの『続社長漫遊記』。

こんなことは別に〈東宝〉だけではなくて、例の「ブロック・ブロッキング」制で「系列館」に、常に「毎週二本」を提供せねばならない、「スタジオ」という名の「映画工場」を持つ、各社すべてそう。

そんななかで、「小ウルサく」「扱いにくい」ヒトには、プロダクションを持たせ、観客動員の責任まで持ってもらえば……というのが〈東宝〉側の狙い！

でも、その第一作『悪い奴ほどよく眠る』は、思ったようにはヒットしなかった。ほとんど背水の陣だったろう〈黒澤プロ〉は、なんと前年にヒットした、大藪＝喜八＝三船の、あのハメットふうハードボイルド『暗黒街の対決』を、より本来の形に戻した『用心棒』として手掛け、これは大ヒットした。もちろん、〈東宝〉は続篇を希望し、弟子にあたる堀川弘通監督のために、小林桂樹の主演を前提として、黒澤自身が書いていた、「山本周五郎」原作の『日々平安』の映画シナリオを、

「三船」物に転用して続篇『椿三十郎』とし、これまたヒットした。そして、その次が『天国と地獄』……！

意地悪く見れば、これはヒットの保証のてんでない、外国ミステリの翻案物である。三船＝仲代のコンビといったところで、『用心棒』『椿三十郎』の、あの痛快な対決があるわけじゃない。

そんなこんなで、たぶんかなり困惑していた時、突然「あの盗用」が浮上してきた。今でもそうなのだが、こういった騒ぎは騒げば騒ぐほど、つまり話題性が増し、ヒットにつながる。「しめた！」と誰かが思い、騒ぎにまかせきった。そしてヒットした……。

……といったふうに推察出来るのだが、これはもちろん、黒澤監督自身ではなくて、〈黒澤プロ〉という企業の対応だろう。

では、黒澤明自身はどうだったのかというと、この『天国と地獄』から逆算して考えられるのは、こんなことである。

自分はこの時、とにもかくにも「映画作り専門」の、そんな組織の「社長」になった。つまりは「リーダー」だ！　そう、あのキング＝権藤のように「好きで好きでたまらない仕事」のみに没頭出来る、そのリーダーとなってしまったのだ！

ならば「そこ」を、映画ライター……「映画工場」の中ではかならずしも自由とはいえない、そんな映画作家たちの、一種の「理想郷」にしてしまおう。

かくて〈黒澤プロ〉には、日本どころか世界的にみてもうらやましがられる、名脚本家たちが結集した。いわゆる「黒澤組」……！

◉『悪い奴ほどよく眠る』……小國英雄、久板栄二郎、菊島隆三、橋本忍、黒澤明（兼製作）。
◉『用心棒』……菊島（兼製作）、黒澤。
◉『椿三十郎』……菊島（兼製作）、小國、黒澤。
◉『天国と地獄』……小國、菊島（兼製作）、久板、黒澤。
◉『赤ひげ』……井手雅人、小國、菊島（兼製作）、黒澤。

特筆すべきなのが、私のこの連載ですでにとりあげたライターが、小國、橋本、菊島、そして井手と、四人も参加していること。黒澤がいかにミステリ好きか、もしくはミステリ的な手法や趣向を大事にしているかが、これだけで実証されると思う。

だから黒澤明は、あの権藤金吾の圧倒的な自己犠牲に、異様といえるほど執着したのだろう。それでこの「捜査」ドラマでは、「それを」世論どころか捜査陣を納得させ、賛美さえさせ、それとは裏腹の、真犯人武内への対応の、非情さ、冷酷さ……と、犯人逮捕の快感こそを期待した私を、かなり唖然とさせた。

だから「そこ」は、実は黒澤明個人の「理想郷」にすぎなかったのだろう。だからそれぞれに個性の強いライターたちは、様々な「黒澤事件」（『トラ・トラ・トラ!』降板、などなど!）を体験させられてのち、しだいに離散し、やがて彼は最初のころのように、またひとりになった。

ただ、〈黒澤プロ〉が最初からそうであったように、次の〈三船（敏郎）プロ〉も、その次の〈石原（裕次郎）プロ〉も、『五十万人の遺産』や『太平洋ひとりぼっち』のように、「大作」「異色作」を志向した。それは、興行的なリスクをなるべく回避しようとする、あの「スタジオ・システム」が苦手とした、そんな新鮮な路線でもあった。

その結果、しだいに「一本立て」の時代が、「番組映画の消滅」が、始まった……。

［『ミステリマガジン』二〇〇八年八月号］

第26章 「内田組」と『飢餓海峡』

▼『**飢餓海峡**』（東映／一九六五）◉モノクロ／シネマスコープ／三時間三分◉監督＝内田吐夢、製作＝大川博、企画＝辻野公博＋吉野誠一＋矢部恒、原作＝水上勉、脚本＝鈴木尚之、音楽＝冨田勲、撮影＝仲沢半次郎、照明＝川崎保之丞、美術＝森幹男、録音＝内田陽三、編集＝長沢嘉樹◉出演＝三國連太郎、左幸子、三井弘次、加藤嘉、沢村貞子、藤田進、風見章子、山本麟一、高倉健、伴淳三郎

そして、昭和四十年の〈東映〉のあの大作、『飢餓海峡』。だからシナリオライターは鈴木尚之……。

でもこの鈴木尚之をミステリライターとして、ここに登場させるのは、かなりためらってしまう。映画好きなら誰だってそうだと思う。だが『飢餓海峡』は、これはここで触れておきたい!

そんな鈴木尚之だが、デビューはたぶん昭和三十六

年、中村錦之助が若き日の大岡越前を演じた、同じ〈東映〉の『江戸っ子奉行／天下を斬る男』で、やはり新人の平田肇との共作である。

しかし、同年中の次作が、すでに『飢餓海峡』の内田吐夢《とむ》監督の、別な代表作『宮本武蔵』で、こちらは時代劇の名ライター、成沢昌茂との、これも共作。でも、この錦之助の『武蔵』シリーズ（もちろん、吉川英治の原作）は、その後、第二作『宮本武蔵／般若《はんにゃ》坂の決斗』（昭和三十七年）、第三作『同／二刀流開眼』（三十八年）、第四作『同／一乗寺の決斗』（三十九年）、第五作『同／巌流島の決斗』（四十年）と、すべて吐夢監督自身と鈴木尚之との共同作業となる。

そのうえ、これらのあいだにも、山本周五郎原作の『ちいさこべ　第一・二部』（三十七年。田坂具隆《ともたか》監督）、南条範夫原作の『武士道残酷物語』（三十八年。今井正監督）、別な周五郎物『冷飯とおさんとちゃん』（四十年。田坂監督）、長谷川伸原作の『沓掛時次郎／遊侠一匹』（四十一年。加藤泰《たい》監督）なども手掛けており、すべて中村錦之助（のちに萬屋《よろずや》錦之介と改名）の代表作、というより「東映時代劇」の傑作群！

つまり鈴木尚之は当初から、かの「時代劇」のメッカ〈東映〉城の、かなりの主戦力だったのだろう。そして、その鈴木尚之の単独作業で、しかもなんと「現代劇」が、この『飢餓海峡』……よほど内田監督に信頼されていたライターだったのだと思う。

その、内田吐夢の『飢餓海峡』は、こんなふうに始まる。まず、ご存知「岩に砕ける波」という、あのマーク用の映像に、「東映Ｗ１０６方式」なる奇妙な字幕。続いてそこに〈東映〉マークが加わり……と、いつもとは違うスタート。これは実は重要なことなのだが、鈴木ライターには直接関係のないことなので、あとで説明する。

さらに、荒れ模様の海面の描写に、こんなナレーションが加えられる。「飢餓海峡……それは、日本のどこにでも見られる海峡である。その底流に、我々は、貧しい、善意に満ちた人間の、ドロドロした愛と憎しみの執念を見ることが出来る」……で、冨田勲の「御詠歌」的な音楽にのせ、タイトルが始まる。当時、「松本清張」的なミステリを書いて登場してきた、でもそれほどミステリ的ではない水上勉の原作の、その重苦しさ丸出しの雰囲気で、「ちょっとオレ向きじゃなかったかな？」と、いささか心配になったことを、今でも

『飢餓海峡』（東映／1965年）
DVD発売中／2,800円（税抜）／東映ビデオ

覚えている。オレ、この時二十六歳！

でも、これは続いての、昭和二十二年九月二十日の、台風下の津軽海峡と、船客八百五十六名と貨車十二両を乗せて出港した、青函連絡船「層雲丸」(実際の事件では「洞爺丸」)の、実景や地図やミニチュア・ショットなどでの簡潔な紹介に重ねられ、現実の「あの大事件」へのサスペンスに転換。そしてそのそのサスペンスは、同じ台風下の岩内町の、煙の出る佐々田質店から飛び出す、ふたりの復員服の男にまとめられ、映画としては上々の滑り出しではある。

そのふたりは、質屋夫婦を殺し、現金を奪い放火した、網走刑務所からの仮釈放者とわかってくる。彼らは岩内駅で、ノッポと呼ばれるもうひとりの男、犬飼多吉(三國連太郎)と合流。列車で函館へと向かうが、これも台風で停車し、しかたなく歩くうち、犠牲者五百三十二名を出した〈層雲丸〉の、救助騒ぎで大混乱の海岸に出る。その結果三人は、そこで拾った消防隊員の帽子を利用し、小船を調達し、夜陰にまぎれ海峡を渡ろうとするのだが……。

……というわけで、原作通りミステリとなる。遭難の犠牲者よりも、ふたりだけ遺体が多く、しかも誰も引き取りにこないことに疑問を持った、函館署のベテラン弓坂刑事(伴淳三郎)の登場である。

このひと、私などは、『アジャパー天国』(昭和二十八年)や『名探偵アジャパー氏』(同年)などで色々楽しませてもらった、東北弁とかなりの悪相が売り物のコメディアン。そういうことを逆活用されて、抜群の存在感である。そう、あの「アジャパー」ギャグで人気のあった「バンジュン」の初のシリアス演技！　だから、そんな姿が救助の修羅場に、すでに背景の一部として存在しており、それを犬飼がなんとなく記憶しているあたり、実にいい伏線ではある。

そして、ここからの展開は三つの部分に単純に、でも心理的にはかなり複雑に繋がってゆく。まず❶は、下北半島に上陸し、霊場恐山《おそれざん》の近辺で迷った犬飼の、山林鉄道で出会い握り飯を貰った、湯治場大湊の花町の娼婦杉戸八重(左幸子)との、かなり純情で切実な交情。例の「貧しい、善意に満ちた人間」の物語である。ここで八重は犬飼から大金を貰い、追ってきた弓坂に、嘘の情報を伝える。当然の善意！

次の❷は、その大金で父親(加藤嘉。前年のあの『五瓣の椿』では、この左幸子の夫役！)に楽をさせ、自分も東京に出て更生しようとする、八重のドラマ。米兵を相手にした「オンリー」や「狩込み」や「売春禁止令」やらで、色々時代風俗がわかる。ここで八重は「刑余者更生事業に私財三千万円を寄贈した」「舞鶴の篤志家樽見京一郎」の新聞記事を見、掲載されている顔写真で犬飼と確認。で、お礼だけでもと訪ね、しかし正体を隠したい犬飼に殺されてしまう。ナレーションでいう「ドロドロした愛と憎しみの執念」部分である。

そして❸、その犯行の目撃者の書生をも殺害した犬飼は、ふたりを心中に見せかけて海に放置するが、東舞鶴警察の味村捜査係長(高倉健)らと、十年もたった今はもう引退していた弓坂に、八重の持つあの新聞記事をきっかけとして、次第に追いつめられる。

だが、ここで犬飼は、異様な居直りを見せて、捜査陣を驚かせる。「海峡」での出来事は、捜査側の考えているようなことが真相ではないといい、そこでの「真実」を理解しないかぎり、その先も認めないと黙秘を開始!

私は、この犬飼の異様な居直りに、「どうしてもこの『飢餓海峡』を映画化したかった」内田監督の、その強烈な執念をなぜか重ねてしまうのだ。

どのぐらいの執念だったのかというと、例の「Ｗ１０６方式」……これは、監督が希望した三國連太郎主演を含め、この映画化に徹底反対した〈東映〉側に、ならばこの映画化は、白黒十六ミリの低予算でとひらき直ったのが「この方式」。ただ、白黒十六ミリといえば、この頃なら「ニュース映画撮り」と同じである。もちろん「そんな程度じゃ困る」というわけで、内田監督は戦前からの映画仲間で、のちに彼の妹を妻とした、カメラマンの碧川道夫に声をかける。そして、独立プロ系のやはりカメラマンとして、すでに三國の名演を「映像」(昭和三十二年の家城巳代治《いえきみよじ》監督作品『異母兄弟』)に残している宮島義勇《よしお》と共に、十六ミリから三十五ミリの、それもワイド上映可能のフィルム加工処理……もう少しわかりやすくいえば「ブロー・アップ」もしくは「エンラージ」の研究を依頼。この映画のタイトルでいうと、「Ｗ１０６方式指導」に当たった「碧川映画科学研究室」がそれで、Ｗ１０６とは16を１０６と広く使う「ワイドスクリーン」といった意味だろう。この一種の「ダじゃれ」的な命名のその「ザラつき画面」が、ビデオなどの小画面で見ても効果は感じられないだろうが、大スクリーンでのそれは抜群で、様々に惨憺たる事件のなかでの、彼らの切実なドラマにピッタリだったのだ！

　しかし、結果的には効果のあるこんな「画面」は、だからライター鈴木尚之には関係はない。そして、関係あるとすれば、そんなにまでこだわった、内田吐夢のほう……。

　……内田吐夢！　戦前から、『人生劇場』(昭和十一年)、『限りなき前進』(十二年)、『土』(十四年)、『鳥居強右衛門』(十七年)といった意欲作で知られる、〈日活〉の映画監督。戦中には例の国策的な〈満映〉で活動し、敗戦後もなぜか大陸にとどまる。帰還したのもだから遅く、昭和三十年にやっと、戦後第一作の『血槍富士』を、〈東映〉で撮る。

　しかし、のちの『武蔵』シリーズ(三國が沢庵、高倉が小次郎！)の頃は、その〈東映〉も不調で、『飢餓海峡』と同年の『巌流島の決闘』などは予算を半分に減らされ、さらにその三年後にやっと作れた次回作『人生劇場・飛車角と吉良常』(昭和四十三年)になると、もう「番組映画《プログラム・ピクチャー》」の低予算に落とされた！

　そうなのである、「海」を渡って帰ってきた内田吐夢は、同様に海を渡って人生を変えた犬飼多吉と、きわめて重なりやすい、重ねやすい、そんな存在なのである。では、犬飼のほうはともかく、内田吐夢はその〝海峡〟の〝底流〟に何を見たのだろうか。

　実に他社の〈東宝〉でやっと撮っていた、『武蔵』番外篇『真剣勝負』(四十六年公開。錦之助演ずる武蔵が、くさり鎌の宍戸梅軒と対決する。演ずるのはまた三國連太郎！)のロケ中に倒れ、七十二歳で不帰の客となるまで、その辺りは何も語らなかった内田吐夢！　このことこそ、今回最大のミステリ！

　そんなふうに考えてゆくと、のちの印象とは裏腹に、『飢餓海峡』は大作でもなんでもなく、しかし監督のために、水上原作とガッチリ取り組んだ鈴木尚之の存在は、もちろん重要。ちなみに、この前後の水上勉の「映画化」を列記しておくと、こんなふう……。

◉『霧と影』(昭和三十六年、〈第二東映〉)丹波哲郎、梅宮辰夫主演。

◉『雁の寺』(三十七年、〈大映〉)若尾文子主演。

◉『越前竹人形』(三十八年、〈大映〉)若尾文子主演。

◉『五番町夕霧楼』(同年、〈東映〉)佐久間良子主演。鈴木尚之脚本。

◉『越後つついし親不知《おやしらず》』(三十九年、〈東映〉)佐久間良子、三國連太郎主演。
◉『沙羅の門』(同年、〈東宝〉)団令子、森繁久彌主演。
◉『湖《うみ》の琴』(四十一年、〈東映〉)佐久間良子主演。鈴木尚之脚本。
◉『あかね雲』(四十二年、〈松竹〉)岩下志麻主演。鈴木尚之脚本。
◉『五番町夕霧楼』(五十五年、〈松竹〉)松坂慶子主演。中島丈博脚本。

最初の〈第二東映〉というのは、京都太秦《うずまさ》の時代劇の〈東映〉城とは別に、高倉健あたりをメインとした現代劇用に、東京大泉で昭和三十五年三月に立ちあげた、「二本立て」対応の量産工場。しかし、この対応は誤算であって、翌三十六年二月には〈ニュー東映〉と改名したが、すでに量産時代は終焉間近か……そしていつのまにか消えていた。

実に、『飢餓海峡』は本来、こちらのほうの企画的ではあったことは、まず間違いないだろう。それで、高倉健主演の「現代劇」ならオーケーで、でも三國連太郎はあれは戦後にやっと復興した〈日活〉を含む独立系の、性格俳優だからダメ……というあたりから、この映画の不思議な運命が、まるでドラマそのもののように始まった。

まず、ここでは「水上勉」原作は、すでにヒロイン用の大作として、現代物『五番町夕霧楼』が先行してはいた。そのライターは鈴木尚之で、だから彼は当然のように『飢餓海峡』も引き受けた。そのうえ、あちらの監督はといえば、戦前のやはり〈日活〉で、『真実一路』(昭和十二年)、『五人の斥候兵』(十三年)、『路傍の石』(同年)、『土と兵隊』(十四年)といった、名作、意欲作を発表している、内田吐夢の友達、同士、戦友である田坂具隆。そんなことも手伝って、かなりの自信を得ただろう内田監督の、すでに触れた劇的な作業が始まった! その結果、〈東映〉側が、たとえば〈第二東映〉的な『霧と影』程度にしか考えていなかったろう、この「番組映画《プログラム・ピクチャー》」は、なんと大作に化けた!

だから、この頃の〈大映〉のトップ女優だった若尾文子や、〈東映〉現代劇でやはり同様の佐久間良子らの、格好な「舞台」として、ほとんど定番の「水上ドラマ」=「ヒロイン物」という常識の中で、この『飢餓海峡』は間違いなく、「巨塔」の一つとして「日本映画史」にそびえ立った。

　それは、「番組映画」消滅の、そして「一本立て」時代の、大いなる象徴ともなった。

〔『ミステリマガジン』二〇〇八年九月号〕

第27章 「野村組」と『砂の器』

▼**『砂の器』**(松竹／橋本プロ／一九七四)◉カラー／シネマスコープ／二時間二十三分◉監督＝野村芳太郎、製作＝橋本忍＋佐藤正之＋三嶋与四治、企画＝川鍋兼男、原作＝松本清張、脚本＝橋本忍＋山田洋次、音楽監督＝芥川也寸志、撮影＝川又昂、照明＝小林松太郎、美術＝森田郷平、録音＝山本忠彦、編集＝太田和夫◉出演＝丹波哲郎、加藤剛、森田健作、島田陽子、山口果林、加藤嘉、春日和秀、笠智衆、松山省二、内藤武敏、渥美清、佐分利信、緒形拳

　つまり、こういうことだったのだ。

　番組映画《プログラム・ピクチャー》時代もとうに去った現在只今も、むしろ配給会社として機能している〈東宝〉〈東映〉などのうち、〈東宝〉は巨匠黒澤明をもてあまし、プロダクションとして独立させ、〈東映〉はやはり巨匠内田吐夢に無理をいい、意外な大作を作らせた。その結果の、なんとこの国の最上質のミステリ映画『天国と地獄』『飢餓海峡』が、ともにまだモノクロつまり白黒映画ではあるが、来たるべき「一本立て」時代の、その明快な指針にもなっていた！

　それでは、現在も残る、もうひとつの映画の老舗、あの〈松竹〉はどうだったのか。ここは、先に触れた松本清張＝橋本忍＝野村芳太郎の『張込み』(昭和三十三年)が物語るように、そして山本周五郎＝井手雅人＝野村の『五瓣の椿』(三十九年。カラー)がやはり実証するように、こんな「路線」では最初から安定してはいた。

　これはつまり、ここが得意とする例の「大船調」……家庭を基本とした男女ドラマと、松本清張らの日本的ミステリが、きわめて相性がよかったからだろう。だから、その清張と相性のよい、あのライター橋本忍は、ここで「黒澤組」に巻き込まれた〈東宝〉ではともかく、ここではもう大主力。

その上、次の清張＝橋本＝野村の、〝女性たちのミステリ〟『ゼロの焦点』(昭和三十六年。久我美子、高千穂ひづる、有馬稲子共演)では、あの山田洋次とシナリオ共作である。山田洋次……『張込み』などなどの野村作品の、助監督を体験し、シナリオでも協力。同様の共同脚色(多岐川恭の短篇ミステリが原作)による、中篇コメディ『二階の他人』(同年)で監督デビューした、「大船調」の異才！　橋本忍は彼のために、清張物の『霧の旗』(四十年)も書き、倍賞千恵子主演で映画化された、その〝女性の復讐〟ドラマは彼の代表作のひとつとなった。

さらに、また次の清張＝橋本＝野村作品が、『五瓣の椿』のふたり、岩下志麻と加藤剛主演の、ドメスティック・サスペンスの傑作『影の車』(四十五年。短篇「潜在光景」の映画化)。安定路線にちがいないのである。

そんな、ベスト・コンビのシナリオによる、そしてなんと橋本忍の独立プロダクション〈橋本プロ〉の第一回作品であり、だからもちろん野村芳太郎の監督作であるという、もう必見の「清張映画」大作まで誕生してしまう。当然カラー、当然「一本立て」どころか、まず「ロードショー」公開、そして当然の大ヒット……あの、『砂の器』(昭和四十九年)の登場！

はじめに、これも『飢餓海峡』同様、意外な、でも当然の一枚タイトルにいわく、「提携　松竹株式会社　橋本プロダクション(第一回作品)」。〈黒澤プロ〉の影響下の、例の「スター」プロの連鎖反応ではなく、あくまで「スタッフ」側のそれであるという、そんな自信さえ感じられるのも、けっして私だけではないだろう。

続いて〈松竹〉マーク、そしてたぶん夕日によるシルエットとしてとらえられた、和服姿の少年の、浜辺でのたわむれ。砂で作った器に、水を注ぎ込み、そこにメイン・タイトルで、テーマ曲が盛り上がる。音楽監督芥川也寸志、作曲菅野光亮《かんのみつあき》……これ、とても大事なのだけど、あとで説明する。

そして、ローカル線の小駅のショットに、タイトルで「秋田県　羽後亀田に着く」……で、今西刑事(丹波哲郎)と若い吉村刑事(森田健作)が降りてくる。まずは、この二人が東北地方の亀田で「聞き込み」を開始。それというのも、警視庁刑事部捜査第一課三係の今西栄太郎刑事と、警視庁西蒲田署刑事課捜査第一係の吉村弘刑事(とそれぞれの名刺にあり)の追う、東京蒲田での殺人事件には、被害者と加害者の会話に出てきたという、東北弁の「カメダ」という言葉しか、手掛かりがないからだ。

これがしかし、まるで収穫のない、不毛の捜査行で、でも気分は実にいい。なぜかというと、ここでの二人の体験は、亀田駅前の食堂での、たぶん「カツどん」の昼食にはじまり、暑いながらも稲穂などなどの緑の中、蟬しぐれや川のせせらぎに囲まれての、「小さな旅」!それは寺の山門前での、まくわ瓜の丸かじりという、ささやかな楽しみにとりあえずまとまり、俳句好きの今西刑事の気持ちと重なって、質素だが実は結構リッチでもある、「日本の旅」を伝えてしまうからだ。「事件」の陰惨さを、私たち観客が知る前になのだ。

この、冒頭からの「旅」気分……もう間違いなく、あの「寅サン」の山田洋次の出番だったのだろう。だから、これはミステリであると同時に、「旅」の魅力にも溢れた、つまり「清張的トラヴェローグ」としても色々と納得してしまう。

そしてこの小旅行の終わりころ、なんだかよくわからなかった「事件」は回想される。しかもそれは、やはり字幕の多用によって、きわめて簡潔に処理されて、いわく……。

「事件発生は　昭和46年6月24日　早朝。場所　東京国鉄蒲田操車場構内」

「被害者の年令　60~65才。やや痩型。服装　グレーの背広上下　ネームなし」

「所持品　なし。身元不明」

「血液型　O型。死因　前頭部頭蓋骨陥没」

「石様の物で頭部及び顔面を殴打されており、死後轢死を装ったものである」

「胃の内容物よりアルコール分検出。死後　推定3時間乃至4時間経過」……。

私のいう、「回想の橋本さん」的な、この辺りの巧みな省略ではある。おかげで、アルコールとバーで、辿れたあげくの「東北弁のカメダ」=「蒲田」という、まず当然の捜査の混乱は見事にもスッポ抜けてしまう。それですぐに東北亀田になってしまい、観客は安心(?)して、二刑事が帰路の食堂車で目撃した、真犯人である、人気上昇中の新進作曲家和賀英亮(加藤剛)のドラマを、追うことが出来るというわけだ。

犯人のドラマといったけれど、この映画は実に、なんとも「そう」なのである。具体的にいえば、この和賀は様々な大期待……とりわけフィアンセ佐知子（山口果林）と、その父である、元大蔵大臣の政治家田所重喜（大物俳優の佐分利信！）の、積極的なバックアップ……の、その只中におり、そんなこんなで彼が現在作曲中の、交響曲「宿命」への興味は、いやがうえにもたかまってしまう。

そうでないのは、彼の子を身ごもっている、銀座のクラブのホステス、高木理恵子（島田陽子）ぐらいであって、その彼女も和賀に流産を強いられ、出血多量で死んでしまう。もちろんのこと、例の被害者の血にまみれた和賀の白シャツを、切り刻んで中央線の車窓から飛ばしてのちであり、原作での和賀の、震動音を利用した海野十三的なトリック犯行は、これまたスッポ抜け！　その分だけ、芸術家の和賀は「いいヒト」「かわいそうなヒト」に見え、これはなにしろ例の「大船調」で、二枚目が演ずるのだから仕方ないということか。いずれにしても、ドラマが犯人に対するシンパシーの方向へと進んでいることは、まず確かなのだ。

ここで先に触れてしまうと、すでにメイン・タイトルでも「さわり」が使われ、なにしろ作曲中だから色々と利用される、この交響曲。いつまでも耳に残る、かなりの名曲である。作曲者は、音楽監督を担当した芥川也寸志に抜擢された、当時の新進菅野光亮で、ピアノの演奏も自身である。つまり、このひとはもうひとりの和賀英亮役といったらいいか、加藤剛の影武者といったらいいか、とにかく彼がいなければ、『砂の器』は成立しない。

それほどに、この映画はテーマ曲に頼っているわけで、つまりはそういう作り方をしているのであって、そこがきわめてユニークではある。特殊な音楽映画といってもいい。

このユニークな作り方は、たぶん監督野村芳太郎の巧みさだと思う。なぜなら彼は、『張込み』や『ゼロの焦点』や『五瓣の椿』といった、こちら好みの「望ましき路線」以外に、「番組映画」の様々な典型たちも、かなりの本数手掛けているのであって、そこが黒澤明や内田吐夢とはてんで違う存在感。そのなかには、あの人気歌手美空ひばり主演の『伊豆の踊り子』（昭和二十九年）や『びっくり五十三次』（同年）、はたまた『コント55号と水前寺清子の神様の恋人』（四十三年）、『水前寺清子とコント55号のワン・ツー・パンチ　三百六十五歩のマーチ』(四十四年)、さらにはやはり歌手の広田三枝子との『コント55号とミーコの絶体絶命』(四十六年)などにも、キチンと取り組んできたひとなのだ。

だから、この「音楽」的な処理を思いついたのが、ライターの橋本忍であったとしても、当然彼はまずこの野村に相談したと思う。そして野村は、すでに『ゼロの焦点』、『背徳のメス』(同年。黒岩重吾原作のミステリ。久我、高千穂主演)、『東京湾』(三十七年。サスペンス物)、『拝啓天皇陛下様』(三十八年。渥美清の別な代表作!)、『五瓣の椿』、『影の車』と組んで実績のあった、芥川也寸志に当然相談し、菅野の起用と、そしてドラマのすべてを、あの交響曲「宿命」へまとめることが決まった!

だから、この「捜査」ミステリはすべてが和賀の犯行の、その動機捜し……というより彼の作曲する「宿命」の、「発想源」追及へと、明快に進み出す。こんなふうに……。

また字幕に「8月9日　事件は思いがけない展開をした」で、お伊勢参りに出掛け、行方不明になった養父の、手掛かりを求める若い男が上京。遺体を父三木謙吉(緒形拳)と確認し、「カメダなんて知らない」「父は人にうらまれるような人間じゃない」と証言。

今西刑事はそれで、目先を変えた結果、「国立国語研究所」から「ズーズー弁は、関西でも一カ所、出雲地方の方言」という知識を得る。そして地図の徹底調査により、「亀嵩《カメダケ》」という地名を発見。そこが元巡査三木の、かっての赴任先であったことに気付く。

しかし、そこでも三木の善人ぶりは証明されるのみで、たとえばハンセン病(当時はらい病)を病んだ、物乞い巡礼の本浦千代吉(また加藤嘉!)と、その子秀夫(春田和秀)を救い、父親は施設に送り、子供は自分の子として育てようとする。しかし、その子はやがて父を追ってか、泣きながら家出し、行方不明となった……と知る。

さらに今西は、なんと「休暇を利用し、自費で伊勢へ行く」。そして、三木が立ち寄った映画館〈ひかり座〉で、秀夫=和賀の「三木」的な発見に辿りつく。

ここからは、警視庁の「合同捜査会議」での、今西の捜査報告と、コンサート・ホールの和賀の「宿命」発表とが渾然一体となって展開し、見事である。さらに、本浦親子の差別され虐げられた悲惨な、けれども「日本の四季」を巡っての美しくもある「旅」映像が、名曲

「宿命」と完全同調し、圧巻ではある。でも、この辺りは「想像するしかない」といいながらも、それが今西のイメージでもあるみたいに、この父と子の関係に彼が「泣く」のはちょっとヘン。なにしろ和賀は、前身を隠すことのみに熱心な、残酷な犯罪者でもあるからだ。

でも、それはやはり「捜査」物として見るからであって、特殊な「音楽」物、「音楽家」物として見るならば、この感情過多もそれなりにいいのだろう。もちろん、だから「捜査」物としては飛躍のありすぎるプロセスも、実にすんなりとOKなのだ！

だから、たとえば伊勢の映画館での今西の行動が典型的な、捜査物ならではの面白さ（館主が渥美清特別出演だから当然か？　それにしても、清張氏はやはり映画が好きなんだよな！）に関して、そんなふうに徹底したらさぞや……と思う私も、しかしこの音楽には完全にノせられた。それで「ハンセン病への偏見は過去のこと」と述べながらも、「しかし――、旅の形はどのように変わっても、親と子の〝宿命〟だけは永遠のものである」という字幕でのしめくくりに、ほとんど快感に近い納得、満足を覚えたのもまた事実だったのだ。こんな「音楽」映画は、他のジャンルの日本映画にすらなく、そんな意味ではやはり「いい映画」なのだろう。

その主役……だから和賀英亮の「影」を演じきった、才人菅野光亮は、その翌年の野村芳太郎監督のミステリ『昭和枯れすすき』（結城昌治の短篇「ヤクザな妹」が原作）や、別な清張もの『天城越え』（昭和五十八年）など、ほんのわずかな音楽を手掛けてのち、若くして消えた。病死だったように記憶している。まるでそれは、この映画の登場人物の作曲家和賀英亮と、ほとんど重なってしまう、そんな退場ではあった。

〔『ミステリマガジン』二〇〇八年十月号〕

第28章 「佐藤組」と『新幹線大爆破』

▼**『新幹線大爆破』**（東映／一九七五）◉シネマスコープ／カラー／二時間三十二分◉監督＝佐藤純弥、企画＝天尾完次＋坂上順、原案＝加藤阿礼、脚本＝小野竜之助＋佐藤純弥、音楽＝青山八郎、撮影＝飯村雅彦、照明＝川崎保之丞、美術＝中村修一郎、

録音＝井上賢三、編集＝田中修◉出演＝高倉健、千葉真一、山本圭、郷鍈治、織田あきら、竜雷太、宇津宮雅代、藤田弓子、多岐川裕美、志穂美悦子、渡辺文雄、志村喬、鈴木瑞穂、丹波哲郎、宇津井健

それにしても、「あの頃」は私などにとっては、日本映画最悪の時代だったと思う。

始まりは、〈東映〉。そう、チャンバラ映画を封じられ、苦し紛れに「探偵映画」を生み、かつての私のようなミステリ・ファンを喜ばせた、〈東横映画＝東映〉である。

その結果、やっとチャンバラ映画は復活でき、「東映城」なんていう、量産のための半永久的オープン・セットまで作ったのに、「番組映画《プログラム・ピクチャー》」に陰りが生じてきた。つまりはチャンバラ映画から、まず退潮が始まった。こんな娯楽は、もはやテレビで充分だからだったのだ。

それで、一番深刻なのが〈東映〉。次なる「路線」を必死でまさぐった結果、「着流しヤクザ」の「キった、ハった」ドラマ、「任侠映画」に辿りつく。つまり、別な「チャンバラ」の発見。これは、昭和三十八年のあの『人生劇場　飛車角』（沢島忠監督）の大ヒットに始まり、その二人の主演者、鶴田浩二と高倉健の同趣向のラインナップがアッという間に並び出す、あの「流れ」のスタート！

この潮流は、高倉主演による『昭和残侠伝』（昭和四十年）以下の〈唐獅子〉シリーズを、自作のポスターに利用した横尾忠則や、鶴田の『博奕打ち　総長賭博』（四十三年）を大絶賛した、かの三島由紀夫らの影響もあって、もう日本中が「任侠映画」だらけ！

……こんな辺りのハナシ、ミステリの読者には、あまり興味ないでしょうなア。私も同じデス。早い話、「時代ミステリ」はともかく、「任侠ミステリ」なんてないし、期待出来るわけがない。

さらにはっきりいって、私は例の〈日活〉が売り物にした、あの「不良」……あれよりも「ヤクザ」はもっと嫌い。自分も「ワル」だが、世の中にはさらにひどい「ワル」がいる……てな具合で『網走番外地　悪への挑戦』なんていわれてもねエ！

そんな〈東映〉も、当然のように「二本立て」の時代の終わりを意識せざるを得ず、対応作をも作るようになってはいた。

『新幹線大爆破』(東映／1975年)
ブルーレイ発売中／3,500円(税抜)／東映ビデオ

その一本が、今回とりあげる『新幹線大爆破』で、昭和五十年のこと。これにとりあえず、当時私は何の期待も持たなかった。

だってそうだろう、なんたって「キった、ハった！」の、「着流し」健サンの、その主演作である。監督は、今度は「背広」ヤクザ映画『組織暴力』(昭和四十二年)を、デビュー第五作目として作った、佐藤純彌。この人は「高倉健」物も、さいとう・たかを原作の『ゴルゴ13』(四十三年。これも大作)なども手掛け、これがライフルのスコープ内の映像を「カットつなぎ」にしている、なんともむちゃくちゃにスゴい映画！

そのうえ、今度の『新幹線大爆破』は内容が内容だから、当時の「国鉄」の協力が一切得られず、撮影はミニチュアやセットが中心である。期待しろといわれても、ちょっとねエ！

でも、ちゃんと見にゆく私ではある。映画の評論を書きはじめてはいたけれど、まだ〈東映〉からは試写のお呼びはかからない、三十六歳の私……。

……で、どうだったのかというと、面白かった！日本映画もなかなかやるじゃない……と、この年の私の「ベストワン」！

まず、カラー、スコープでの〈東映〉のロゴに続き、「北海道・夕張」のタイトル下、のちに古賀勝(山本圭)とわかる若い男が、鉄道構内に侵入し、貨車に何かを仕掛ける。そして「東京」の字幕となり、町工場〝沖田精器製作所〟の経営者、沖田哲男(高倉)が、電話で古賀から「うまくいった」と報告される。そして「フジオが捕まったが、アイツは肝腎なことは何もしらない。計画通り決行しよう。今日しかない」と、古賀に伝える。その画面にさりげなく置かれている、新幹線の模型。

次が東京駅のシークェンスで、セットとたぶん「隠し撮り」で展開。そこに新幹線の「ひかり１０９号」があり、清掃員として作業中の、若い大城浩(織田あきら)の前を、様々な乗客が通り過ぎてゆく。そのなかに、傷害罪で逮捕され、刑事に博多まで連行される、仲間の藤尾(郷鍈治)もおり、両者の目が合って共にガク然！

しかし、当然「ひかり１０９号」は定時発車。その運行は、「総合指令所」の巨大なパネルの表示で示され、新幹線独自の速度制限での自動制御システム、「ＡＴＣ」のメカニズムが解説される。

そこに、「109号に爆弾を仕掛けた」の電話で、列車の空撮映像(国鉄の許可必要なし!)を多用して、メインタイトル。

うまい設定と、プロローグ処理ではある。

これはつまり、アメリカ映画あたりが得意な「ケイパー」物、だから「集団計画犯罪」物の、典型的な設定と展開であって、映画ファンなら『アスファルト・ジャングル』とか『現金に体を張れ』とか『オーシャンと11人の仲間』などを連想すること間違いなし。それで、「キった、ハった!」の「ワル」はここでは犯罪のリーダーというわけで、あまり困らないどころか、実にしっくりもくる。

まして、鉄道公安本部長宮下(渡辺文雄)が受けた、「その電話」はこう続く……。

「その爆弾は時速八十キロになった時、自動的にスイッチが入り、それ以上のスピードで走っていれば爆発しないが、再び八十キロに減速すると爆発する仕掛けになっている」

「信じられないというだろうから、貨物5790列車にも同じ爆弾を仕掛けた。夕張発、追分行、紅葉山駅までノンストップだ。どこでもいい、好きなところで十五キロまで減速してみろ。爆弾はかならず爆発する」……。

聞かされた倉持指令長(宇津井健)や、それを連絡された109号の青木運転手(千葉真一)、そして警視庁刑事部長(丹波哲郎)や国鉄総裁(志村喬)らと同様、被害列車は「絶対止められない」というアイデアに、誰だってうなってしまう。

これがどのくらい「いいアイデア」かというと、ズーッとのちに本家アメリカ映画が、列車をバスに置きかえて、『スピード』という快作を作ってしまうほどなのだ。

これは、アイデアももちろん、映画のボルテージにも関係していると思う。なにしろ「国鉄の協力なし」という、いってみれば悪条件に、とりあえずミニチュアという方法を選んだこの「佐藤組」は、「それ」をシュノーケル・カメラで撮るというように、工夫発展させていったほどなのだ!

シュノーケル……あのガストロ・カメラと同じく、フィルムを収納するボディの大きさはともかく、レンズ部分は極端に小さくし、ボディから分離し被写体を狙うという撮影機材。そのためにミニチュアはより巨大に、だから実物的な印象で描くことが出来る。

たとえば、最初の見せ場である、下り前方の故障車のため、ほんの一瞬のポイント切り替えで、上りの線路を使用し、また切り替えて上りを通過させてしまう、浜松駅のスリルとサスペンス、ここなどは、まさしくミニチュアとシュノーケルならではの軽業だ!

これとは逆に、リアルに作られた様々な「内部」のセット……指令所、運転席、車掌室、捜査本部などなどの、そこに宇津井、千葉、丹波といった、錚々たるスタアがいるがためのそんな存在感は、実は客車のほうにはそういうスタア的な配慮に欠け、だからバランスがとれていなく、なんとも薄っぺら。それも、乗客の方はほとんど感情的に、わめく、泣き叫ぶでは、もう描写として実に平凡通俗。この作品が、あのアメリカ製のパニック映画(デザスター映画)のヒットの、その影響で作られたとはいえ、あまり頂けないことは事実である。どうして日本映画って、こうも感情的にやってしまうのだろう。

でも、そんな欠点のすべてを積みあげてみても、この「基本アイデア」は、やはりすごい。ましてそれが……。


……犯人からの五百万USドルの要求……なぜか長瀞でのその金の受け渡しと失敗……高速カメラでの列車下部の点検撮影……ハイウエイを利用した再度の受け渡し……爆弾撤去の図面の火災による焼失……二度目の車体撮影と爆弾発見……上り線を利用した救援車でのバーナー運搬……と、見事にもふくらんでゆく「事件」の、スリリングな面白さは、これはもう圧倒的である。たぶん、感情過多で足を引っぱっていたそんなあたりを、さっぱりとカットした短縮版がフランスでヒットしたのも、当然のように思えてしまう。

ということになると、わからなくなってくる。

つまり、この「クライム&サスペンス」として秀逸な『新幹線大爆破』の、「作り手」としてのまとめ役、「キィ・パースン」は一体誰なのか。先にいったように、そもそも期待していなかったのだから、「この人だ!」というポイントがない、見えないのだ。

まず脚本にも参加している、佐藤純彌監督なのだが、『陸軍残虐物語』(昭和三十八年)でデビューした、〈東映〉の「なんでも屋」的なこのひと。〈松竹〉のあの野村芳太郎に似て、しかしあちらのように「ミステリ」に抜群という特色がないことは、前の『ゴルゴ13』とか、のちのやはり「高倉健」物『君よ憤怒《ふんど》の河を渉れ』(昭和五十一年。西村寿行原作)の、頼りなさが実証してしまう。そして最新作が、なんと『男たちの大和　YAMATO』(平成十七年)……?

それでは、もう一人の脚本家である小野竜之助はといえば、この人はたぶん、青春物『おれたちの真昼』(昭和三十五年)を、神波史男との共作で書いてデビューしてきたライター。この二人には、『真田風雲録』(三十八年)というファンタジー時代劇の快作もある。真田一党の、あの猿飛佐助(中村錦之助)は、実は赤子の唄、落下した隕石の放射能を浴びた、超能力者……という設定の、私好みの大傑作で加藤泰の監督作品だが、原作舞台劇の作者、福田善之が脚本にも参加してるので、これは例外だろう。あとは探ってみても、これといった「ミステリ」には行き当たらず、だから彼を私の「ミステリライターズ」に加えるのは、ちょっと無理。

こうなってくると、残るのは加藤阿礼……気にはなったが、たぶんスタッフの誰かの別名だろうと、深追いしなかった、彼である。つまり、この『新幹線大爆破』に「原案」者としてクレディットされている、でもそれ以前も以後も、まったくどこででも聞かない名前なのである。

これがわからない!

で、〈東映〉に強い、『キネマ旬報』誌の副編集長前野裕一さんに聞いてみた。すぐに返事があった。

「『新幹線大爆破』のプロデューサーの一人、阪上順《すなお》の別名です。そういう役割、つまり原案を提供したのは、あとはやはり高倉健主演の『ホタル』しかないそうなんです」

一瞬で謎が解けた!

阪上順……あの『ゴルゴ13』あたりから、共同製作者の一人として、タイトルに名を見かけるようになり、この『新幹線大爆破』を経て、故川谷拓三のなんと主演作『河内のオッサンの唄』(昭和五十一年)などの異色作を、単独でプロデュース。さらには〈東映〉の取締役兼製作者として、高倉健の『鉄道員《ぽっぽや》』(平成十一年)や『ホタル』(十三年)などを手掛け、同時に原田眞人監督に、最初の「昭和の大事件」物の傑作『金融腐蝕列島〔呪縛〕』(十一年)なども作らせた、そんな映画人。

この人を、「高倉健」映画史として見ると、こんなふうになる。

「番組映画」全盛の時代、最初期は唐手映画のヒーロー、そして「美空ひばり」物の恋人役、さらにはギャングからヤクザへと、ひたすら〈東映〉映画の量産に利用された、でも実力のあるこの俳優を、早く「一本立て」時代に適応させたいと、自らアイデアを提供して、役柄と演技を、結果変えさせた。その最初の成功が、『新幹線大爆破』の沖田哲男役！

それまでとは違った、でも同じでもある「健サン」がそこにいた。かなり知的で、リーダーシップに秀れ、でもどちらかというと感情に走り、だから社会からはコボれ落ちる、まじめにカナしいそのキャラクター……これは高倉健の真の意味での、俳優的成長を世に知らしめ、それどころか〈東映〉というワクを越え、たとえば『八甲田山』(昭和五十二年、東宝＝橋本プロ)、『幸福の黄色いハンカチ』(同年、松竹)、『冬の華』(五十三年、東映)、『野性の証明』(同年、東映＝角川春樹事務所)……と、各社「年一作」の大作に主演し、日本映画の代表的なスタアとなっていった。

そして、阪上順はといえば、京都の「映画村」……つまりは、かつてのチャンバラ映画の修羅場の、あの元「東映城」に穏やかに暮らすと聞く……。

〔『ミステリマガジン』二〇〇八年十一月号〕

第29章

「市川組」と『犬神家の一族』

▼『犬神家の一族』(東宝／角川書店／一九七六)◉カラー／スタンダード／二時間二十五分◉監督＝市川崑、製作＝角川春樹＋市川喜一、原作＝横溝正史、脚本＝長田紀生＋日高真也＋市川崑、音楽＝大野雄二、撮影＝長谷川清、照明＝岡本健一、美術＝阿久根巌、録音＝大橋鉄矢、編集＝長田千鶴子◉出演＝石坂浩二、高峰三枝子、三条美紀、草笛光子、あおい輝彦、地井武男、川口恒、川口晶、金田龍之介、小林昭二、島田陽子、坂口良子、小沢栄太郎、加藤武、大滝秀治、三國連太郎

そして一般的にいえば……業界的にもかなりそうだったけれど……突然の「角川映画」『犬神家の一族』の登場！　つまり出版社「角川書店」の、映画製作への参入である。昭和五十一年のこと。

でも、私には二つの意味で、これは当然の成り行きではあった。

まずひとつめは、私が勝手に「スポンサード・フィーチャー」と名付けて紹介していた、アメリカの映画製作事情。この頃、他業種の企業、たとえば出版の「プレイボーイ」「リーダース・ダイジェスト」、化粧品の「ブルート」、製薬の「ブリストル・マイヤーズ」などなどが、映画製作に手を出しはじめていたことである。

ふたつめは、これは「メイド・フォー・TV」とか「TVムービー」とか、すでに向こうで呼ばれていた、テレビのために作られる長篇劇映画事情……とりわけシリーズ化された『刑事コロンボ』の持つパワー。

このあたりは当時、業界人も批評家も誰も気付かず、だから取り上げず、でも私は「広告」が本業で、それでメディアの変化に関して敏感だったから、色々紹介し、論じ……この辺りが他の映画評論家と違うところ。正直、かなりヘンな評論家だったと思う。

そしたら、ひとつめ……出版の「角川書店」が反応した。いうまでもなく、角川春樹のいう「メディアミックス」戦略。映画で宣伝して、原作の文庫を売る……!

そして、ふたつめの反応。コロンボ刑事と金田一探偵の似ていることは、わかりやすいので私も利用させてもらっていた。だから「角川映画」第一作は、その「金田一耕助」物の『犬神家の一族』……。

それにしても、監督が市川崑! もちろん、『天晴れ一番手柄　青春銭形平次』や『穴』の作り手だから、最適にはちがいないのだが、この頃はもう日本映画はかなりガタガタ。だからの「角川映画」の進出でもあったわけなのだが、コンさんはといえば、TVのあの『木枯し紋次郎』などのほうで知られ、「映画は大丈夫?」ってな状態だった。

そして、さまざまに複雑な心理で私はその映画を見た!

冒頭、犬神家の威圧感ある大座敷で、今、佐兵衛翁(『死の十字路』『飢餓海峡』の三國連太郎!)が、臨終の床にある。「お父様、ご遺言は? 皆、お父様のご遺言をお伺いしたいと待っております」と、長女の松子(高峰三枝子)。それを待つ、次女の竹子(三条美紀)、三女梅子(草笛光子)、そしてそれぞれの夫(金田竜之介、小林昭二)や子供たち(川口恒、川口晶、地井武男)、さらにいわくあり気な野々宮珠世(『砂の器』の島田陽子!)。彼らの前で、顧問弁護士の古館(小沢栄太郎)の、「ご遺言状は佐兵衛翁のご意思によって、血縁の方がすべて揃われた時、開封発表されることになっております」なる発言を聞き、老当主は安心したように息をひきとる。

　おお、これぞ横溝ミステリだ、「謎とき」の発端として理想的だ……と、その丁寧な前提に、こちらも大安心。そのうえ、前年に公開されヒットした、あの『オリエント急行殺人事件』の影響だろう、いわゆる「オール・スター・キャスト」物である。これは「犯人捜し」物には最適で、「美男美女は犯人じゃない」とか「大物の性格俳優がいたら犯人」みたいな、従来の貧弱なキャスティングはこれで、確実に補強される。まったく「やるね、角川映画！」なのである。

　続いて、コンさん独特のデザインのあのタイトルが、大野雄二の親しみやすい音楽にのって快適に進む。そして、古ぼけた写真と、「明治十一年、放浪の孤児佐兵衛、信州那須神社神官に救わる」「明治十九年、犬神製薬工場設立」などといった適確な字幕による、犬神家の歴史の簡潔な紹介が済む。そして、金田一耕助の登場。

　またぞろ、「ああ、これだ、これだ！」とファンは膝をうった！　はるかな山並みを背負う昔ふうの町を、原作では「年ごろ三十五、六、もじゃもじゃ頭の、風采のあがらぬ小柄の人物で、よれよれのセルに、よれよれの袴といういでたち」の彼が、まさにそんな姿で、トランクを下げ、オカマ帽をかぶってやってくる。演ずるは石坂浩二……ついに私たちは「金田一耕助」に会った！　あとはもう、彼にすべてを委《ゆだ》ねればいい！

　でも、今回も始めからこうだったのかといえば、そ

『犬神家の一族』(1976年)©KADOKAWA1976
DVD発売中／1,800円(税抜)／発売・販売元＝株式会社KADOKAWA

うでもなかったみたい。「長田(紀生)君というひとの書いた第一稿を渡されたんですが、これがなんかオカルトみたいな感じの脚本でね。春樹君は、気に入らないから書き直してくれと言う」(森遊机《ゆうき》編『市川崑の映画たち』)と、コンさんが振り返っているように、またまた始めは「猟奇」趣味だったらしい。つまり「千恵蔵=金田一」の頃と、ちっとも変わっていず、それをコンさんと春樹氏が本来の姿に戻したのだ。これはもう、日本ミステリ史としても、日本映画史としても画期的な出来事で、特筆しておくべきだと思う。昭和二十六年の五月、連載原作が『キング』誌で終了してから、二十五年目のことである。

この原作はしかし、かつて例の千恵蔵=金田一で、『犬神家の謎・悪魔は踊る』と題して映画化され、当時十五歳の私も見てはいる。でも、まったく何も覚えていないのは、よっぽどハズレた映画化だったのだろう。同じ〈東映〉が、『笛吹童子』のヒットで浮かれていた、昭和二十九年のこと。

それから色々あって、今度の映画化が始まる頃は、私は「金田一耕助」のきわめて近くに、実はいた！

ことの起こりは『刑事コロンボ』。先に触れたように、私はこの面白さを伝えるのに、かなりヤッキになっており、ついに横溝正史先生を「対談」にひっぱり出し、近頃は何も話がこないという、「映画化」のことまで話題にした。昭和四十九年の十月頃のことだ。

そしたら、その数カ月後、友人の高林陽一監督が、ATG(アート・シアター・ギルド)の低予算映画として、なんと『本陣殺人事件』(昭和五十年九月公開)の映画化を開始してしまった！ そのうえ、これの映画音楽を作曲したのが、私たちの共通の友人、大林宣彦！ 本当は、原作の持つ「論理性」と、そして「叙情性」は、この作品から描かれだしたのだと、断言も出来ると思う。

だがしかし、中尾彬《あきら》演ずる、肝腎の「金田一耕助」はといえば、なんと当時の流行だったあのヒッピー・スタイルとは！ 私たちファンは、いつまでこんな体験を……と、かなりムクレたことを思い出す。

そして、そのわずか一年後の、昭和五十一年十月の、「崑=角川」版の公開！

のちにコンさんの語るには、「僕は昔からの探偵小説のファンなんですが、なぜか、そういう企画にあまり縁がなかった。それがここへ来てやっと巡り合えたので、〝よし、やってこまそ〟と引き受け」「もちろん、ボサボサの頭髪、よれよれのセルの袴におかまシャッポという、あの風体は絶対に必要です。ただ、存在そのものは、神の使いみたいにしたかった」(前出『市川崑の映画たち』)のだそうなのである。これならもう、まかせっぱなしでも大安心と、「あとから」でなく「あの時」に知りたかったと思えてしまう。

あの時はしかし、和田夏十さんつまり市川夫人は、シナリオ作業はやめられており、それで『犬神家――』から協力者として、日高真也が登場してくる。たしか『サンケイ新聞』の記者だった方と記憶している。ならば、あの脚本家としての「久里子亭」(＝市川崑)はどうなるのか?

つまり、大正四(一九一五)年の生まれだから、この時六十一歳のコンさんにしても、彼をとりまく映画界にしても、一大正念場にちがいなく、しかし見渡せば「寅サン」シリーズのほかは、「東映任侠映画」や「日活ロマンポルノ」しかない「日本映画」! もう色々とうんざりの私にとっては、「新しいムーヴメント」なら「何でも歓迎」みたいな切実感さえあったのだ。

それがなんと、私の大好きな「ミステリ」映画で、ときた! しかも、なかでも様々に期待出来なかった、

『犬神家の一族』(1976年)©KADOKAWA1976

「本格謎とき」物なんだから、もう興味シンシン！

　前提の巧みさや、金田一登場の素敵さなどで、「アッ！」「オッ！」なんてことの挙句、ボートでの珠世の殺害未遂……古館事務所の若林弁護士の毒殺……そして犬神家の象徴たる家宝「斧琴菊」を使った、奇怪な連続殺人までキチンと見られた！　顔面の戦傷で、当人とは断定出来ない「あの人」が、事件を理想的に混乱させるのも、もちろん原作通りだった!!　自分が理解できないと、勝手に色々変えて平気な顔をしがちな、あの頃の日本映画でだ。

　だから私は、市川崑作品としてはもちろんだが、それ以上に「角川映画」として凝視しっぱなしだった。一体、「ここ」は何なのだ、どうして「こんな日本映画」が出来たのだ？

　そして、なんとこれは大ヒット！　それもまず、当時のアメリカ型娯楽大作のシンボルでもあった〈日比谷映画劇場〉での、先行ロードショー!!　その直後から、原作の文庫本が売れ出し、なんとベストセラーになった。だから、それまではミステリ・マニアの記憶にしか残っておらず、一般的には忘れられた作家だった（それで私も対談にかつぎ出せた）横溝正史の、突然の人気復活。ここに至っては、もうほとんど驚愕だった。

　角川春樹の「マルチメディア戦略」は、まさに的中だったのだ！

　だから、私のその後の映画的な行為は、ほとんどが「角川映画」に結びつけようとする、そんな作戦ではあった。貧弱の泥沼から脱するのは、これしかないと真剣に思っていたからだ。なにしろヘンな評論家なのだ！

　たとえば、私も責任編集者のひとり（他は筈見《はずみ》有弘《ありひろ》と増淵健）だった、雑誌『季刊映画宝庫』で「日本映画が好き!!」という特集テーマを考え、実現したのもそれだ。

　ここで私は、原田眞人（監督デビュー直前の映画評論家）、大林宣彦（劇場映画三作を作っていた、実はCM演出家）、倉本聰（映画の脚本家として出発した、当時のテレビの名ライター）、そして角川春樹との、連続対談によって、日本映画の弱点と、「角川映画」登場の意義を、それぞれ自分らの問題として受け止めようとした。昭和五十三年の年末のこと、私は三十九歳だった。

　この辺りからは、なんだか全員が映画に関して、ドタバタを演じていたようにも思い出せる。まぁ、色々なことがあって、でもこの中では大林宣彦が『金田一耕助の冒険』(昭和五十四年)という、これはドタバタ・ミステリを「角川映画」で作り、続いてその友人の高林陽一も、横溝原作の「ノン金田一」物の秀作『蔵の中』(五十六年)を作る。これらは「角川映画」としては、「一本立て」の「大作」とは別に、春樹氏が狙っていた「プログラム・ピクチャー」(!)的な面白さの継承である。

だから大林はさらに、眉村卓のジュブナイルSFが原作の『ねらわれた学園』(五十六年)で、思いきりドタバタした挙句、今度は筒井康隆のこれもジュブナイルSFを原作とした、秀作『時をかける少女』(五十八年)に辿りつく。

そして、倉本聰は、「角川映画」ではないが、でもその「角川映画」第三作の『野性の証明』(五十三年。森村誠一原作)と同様、高倉健の魅力を再活用した『冬の華』(同年)や『駅 STATION』(五十六年)などのオリジナル・シナリオを書き、改めて「映画」にもチャレンジした。

原田眞人も、「角川映画」ではないが、様々な映画を作ってのち、「昭和の大事件」三部作、『金融腐蝕列島〈呪縛〉』(平成十一年)、『突入せよ!「あさま山荘」事件』(十四年)、『クライマーズ・ハイ』(二十年)へと、ダイナミックにまとまっていった。

さらに「角川映画」の角川春樹……高木彬光の『白昼の死角』(昭和五十四年)、半村良の『戦国自衛隊』(同年)、小松左京の『復活の日』(五十五年)、つかこうへいの『蒲田行進曲』(五十七年)……である!

では、ヘンな評論家である私はといえば、本業の「広告」屋、具体的にはテレビCMの製作者として、以上の四人の映画人のすべてに、それぞれ「レナウン」「ニッカ・ウヰスキー」「AGF」「資生堂」の作業を協力してもらっていた。「カンヌCM祭」などなどで受賞するほどの素晴らしい体験だった。

しかし、奇妙に複雑な気分もあった。

この国では、映画製作のシステムが解体してのちに、やっとミステリ、とりわけ横溝探偵小説が本当に受けたこと、つまりは売れたこと。今にして思うと、なんという皮肉なんだろう!

[『ミステリマガジン』二〇〇八年十二月号]

第30章

「市川組」と『悪魔の手毬唄』

▼『悪魔の手毬唄』(東宝／一九七七)◉カラー／スタンダード／二時間二十三分◉監督＝市川崑、製作＝市川崑＋田中収、企画＝角川春樹事務所、原作＝横溝正史、脚本＝久里子亭、音楽＝村井邦彦、撮影＝長谷川清、照明＝佐藤幸次郎、美術＝村木忍、録音＝田中信行、編集＝小川信夫＋長田千鶴子◉出演＝石坂浩二、岸恵子、仁科明子、北公次、草笛光子、高橋洋子、山岡久乃、林美智子、渡辺美佐子、加藤武、大滝秀治、中村伸郎、三木のり平、辰巳柳太郎、若山富三郎

そんなわけだから、次の昭和五十二年(一九七七年)の頃は、私にとっては日本映画どころか、映画界自体の、最も劇的な時！

なにしろ、まず石坂浩二＝金田一耕助の第二作『悪魔の手毬唄』の登場である。これは〈角川映画〉ではなく、その企画を受け継いだ、老舗《しにせ》〈東宝映画〉の仕事なのだが、監督はもちろん、市川崑。脚色は、ついに久里子亭の再登場である。

案の定というか、ちょっとしたこと以外、原作の完ぺきな映画化。私は試写で見て満足し、公開されてから劇場に家族で足を運んでいる。ついでにいえば、この順が私の「いい映画」に対する、今も続く礼儀である。

それで私は安心して、この頃の別なる方向に、深入りしていった。別なる方向……つまりＳＦ映画。この年、アメリカ本国で公開された、例の『スター・ウォーズ』に、かなり早くから興味を持ち、本業の仕事での渡米で、これまたいち早く見ることの出来た、そんな私のいわば義務。

なにしろ当時ＳＦ映画は「イカ物」扱いで、書き手は私ぐらいしかいなかったからだ。それで私はひそやかに、しかし光栄にも、「スター・ウォーズ評論家」などと呼ばれてしまったものだ。なぜか子供の頃から、特殊効果《スペシャル・エフェクト》……のちのＳＦＸ、ＶＦＸに興味を持った、やはりヘンな映画評論家の、当然の権利でもあった。

その結果の、様々なＳＦ映画騒動のことはさておき、『悪魔の手毬唄』である。再び森遊机《ゆうき》のインタビュー集

『市川崑の映画たち』から引用させてもらうと、「(前作は)東宝は配給をしただけでしたが、このシリーズは当たると踏んだのか、今度は自社で製作しようということでね。でも、柳の下にドジョウはなかなかいないし、『犬神家』よりいいものが出来るとは思わないから、僕としては辞退するつもりだった。そしたら夏十さんが"せっかくだから、もう一本ぐらいはやってあげたらどう?"と言うので引き受けたんです」というわけで、久里子亭の復帰……。

……今は実も葉もない葡萄棚の下で、抱き合う若い男女、青池歌名雄(北公次)と由良《ゆら》泰子(高橋洋子)。その画面に「昭和二十七年」「鬼首村《おにこべ》」と字幕。

「あたし、ホンマはな」「ウン?」「みんなあげてもええと思っとるんや」「いや、それはいかんと思うな」「なんで? 歌名雄さん」「ぼくは堅いんやろな、考えが。きちんと話がきまるまでは、このままにしておきたいんや」そこで「他に理由があるんじゃないの?」と泰子は尋ね、歌名雄ははげしく「ないない、ないよ!」と否定する。

原作のあの、複雑かつシンプルな動機設定を知るものにとって、これはきわめてうまい「伏線」になっていると思う。これに村井邦彦の不安な音楽がのり、久里子亭らしい上々の滑り出し。

そこに、村の青年たちがオート三輪で通りかかる。仁礼《にれ》流次(潮哲也)が運転し、妹の文子(永野裕紀子)らが荷台に乗っている。彼らの話題はといえば、久し振りに帰ってくる自分らの仲間で、今や有名歌手の別所千恵(仁科《にしな》明子)を、どうもてなすか? 歌名雄と泰子も彼らに合流し、まずは村の対立勢力である、仁礼家と由良家(当主敦子に『犬神家の一族』の草笛光子)の、その若い世代の青池歌名雄をあいだにしての、微妙な関係が描写される。

そこで歌名雄は、「昨日からウチに泊まりよる」金田一耕助が、「ブレーキこわれとるといった」はずの自転車で、眼下の坂道を転げ落ちてゆくのを目撃。われらの金田一サンは、その勢いで青池家つまり湯治場《とうじ》「亀の湯」の庭に突っ込み、転倒!

こういった金田一探偵のドタバタ描写は、今ではモロにあの「コロンボ刑事」のユーモラスな存在感からの、影響大だと見えるだろう。でも実はそうではなくて、「コロンボ」のほうが様々な意味で「金田一」に似ているのだと、当時私が何度も指摘してきたことではある。

そういう意味で、敗戦後にやっとミステリ的に成熟した「横溝」小説は、映像としてもやっとここまで成熟したと受けとめるべきだろう。なんだか溜息まで出てきそうなのは、私だけなんだろうか？

それはともかくとして、この宿で金田一が待っている、岡山県警の磯川警部（任俠〈東映〉のスター、若山富三郎）は、仕事で遅れてその晩にやってくると、「亀の湯」のおカミ、青池リカ（崑映画の名物ヒロイン、岸恵子！）から知らされる。

仕方なく風呂に入った彼は、そこの先客である、元庄屋の世捨て人で、郷土史の研究家の多々羅放庵（中村伸郎）から、「鬼首村」の名の由来やら、この家の娘里子（永島瑛子）の半身の赤アザの原因やらを聞かされたあげく、ある手紙の代筆を頼まれてしまう。

一方リカは、やってきた仁礼の当主嘉平（新国劇の重鎮、辰巳柳太郎）に、娘の文子を歌名雄の嫁にすれば、自分の葡萄酒工場の経営を任せてもいいと、強く説得される。

『悪魔の手毬唄』［東宝DVD名作セレクション］（東宝／1977年）
DVD発売中／2,500円（税抜）／発売・販売元＝東宝

そして、ここに来る時に「人食い沼」のそばを通ったら、「二十年前のあの忌わしい事件を思い出してな」という彼に、「いわんといてつかあさい、思い出すのも耐えられません」と答えるリカの台詞を受けて、テーマ曲にのせたメイン・タイトル『悪魔の手毬唄』。ここまでが約十分！

タイトル前の描写、つまり「アバン・タイトル」十分で、複雑怪奇なドラマの、これだけの前提を盛り込んでしまう。何度見ても、この原作設定の整理具合は、「久里さんウマいなー！」である。しかも、崑さんらしい青春映画的な新鮮さから、すんなりと入ってゆける。のっけから「民間承伝」という小冊子に載ったと語られる、岡山県のこの地方に伝わる「手毬唄」、つまり……。

「うちの裏のせんざいに
雀が三匹とまって
一羽の雀のいうことにゃ
おらが在所の陣屋の殿様
狩好き酒好き女好き
わけて好きなが女でござる
女たれがよい枡《ます》屋の娘……」

……あれが紹介、解説される(これはこれでフェアプレイと横溝氏は考えていた)、原作の「読者選び」とは正反対。おまけにここには、のちに出てくるこの「手毬唄」のメロディが、ほんの少しだが流されている。そして青池リカの艶っぽい前身を暗示する、三味線を弾く手元のアップが、コンさん得意技のフラッシュ・カットで挿入されるなど、情報量はきわめて多い。

タイトルが終わっても、見事な原作整理はまだ持続する。

まず、放庵のあばら家での、代筆依頼。これは彼と離婚した、五人目の妻が、復縁を求めており、それで「帰ってこい」との返事のことである。やがてくるあの「名シーン」のための、必要不可欠な段取りである。

次に、やってきた磯川警部による、二十年前の忌わしい事件の再調査の依頼。当時、村を食いものにする詐欺師の恩田幾三を、ひさかたぶりにリカと共に帰郷していた、「亀の湯」の青池源治郎が疑い、逆に殺された未解決のそれ。死体は囲炉裡《いろり》に顔を突っ込んでいたため、どちらのそれかわからなかったからという、いわゆる「顔のない被害者」テーマ。

そして、例の流行歌手千恵が、母親の別所春江(『野獣の青春』の渡辺美佐子)らと到着したことで、事件の因子はすべてそろい、金田一と「あの老婆」との出会いの名シーンに、まずまとまってゆく。「謎とき」物、とりわけ「横溝＝金田一」物の映像での前提描写は、かくも難しいのである。そうでないと、もうまるでSF以上に「嘘っ八」な、トリッキーなトンデモ事件に、観客は浸り込めないからなのだ。

それで「名シーン」……総社《そうじや》の町に「昔の事件」の聞き込みに行く金田一が、夕暮れの仙人峠で、腰の曲がった老婆、つまり放庵の五人目の妻らしい女とすれ違う場面。ここで老婆はブツブツという。

「ごめんくださりませ。おハンでござりやす。お庄屋さんのところへもどってまいりました。なにぶん、可愛がってやってつかあさい」

ここで私はのけぞった。「違うー！」と思ったからで、同じような横溝ファンは、結構いたはずである。

あそこは「おハン」ではなくて、原作通り「おリン」でなければならない。リンという妖気がただよう名でなくては絶対いけない。第一、金田一は、この直後に総社の旅館「井筒」のおカミのいと(山岡久乃)から、おハンことおリンはとうに死んでいると聞かされ、「ゾーッ」とするのであって、これは私たちが原作を読んだ時、すでにそう。たった一字の違いだけれど、この一字は語感的には実に大きい。もちろん放庵に代筆を頼まれた時、すでにこの名は出てきたのだけれど、それはただの事務的な処理……「死んだはず」の当人が発するのとはわけが違う。


だから、ここからあとの異様な連続殺人、「手毬唄」に合わせて、枡屋の娘が「枡ではかって漏斗《じようご》で飲」まされ、秤《はかり》屋の娘が「大判小判を秤にかけ」られて、それぞれ殺されるという、つまりトンデモ事件……あれはキチンと描かれてはいるけれど、どこか空々しく感じられてしまう。あまり怖くないのである。

このちょっとした名前の変更は、崑さん自身のささやかな、しかし当人には大事な事情による。実は彼は、宇野千代の小説『おはん』の映画化を、この頃から計画しており、それにこだわるあまり、ここでも「おハン」とやってしまったのだ。その映画化は、『悪魔の手毬唄』から数えて八作後に、吉永小百合、石坂浩二主演でやっと実現。でもねぇ！

このいわば瑕瑾《かきん》は、私が当時力説していた、「特殊効果」の使用法、「SF映画」と「くそリアリズム」の関係……ほんのわずかのやぶれ目から隙間風が入ってくる……あれと実は同じことだったのだ。だから、おしい！

そんなに気になる『悪魔の手毬唄』だけど、これは一度すでにあの〈ニュー東映〉で映画化されてはいる。しかも高倉健＝金田一で、昭和三十六年だから、原作連載が終了して二年後のこと。私は無論、当時パス！　ずーっとのちに若いファンから、「そんな貴重なもの、なんでパスしたんですか？」と聞かれたものだ。困ったことだ。

美空ひばりの「現代」物のほうの、恋人役の俳優が「あの探偵」で、『明治天皇と日露大戦争』(昭和三十二年)が代表作の、渡辺邦男が脚色と監督の担当では、原作に密着出来るはずがないと、確信(？)したからですよ。わかりませんか？

で、これもごく最近、例の「スカパー」で放映したので、参考までに見た。なんと、最初から、車のラジオで初放送されている、自分の「手毬唄」を聞きながら、故郷の鬼首町に向かう、歌手の和泉須磨子(本名は仁礼須磨子だと！)が、その途中で殺される。それで、サングラス姿の健さん＝金田一が、ポルシェかなんかをスッ飛ばしてやって来る……ダメだ、こりゃ！　これでは、千恵蔵さんの代役として健さんを当てた程度にすぎない。さらにいえば、あの頃とは時代が違う。

もっとも、この前年に〈東映〉は多羅尾伴内＝千恵蔵の最終作『七つの顔の男だぜ』を、比佐芳武の脚本で製作公開しているのだから、結構真剣だったのかもね。

そのうえ、ここは昭和五十三年になっても、まだ小林旭の主演で、『多羅尾伴内』『多羅尾伴内／鬼面村の惨劇』を公開するのだから、やはりズレていたと思う。チャンバラのメッカ〈東映〉だから、仕方ないともいえる。

そんなわけだから、やっぱり今回の映画化は、只事ではない。

「よし、わかった！」の立花《たちばな》捜査主任(『犬神家の一族』では橘《たちばな》署長。同じ加藤武)の、オーバー・アクションでの大好演の、そのおかしさ！　「あの加藤さんのセリフは、(前作の)撮影中にとっさに思いついたんです」(『市川崑の映画たち』)。

スーパーインポーズ使用の第一号映画『モロッコ』を、きちんと挿入しての、青池源治郎の前身である、「活弁」哀史(映画好きの横溝さんらしい部分！)！　「ああ、横溝さんてのはモダンだったんやなあと改めて思ったものです。で、使用料が高かったけど、『モロッコ』のラストシーンのフィルムを入れたりした」(同)。

そして、リカと磯川警部の切ない交情にまとまる、ドラマ全体のあの余韻！

やはり、これは瑕瑾はあっても、満点をやるべきか？

第31章
「市川組」と新『犬神家の一族』

［『ミステリマガジン』二〇〇九年一月号］

▼**『犬神家の一族』**（東宝／「犬神家の一族」製作委員会／二〇〇六）◉カラー／アメリカンビスタ／二時間十四分◉監督＝市川崑、製作＝黒井和男、プロデューサー＝一瀬隆重、企画＝椿宜和・濱名一哉＋北川直樹＋喜多埜裕明、原作＝横溝正史、脚本＝市川崑＋日高真也＋長田紀生、音楽＝谷川賢作（テーマ曲＝大野雄二）、撮影＝五十畑幸勇、照明＝斎藤薫、美術＝櫻木晶、録音＝斉藤禎一、編集＝長田千鶴子◉出演＝石坂浩二、松嶋菜々子、尾上菊之助、富司純子、松坂慶子、萬田久子、奥菜恵、岸部一徳、深田恭子、草笛光子、中村玉緒、加藤武、大滝秀治、中村敦夫、仲代達矢

それにしても、なんかヘンではある……と、実はさらに深い溜息！

金田一耕助＝**石坂浩二**の「崑」作品は、『悪魔の手毬唄』と同じ昭和五十二年の八月に、第三作『獄門島』（久里子亭）、翌五十三年に『女王蜂』（日高真也、桂千穂、崑）、さらに翌五十四年に『病院坂の首縊りの家』（日高、久里）と、〈東宝〉側の希望で作り続けられた。でも、ライターのこんな微妙なクレディット表記が語るような、崑監督と原作との距離感が色々ヘンで、「出来」もそんなもの。つまり……。

「三作目でもあるのでちょっと目先を変えようと、横溝さんの了承を得て、犯人を変えさせて貰った」（毎度お馴染みの、森遊机《ゆうき》編『市川崑の映画たち』。今となってはとても貴重な証言集！）

「原作（『女王蜂』）を読んだら、これが何だかよくわからないような話で」（同）。

「小説（『病院坂』）はどっちにしてもややこしいから、ややこしいままで押しきっちゃえということで」（同）

……てな具合。

舞台を「月琴島」から「月琴の里」にした『女王蜂』や、本当に「ややこしい」ままの『病院坂』（周知のように、当時七十五歳の横溝さんの新作）はともかく、『獄門島』の「犯

人変更」など、「あの」基本設定が同じでは、作品の大きな変化になるわけがない。つまり同様に「つけ足し」た、戦後間もなくのあの『三本指の男』(『本陣殺人事件』)の、あんなムチャな構成と、まるで同じことだ。

でも、こうまでしても〈東宝〉が崑さんに続けてもらいたかったのは、それほどにこの頃、「横溝」ミステリは受けていたからだ。

この頃の実状はといえば、やはり『悪魔の手毬歌』と同じ昭和五十二年に、〈松竹〉が別な「横溝」物の『八つ墓村』を、なんと**渥美清**の金田一耕助で公開しているほどなのだ。渥美清……もちろんこの頃はあの「名コメディ」シリーズで、人気絶頂のスターである。この件に関しては、私にも関係ありなので、このさいいわせてもらう。『刑事コロンボ』……すべてこれのせい！

それも、この好シリーズにたぶん、この国で一番早く(昭和四十七年の大晦日に、たった一作だけＮＨＫテレビが放映！)注目した私が、なんとか多数の人に伝えたいと、まずミステリ好きには「コロンボは様々な意味で金田一耕助に似ている」ことを語りかけた。それから、あまりミステリを知らないはずの一般のファン層には、「コロンボは寅サンが推理力を持った」ようなキャラクターなんだといった調子で、機会あるたびに書き、語ったものだった。

別にそれほどまでにやらなくてもいいのだが、「良い作品」に出会うと、なぜか私はこんなふうになる。例の『スター・ウォーズ』の時もそう。ヘンな映画評論家の所以《ゆえん》ではある。私が広告人のせいなのだろう。

もちろんのこと、コロンボと車寅次郎の違いにも触れての「説得」ではあった。しかし、なぜかそれが、「コロンボ＝金田一＝寅次郎」と、ストレートにつながってしまったのだ。それで〈松竹〉版は、なんと渥美の金田一……！

皮肉なことに、プロデューサー角川春樹はかなり早くから〈松竹〉との『八つ墓村』を第一作にしようと、活動してはいた。しかし、それが一向に動き出さないので、仕方なく自身の〈角川映画〉で、まず立ち上げたのがあの大ヒット作『犬神家の一族』だった。

だから〈松竹〉も、やっと動き出した。それにしても、なんかヘンだと思う。渥美清はまぁともかくとしても、脚色と監督の担当は、あの『張込み』や『砂の器』の名コンビの橋本忍と野村芳太郎であって、つまりは「松本清張」映画の名手たち。そしてその「清張」はといえば、それまでの「横溝」的な探偵小説の、その「空想」性への反論として登場してきた、「現実」型の「社会派」。そっちの名手たちが、同じミステリとはいえ、こっちも出来るはずがなく、だから例のCMなどで当時ハヤリのキャッチフレーズ、「タタリじゃー!」ばかりがやたら印象的な、一種の伝奇型恐怖映画に姿を変えた。渥美=金田一また、そんな程度の存在感だった。

この〈松竹〉映画的な反応に比べるなら、〈角川〉映画の母体「角川春樹事務所」の次なる対応のほうが、「コロンボ」的に……つまり「探偵小説」的といった意味では、はるかに正当だったと思う。実に昭和五十二年四月のスタートだから、第二作『悪魔の手毬唄』と同時に、ここは〈東宝〉「毎日放送」と組み、一時間物のTV映画「横溝正史シリーズ」を放映したのである。第一話はやはり『犬神家の一族』で計五回。金田一には**古谷一行**、劇場版と同様に豪華なオール・スター・キャスト物だった。

このシリーズの第五話、計四回が、『本陣殺人事件』『三つ首塔』『悪魔が来りて笛を吹く』に続く『獄門島』(同年。石松愛弘《よしひろ》脚色、斎藤光正監督)。皮肉なことに、映像化された『獄門島』の中で、原作に最も忠実という意味で、これが一番出来がいい。斎藤光正……昭和四十二年の『斜陽のおもかげ』で劇場映画デビューし、このTV物の翌々五十四年には、〈角川映画〉の傑作『戦国自衛隊』を撮るのだから、角川プロデューサーとしては、計算通りの起用だったのだろう。ちなみに、やはり原作通りの姿だったこの古谷=金田一は、『戦国自衛隊』と同じ年の、〈角川映画=東映〉版『金田一耕助の冒険』(大林宣彦監督)にも登場してきている。ただしこれは、ドタバタ調のパロディ作品(脚本斎藤耕一、中野顕彰。ダイアローグつかこうへい)なので、劇中映画の金田一として、かの**三船敏郎**が「あの姿」で登場(おなじみ警部は三橋達也で、つまり黒澤組!)してくると触れておくだけでいいだろう。なにしろ角川プロデューサーが、原作者の横溝氏に「かせげたお金」を渡すシーンまである珍映画。つまりそれほどに、当時「金田一」はヒットしていたということだ。

この〈角川映画=東映〉は、これと同じ年に『悪魔が来たりて笛を吹く』(脚色は〈東映〉時代劇専門の野上龍雄)も製作公開しており、監督はこれも斎藤光正。でも、金田一が**西田敏行**ってのは、彼はコメディアンではないけれど、のちの『釣りバカ日誌』シリーズを考えるならば、あきらかに渥美＝寅さん＝金田一と同じ発想ではある。これは、当時も、そして今でさえ、『刑事コロンボ』をコメディ・シリーズだと思っている人がいるからのズレ、困ったもんではある。

ここで思い出すのだが、私の『刑事コロンボ』への接近の、そもそもの出発点となった、アメリカの例の「テレフィーチャー」……テレビ放映のために製作された、長篇劇映画……あれも実は昭和五十二年から、日本でも製作放映されだした。「横溝正史シリーズ」のわずか二カ月後のことで、「テレビ朝日」の二時間枠「土曜ワイド劇場」がそれである。

ただし、その第一回目の『田舎刑事／時間よとまれ』(早坂暁のオリジナル脚本)は、フィルムではなくてヴィデオ作品。これ以後も時々そういうものも加わるので、厳密には「朝日テレフィーチャー」と「局」的にくるのはおかしいはずではある。

それはともかくとして、この第一回が「刑事」物のミステリで、演じたのが渥美清とくれば、やはり『コロンボ』からの発想と、誰だって思うだろう。だからだろうここには、フィルム作業による純然たる「テレフィーチャー」として、次のようなミステリが並んでくる。


◉『新幹線殺人事件』(森村誠一原作、東映)。

◉『氷柱の美女』(江戸川乱歩の『魔術師』が原作、松竹。明智小五郎が天知茂で、以後シリーズとなる)。

◉『東京空港殺人事件』(森村誠一原作、東映)。

◉『夏の海にご用心』(アンドリュー・ガーヴ原作、C.A.L.)。

◉『年上の女／禁じられた恋の炎』(有馬頼義原作、松竹)。

◉『他殺岬』(笹沢左保原作、大映＝俳優座)。

◉『最後の賭け／老刑事と金庫破り』(O・ヘンリー原作、大映＝俳優座)。

◉『危険な童話』(土屋隆夫原作、渡辺企画)。ｅｔｃ.……。


最後の二本の、そのあいだに、ヴィデオ作品だが、横溝原作の『吸血蛾』が入ってくる。これで金田一を演じたのが**愛川欽也**で、もちろん「渥美＝西田」的なキャスティング。それと、ヴィデオであることが災いして、彼もこれ一作のみだった。困ったモンだ！

この「土曜ワイド劇場」は、でもそれにこりずに、昭和五十八年にやはり横溝原作の「由利麟太郎」物『真珠郎』を、金田一の登場に変えて製作し、今度はとりあえず『仮面舞踏会』(これも当時の新作)、『三つ首塔』などと、シリーズになった。演じたのは、「石坂＝古谷」ラインの**小野寺昭**。

ここからあとは、TVは二時間枠での「金田一」物のラッシュ！　煩わしいから、演じた俳優と作品のみを列記しておこう。

◉平成二年　**中井貴一**(『犬神家の一族』)
◉同　**片岡鶴太郎**(『獄門島』『悪霊島』他)
◉同　**役所広司**(『女王蜂』)
◉平成十四年　**上川隆也**(『迷路荘の惨劇』『獄門島』)
◉平成十六年　**稲垣吾郎**(『犬神家の一族』『八つ墓村』他)
◉平成十七年　**長瀬智也**(『明智小五郎vs金田一耕助』)

なんかもう、日本中が金田一耕助だらけみたいでちょっと……ではなくて、かなりヘン。一体、日本人ってこんなに「探偵小説」が好きだったのか？　横溝正史を愛していたのか？　実はこれに、あのあとにまだ作られた劇場映画が加わってくるのだから、スゴい。

まず昭和五十六年に、〈東映＝日本ヘラルド＝角川〉が、これも横溝氏の当時の新作を、脚色清水邦夫、監督篠田正浩で映画化した『悪霊島』を公開。金田一に**鹿賀丈史**。

すでにシリーズを離れ、でもエド・マクベインの「87分署」物の『クレアが死んでいる』を、『幸福』(平成三年。東宝)として映画化していた市川崑にも、だからまた声がかかる。まず、内田康夫の「浅見光彦」物『天河伝説殺人事件』(平成三年。東映＝日本テレビ＝角川書店他)を、たぶん「横溝」ふうにと依頼され(たのだろう。それで石坂浩二も加藤武も出番あり)作る。そしてさらに、金田一を**豊川悦司**へと世代を交代させて、『八つ墓村』(八年。東宝他)も作る……。

この十年後の、平成十八年。市川崑はなんと、「あの時」とまったく同じ脚本で、そのうえ石坂＝金田一と加藤＝等々力署長は元に戻して、また『犬神家の一族』を撮る。

だから冒頭から、犬神家の威圧感ある大座敷で、今、佐兵衛翁(『天国と地獄』『女王蜂』の仲代達矢)が臨終の床にある。「お父さま、ご遺言を。みな、お伺いしたいと待っております」と、長女の松子(富司純子)。それを待つ、次女の竹子(松坂慶子)、三女梅子(萬田久子)。そしてそれぞれの夫(岸部一徳、蛍雪次郎)や子供たち(葛山信吾、池内万作)、さらにいわくあり気な野々宮珠世(松嶋菜々子)。彼らの前で、顧問弁護士の古館(中村敦夫)の、「ご遺言状は佐兵衛翁のご意思によって、血縁の方がすべて揃われた時、開封発表されることになっております」なる発言を聞き、老当主は安心したように息をひきとる……。

「絵」作りまでほとんど同じではある。〈東宝〉=〈角川ヘラルド〉=〈TBS〉他の製作で、「角川映画三十周年記念作品」。それにしても、なんでこんなに同じものをと、ほとんど最後まで首をひねりっぱなしで見たものだ。この時、大正四年生まれの崑さん九十一歳……自分で記憶力を試しているのかなどと、失礼なことまで思ったものだ。

そしたら、最後の最後である。

「駅まで見送る」という古館弁護士らをふりきり、金田一がひとり那須駅から列車で去る旧作は、こんなふうに変えられていた。

残された古館は、誰にともなく「あの人はまるで天から来たヒトのようだなぁ」とつぶやく。すると一本道を遠ざかってゆく、金田一耕助がフと立ち止まり、こちら(つまり観客のほう)を見て、微笑とともに頭をさげ、そしてまた歩き出す……。

私はこの年のベストテンの、その十位にこれを置き、選出のコメントとして、こんなことを書いた。

「ラストの〝ご挨拶〟ですべて解決! 九十一歳の市川さん、これやりたかったんですね!!」

この新『犬神家の一族』が、結局翌年すぐに亡くなられたコンさんの遺作となった……。

[『ミステリマガジン』二〇〇九年二月号]

第32章 松本清張と『疑惑』

▼『疑惑』(松竹+富士映画/松竹+霧プロ/一九八二)◉カラー/アメリカンビスタ/二時間六分◉監督=野村芳太郎、製作=野村芳太郎+杉崎重美、原作脚色=松本清張、脚本=古田求+野村芳太郎、音楽=芥川也寸志+毛利蔵人、撮影=川又昂、照明=小林松太郎、美術=森田郷平、録音=原田真一、編集=太

田和夫◉出演＝桃井かおり、岩下志麻、鹿賀丈史、柄本明、真野響子、森田健作、仲谷昇、伊藤孝雄、内藤武敏、小沢栄太郎、松村達雄、三木のり平、北林谷栄、丹波哲郎、山田五十鈴

では、日本中「金田一耕助」だらけにした、あの角川＝横溝映画『犬神家の一族』で、アッという間にミステリ映画の王座を奪われたカンありの、松本清張映画はどうだったのか、どうしてそんなふうになったのか？

わずか一年前の昭和四十九年に、かの『砂の器』で頂点を極めていた清張映画は、実はライターの橋本忍のところでも述べたように、ヒロイン物もしくはメロドラマ物として、例の「大船調」の松竹で結構「売れ筋」ではあった。具体的に並べると……。

◉『ゼロの焦点』(昭和三十六年。久我美子)
◉『風の視線』(三十八年。岩下志麻)
◉『霧の旗』(四十年。倍賞千恵子)
◉『影の車』(四十五年。岩下志麻)
◉『内海の輪』(四十六年。岩下志麻)
◉『黒の奔流』(四十七年。松坂慶子)

そして、『砂の器』。これに次のような他社の作品が加わる。

◉『黒い画集／ある遭難』(三十六年。東宝、和田孝、土屋嘉男)
◉『黒い画集／寒流』(同年。東宝、池部良)
◉『黄色い風土』(同年。東映、鶴田浩二)
◉『考える葉』(三十七年。東映、鶴田浩二)
◉『けものみち』(四十年。東宝、池部良)
◉『花実のない森』(同年。大映、若尾文子)
◉『愛のきずな』(四十四年。東宝、藤田まこと、園まり)

列記した主演者だけでも、松竹のヒロイン指向、メロドラマ指向がよくわかると思う。『風の視線』など、原作からしてミステリじゃないほどだ。

そして、『愛のきずな』……原作は短篇「たずたずし」……の主演者の藤田まこと(関西型のＴＶコメディアン。「てなもんや三度笠」！)、園まり(ＴＶバラエティで中尾ミエ、伊東ゆかりと「三人娘」として人気のあった、アイドル歌手)が物語るように、時代はもう、テレビ中心だった。だからこの次の清張映画『告訴せず』(五十年。東宝)の主演者

は、なんとＴＶライター出身のタレント、青島幸男！　角川映画の成果も、日本中「金田一」だらけというその後の珍現象も、この「ＴＶ時代」ならではのことと、とりあえずまとめることは出来る。

実は清張物も、いち早くそうなっていた。昭和五十年、だから『砂の器』の翌年、『犬神家』の前年に、ＮＨＫテレビが「松本清張シリーズ」という七十分のドラマを放映開始。これは、

❶『遠い接近』（和田勉演出、小林桂樹主演。十月十八日）
❷『中央流砂』（和田演出、川崎敬三主演。十月二十五日）
❸『愛の断層』（原作は「寒流」。平幹二朗主演。十一月一日）
❹『事故』（田村高廣主演。十一月八日）

と四作が作られた。そして昭和五十二年一月、「土曜ドラマ／サスペンスシリーズ」に発展し、三好徹、森村誠一、佐野洋、結城昌治らの原作をドラマ化するが、四作で終了。結局、同年中に「土曜ドラマ／松本清張シリーズ」が復帰。それほどに清張は人気があったのだろう。同年の四月からの、「横溝正史シリーズ」（ＴＢＳテレビ）は、だからこれの影響でもある。それで今度は、

❶『棲息分布』（和田演出。滝沢修主演。十月十五日）
❷『最後の自画像』（原作は「駅路」。向田邦子脚色、和田演出、いしだあゆみ主演。十月二十二日）
❸……ｅｔｃ．

と続いてゆく。

どうしてそんなあたりにまで、私が詳しいかというと、ことは簡単、子供のころから記録してきた「映画ノート」とは別に、このころ「テレビ・ノート」を、一時的にだが作っていたからだ。このころから、それほどにＴＶは、ほとんど映画のかわりといってもいいほど、面白くなりだしていた。私にとっても大事なメディアになり始めていたということだ。

そのきっかけが私にとってはこの「松本清張シリーズ」だった。つまり、清張の原作に描かれた犯罪のその日常性は、映画よりもそれの得意なＴＶこそ向いていると、これはもう直感だったのだ。例の量産のスタジオ・システムの撤退と、そこで生産されて私も好んだ番組映画《プログラム・ピクチャー》の消滅の、これがちょっと痛い代償でもあった。

しかし、「メロドラマ」の、「大船調」の松竹映画は、このころも清張物を作り続けてはいた。

◉『球形の荒野』(昭和五十年。貞永万久監督、島田陽子、芦田伸介、竹脇無我)
◉『鬼畜』(五十三年。野村芳太郎監督、岩下志麻、緒形拳、小川真由美)
◉『わるいやつら』(五十五年。野村監督、松坂慶子、片岡孝夫)

これらの中では、あの井手雅人脚色による『鬼畜』の、とりわけ緒形拳の「それ」的な怪演などに、目を見はるものがあった。どれもしかし、「一本立て」狙いの半端さも目立ち、つまりミステリとしてはどうもねぇ……ではあった。

この松竹＝清張物の妙なズレは、キイ・パースンだった野村芳太郎の、あの『八つ墓村』からのそれと関係あると思う。だからこの時期、彼は次のような原作物を、製作を兼ねて監督しているのだ。

『配達されない三通の手紙』(昭和五十四年。エラリー・クイーンの『災厄の町』が原作。脚色新藤兼人。栗原小巻、松坂慶子、竹下景子)

この柄にもない「本格謎とき」病は、かなり重症だったらしく、のちにまた手を出す。

『危険な女たち』(六〇年。アガサ・クリスティーの『ホロー館の殺人』が原作。脚色竹内銃一郎、古田求。大竹しのぶ、石坂浩二)

これはもう、この国のミステリ映画の混乱期の産物といっても、過言ではないと思う。さすがの私も、公開時にはどちらもパス！　のちにヴィデオで見はしたのだが、なんにも覚えていない。

たぶん最も信頼していた監督野村の、この妙な屈折……そして小説から色々推察出来る、自身の「映画」好き。そんなこんなで腹の立ってきた(らしい)松本清張先生、次の『疑惑』(昭和五十七年)では、こんなふうにやった。

まず、ワイド画面に「松竹・霧プロ提携作品　松竹・富士映画共同配給」のタイトル。続いて、テーマ音楽にのせ、松本清張の「似顔絵」が近付いてきて、「霧」の字となり、下に「霧プロダクション」！　つまり清張さんは、自身のプロダクション「霧プロ」を立ち上げ、自作を映画化しだしたのだ。しかも……である。

続いてやっと、例の富士山の松竹映画のマークが入り、その次がタイトルで「原作・脚色　松本清張――文藝春秋社・刊――」。清張さんは脚色まで自分で手掛けたのだ。のちに『キネマ旬報』誌の元編集長の白井佳夫さんから、「清張さんは実は監督までやるつもりだったんだよ」という話を、聞いたことがある。もちろん、超多忙のこのヒトが、そんなことを出来るはずがなく、だがその熱意はよくわかる。それで監督は、やはり信頼する野村芳太郎。シナリオも、たぶんいわゆる構成を手掛けただけで、実際は野村監督と古田求が書いたようだ。

でも、この清張の構成が凄い！　それでタイトルは、まずこの国ではきわめて異例な、「球磨子　桃井かおり」「律子　岩下志麻」という、役名こみの主役二女優の紹介がされ、その次が大文字のメイン・タイトル「疑惑」！

以下、普通のスタッフ、キャストの紹介があってから、映像は夏空、そこに蝉の声がかさなり、その空を見上げハンカチで汗を拭う若い女、球磨子《くまこ》。神社の境内らしく、中年の夫白河福太郎(仲谷昇)をひざまずかせ、靴に入った小石を取らせている。

次のショットは空撮……海岸の波うちぎわを飛ばす乗用車。ハンドルを握る球磨子と、隣りで不安そうな福太郎。そして二人の夏らしい行楽ののち、車は突然夜の岸壁から、海面に突っ込んで沈み、球磨子だけが浮き上がってきて、港の男たちに救われる……。

つまりこの映画は、原作小説……九州別府で実際にあった、偽装殺人の疑いのある「三億円保険金」事件をヒントにしての、『疑惑』(発表時は『昇る足音』)……を、容疑者を男から女へ、別府から富山へと、大幅に変更し、清張らしい「ある設定」を狙って新鮮だった。

まず、ヒロインの性格。容疑者を男から女に変更した、その白河球磨子ときたら、夫にかけてある保険金の三億円をすぐ得ようと、事故の証明書を警察に請求する……この地方の大資産家「白河酒造」の屋敷で、当主である夫の遺体と対面するや、吐きそうになる……そもそもこの夫婦の年齢の差から、結婚は財産狙いと評判になっている……で、彼女は最初から徹底的に不利。

だから、運転していたのは福太郎のほうだったという、球磨子の証言など、聞く耳のあるはずもなし。それどころか、地方新聞の記者秋谷(柄本明)の、この時とばかりの取材は、本名鬼塚球磨子、だからアダ名が「オニクマ」だった彼女の、その様々な悪行を暴露。さらに東京の勤め先だったクラブでの、同僚に対する傷害による前科を、彼女の「男」（鹿賀丈史）こみで報道するなど、球磨子の「悪女」ぶりは決定的となっていく。

しかも、それを桃井かおりが「例の演技」でフテブテしくやるものだから、弁護など誰も引き受け手のないという、この特殊な状況も納得ではある。つまり清張さんはここで、今でも通ずる「犯人デッチあげ」の安易さを、明快に指摘しているのだと思う。さすが「社会派」である。

けれど、もちろん弁護士は登場する。国選弁護人の佐原律子……またも男から女への変更である。この律子がまた、離婚した夫に子供の養育を押し付けるなど、女であることは自立の妨げにしかならないと信じているような、そんな性格の持ち主だ。だから、女を売り物にしている球磨子とは、最初から合うわけがなく、かくて状況証拠は山ほどあるが、物的なそれはほとんどないという、異様な裁判が開始する。それも被告と弁護人が「戦い」ながら、というか「憎しみ合い」ながら展開するのであって、これが松本清張が本当にやりたかった「狙い」どころ！　そのための「霧プロ」、そのための構成変更、そのためのキャスティング……映画の、というかドラマのことを、よくわかっていらっしゃる、きわめて強烈な一作である。

でも、ドラマとしてはともかく、これが映画としてもきわめて優れているといい切る、そんな自信は私にはない。女vs女の凄さはともかく、「大画面」映像としては魅力があまりなく、野村監督の手腕ですらそう。清張ドラマと相性のいいライター、橋本忍のところで触れたように、これは主題が日本的な「貧しさ」である問題だろう。それらは、非日常的な「大画面」よりは、日常的な「お茶の間」画面のほうが……といったことだと思う。

つまり、先にミステリ映画の混乱期といったけれど、むしろ映画かＴＶかの、映像の混乱期の現象といったほうがいいのかもしれない。だからだろう、このあとの「霧プロ」映画は、次のように並ぶのだが、以後「清張」物はＴＶにまかされっぱなしとなる。

●『天城越え』（昭和五十八年。三村晴彦監督。田中裕子、渡瀬恒彦、平幹二朗）

●『迷走地図』（五十九年。三村監督。勝新太郎、岩下志麻、松坂慶子、いしだあゆみ）

●『彩り河』（同年。野村監督。真田広之、名取裕子、平幹二

朗）

ちなみに、この時代の映画とＴＶのバランス……というか、比重の違いは、次のような例をあげておくだけで、色々わかると思う。

この頃、松竹以外の清張物としては、『鬼畜』の前年だから昭和五十二年に、東宝が『霧の旗』のリメイクを、かの大人気歌手、山口百恵の主演（共演は三浦友和）で公開した。脚色は服部佳、監督は西河克巳。百恵ちゃんの所属する「ホリ企画」の製作である。

実はこれよりはるかに面白かったのが、昭和五十八年一月四日に日本テレビの「火曜サスペンス劇場」で、二時間半のドラマとして放映した、やはり『霧の旗』。市川森一脚色、せんぼんよしこ演出、大竹しのぶ主演である。

前年すでに、これはＴＢＳテレビの「ザ・サスペンス」で、『十二年目の嘘』を第一作とする、快ミステリ「モモ子」シリーズ（竹下景子主演）を出発させている、あの名テレビライターの市川森一の登場！　ＴＶが気になるはず……。

［『ミステリマガジン』二〇〇九年三月号］

第33章

和田誠と『MURDER!』

▼『MURDER!』（＊自主製作／草月アートセンター／一九六四）◉カラー／スタンダード／九分◉監督＝和田誠、製作＝和田誠、撮影＝古川肇郁＋林政道、美術＝和田誠、音楽＝八木正生

わだ・まこと……イラストレーター、グラフィック・デザイナー、エッセイスト、映画監督。一九三六年生まれ。多摩美術大学卒業。六〇年から草月会館ホールにおける催しのポスターを数多く手がけた。著書に『お楽しみはこれからだ』『銀座界隈ドキドキの日』ほか。映画作品に『麻雀放浪記』『怪盗ルビイ』『真夜中まで』、ほか。（『輝け60年代／草月アートセンターの全記録』）

ところで、どう考えても、次はこの和田誠監督の、平成十三年公開の劇映画『真夜中まで』に、一気にとんでしまう。とびすぎだろうか？

でも、本格的な劇映画、それもミステリ映画としてはそうなんだけれど、その「和田誠ミステリ」と私たちとの出会いは、実はもっと早い。そして「和田誠作品」との出会いは、さらにもっと早く、いつからというよりも、いつの間にかだった。誰でもそうだろう。

様々なポスター、「ハイライト」などの商品デザイン、本の装幀、雑誌の表紙、似顔絵などのイラストつきのエッセイ、ｅｔｃ。

「ああ、あのヒト!」と誰もが知っていたとは思う。でも、この目まぐるしい才能は、目まぐるしすぎるために、私のような広告人や編集者などはともかく、一般的には正体不明だった。「怪人二十面相」みたいにだ。

私の場合は、とりわけ「映画好き」同士という接点で、理解は早かった。「アニメーション」ならこの人という、先輩の映画評論家森卓也から、まずディズニー・ファンたちの作っている同人誌《ファン&ファンシー・フリー》を教えられ、その中心にいるのが和田誠であることを知ったのだ。この雑誌名が、ディズニーのオムニバス長篇アニメ『こぐま物語』の、その原題名に由来することも、もちろんすぐわかった。

その和田誠が、ほとんど突然、「草月アートセンター」が主催する、昭和三十九年九月の「アニメーション・フェスティバル」に、仲間の横尾忠則や宇野亜喜良らと短篇アニメを出品したのである。題して『MURDER!』。こんなふう……。

❶ まずバケツとモップを持ったメイドが登場し、部屋にノックして入る。次が彼女の顔のアップで、悲鳴。部屋の床には、胸を短刀で刺された、ガウン姿の男の死体あり。で、タイトル「MURDER!」と入り、テーマ音楽が高ぶる。

そして、例の鹿撃ち帽にキャラバッシュ・パイプの、いうまでもないシャーロック・ホームズの出番で、拡大鏡で毛糸屑やらなにやらを調査した結果、推理。それで「ひとりの男」を逮捕させ、THE ENDで、約六十秒。「アレッ、これで終わり?」である。

実は「フェスティバル」のパンフレットで、作者いわく「この映画はアニメーション・フェスティバル参加作品でなく、付録かなにかのつもりでご覧になってください。なぜなら、この映画はたいへんくだらないものので、これも入場料のうちにはいっていると思うと腹が立つという代物だからです。第一、これはアニメーションと銘うっているにもかかわらず、あまり動かないもので、何のことはないスライドであります。それにストーリーもよくわからないし(後略)」。だから、それでわずか六十秒では、まさしく作者のいう通りの実感……と思いきや、である。

❷また同じメイドがやってきて、部屋に同じ他殺死体を発見し、悲鳴をあげる。そして、少し書体をエレガントに変えて、タイトルの「MURDER!」。テーマ音楽もそんなふうにアレンジされている。で、口髭なんかをエレガントにはやした紳士が、安楽椅子に座り、新聞を読んでいる。彼はそのまま推理(頭上のマンガふう「ふき出し」で表現)し、「ある男(先の犯人と同一人物)」を逮捕させる。つまり安楽椅子型の探偵《アームチェア・デテクティヴ》の登場で、だから紳士はポアロあたりか……。

「ああ、そういう狙いだったのか!」と、もう完全にノせられてしまう。すると、当然の展開となってゆく。

❸メイド部分は同じで、また書体と音楽が少しかわって「MURDER!」。今度は登山帽子にコートの男、歩いて聞き込む。列車で行く。路線地図の上で、あっちこちと聞き込む。さらに船で、飛行機で……で、またまた同じ人物を逮捕! これはもちろん、「足でかせぐ」クロフツ型の刑事物ミステリである。

❹メイド部分同じ。但しまだ悲鳴なし。タイトル文字からは血がしたたり、ここで悲鳴があがる。クラシックな帽子の男が登場すると、例の死体の目が開き、口から牙をのばして立ちあがろうとする。男はニンニクと十字架をつきつける。死体は灰となり、短刀だけが残る。ご存じ「吸血鬼」物で、だからニンニク男はさしずめ、英国の怪奇スター、ピーター・カッシングあたり……。

……てな調子でまだ続く。すべて約六十秒(当時のテレビCMの基本的な長さ)のまとめが、それぞれウマい!

❺スパイ・アクション「００７」。もちろん、銃口のなかでとらえたショットも、美女も登場してきます。音楽は当然、あの「デンデコデンデン……」ふうにアレンジ。

❻ＳＦ。死体の頭のなかに寄生している、小さなＵＦＯたちと、ハゲ博士が対決。「鉄腕アトム」のあのテーマ曲の、一瞬の利用が笑わせる。

そして❼が、タイトルまではやはり同じで、次に「MURDER」、そしてそれに、「for art theatre」と加わる。この頃、旧「日本劇場」つまり「日劇」の、その地下にあった例の「アートシアター」を中心に、映画青年たちに大人気の、アントニオーニやレネ、マルといった監督たちの作品の、今度は和田誠的なパロディ部分である。これがまた、独特な構図や背景舞台、気取りに気取ったラブ・シーンなどまでも利用して、なんともウマいのだ。とりわけ、去ってゆく男女ズーム・ショットのくり返しに、「あの死体」がフラッシュで挿入されるなど、映画好きならもう抱腹絶倒で、もちろんのこと当時も「大受け」である。ここだけ当然モノクロで、Ｆｉｎと終わる。

実にここ「草月アートセンター」だって、フェスティバルの中心は、そんなアートや前衛なんだから、そこでこの「遊びまくり」は、なんとも痛快だったのだろう。

再び、あのプログラムの、「作者」の言葉の、結論の部分を紹介する。「しかしながら、かように無に等しいものでも、これで作者は面白がって作ったものでありますから、数多い観客の中には物好きな人が三人くらいいて、三人は虫がよすぎるとしても一人か二人はいて、その物好きな人だけでも面白がってくだされば、たいへんしあわせに思います」。もう、物凄く謙虚な、しかし大自信！　そういうヒトなんである、ここで「映画」としては突然デビューし、そしていきなりアニメ賞などを受賞した、和田誠サンは……!!

ところで、「いきなり」の和田誠はともかく、彼がそんなふうにとりあえず「映画作家」として登場出来た、特殊な「場」としての「草月会館」……ここの出発と活動のことを、少し補足しておこう。でないと、この時代からの「映画」の大きな変貌について、何も理解出来ないからだ。

そもそも、東京青山にあるこの会館は、あの勅使《てし》河原《がわら》蒼風《そうふう》を家元とする、華道「勅使河原流」の、その本拠地である。そしてその地下ホールは、音楽録音のための設備に秀れ、それでその利用法は音楽好きのこのグラフィック・デザイナー和田誠に任された……そんなことないか！

任されたのは、のちに『おとし穴』『砂の女』『他人の顔』などを、原作者安部公房の協力で監督する、勅使河原宏……もちろん家元の子息である。この子息はそもそもかなりの映像好きで、これ以前も実験映画などを見る、サークル「シネマ58」を、仲間と作っていたほどなのだ。

それでまず、「草月アートセンター」と名付けたここを、モダン・ジャズ（三保敬太郎、八木正生ら）に開放し、

「草月ミュージック・イン」を開催。これをさらに、新進作曲家（林光ら）による「草月コンテンポラリー・シリーズ」へとふくらませていったのだ。

そして「映像」のほうは、もちろん「シネマ58」を進化させ、「草月シネマテーク」となり、様々な新時代ならではの、そんな「映像」（二回目が「新しいテレビの映像――和田勉」の積極的な紹介を開始した。その第三回目が、久里洋二、真鍋博、柳原良平に短篇を作らせて公開する、「アニメーション三人の会」。昭和三十七年の一月のことだ。

これは三十九年、手塚治虫らを加えた「アニメーション・フェスティバル」へと発展。私のような広告人にとって、ここは見とかなければヤバい、そんなユニークな「場」……音と映像の新しい交流の舞台となっていた。

一方、そんななかに唐突に出現した、私より三歳うえの「怪人二十面相」こと和田誠の、その「正体」はこれだ！

NHKラジオの局員として、様々な放送に関係した、そんな父のもとに大阪で生まれる。戦争の末期、だから自分らの世代の娯楽などなにもない頃、絵をかくことの好きなこの少年は、父親の失職（たぶん当時としてはリベラルだった姿勢によるらしい）で大阪から東京へ、そして千葉へと、いわゆる疎開を体験。しかしすぐに敗戦で、焼け野原の東京に戻ったのが六歳。自分でかく絵が一番の娯楽だった少年は、このころから、たぶん父親の職業への興味で、占領軍向けのラジオ放送、FEN（ファー・イースト・ネットワーク）までも好んで聴き、アメリカのポピュラー音楽に親しむ（『和田誠切抜帖』「親父を語る」他）。

その後、復活してゆく東京の、「日本劇場」つまりあの「日劇」の、ショウの責任者が叔父の山本紫朗（のちに東宝映画のプロデューサー）だったことで、アメリカ文化などを色々と取り入れたショウを見、興味を持つ（和田誠『ビギン・ザ・ビギン／日本ショウビジネス楽屋口』）。

同じ頃、当然やってきた、アメリカ映画を中心とする外国映画に熱狂し、昭和二十四年公開のアメリカ映画『黄金』で、本格的な映画ファンとなる。中学一年である（和田誠「不肖のファンの告白」／双葉十三郎『ぼくの採点表III』の序文）。

そして、多摩美の図案課に入学。自由課題で、映画のポスターばかり作る。そのひとつ、当時日本未公開のフランス映画『夜のマグリット』のそれが、権威ある「日宣美（日本宣伝美術会）」賞をいきなり受賞！　大学三年の時である。この頃、《ＥＱＭＭ》や《ヒッチコック・マガジン》などの翻訳ミステリ雑誌がスタートし、愛読。とりわけ映画好きは、当然《ヒッチ・マガジン》のほうではあった（インタヴュー集『はじめて話すけど…／バタくささのルーツを探る』）。

そんな中で、アニメのＴＶコマーシャルなどを引き受けたりしながら、プロとして広告界へ……会社は「ライト・パブリシティ」であり、ここからは自著『銀座界隈ドキドキの日』に詳しい。

つまり、です。「草月アートセンター」という、どちらかといえば「旧世代」（ここまでとりあげた、すべてのライターの世代）が作った「場」と、「和田誠」という「新世代」（アメリカ文化の洗礼をモロに受けた、私たちの世代）の「個性」の、そのどちらも必要としたのが、この、「時代」の分岐点だったのだ。

だから、実は『MURDER!』自体が、そのへんを語ってもいたのである。この作品の、最後に短くつけられたエンディングはこう……一つの似顔絵にタイトルで「制作＝和田誠」、ラッパを吹く似顔に「音楽＝八木正生」、そして毎度おなじみの「犯人」の顔に、「協力＝久里実験漫画工房」！　そう、アニメの自主製作は初めての和田誠に、自分の撮影台（線画台という）を提供し、撮影までしてくれたのが、短篇アニメの先輩久里洋二だったのだ。

そして、そんな先輩まで「遊び」に参加させてしまうのが、「怪人」和田誠……、それも、「探偵」物の基本はしっかりとらえながら、かつその近辺にあるスパイ物から怪奇、ＳＦまでもおさえ、さらに見事に「映画」でしめくくるという「軽業」！

そんなわけだから、この作品、もちろん「シナリオ」として書かれたわけではないけれど（このぐらい短いアニメなら、最初から絵コンテ）、でもここで和田誠をとりあえず私の「ミステリライターズ」のなかに加えてしまいたいと思う。たぶん〝一人か二人〟の〝物好きな人〟は、賛成してくれるでしょう……。

〔『ミステリマガジン』二〇〇九年四月号〕

【第34章】

和田誠と『真夜中まで』

▼**『真夜中まで』**(東北新社／東北新社＋電通＋日本出版販売＋IMAGICA／一九九九)◉カラー／シネマスコープ／一時間五十分◉監督＝和田誠、プロデューサー＝飯泉宏之＋滝田和人、脚本＝長谷川隆＋和田誠、撮影＝篠田昇、照明＝熊谷秀夫、美術＝福澤勝広、録音＝橋本文雄＋宮本久幸、編集＝奥原茂◉出演＝真田広之、ミッシェル・リー、岸部一徳、國村隼、春田純一、斎藤晴彦、もたいまさこ、笹野高史、柄本明

いしがみ・みつとし……映画評論家。一九三九年東京生まれ。本名、今村昭。明治大学卒。CMプロダクションを経て、六四年に電通入社。九九年に定年退職するまで、映像クリエーターとして「レナウン・イエイエ」「男は黙ってサッポロビール」など多数のCMを含む映像制作に参加。映画『けんかえれじい』『竹取物語』などでは脚本執筆にも協力する(以下省略)。(『輝け60年代／草月アートセンターの全記録』)

ではこの辺りで、ヘンな映画評論家の役割として、もっとヘンな日本映画界の、今につながる体質について、まとめておこう。つまり前章の和田誠の登場のころ、だから「草月アートセンター」の活動のころの、その「時代」的な意味。

❶まず、例のスタジオ・システムの崩壊と、その結果の番組映画の消滅。当時の映画会社六社は、「二本立て」の「量産」を誤り、こんな具合となった。

◉〈第二東映〉(すぐに〈ニュー東映〉)の開業と消滅(昭和三十五年～三十六年)。

◉〈新東宝〉倒産(三十六年)。

◉〈大映〉〈日活〉が、統合して〈ダイニチ〉。しかし間もなく消滅、〈大映〉は倒産(四十五年～四十六年)。

私はこの辺りに関して、「草月シネマテーク」に参加し、そのプログラム作りに協力。たとえば〈新東宝〉の中川信夫、〈日活〉の鈴木清順ら、番組映画の量産体制のなかでも、ユニークな個性を失わない、そんな才能に目を向けさせようとしてはいた。でも「映画会社」側はそれを望まず、鈴木監督などはその結果、「わから

ない映画を作る」という理由で解雇されてしまったのだ。

❷ 次に、新しい時代の、製作システムの始動など。

◉〈黒澤プロ〉(『悪い奴ほどよく眠る』)他、スター・プロの製作開始。〈アートシアター〉の開業(公開作品は『尼僧ヨアンナ』から。昭和三十五年)。

◉〈草月アニメーション三人の会〉(三十六年)。

◉〈アートシアター・ギルド〉(ATG)で、低予算映画(第一作は、勅使河原宏の『おとし穴』)を製作公開(三十七年)。

◉「一本立て」大作『五瓣の椿』公開。和田誠の短篇アニメ『MURDER!』登場!(三十九年)

◉〈フジテレビ〉劇場映画に進出(第一作は時代劇大作『御用金』。四十四年)。

こんな流れのなかで、すでに触れたあの〈角川映画〉が始動しだしたのは、それこそ時代の必然だろう。だから、ヘンな映画評論家である私は、つまりは作り手でもあったから、ここそをエンタテインメント的に期待し、CM仲間の大林宣彦らの「売り込み」を、私なりに開始していったのだ。

和田誠が、本格的に映画にノった……ノせられたのも、実は「ここ」。「角川春樹さんと飲んだことがあって、当時僕は『野性時代』に挿絵を描いたり、ショートショートの真似ごとみたいなものを書いたり、角川文庫のテレビCMのアニメを作ったり、それに音楽をつけたりしていたんですよ。〝いろんなことをやるやつだなあ〟って興味を持ってくれたのか〝ほかにやりたいことありますか〟って聞かれて、〝映画のシナリオ〟って言ったら、〝例えば?〟『麻雀放浪記』って咄嗟に出た」(「読書を語る」/『和田誠切抜帖』)。で、阿佐田哲也のこの原作が、和田誠監督の本格的デビュー作となった。これはもちろんミステリではないが、しかしプロの雀士たちの世界を描いた、日本には「珍しいピカレスク」で、だから「実は『ハスラー』だと思えば」となり、つまり「クール」で、「ハードボイルドみたい」(インタビュー集『はじめて話すけど…』)と、当人がいっているからには、近いところに位置すると思う。昭和五十九年の作品で、〈東映〉の配給である。

次作『怪盗ルビイ』(六十三年)は、なんと「通」向きの、ヘンリイ・スレッサーの『怪盗ルビイ・マーチンスン』が原作で、ただしあの八木正生の協力による、ミュージカル調のライト・コメディときた! 「サンダンス・カンパニー　ビクター音楽産業」の製作で、〈東宝〉の配給。

そして第三作が、今度はホラー物のオムニバス『怖がる人々』(平成六年)。それも、平山蘆江《ろこう》、椎名誠、筒井康隆と並べた原作短篇のひとつが、江戸川乱歩編集のころの旧『宝石』に登場してきてきわめて印象的だった、日影丈吉のあの渋い『吉備津の釜』とくるのである。だから、もう間違いなくこのヒトは「ミステリ好き」と、誰だってわかる……そうでもないか？　これは〈アルゴ・ピクチャーズ〉他の製作で、〈松竹〉の配給。

そして、さらに次の『真夜中まで』。まず、和田誠自身の手による、トランペットのイラストつきで、こんなタイトル。

「製作　株式会社東北新社
株式会社電通
日本出版販売株式会社
株式会社IMAGICA」

そう、例の今ようの、多企業の出資による、「製作委員会」の、これは作品である。

続いて、ビル群のロング・ショットでとらえられた、東京の夜景。時計の針が、十時三十四分。カット寄るに従って、都会の騒音が増え、タイトル「真田広之ミッシェル・リー」。次に、ビル群を見下ろしながら、カメラがパンして駐車場のビルをとらえ、そこにメイン・タイトル「真夜中まで」……。

その駐車場に、ライトをつけたまま止まっている、一台の車。そこに別な車がやって来て、向かいあって止まる。お互いのライトで、乗っている男たちが見える。ここからトランペットのソロを中心とした、ジャズ演奏が流れだし、それが「ROUND MIDNIGHT」なる名曲という趣向。そのメロディにノり、両方の車から、それぞれ二人の男が降り、互いのカバンを交換。やってきたほうの車は去ってゆく。残ったほうの二人(岸部一徳、國村準)のところへ、物かげから別な男が現れ、近付く。カメラはまたゆっくりとパンし、ジャズの聞こえる隣のビルの、「COTTON TAIL/JAZZ ▼ DRINK&FOOD」のネオン看板。そこの窓からカメラが入ってゆくと、演奏中の真田広之のペットさばきが、まるで本物みたいにイイ感じ。実際には大特訓の結果、唇の皮がムケたとか……ジャズ好きの和田誠らしい、凝りかたではある。

このあたりで映画好きは、たとえば『グレン・ミ

『真夜中まで』(東北新社/1999年)
DVD発売中/2,500円(税抜)/ 発売・販売元=東北新社

ラー物語』とか『五つの銅貨』とか『愛情物語』とかいった、本場アメリカのミュージシャン物を思い出す。そしてそれぞれのスタアの演奏場面がうまかったこと、とりわけミラーを演じたジェームス・スチュアートの、そのトロンボーンの扱いかたの、プロっぽさが素敵だったことなどを連想する。和田監督のこだわりは、つまりそういうこと。

このあと、客の女性(大竹しのぶ)のリクエスト「月の砂漠」を、ジャズらしくないと、そっけなく断り、今度は「SO WHAT」を演じだす。吸いかけの煙草を指に挟んだままのプレイで、これがまたプロっぽくカッコいい。

ちなみに、ここで断った「月の砂漠」が、後半への大きな伏線になっているのも、和田脚本のうまさではあるが、冒頭のふたつの設定の、その「一本化」もまた、実にうまい。

まず、二人の男、南部(岸部)と大場(國村)だが、田崎(笹野高史)をボスとする「組織」の、その会計士佐久間(春田純一)に「証拠」(これに色々ミステリ的な趣向あり。ここではバラしません!)を摑まれ、脅迫され、結局ナイフで刺し殺してしまう。その現場を、心配して止めにやってきた、「組織」の店の外人ホステスで、会計士の恋人のリンダ(ミッシェル・リー)に目撃されたため、彼女も消そうと追う。

一方、演奏を聞きにやってくるはずの、大物の外人プレーヤーのための、その下準備をと、休憩時間にひとりで屋上に出た、クインテットのリーダー守山紘二(真田)は、ドアのロックがおりてしまったため、仕方なく外の非常階段から戻ろうとする。

そして、やっと地上についた、そこにリンダが……というわけ。文字で書くと「段取り」的だが、そこはもう全篇「手持ちカメラ」で、流れるように展開する。もちろん全篇「夜景」が、甘美でサスペンスフル。

そう、なんとさらにもう一組増えた、追っ手(チビの柄本明とデカい高野拳磁)をも振り切り、彼女を助け、「証拠」をつきとめ、しかも「大物」の来店までに帰れるかどうか……、つまりこれはかなり手の混んだ「デッドライン」物サスペンス。リンダの勤める店の名が「PHANTOM LADIES」なんだから、もちろん基本はアイリッシュの、たぶん『暁の死線』あたりだろう。

私は、こんな店名などなどの「お遊び」が大好きで、もうニコニコしてしまう。そのうえ、トランペットの弱音器やマウスピースなどの小道具の、和田誠的に丁寧な使い方も感心してしまう。とりわけ、証拠を摑むため仕方なく、もうひとつ古道具屋で買ったマウスピースと、例の「月の砂漠」とのカンケイなんか、このヒトにしか出来ない「技」であり「心」なんだなァ……と感動もしてしまう。

このあたりの彼の魅力は、自身の言葉を借りると、こんなことだからと思う。

「ぼくはデザイナーでありイラストレーターであるといつも思ってますから、デザイナーとしてかっちりとした仕事をしつつ、イラストレーターとしての柔軟性を大切にしているつもりです。遊び感覚を生かしながら、ていねいに作業する、と言えばいいかな」(『自分だけのデザイン史』)。

そんなふうに、和田誠はこの映画業界の大変貌期の流れに、しかし軽々とのっていった。デビュー作『麻雀放浪記』が「報知映画賞」の新人賞、第二作『怪盗ルビイ』が「ブルーリボン賞」なんだから、誰にもそう見えたのだ。

でも、この第四作、「ジャズ&デッドライン・サスペンス」で、どちらかといえばアメリカ映画的にリッチなエンタテインメント作品、この国ではなんともきわめて「不幸」であったのだ。

これは実は、平成十一年に製作され完成した作品である。でも公開されたのは二年後の平成十三年!

「売れっ子」真田広之と、香港映画のミッシェル・リーの共演という、話題性もかなりあったはずなのに、一体なぜなんだ!

古い言葉でいえば、「オクラ」になっていたからだ。わかりやすくいえば、映画館がなかなか引き受けてくれなかった!

その理由……もう一度、この作品のいわゆる「製作委員会」の、そのメンバーを見てほしい。デビュー作『麻雀～』が〈東映〉、第二作『怪盗～』が〈東宝〉、そして第三作『怖がる～』が〈松竹〉というふうには、メジャーな映画会社がこれには参加していないでしょう？　つまり、それだけで直営の映画館との関係がなくなるということ。その結果の、当然の宣伝力さえ失うということ……!

ちなみに、この作品の製作の主体となっている〈東北新社〉は、どちらかといえばテレビCMなどのプロダクションだから、そういう実力はないと思う。おまけに、和田証言によれば、公開直前という重要なあたりで、なぜかプロデューサーさえいなくなってしまったという。さらにいうと、メンバー会社の中に、かつて私も所属していた広告代理店〈電通〉があることを思うと、もうてんで複雑！

そういえば、思い出す。私はこの作品の試写を見ていないこと、公開時に「テアトル新宿」で見たこと。そして、この年の『キネマ旬報』のベストテンでは、約六十名の映画関係者のうち、点を入れたのは、私(第二位)と河原畑寧(第一位)の他は、たった二人！

もしかすると、ロクに事前の試写はやらなかったのかも……だから見ていないひとが多かったのかも……。

この「リッチ」な「エンタテインメント」に、なぜメジャー会社が参加しなかったのか、つまり「買わなかった」のか、私にはわからない。でも、番組映画の時代の、あの「鈴木清順事件」と同様、「わからない映画」だからとは、思いたくはない。

もし、それに近かったとしたら、業界の大変貌後だって、この国の体質はあまり変わっていないことにもなる。

ついでに触れるならば、優れたエンタテインメント映画の監督和田誠は、この後、映画作品は、ない……！

[『ミステリマガジン』二〇〇九年五月号]

第35章 真保裕一と『ホワイトアウト』

▼『**ホワイトアウト**』(東宝／日本ヘラルド映画＋フジテレビジョン＋東宝＋日本ビクター＋電通＋アイ・エヌ・ビー＋ディスティニー／二〇〇〇)◉カラー／アメリカンビスタ／二時間九分◉監督＝若松節朗、製作＝坂上直行＋宮内正喜＋岸田卓郎＋高井英幸、企画＝塩原徹＋河村雄太郎＋島谷能成＋永田芳男、プロデューサー＝小滝祥平＋遠谷信幸＋石原隆＋臼井裕詞、原作＝真保裕一、脚本＝真保裕一＋長谷川康夫＋飯田健三郎、音楽＝住友紀人＋ケン・イシイ、撮影＝山本英夫、照明＝本橋義一、美術＝小川富美夫、録音＝小野寺修、編集＝深沢佳文◉出演＝織田裕二、松嶋菜々子、石黒賢、吹越満、橋本さとし、工藤俊作、中村嘉葎雄、山田辰夫、山路和弘、光石研、古尾谷雅

人、平田満、河原崎建三、佐藤浩市

真保裕一（原作／脚本）……一九六一年東京生まれ。アニメーションディレクターを経て、九一年、『連鎖』で江戸川乱歩賞を受賞し、作家デビュー。『取引』『震源』と続く、通称〈小役人〉シリーズで読者を獲得し、『ホワイトアウト』（九五年）で大ブレイク。〝文句なしの傑作！〟と絶賛され、吉川英治文学新人賞を受賞（以下省略）。（『ホワイトアウト』スタッフ紹介欄）。

そして、あの『真夜中まで』が、もったいなくも宙に浮いている、ちょうどその最中、ミステリ映画の「大物」が公開され、大ヒットする。真保裕一原作及び脚本の『ホワイトアウト』（平成十二年。若松節朗監督）。まったく知らない監督なので、さほど期待もせず、でも見に行った。面白かった！

それにしても、時代は、状況は、あまりといえば激しく変わっていた。この、謎の武装グループ〈赤い月〉による、巨大ダムの占拠と、政府への巨額要求という大犯罪を描いた原作小説は、たとえていえばあの大犯罪物『新幹線大爆破』の、きわめて巧妙な進化型である。そして、これはその大犯罪と、推理ではなく体力で対決するヒーローの物語でもあり、つまり冒険小説でもある。でも冒険小説としては、それなりに書かれてはいても、生島治郎の『黄土の奔流』（昭和四十年）以来、されたところで確実にピンぼけ状態。映画化はされず、されたところで確実にピンぼけ状態。田中光二の『爆発の臨界』が昭和五十年、つまり『新幹線大爆破』と同年に、『東京湾炎上』として映画化された程度。だからこの点でも「さほど期待せず」。

にもかかわらず、その「映画化」はなんと原作者自身も参加した「脚色」によって、実現していた！　これが激変状況の第一。それで作られた「映画」は、こんなふうにはじまる。

まず、ヴィスタ・サイズの画面に例の「東宝」マーク。続いてタイトルで「日本ヘラルド映画株式会社」。そして、「製作」……。

日本ヘラルド映画、フジテレビジョン、東宝、日本ビクター、電通、アイ・エヌ・ビー、デスティニー。いわゆる製作委員会（ここでは、ホワイトアウト・パートナーズという）のこのメンバーは最良最強だろう。日本映画の大手会社、洋画配給の老舗、テレビ局、音楽関連会社、広告代理店と並べば、もうその連携は確実にヒットへと繋がると思う。これが、激変状況の第二。

それはともかくとして、次にWHITEOUTというメイン・タイトルが、衝撃音とともに近付いてくる。もちろん色は「白」。

続いて、トンネル通路を登山用具付きザイルを手に走る男。「おい、富樫はどこへ行った」という、指令室の声が聞こえている。若い男はそれにかまわず、ドアを開けると、外は雪。富樫(織田裕二)がザイルを設置している姿、監視モニターに写る。巨大ダムの壁面にへばりついたような、小さな姿。サングラスをかけた富樫、ザイルをおろす。カメラはズームバックしてゆき、この「奥遠和《おくとおわ》ダム」の大景観がとらえられる。「映画だ！」と感じられる、大画面スペクタクル。

ロケ撮には「黒部ダム」がつかわれており、私も「つくば博」用の『多様な国土』(昭和六十年)という映像を、ここで七十ミリ、ヘリ撮でまわした経験があり、スゴさはよくわかる。

そんなところに、富樫はブラさがり、バーナーで凍った巨大な出水口を溶かしだす。

指令室の声、「富樫、そんなところで何やっている？　お前いつから土木課に異動した」。富樫それに答えて、「こまかいことというの、やめましょうよ。ダムを守る、電力を供給する。それが俺たちの仕事なんですから」。発電所の運転員という、この富樫輝男のキャラクターが、端的にわかる設定ではある。

そこにまた、指令室の今度は同僚で親友の吉岡和志(石黒賢)の声で、「富樫、すぐに戻れ！」「どうした？」「スキー場の裏山に人影が見えた」……で、富樫と、その「山」仲間の吉岡が、「人影」の確認に向かう。

ここから、重要なプロローグ作りが始まる。こんな展開である。

❶ 富樫らが発見した二人は、無茶な薄着の遭難者で、ほとんど錯乱状態。背負って運ぼうとするが、暴れられ、吉岡は斜面を転げ落ちて、右足を骨折。
❷ 富樫は、吉岡から磁石を借り、ひとりで救助隊を迎えにゆくが、ホワイトアウト(雪嵐)などのせいで、大幅に遅れる。その結果、吉岡は遭難者を庇って、凍死。
❸ 吉岡の遺体は、婚約者の平川千晶(松嶋菜々子)に会う。富樫はまたひとり、東京原宿の千晶の勤務先を遺品渡しのため訪ねるが、すれ違いで会えずじまい。
❹ それとはまったく別に、豪雨の中、どこかの海岸

で荷揚げされる武器弾薬の、これはワンカットのみの紹介。だから凄みあり。

そんなプロローグを持たされ、婚約者の千晶は、奥遠和をひとり訪れる。だが……。

ここからが、謎の武装集団〈赤い月〉の突然の犯行。まず、雪のダムへの唯一の道路シルバーラインの、そのトンネル内で、千晶は案内役の岩崎課長(平田満)を射殺され、自分は人質になってしまう。そしてトンネルは爆破され、通行不能!

一方、富樫らは、雪山を登って何かを運び、パラボラアンテナで細工しようとしている男たちと遭遇。当然注意するが、発砲され同行の所員は死亡。彼は必死で雪の中を逃げる。

さらに、発電所には〈新潟中央テレビ〉の中継車で、怪制服のグループが乗り込み、マシンガンを発砲。所員全員を人質として監禁する。

これらは、実は平行して同時に描写される。かなりスリリングではある。そして最後に登場してくる、〈赤い月〉のリーダー宇津木弘志(佐藤浩市)の、ザンバラ髪に色眼鏡、そのうえなぜか車椅子に乗っているという、この姿の奇怪なのなんの! 冒険ドラマの悪党は、かく個性的であるべしという、これは「見本」!

そんなリーダーに従う、黒いミリタリー・スーツにマシンガンで統一されたグループの、幹部笠原義人(吹越満)らの、日本映画では珍しくスマートで威圧的でもある存在感! これでは、「ナンなんだよ!」とボヤきながら、雪の大自然のなかをひとり逃げまわる織田裕二こと富樫輝男が、なんとも頼りない印象となってしまう。まして、ヒロインの松嶋菜々子こと平川千晶から、「あの時」彼は吉岡を見捨てて逃げたと思われているのだから、もう形無し!

……と、ここまで触れてきて、突然思い出した! 私のような生粋の映画ファンは、彼織田裕二のことを、この時点で実はほとんど知らなかったことを……! 彼はつまり、むしろテレビでのみ育った、そんなタイプの人気スターだったのだ。これが激変状況の第三。

試みにそのころのこの人気者のことを、もちろんの ちの知識で辿《たど》ってみると、こんなふう。

デビューは、高卒後の映画『湘南爆走族』(昭和六十二年)の主演。その後、テレビドラマの『十九歳』や『東京ラブストーリー』の主演で、反抗的な高校生役とかがその魅力だったが、平成五年の『振り返れば奴がいる』

（三谷幸喜初のテレビドラマ）で、イメージ・チェンジ。この時の演出担当が、若松節朗である。以後『お金がない！』（同年）、『正義は勝つ』（六年）と、織田＝若松はテレビ的に活躍……私などが見るわけがないなぁ。私が見ていた、つまり「TVノート」までつけていたのは、やっとテレビが映画を「意識」し出したころ、だから本当に面白かったころのこと。

そして平成九年、織田は同じフジテレビの『踊る大捜査線』に主演。メイン・キャラクターの、湾岸署の青島役で決定的な人気を得る。脚本が君塚良一、演出が本広克行、製作が亀山千広。十一年にはこれは同じスタッフ、キャストで、映画『踊る大捜査線 THE MOVIE』が作られ〈東宝〉が公開し、大ヒット。私が織田裕二を知ったのは、当然これからだった。

ただし、あきらかに捜査ミステリ、警察ミステリであるこの「パロディ物」は、私にはとりわけあの『天国と地獄』に関する、お笑い趣向が中途半端な印象で、あまり感心していない。

そして、その次がこの『ホワイトアウト』！ 織田自身が映画化を熱望した作品だそうで、だからすでに少しなじみのある私には、色々と強烈に新鮮！

つまり、まずヒーローのこと。これが、「職務に忠実」で、だから「突然の大暴力」に怯え、でも「プロ」のベテランとして「事件」に素直に対応するという、映画よりもむしろテレビのほうが得意な、いわゆる「等身大」キャラクター……これ、織田裕二にぴったり。その彼がしかし、「ダムをお前らの勝手にはさせない！」と、撃ったこともない銃を奪い、大反撃、大アクションに出るなんて、「映画」だよなぁ！

次に、悪役たち。「雪に閉ざされた要塞」といわれるダムを占拠し、その大貯水の一挙放水と、その結果の二十万世帯の下流市民を真の「人質」に、日本政府に五十億を要求する頭脳犯罪にしては、なんだか色々と妙な、その行動。とりわけブレーンらしい笠原の、不思議な存在感、「ミステリ映画」だよなぁ！

そして、脅迫などの「中継」に利用されただけの、でもだから富樫の居直りに驚愕し、そのボロボロぶりを心配する、地元「長見」署の、田舎署長奥田（かつての〈東映〉のエース中村錦之助の弟、中村嘉葎雄《かつお》）の、県警などに相手にされず、他にやることがないゆえの、犯罪そのものの「謎」の発見と興味と推理。ますます「ミステリ」だよなぁ！

ちなみに、この中村嘉葎雄（元は賀津雄）のみが、「番組映画《プログラム・ピクチャー》」時代の〈東映〉の生き残りで、あとはもう佐藤浩市（あの『死の十字路』『飢餓海峡』の三國連太郎の子息！）以下すべての俳優は、テレビ育ち、小劇団出身……私のような「映画の時代」育ちにとって、これはもうかつての映画各社の個性、つまり末端まで俳優をかかえていた、そんな映画会社の存在感など皆無という印象だ。そのことを寂しいと思う、オールドタイマーもいるはずである。私もそのひとりではある。

でも、時代が変わるとはこういうことなのだろう。だから、この「奥田署長」に、かつての「日本映画」のよくいえば牧歌的な、つまり世界からみればローカルな、そんな「フトコロの深さ」を見つけ、懐かしむだけでよしとすべきなのか？

そう……映画各社の「個性」が消滅した現在、「テレビ番組」がその名の通りかつての「番組映画」の役割を果たしているのだろう。そして、それを土台として今は「映画」が生まれてくるのだろう。その「映画」たちは、だからかつてのような各社の個性ではなくて、いってみれば「日本映画株式会社」とまとめて一社みたいな、そんな作品群……。

こんな中での、本来「集団創造」である映画の個性はといえば、キィ・パースンは昔通り、監督？　でも、この若松監督など、その後テレビで『反乱のボヤージュ』（平成十三年）とか、また映画で『子宮の記憶』（平成十九年）とかを撮っているのですが、皆さん見てる、知ってる？

ではプロデューサー？　これはもう、例の「製作委員会」のなかでの調整などなどで大変だ。個性なんかより商品化のほうが、重要にきまってる。

だから、望ましいのはこんなとらえ方。まず、原作にホレ込み、その映画化を切望する、そんなたとえば「スター」がいる。そしてその熱意が「原作者」に伝わり、彼はその原作をより「映画」的にと、脚色を開始する。アニメーションディレクターという、自身の体験が大いに反応したのだと思う。原作小説のクライマックスは、どちらかというとハモンド・イネスふうに、大自然との具体的な対決が描かれていて、これは映画ではソン、というか無理ですらある。たとえば、氷結した湖の下とか雪にまったく埋まってとか……。で、スノーモビルやヘリを多用した、悪党との具体的な対決に置き換えていった。それを「スター」は、それこそ

「雪まみれ」で演じきった！

私は、この連携作業の結果の、富樫、千晶、署長、そのうえ吉岡までも含む、あのとびきり爽やかなラストシーンが好きだ。ここが当然、連携の二人、つまり（真保）裕一と（織田）裕二の、一番描きたかったところだと思う。

この年、ヘンな評論家の私は、「藤本賞」（プロデュース賞）の審査委員に加わった。当然、『ホワイトアウト』を推薦した！


〔『ミステリマガジン』二〇〇九年六月号〕

第36章 大林宣彦と『なごり雪』

▼**『なごり雪』**（大映／PSC＋TOSエンタープライズ＋大映／二〇〇二）◉カラー／ヨーロッパビスタ／一時間五十一分◉監督＝大林宣彦、製作＝大林恭子＋工藤秀明＋山本洋、プロデューサー＝大林恭子＋山崎輝道＋福田勝、原案＝伊勢正三、脚本＝南柱根＋大林宣彦、音楽＝學草太郎、撮影＝加藤雄大、照明＝西表灯光、美術＝竹内公一、録音＝内田誠、編集＝大林宣彦＋内田純子◉出演＝三浦友和、須藤温子、細山田隆人、反田孝幸、長澤まさみ、日高真弓、田中幸太朗、斉藤梨沙、小形雄二、津島恵子、宝生舞、左時枝、ベンガル

〝草月ホールではね、《饒舌《じょうぜつ》の映像》という催しが印象に残っています。これは六〇年当時のCMを集めて上映したもので、電通のプロデューサー今村昭こと石上三登志さんの企画でした。ぼくもここに参加して作品を五、六本上映しましたが、自分の「映画」が草月ホールの大きなスクリーンに映し出されたのは、やはり感動的な出来事でした。他の作家のものと比べると、ぼくのものはやはり「映画」でしたね〟（大林宣彦「いつか見た〈草月〉」『輝け60年代／草月アートセンターの記録』）

それにしても、なんだか大変なことになってきた。

この連載は、時代と共に変貌する日本のミステリ映画の、その個性のありようをシナリオライターにまとめることによってたどろうとしたものだった。しかし、そのへんを映画評論家として、出来るだけ客観的に観

察してきたつもりなのだが、その私自身が実は「作り手」とまではいえないにしても、そこにかなり接近してきてはおり、だから近年の状況の大きな変貌も、他人事ではない……なんてことになってきてしまったのだ。

　だから私は、自分のことを「ヘンな映画評論家」などと語ってきたのだろう。

　だから私は、「藤本賞」……かつての〈東宝〉の大プロデューサー藤本真澄《さねずみ》を称えて設立された、「映画製作」自体への具体的な功績に与える映画賞……の、その審査委員にもさせられてしまったのだろう。

　そんなわけで、あの『ホワイトアウト』の翌々年、私はなんのためらいもなく、大林宣彦脚本監督作品『なごり雪』(平成十四年)を、でもその製作者《プロデューサー》である大林恭子で推薦し、「特別賞」を受賞させた。それほどに私は、この「大林組」(建設会社じゃないよ!)の様々な奮闘を、よく知っているからだ。そしてそのカナメに、いつもこの大林監督夫人、大林恭子プロデューサーがいたからだ。私が「作り手」に接近していったのも、実はそんな「大林組」を早くから体験していたからだった。

　それはともかく、この『なごり雪』だが、まずタイトルでマーク入りの「大映株式会社配給」。この〈大映〉は、私のこの連載に何度も出てくるアレとは、意味が少し違うのだが、あとで説明しよう。続いて「日本芸術文化振興会　映画芸術振興事業」で、これも後述。そして、「PSC TOSエンタープライズ　大映present」……で、ここから音楽が入り、「製作　大林恭子……」「製作協力　大分県臼杵《うすき》市」と紹介され、さらに「大分県・九重連山を背にひっそり眠る、穏やかな町で、——」「今から二十八年の昔、その唄は、生れた……」という字幕解説が、山などの実景にのる。続いて画面には、その唄の実作者伊勢正三が、ギターを手に「汽車を待つ君の横で、ぼくは時計を気にしてる……今、春が来て、君はきれいになった……」と歌いあげ、これもさらなるタイトル・バック。

　つまりこれは、かつてのあの名曲からイメージやストーリーを得た、そういうオリジナル脚本での作品。二十八年前(だからこの曲が生まれた頃)、この大分県臼杵で青春をおくった、今は五十男の梶村祐作(三浦友和)が、その頃の親友水田健一郎(ベンガル)から、かつてのガールフレンドであり、のちに水田の妻になった雪子(少女時代を須藤温子。梶村少年が細山田隆人、水田少年が反田孝幸)が、交通事故で死にそうとの連絡を受け、たまたまその日に自分の妻にも逃げられたこともあり、ひさしぶりに東京から臼杵に帰ってくる。

ここに、ひとつは故郷を捨てた「青春」、もうひとつは故郷にとどまった「青春」の、二十八年後の回想に託した、甘く苦く切ない「故郷」論が展開する。何かにつけ、自身の故郷(この監督は〝古里〟と呼ぶ)尾道にこだわる、大林宣彦らしいドラマ。「尾道」物と呼ばれる、あのユニークな作品群からしばし離れ、こんなふうにヨソに来て、というか、来てくれと請われ(だから「製作協力 大分県臼杵市」!)ても、なぜかこの通り。

それでこの作品、「なごり雪」が原点なのにミステリなのだろうって? それもあるけれど、もっと具体的に、これはもう絶妙のミステリであるのです。

そんなわけだから、そのこともあとにして、大林サンや主人公の梶村サンとは逆に、東京こそが古里の私も、この大林監督とのそんな(どんな?)青春を、駆け足で回想してみようと思う。

❶ 大卒後、わけもわからぬまま、食うためにテレビCM業界に入る。少しはわかってきた五年後、仲間から十六ミリ、三十八分の通称「いつか見たドラキュラ」、正式には『EMOTION=伝説の午後・いつか見たドラキュラ』(昭和四十一年)という自主映画を、CM仲間で大林仲間から見せられ、「気にいったら、演出家として使ってやって」と頼まれる。

これが、ストローで血を吸うドラキュラと、三味線肩に流れゆくガンマンとの、少女を巡っての奇妙な対決を描いた、なんていうか、とにかく私の好みの……その、ナニであって、もちろんすぐに会い、友人となる。内心、学生の頃から続く彼の「映画」作りを、地方の道楽息子の、家族ぐるみのお遊び(事実この作品でも、大林一家は生き生きと登場していた!)などと、なぜかヤッカミながらも、一緒にテレビCMを作ったり、彼の次の自主映画、『CONFESSION=遥かなるあこがれギロチン恋の旅』(四十三年。十六ミリ、七十分)にアイデアを提供したり……。

❷ そうはいっても、私の本業のこのテレビCMの地位が、当時やたらに低く、チンドン屋の一種と思われていたことも、私なりの居直りを促す。例の〈草月アートセンター〉との縁でチャンスが出来たので、五人のCM演出家の作品集を作り、「映像デザイン研究/饒舌の映像」(同年)なる、日本初のCM上映会を

やってみた。これが受けた！

その結果の、五人のうち予想以上の人気者が、大林宣彦。なにしろ私に断りもなく、上映作品を変えたりしていたのだから、もう当然だ！

❸ この出来事も刺激となったのだろう、メジャー映画会社〈東宝〉から、大林宣彦監督へなんと「劇場映画」製作の依頼あり。ならば……と彼は、当時十一歳の令嬢、大林千茱萸《ちぐみ》の原案でと売り込む。でも、それだけでは話題にならないと、先に「ラジオ番組」として盛り上げる作戦に出、このあたりでも協力したように覚えている。さらに「何でも手伝うよ」と発言した結果、その映画『HOUSE／ハウス』(五十二年)には、なんと私も「チョイ役」で、しかしポスターなどには写真と名前が使用されて「出演」。でもこの映画は当たり、次の『瞳の中の訪問者』(同年。手塚治虫の『ブラック・ジャック』の一篇「春一番」が原作！)を頼まれる。私の担当するCM(これも大林演出)と重なってしまうため、仕方なくCMのほうの海外ロケ・スケジュールをズラす。この映画での私の役割は、当然「手塚番」？

❹ そしてさらに次が、大林監督はCMシリーズですでに一緒にいい仕事をしていた、当時のアイドル・コンビ山口百恵＝三浦友和のための『ふりむけば愛』(五十三年)。でもなんだか「若年層」専門監督にされるみたいで、気になった私は、この頃「責任編集」をまかされていた季刊雑誌『映画宝庫』を活用。当時可能性が色々とありそうな〈角川映画〉と、この大林らを結びつけようとシャカリキになる。こんなことを、本業のCM作業と同時に……なんだから、やはり「ヘンな映画評論家」にはちがいない。

❺ 大林＝角川は、『金田一耕助の冒険』(五十四年)、『ねらわれた学園』(五十六年)と、メデタクもジョイントするのだが、なんとどちらももう、ジュヴナイル的、というか、マンガ的にムッチャクチャ。大林監督のこれはもう体質なのか？ そういえばデビュー作の『HOUSE／ハウス』が、すでにこんなでもあった。自身でいわく「十八歳以上はお断り」……、「お願いですから、ミステリやSFは、そもそも嘘っ八なので、だからフツーのリアリティを大事にして！」「SFXの使い方が、体質的に違うみたいだから、いっそファンタジーに徹してしまったら？」と、私はほとんど「泣いて」、あるいは飲んだ勢いで「怒って」、ひたすらお願いした、ああ！

❻そんな願いが届いたのかどうか、次の仕事はなんと、山中恒《ひさし》原作の『転校生』……そう、あの男の子と女の子の体が入れ替わってしまう、山中童話『おれがあいつであいつがおれで』の、映画化である。どう考えても、寓話性、つまりファンタジー性こそが大魅力であって、だから大林宣彦の資質にたぶんピッタリのはず。「ウン、これだよナー！」と、もう素直に楽しみにしていたら、とんでもないことに……。

……(ここで回想はとりあえず終わる。つまり「青春」はここまでということで、だ)あの『なごり雪』と同様、大林恭子プロデューサーがいた。いや、大林恭子プロデューサーは、ここから生まれたのだった！

どういうことかというと、撮影の直前にメインのスポンサー(つまりのちの製作委員会の主要メンバーのような存在)が、降りてしまったのだ。

ここで、製作はストップとなるのが常識だろう。でも、「大林組」はそうはせず、スタッフ、キャストをバスに乗せ、なんと尾道に向かった！

尾道、そう大林宣彦の古里であり、かつての自主映画の、あの勝手知ったる映像舞台。大林監督は、そこで、つまりはかつての作品のように低予算で製作してしまう、そんな方法を選んだのだ。それほどに、この映画化に彼はこだわった。そして、だからあの自主映画と同様に、大林恭子サンはみんなの面倒を見た。それが、「大林組」ならではのユニークなプロデューサーの誕生だったのだ。

それにしても、この「大林作品」初の秀作ファンタジー『転校生』(五十七年)……最も厳しい状況だったにもかかわらず、なんと居心地よい映像世界が生み出されたのだろう。結局はそこが大林監督の古里だったからか。そしてその古里には、母というか妻というか、つまりは家庭的なプロデューサーがいたからなのか。そうじゃないかナーと、私は思う。

このゆとり、この快感は、なんとその次の、これも大林＝角川映画であるが、でも尾道でまた撮られた『時をかける少女』(五十八年)にも受け継がれてゆく。のちにいわれるところの「尾道三部作」の、あの気分！

ついでにここで触れさせてもらうと、この「尾道三部作」といういい方は、私が最初に使った。『キネマ旬報』誌の『時をかける少女』対談で、まだ二作だが快調なので三部作でと、大林監督に勧めていた。もちろん

「三部作」は、『さびしんぼう』(六十年)で完成。その後も『ふたり』(平成三年)、『あした』(七年)、『あの、夏の日——とんでろ　じいちゃん』(八年)と、「新・尾道三部作」がさらに作られたほどだ。これらは間違いなく、大林宣彦＝大林恭子の共作だと思う。

こうなると、場所が尾道だろうが臼杵だろうが、日本全国どこだろうが……の強み。大林作品が、近年のこの国の映画界で、いかに個性的かの、これらは明快な実証だと、誰もが思うだろう。

で、〈大映〉配給の『なごり雪』……この〈大映〉は、かつての〈大映〉作品の権利を持つ、しかし実質は〈角川映画〉。この〝角川〟がまた、角川春樹のそれではなく、弟の角川歴彦《つぐひこ》のほうの、企業体である。環境も色々激しく変貌していたのである。

そんななかで、しかし失わない個性とは、この場合見事に利用された、ミステリ手法に、まずまとまると思う。

主人公の梶村のあの思い出は、彼との別れの最後の夜に、水田に〝血の剃刀〟を奪われた雪子の、しかしなぜか「違う、違うの！」と叫ぶ姿の謎と、でも包帯に包まれ顔さえ確認できない、現在の彼女の奇怪な印象が、ドラマをスリリングに引きずりまわす面白さ。あの〈日本芸術文化振興会〉の、こちらでも審査委員として、このシナリオを先に読み、もちろんいわゆる「助成金」を推薦した、私が保証してしまう。

それにしても、当時は〈文化庁〉からの、そんな助成金にまでサポートされての、大林映画の個性ではある。一体「日本映画」はどうなってしまったのか、そしてどこへ行こうとしているのか。少なくとも、そのへんだけは見極めたいとは思うのだが……。

〔『ミステリマガジン』二〇〇九年七月号〕

第37章　大林宣彦と『理由』

▼**『理由』**(アスミック・エース／WOWOW＋PSC／二〇〇四)◉カラー／アメリカンビスタ／二時間四十分◉監督＝大林宣彦、製作＝金子康雄＋大林恭子、プロデューサー＝戸田幸宏＋大林恭子＋山崎輝道、原作＝宮部みゆき、脚本＝大林宣彦＋

石森史郎、音楽＝山下康介＋學草太郎、撮影＝加藤雄大、照明＝佐野武治、美術＝竹内公一、録音＝井家眞紀夫、編集＝大林宣彦＋内田純子◉出演＝村田雄浩、寺島咲、岸部一徳、大和田伸也、久本雅美、宝生舞、松田美由紀、赤座美代子、風吹ジュン、山田辰夫、渡辺裕之、柄本明、渡辺えり子、菅井きん、小林聡美、古手川祐子、加瀬亮、左時枝、石上三登志

前略　大林宣彦さま

さて、結論です。三年かかって、やっとたどりつきました。

ちなみに、全体の構成、つまり比佐芳武の『七つの顔』（昭和二十一年）で始め、大林宣彦の『理由』（平成十六年）をとりあえずの最終回に……というそれは、出発時より変わりはありません。これは、きわめて悪条件から無理やりに出発したこの国のミステリ映画が、しだいに成熟してゆく、そんなプロセスを明快に描写できると思ったからでした。つまり、その時その時に私が納得してきた、そんな「日本ミステリ映画史」が書ければ……という意図ですね。

そうしたら、なんと私自身も「他人事」ではいられるはずもない、そんな日本映画の変貌の、その実態まで浮上してきてしまったのです！

これは、前回で触れたように、私がきわめて早い頃から「大林組」の映画作業の近くにいたからこそ知り得たこと（?）で、だから当初の予定を少し変え、『理由』の前の別な大林作品『なごり雪』を取り上げました。そのほうが日本映画と私たちの、その距離がわかるからです。とにかく今回が、「結論」なのですからね。

で、当初の予定だった『理由』なんですけれど、これがもう信じられないほどに見事な「ミステリ映画」……というか、「宮部みゆきミステリ」なんですね。まず「**WOWOW PSC Present**」「**製作　金子康雄　大林恭子**」「**大林宣彦監督作品**」「**宮部みゆき　理由　THE MOVIE**」と、荒れ模様の空をバックでの、簡潔なタイトルに続き、一転「らしからぬ」軽快なメロディにのせて、「**出演　村田雄浩　中浜奈美子　寺島咲（新人）　岸部一徳**」と、総勢一〇七名という異例のキャスト・タイトルが横に流れてゆく。これは「事件」への「インタビュー証言」集でもある、原作のユニークな趣向に、当然必要なそんなキャストですね。

この軽快な音楽、學《まなぶ》草太郎つまり大林監督自身の作曲であることも、このさい特筆しておきましょう。こ

ういう音楽まで自分がやるという監督って、世界をみまわしても、たぶんチャップリン(近年、イーストウッド!)くらいしかいませんからね。

そして、タイトルはこんな文に変わりました。「**東京都荒川区は、都東部に位置し、都心部と近接しながらも、隅田川**(旧荒川)**の持つ豊かな水辺空間に育まれた、古い歴史と文化とを有し、中小企業や住宅が混在する中を、人と人との温かな結びつき……**」と続き、「**……この物語は、荒川の下流に位置する、同じ東京下町の江東区から始まる。**」と、とりあえずしめくくられる。文の背景として、様々な古い写真や現実音などで、「この地域」の歴史や文化が具体的に紹介され、つまりは「原作」自体と、ほとんど同じ導入部ですね。

だから、次のタイトルは「**東京都江東区高橋二丁目　警視庁深川警察署　高橋第二交番　――1996年9月30日――**】となり、そして「**プロロオグ　信子**」と、まさしく原作通り。簡易ホテル「片倉ハウス」の長女信子(寺島咲)が、手配中の容疑者がウチに泊まっていると、高橋交番の石川巡査長(村田雄浩《たけひろ》)に告げにくる。

そして、「現場」マンション「ヴァンダール千住北ニューシティ」の、管理人(岸部一徳《いっとく》)によって語り始められる「**第1章　事件**」、被害者の一人らしい男の姉(赤座美代子)らによって証言される「**第2章　入居者**」……「原作」に徹底的に忠実な、あの超高層マンションでの、一見「一家四人殺し」を出発点とする、「事件」映像と「インタビューへの証言」映像の、何というか不思議にスリリングな、「渾然一体」スペクタクルでしたね。

でもこれって、そもそも映像化は不可能とさえいわれていた、「宮部ミステリ」の意欲作『理由』(平成十年)に関しての、大林監督が最終的に選んだ、実に巧妙な方法でしたよね。映像化不可能、つまり殺されていた「疑似家族」(この説明がすでに難しく、だからみなさんぜひ読んで……いや、見てください)の捜査が、関係する様々な家族の実態と複雑にからみ合い、近年のこの国ならではの「家庭」「家族」の不安定さを、こちらに感じさせ、自問させる。

そういえば、私がかなり前に、横溝正史やロス・マクドナルドのミステリの、その特異な犯罪動機「家庭」「家族」に関し、「家にはなぜ顔があるのか?」(『別冊幻影城 No.8』一九七六年)という題で論じた、あのテーマのさらなる発展ともいえますね。

この「テーマ」は、実は「宮部ミステリ」全体の基調でもあって、典型がこちらは「演劇的」である『R・P・G』（平成十三年）でした。でも「映像化」されると、なぜかその辺りがいつもアイマイにされ、あるいは無視され、だから原作者もそうだったろうけれど、見せられるこちらだって、失望の連続……と思っていたところ、この映画『理由』の登場！

そうか、「映像化不可能」というのは、そもそも原作が「映像的」すぎた、そこからの「作り手」の錯覚だったのですね。たとえていえば宮部みゆきはこの小説を、インタビュー集……だからつまりは映像的でもある、「犯罪シンフォニー」あるいは「捜査シンフォニー」としてまとめ、そういうことこそが「映像作家」たちを混乱させたのでしょう。

実は、大林監督自身も初めは、このワナにはまったらしかったですね。だから、まず協同ライターの石森史郎と、この「複合ドラマ」＝「シンフォニー」の、そのどこか一点に集中して、脚本を書いたそうでしたね。でも、それをやはり「違う！」と感じ、あらためて大林夫人こと恭子プロデューサーに、原作を再読してもらい、全体から重要部分をすべて抜き出してもらった、つまり原作に徹底的に寄りそった……。

これが私には意外でした。大林監督って、そんなに「ミステリ」が好きだったのかと思えたからなのでした。なぜって、大林監督と私は出会ってすぐ、「映画」に関しては鈴木清順や岡本喜八やサム・ペキンパー、さらにはかの快プロデューサーのロジャー・コーマンのことなどを、かなり先駆的に論じてはいた。でも「ミステリ」に関しては、ほとんど話し合ってはこなかったからなのでした。あの珍作『金田一耕助の冒険』の時だって、そうでしたよね。だから、この『理由』の場合の、強烈な気の入れ方が、むしろ不思議でさえありました。それで、あらためて「ミステリ」に対しても興味が……という疑問です。

ところで、これとは別に、私は大林作品に、きわめてミステリを感じてもいたのです。

あの角川映画『時をかける少女』と同年、大林監督はなぜか自主映画方式で、だから16ミリでの製作で『廃市』を作り、これはATGで公開された。で、私はそのパンフレットに、こんなことを書いているのです。

『廃市』はだからスリリングである。具体的な〝謎〟など、本当はないのにもかかわらず、きわめてミステリアスである。それはつまり、大林宣彦が『廃市』を、16

ミリというプライベート・フィルム的な方法でもって作ることにより、あらためて自らを告白し出したからなのだと、僕は思う」

覚えておりますか？　これは、映画の気分がかのポオの『アッシャー家の崩壊』と、かなり共通するからの指摘でありました。でも、大林監督が十八歳のころから愛読してきた、この作品の原作者福永武彦の、そのミステリ性については、私はあまり意識してはいなかった。そう、この福永武彦……実は中村真一郎、丸谷才一と共著の、好ミステリ・エッセイ『深夜の散歩』(昭和三十九年)があるような、フレイドン・ホウェイダの『推理小説の歴史』やA・E・W・メースンの『矢の家』などを翻訳しているような、そして何よりも、「加田伶太郎」(タレダロウカ！)の別名で、探偵小説の実作(昭和三十二年)すらあるような、そういう「作家」であることには、少なくとも私は、あまり結びつけはしなかった。

でも、この作家との接触の時から、大林監督はすでに「ミステリ」に接近していたのですね。だから、いってみれば「閉鎖空間」でもある「古里」を、一種の「謎」ととらえられたのでしょう。それで、そこでの「家族」「家庭」の、目には見えない崩壊感と、それからの惜別を、様々に描けたのでしょうね。出発はもちろん「尾道」物、そこからのしだいしだいの「惜別」は、『廃市』や『なごり雪』……デビュー作『HOUSE／ハウス』にしてからが、そういう構造を持ってましたものね。

このあたりが、つまりは傑作『理由』への、あの強烈な執着の原点でしょう。その結果、宮部みゆきの作曲した「犯罪シンフォニー」の譜面を、見事にも指揮、演奏した……私にはそう感じられました。だからこれは、とりあえず近年最高最良の「ミステリ」映画！　見た「原作者」の感想、「映画の中に、本当にヴァンダール千住北ニューシティが存在していることに驚きました!!」(監督、これは原作者から私へのお便りの一部です。宮部先生すみません)が、なんといってもすべてを語っているように思えます。

でも、だからといって、それが「結論」になるのではないのですね。ここで、もう一度『理由』のタイトル部分に戻ります。

この映画は、先に触れたように「**WOWOW PSC Present**」とクレディットされていたように、テレビ局〈WOWOW〉が〈PSC〉に製作を依頼した、本来はいわゆる「TVムービー」だった。それを大林監督は、劇場公開も可能なように、〈PSC〉での作業を進めていった。だから「劇場映画」にもなった。

つまり、これが好例であるように、〈PSC〉作品、つまり大林映画って、幸せな成り立ちばかりじゃないんですね。説明があとになりましたが、この〈PSC〉とは〈プロデューサーズ・システム・カンパニー〉の略で、大林宣彦プロダクションのこと。デビュー作『HOUSE／ハウス』の時に作った、いや作らせられたのでしたね。

そのわけはといえば、映画は作ってほしい、でもそのリスクも持ってほしい……と〈東宝〉が要望したからで、例の〈スタア〉プロへのこの頃の要求とまるで同じ。あの「スタジオ・システム」による自主性は、すでにここまで弱体化していたのです。大林監督はつまりプロデュース面での責任まで持たされたというわけでしたね。

だからあの時、「ああいうプロデューサーだったら」と、私たちがひそかに待望していた、〈ARC（アメリカン・リリーシング・コーポレーション）〉、のちに〈AIP（アメリカン・インタナショナル・ピクチャーズ）〉の、「アンチ・メジャー」の快プロデューサー、ロジャー・コーマンのようにと、〈PSC〉を立ち上げた。コーマンのところのように、「誰でもみんな責任者」という姿勢が、この時の大林宣彦の理想でしたよね。で、なんと恭子プロデューサーが誕生した！

そのコーマンの当時の代表作といえば、『アッシャー家の惨劇』（一九六〇年）を第一作とする、「ポオ七部作」だったことも、大林監督の共感の原因でもありましたね。

大林宣彦さま。

そんな〈PSC〉の、一見ラッキーな、しかし様々な苦闘の連続（ここには相応しくないので詳細は省きますけど、「二本立て」トバッチリ事件とか、「天安門事件」事件とかねえ！）が、「映画会社」の大変貌の中にあって、見事にも「個性」を主張し続けてきたことに、今さらながら感動している私です。その「個性」たるや、すべては私たちが楽しんできた、あの無数の「娯楽映画」の、直系の「子供」たちなんですものね。

それで、大林宣彦さま、提言です。

これからの日本映画界、いっそのこと、スタジオ機能の喪失によって、無個性になってしまった映画会社たちを、例の「日本」映画株式会社として一社にまとめてしまい、そこのリーダーになってしまいませんか？　もちろんスタジオ・システムを復活させてです。なぜって、そこでの「映画作り」の理念は、「誰でもみんな責任者」、つまり「ＰＳＣ＝プロデューサーズ・システム・カンパニー」であることこそ望ましく、それをずっと大林監督は、待ち続けてきてしまったのですからね。

もちろん「夢」ではあるでしょう。なにしろ大林監督七十一歳、私だって七十歳……考えただけでも疲れます。

でも、大林宣彦がやらなくても、若い世代がそんなふうに受け継いでくれたら、色々いささか心配な「日本映画」も、だから「無理やり」だった「日本ミステリ映画」も、もっともっと面白くなる……そんな気がします。結局、映画のスタッフ、キャストって、やはり「家族」だから……これが「理由」！

［『ミステリマガジン』二〇〇九年八月号］

おわりに

自分の置かれた環境において、今、わたしが何をしなきゃいけないのかな、なんてことを色々感じる〝お年頃〟になっています。何しろ、もう七十ですからね。『ミステリマガジン』に「日本映画のミステリライターズ」という連載をやっていまして、このあいだ、原稿を渡したのが三十三回目。で、そろそろ連載を着地させなければいけないんだけれども、日本のミステリ映画におけるシナリオってのは？　なんてことを考えながら毎月書いています。

もう何人目になるのかな、戦後まもなくから始まって現在に至るまで、日本ミステリ映画の作り手たちについてずっと書いてきました。この間はイラストレーターで映画監督の和田誠さんを二回続けてやりました。「ミステリライターズ」という意味合いで、予定では、次が真保裕一さんの『ホワイトアウト』。その次は宮部みゆきさんで、大林宣彦監督の『理由』をやってみたい。なぜそういう人選なのかって、よくはわからないまま現在も続けています。今の日本の映画界に何かしら関係がある自分のスタンスを、その都度その都度探りながら、まもなく連載を終えようとしています。

これはつまり、映画が大好きなわたしにとって、今、自分とは何なんだろうという、よく言われるアイデンティティー探しみたいなことのような気がします。そうすると、何だか色々わかりやすくなってきて、自分は何で映画が好きなんだろう？　いったい自分にとって映画とは何だったんだろう？　ということも気になって、そんなことはこれまでも語ってはきたんですけれど、一度ちゃんと時系列でやってみないといけないんじゃないか、そういう年齢になってきた。そこで、こっちは『キネマ旬報』に頼みまして、わたしが子供の頃から取っている映画ノートをベースにして、わたし自身の映画史みたいなものを書き始めました（『映画ノートはドタバタ史』）。

で、そんなことを今なぜやろうとしてるかというと、「わたしだからたまたま体験できた」ってことは、とても大事なんじゃないのかなということ。つまり、一般的にはどうかはわかりませんけれども、わたしにとっては血となり肉となった映画はこういうものだったんだなと。いかにわたしにとって映画というものが、とても大切なものだったのか、自分で試行錯誤しながら、ひとつずつ当たっていくのが、わたしの年齢の役割じゃないのかなあ、そんな気がして書いています。

［「アート・アニメーションの小さな学校」二〇〇九年三月十二日の講義より採録］

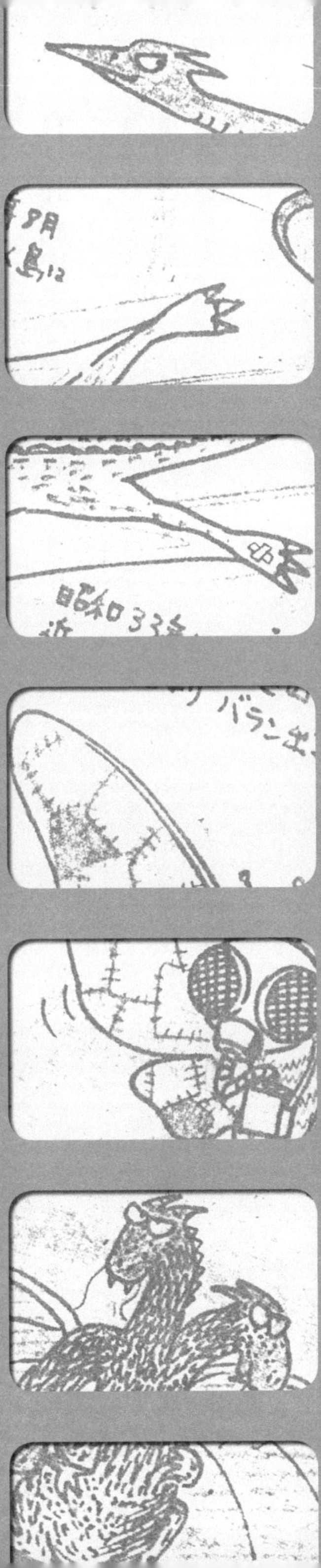

付録

偏愛的ベスト・テン

日本映画史上ベスト・テン

炎上	一九五八年／市川崑
東海道四谷怪談	一九五九年／中川信夫
暗黒街の対決	一九六〇年／岡本喜八
用心棒	一九六一年／黒澤明
斬る	一九六二年／三隅研次
真田風雲録	一九六三年／加藤泰
野獣の青春	一九六三年／鈴木清順
関の彌太ッペ	一九六三年／山下耕作
股旅／三人やくざ	一九六五年／沢島忠
なつかしい風来坊	一九六六年／山田洋次

洋画にくらべて、なんとまあ一時期だけにかたまってることだろう。こう並べてみると、日本映画というのは自分の青春期にしかかかわってこない作品だけなのかも……。それにしても、この一九五八年から六六年までの日本映画、本当に面白かった。こちらはといえば十九歳から二十七歳だから、確実に色々影響受けたということだ。他の選者とかなり違って、だから当たり前なのだろう。

［『キネマ旬報』一九八九年一月上旬号］

ミステリ・サスペンス［外国映画］

オリエント急行殺人事件	一九七四年／シドニー・ルメット
さらば愛しき女よ	一九七五年／ディック・リチャーズ
サイコ	一九六〇年／アルフレッド・ヒッチコック
生きていた男	一九五八年／マイケル・アンダーソン
国際諜報局	一九六四年／シドニー・J・フューリー
第三の犯罪	一九六一年／ウィリアム・キャッスル
探偵スルース	一九七二年／ジョセフ・L・マンキウィッツ
第三の男	一九四九年／キャロル・リード
血を吸うカメラ	一九六〇年／マイケル・パウエル
暗闇でドッキリ	一九六四年／ブレイク・エドワーズ

［『キネマ旬報』二〇〇四年十月上旬号］

様々なタイプのミステリ映画を選んでみた。でも、基本はなんたって「謎とき」。ここをキチンと押さえないと、つまりサスペンス寄りにすると、ヘンテコな作品が入ってきたりする。それと、初めて映画館で見た時の、私の興奮度も重要。いくつかの例外はともかく、あんまり一般的ではない、だからこちらの知識が尋《と》われるジャンルでしたからね。それが今や、ミステリ物だらけのわが国である。なんかちょっと変だと思う。もっともこの現象は本とかTVのそれであって、わが国のミステリ映画は大林宣彦の『理由』とか、和田誠の『真夜中まで』とか、井坂聡の『g@me』とか、若松節朗の『ホワイトアウト』とか、このところかなりのレベルではある。外国映画テンに入れても、決して見劣りしないはずである。このセンでがんばってください。

〔『キネマ旬報』一九九二年七月上旬号〕

東宝映画ジャンルベスト・テン——ミステリ映画

昨日消えた男	一九四一年／マキノ正博
三十六人の乗客	一九五七年／杉江敏男
黒い画集　あるサラリーマンの証言	一九六〇年／堀川弘通
顔役暁に死す	一九六一年／岡本喜八
天国と地獄	一九六二年／黒澤明
100発100中	一九六五年／福田純
死ぬにはまだ早い	一九六九年／西村潔
東京湾炎上	一九七五年／石田勝心
悪魔の手毬唄	一九七七年／市川崑
駅　STATION	一九八一年／降旗康男

まず、昭和十六年の『昨日消えた男』。本格謎ときの先駆的な意義あり。「捕物」に化けさせてクリスティをやっちまうなんて……！

次は『銀嶺の果て』などの戦後アクションもので培ってきたサスペンス調の、その集大成で、昭和三十二年の『三十六人の乗客』……。

昭和三十五年の『黒い画集　あるサラリーマンの証言』は、社会派「清張」の、松竹とは別な映画的発見として重要……。

昭和三十六年の『顔役暁に死す』は、『野獣死すべし』にはじまった東宝ハードボイルドの発展的(喜八的)な快作……。

昭和三十八年の『天国と地獄』は、黒澤明の代表作というより、海外ミステリ(この場合マクベイン)の東宝的な消化の好例として……。

昭和四十年の『100発100中』は、そんな東宝だからこそとり込める、マニアック・ミステリ作家都筑道夫の存在感のため……。

昭和四十四年の『死ぬにはまだ早い』は、東宝調の新クライム・サスペンスの、きわめて新鮮だった一作。西村潔デビュー……。

昭和五十年の『東京湾炎上』は、東宝特撮と新冒険ミステリとのドッキングに関する大胆さを……。

昭和五十二年の『悪魔の手毬唄』は、やっと定着した〝名探偵〟映画と、市川崑の本格ミステリ趣味に……。

最後は『駅』『乱れからくり』『チ・ン・ピ・ラ』『快盗ルビイ』あたりから、最も東宝的なものを……と思うのだがねぇ！

日本映画〜何度も繰り返し見た——二〇〇〇年以降の心に残る映画

［『映画遺産200 日本映画篇』キネ旬ムック、二〇〇九年］

サマータイムマシン・ブルース	二〇〇五年／本広克行
ALWAYS　三丁目の夕日	二〇〇五年／山崎貴
フラガール	二〇〇六年／李相日
理由	二〇〇四年／大林宣彦
ホワイトアウト	二〇〇〇年／若松節朗
スウィングガールズ	二〇〇四年／矢口史靖
真夜中まで	一九九九年／和田誠
突入せよ！「あさま山荘」事件	二〇〇二年／原田眞人
KT	二〇〇二年／阪本順治
たそがれ清兵衛	二〇〇二年／山田洋次

「心に残る映画」つまり「私という人格を作ってくれた映画」……そういう「テン」を何度も作ってきたら、なんともう七十歳！

作るたびに、なるべく新しい作品を入れようと、心掛けて来たのだが、当然ながら齢と共にしだいに縁遠くなってゆく。もう、こちらの「人格」は出来上がっているからである。つまり、「先」はあまりない……ってこと。

でも、だから新作は気になる。「私」を作ってくれたような、あんな映画たちは、キチンと継承されているのか？　私が面白がれれば、それらがそうなのだろう。

てなわけで、今回は近作寄りに徹して選んでみた。二〇〇〇年以後の作品群だ。順位はDVDで見た回数で、一位が七回、二位が六回、九位と十位が二回ずつ……ウーン、実に納得出来る、面白いラインナップ！先輩の山田洋次、同世代の大林宣彦、和田誠の奮闘もうれしいな。日本映画も未来は大丈夫だろう。「私」には関係ないけどね。

［「ビデオで見なさい!!」ミステリー映画１００選『FLIX DELUXE2』一九九四年冬号］

ミステリ映画100選

（未）は未公開／（TVM）はTVムービー

No.	題名	製作年／製作国／監督／原作	
1	**愛のメモリー**	一九七六／アメリカ／ブライアン・デ・パルマ	カメラマンもめまいし、ミステリ・ファンめまいせず。『めまい』する。
2	**悪を呼ぶ少年**	一九七二／アメリカ／ロバート・マリガン／トマス・トライオン	B級スタア＝A級作家、トム・トライオンの処女作の映画化。郷愁型ミステリの佳作。
3	**あどけない殺意（未）**	一九八八／イギリス／アンソニー・シモンズ	少女と犯罪者の奇妙なカンケイをスリリングに描いた、英国型ムッツリ・スリラーだよ。
4	**アメリカン・ゴシック**	一九八七／アメリカ／ジョン・ハフ	孤島に住む殺人一家！　スタイガー、デ・カーロ、マイケル・J・ポラード、怖いぞ！
5	**ウィッカーマン（未）**	一九七三／イギリス／ロビン・ハーディー／アンソニー・シェーファー	イギリス版横溝正史のごとき、奇妙な田舎ミステリ。シェーファー版ハマー・ホラー。
6	**動く標的**	一九六六／アメリカ／ジャック・スマイト／ロス・マクドナルド	ロス・マクのリュウ・アーチャー物、初映画化。元ボガート夫人バコールまで大協力。
7	**美しき獲物**	一九九二／アメリカ＝ドイツ／カール・シェンケル	チェス・プレーヤー、連続殺人パズルでチャレンジされる。パズラー好みの展開よし。

No.	題名 製作年／製作国／監督／原作	（未）は未公開／（TVM）はTVムービー
8	**エイプリルフール／鮮血の記念日** 一九八六／アメリカ／フレッド・ウォルトン	タイトルだけで、なにもかもわかってしまうかな。まあ、そんな程度とあきらめなされ。
9	**M** 一九三一／ドイツ／フリッツ・ラング	ブラック・ユーモアに満ちたドイツ・スリラーの大傑作。ピーター・ローレー大売出し。
10	**エンドレス・ナイト** 一九七一／イギリス／シドニー・ギリアット	本格ミステリ派ギリアット、本格ミステリの女王に挑戦。まあまあの出来であろう。
11	**追いつめられて…** 一九五九／イギリス／J・リー・トンプソン	少女と犯罪者の奇妙なカンケイをスリリングに……イギリス好みの傑作サスペンス。
12	**大いなる眠り（未）** 一九七八／イギリス／マイケル・ウィナー／レイモンド・チャンドラー	チャンドラーの第一長編、英国（？）で完全映画化。いいような悪いような、困ったね。
13	**落ちた偶像** 一九四八／イギリス／キャロル・リード／グレアム・グリーン	グリーン＝リードのドメスティック・サスペンス。犯罪などなく、しかしスリリング。
14	**オリエンタル探偵殺人事件（未）** 一九八一／アメリカ／クライブ・ドナー	パロディ版チャーリー・チャン。『名探偵登場』『007／カジノロワイヤル』調ね。
15	**オン・ザ・ラン／非情の罠** 一九九〇／香港／アルフレッド・チョン	香港サスペンスの好サンプル。パット・ハー演ずる女殺し屋、何とも実にカッコいい。
16	**顔のない男（未）** 一九八四／アメリカ／ブライアン・フォーブス／シドニー・シェルダン	元シナリオライターのシドニー・シェルダン、大売出し以前の好ミステリ。佳作。
17	**顔のない眼** 一九六〇／フランス／ジョルジュ・フランジュ／ピエール・ボワロー、トマ・ナルスジャック	かなりサディスティックなフランス・ホラー。『悪魔のような女』の原作者たちが脚色。

No.	**題名** 製作年／製作国／監督／原作	(未)は未公開／(TVM)はTVムービー
18	**影なき狙撃者** 一九六二／アメリカ／ジョン・フランケンハイマー／リチャード・コンドン	条件反射を利用した、奇怪な暗殺計画。凝りに凝った映画処理も怪奇な、異色スリラー。
19	**ガス燈** 一九四四／アメリカ／ジョージ・キューカー／パトリック・ハミルトン	ボワイエとバーグマンのアカデミー賞的演技戦。いじめが勝つかいじめられが勝つか。
20	**カナディアン・エクスプレス** 一九九〇／アメリカ／ピーター・ハイアムズ	『その女を殺せ』のリメイクで、どっちを先に見てもミステリ・ファンは納得出来る。
21	**狩人の夜** 一九五五／アメリカ／チャールズ・ロートン／デイヴィス・グラッブ	ロバート・ミッチャム、サイコ型キャラクターに挑戦。ロートン演出、かなりユニーク。
22	**カレードマン大胆不敵** 一九六六／アメリカ／ジャック・スマイト	原題は「カレイドスコープ」。趣味の極めていい、遊び人型犯罪者の冒険スリラー。
23	**消えた花嫁**(TVM) 一九八六／アメリカ／デヴィッド・グリーン	リンク&レヴィンスンのTVミステリ。「そんな人はいなかった」テーマの代表例。
24	**脅迫者** 一九五一／アメリカ／グレテイン・ウィンダスト	恐怖の殺人請負組織、初登場。ボガート検事補、スペード、マーロウの延長線上で好演。
25	**切り裂きジャック**(TVM) 一九八八／イギリス／デヴィッド・ウィックス	ジャック・ザ・リッパーに関する最も徹底した映像化。前後編二巻のTVムービー。
26	**ギルダ** 一九四六／アメリカ／チャールズ・ヴィダー	リタ・ヘイワースが圧倒的な、悪女型サスペンス・スリラー。女性版『カサブランカ』。
27	**銀星号事件**(未) 一九三七／イギリス／トマス・ベントリー／A・コナン・ドイル	ホームズ映画のひとつの典型。なんとこの事件まで、モリアーティがかんでいたのだ！

No.	題名 製作年／製作国／監督／原作	(未)は未公開／(TVM)はTVムービー
28	**暗い鏡** 一九四六／アメリカ／ロバート・シオドマク	デ・ハビランド二役による、双子特撮ミステリ。犯行は本当はどっちがやったのか？
29	**暗闇でドッキリ** 一九六四／アメリカ／ブレイク・エドワーズ	本格謎ときミステリ、大混乱版。謎の怪事件は、クルーゾーによってかく作られた。
30	**黒の試走車** 一九六二／日本／増村保造／梶山季之	大映「黒」シリーズ第一作。いわゆる産業スパイ登場の、新サラリーマン・ミステリ。
31	**軍旗の陰影**(未) 一九七五／イギリス／マイケル・アンダーソン	イギリス型演技派を集めた、軍事法廷ミステリ。謎とき、犯人当てとしてかなりの物。
32	**計画性の無い犯罪**(未) 一九八九／アメリカ／ジム・カウフ	リーダー不在、計画不明でウロたえるギャング一味がおかしい。犯罪作戦映画の大珍品。
33	**刑事** 一九五九／イタリア／ピエトロ・ジェルミ	ジェルミ自作自演のイングラバロ刑事よし。ミステリとしてよく出来たイタリア映画。
34	**刑事コロンボ／殺人処方箋**(TVM) 一九六八／アメリカ／リチャード・アーヴィング	コロンボ警部初登場。リンク&レヴィンスンの原作舞台劇では、トマス・ミッチェル演。
35	**刑事コロンボ90／超魔術への招待**(TVM) 一九八九／アメリカ／レオ・ペン	89年に再開された新シリーズの一本。旧作の『魔術師の幻想』同様、トリック趣味よし。
36	**ケンネル殺人事件** 一九三三／アメリカ／マイケル・カーティス／S・S・ヴァン・ダイン	ウィリアム・パウエルのフィロ・ヴァンスぶりが見られるのは、今のところこれのみ。
37	**黒砲事件**(未) 一九八五／中国／ホアン・チェン・シン	社会派ミステリのファンにまずお勧め。事件の核心である、「黒砲」の正体が面白い。

No.	題名 製作年／製作国／監督／原作	（未）は未公開／（TVM）はTVムービー
38	**コーマ** 一九七八／アメリカ／マイケル・クライトン／ロビン・クック	かなり近未来SF的な病院ミステリ。自身が医師でもあるクライトン、水を得た演出。
39	**殺しのロザリオ**（未） 一九八七／アメリカ／フレッド・ウォルトン	聖職者ばかり殺される「異様な被害者」テーマの謎とき物。エルモア・レナードの脚本。
40	**殺しの分け前／ポイント・ブランク** 一九六七／アメリカ／ジョン・ブアマン／リチャード・スターク	悪党パーカーをリー・マーヴィンが快演。監督が別でもシリーズで何本か見たかった！
41	**囁く砂**（未） 一九七二／アメリカ／アラステア・リード	戦記作家ニコラス・モンサラット原作の、イギリス式シンネリ・ムッツリ・スリラー。
42	**殺人狂時代** 一九六七／日本／岡本喜八／都筑道夫	都筑調のナンセンス活劇ミステリ。喜八調ズッコケで増幅されすぎて、ファンも呆然——。
43	**殺人ゲームへの招待** 一九八五／アメリカ／ジョナサン・リン	謎ときパズル・ゲームとして作られた、犯人捜しミステリ。面白つまらん。暇つぶし。
44	**三十九階段** 一九五九／イギリス／ラルフ・トーマス／ジョン・バッカン	ヒッチコックの『三十九階段』の再映画化。カラーとロケーションで原作の気分に近付く。
45	**36時間** 一九六四／アメリカ／ジョージ・シートン	ロアルド・ダールの短編「犬にご注意」が原作。そのアイデア部分だけ面白い。諜報物。
46	**三十六人の乗客** 一九五七／日本／杉江敏男／有馬頼義	スキー場への夜行バス内での犯人当て。公開当時の新人が犯人だが、今ならすぐ分かる。
47	**シーラ号の謎** 一九七三／アメリカ／ハーバート・ロス／アンソニー・パーキンス	映画プロデューサーが仕組んだ「ミステリ・クルーズ」。お遊びも色々、殺人も色々。

No.	題名 製作年／製作国／監督／原作	（未）は未公開／（TVM）はTVムービー
48	**ジキルとハイド** 一九八八／アメリカ／ジェラール・キコアーヌ	あまたあるジキル＆ハイド映画のなかで、 もっともへんてこなハイド像。なるほどね。
49	**死刑執行人もまた死す** 一九四三／アメリカ／フリッツ・ラング	戦中プラハでの対ナチ行動を描いた、 ドイツ人ラングによるアメリカ型サスペンス映画。
50	**自殺への契約書** 一九五九／フランス／ジュリアン・ディヴィヴィエ	レジスタンス仲間十人、裏切者は誰だ？ フランス演技派が並び、犯人当てのお楽しみ。
51	**死の十字路** 一九五六／日本／井上梅次／江戸川乱歩	シナリオライター渡辺剣次が原作時点から協力。 日本ミステリ映画の大収穫のひとつ。
52	**シャーロック・ホームズの素敵な挑戦** 一九七六／アメリカ／ハーバート・ロス	フロイト、ホームズに協力し、モリアーティと戦う。 アラン・アーキンのフロイト絶妙。
53	**ジャック・ザ・リッパー／殺しのナイフ** 一九八八／アメリカ／ロウディ・ヘリントン	現代LAでの切り裂きジャック騒動。 超能力関係まで加わり、かなりツイストがきいた。
54	**10番街の殺人** 一九七一／イギリス／リチャード・フライシャー	英国はビリントン・プレース十番地の、 かの「殺人鬼」を、アッテンボローが大怪演。
55	**新・刑事コジャック／虚栄の絆**（TVM） 一九八七／アメリカ／アラン・メッツガー	サバラス＝コジャック再登場。 本来は本格社会派のこのシリーズ、出発点に戻り、力作！
56	**ストレンジャー**（未） 一九四六／アメリカ／オーソン・ウェルズ	戦後アメリカに逃げ込んだナチ残党。 演ずるはオーソン。ヒッチコック調ウェルズ映画。
57	**探偵〈スルース〉** 一九七二／アメリカ／ジョセフ・L・マンキウィッツ	英国小説作家オリビエと探偵小説無知ケインとの、 おかしなおかしなゲーム戦。必見！

No.	題名 製作年／製作国／監督／原作	（未）は未公開／（TVM）はTVムービー
58	**絶壁の彼方に** 一九五〇／イギリス／シドニイ・ギリヤット	探偵冒険スリラーの典型。 これと『生きていた男』の製作で、ダグ・ジュニアは残る？
59	**組織** 一九七三／アメリカ／ジョン・フリン／リチャード・スターク	悪党パーカーシリーズの映画化。 このデュバル版もシリーズで見たかった！　傑作！
60	**その女を殺せ（未）** 一九五二／アメリカ／リチャード・フライシャー	護送される殺人目撃者、狙う殺し屋…… 列車サスペンスの小快作。当時公開なしで残念。
61	**第一の大罪（未）** 一九八〇／アメリカ／ブライアン・G・ハットン／ローレンス・サンダース	シナトラ版『ダーティ・ハリー』？ 十年ぶりの映画出演作だが、日本で未公開はなぜ？
62	**第三帝国の遺産（未）** 一九八五／アメリカ／ジョン・フランケンハイマー／ロバート・ラドラム	フランケンハイマー、ラドラムをネタに 『第三の男』に挑戦？　異様に冴えた部分あり。
63	**第七のヴェール** 一九四五／イギリス／コンプトン・ベネット	深層心理の謎を追った、先駆的なミステリ映画。 アカデミー・オリジナル脚本賞受賞。
64	**W（ダブル）** 一九八七／イギリス／ジョセフ・ルーベン	平凡な母子家庭に入り込んできた継父の大恐怖。 テリー・オクィン、怪パパを大熱演。
65	**ダブルクロス（未）** 一九七九／イギリス／ジャック・ゴールド／ブライアン・フリーマントル	ご存知『消されかけた男』チャーリー・マフィン。 ディヴィッド・ヘミングス怪演。
66	**小さな目撃者** 一九七一／イギリス／ジョン・ハフ	「狼が来た！」テーマのサスペンス・スリラー。 エンド直前の次なる「狼」がケッ作！
67	**血を吸うカメラ** 一九六〇／イギリス／マイケル・パウエル	映画型サイコを描いた、華麗なサイコ・スリラー。 監督自身がサイコの父親役で出演。

No.	**題名** 製作年／製作国／監督／原作	（未）は未公開／（TVM）はTVムービー
68	**チ・ン・ピ・ラ** 一九八四／日本／川島透	面白おかしいチンピラ稼業のあげくの果てに、命を狙われ逃げまくり、あの名幕切れ！
69	**デイン家の呪い**（TVM） 一九七八／アメリカ／E・W・スワックハマー／ダシール・ハメット	ハメット・ミステリのテレフィーチャー化。コバーン主演で、意外に謎ときの楽しさ。
70	**天使の復讐**（未） 一九八一／アメリカ／アベル・フェラーラ	一日に二度もレイプされた口のきけないお針子の、拳銃片手の奇妙にカッコいい復讐談。
71	**謎の完全殺人**（TVM） 一九七九／アメリカ／ロバート・デイ	『逆転』リンク&レヴィンスンの、TVムービー・ミステリの好見本。自然死殺人？
72	**謎のモルグ街** 一九五四／アメリカ／ロイ・デル・ルース／エドガー・アラン・ポー	元が3D映画のため、どこがそういう効果かと推理する楽しみもあり、二度目の映画化。
73	**七十年目の審判** 一九八八／アメリカ／ビリー・ヘイル	実話を映画化した、社会派ミステリ。ただしジャック・レモンの活躍はホームズばり。
74	**何がジェーンに起こったか？** 一九六二／アメリカ／ロバート・アルドリッチ／ヘンリー・ファレル	ベティ・デイヴィス対ジョーン・クロフォード！老女優対決ミステリの先駆で傑作。
75	**パシフィック・ハイツ** 一九九〇／アメリカ／ジョン・シュレシンジャー	アパートを使用したまったく異様な犯罪。犯罪者マイケル・キートン、異様に大ノリ。
76	**800万人の死にざま** 一九八六／アメリカ／ハル・アシュビー／ローレンス・ブロック	マット・スカダー物。B級作品ふうに映画化されて大成功。シリーズになぜならなかった？
77	**パレットナイフの殺人** 一九四六／日本／久松静児／江戸川乱歩	明智小五郎は登場せず。英米より先に本格的に作られた「倒叙物」ミステリ映画。

No.	**題名** 製作年／製作国／監督／原作	(未)は未公開／(TVM)はTVムービー
78	**犯罪パズル(未)** 一九七九／アメリカ／ジョー・キャンプ	原題は『ダブル・マクガフィン』。マクガフィンってなんだって？ ちゃんと解説あり。
79	**ビデオゲームを探せ！** 一九八四／アメリカ／リチャード・フランクリン	「狼が来た！」型サスペンスの、ハイテク調ファンタジー式ヒッチコック大好き映画。
80	**ブラックサンデー(未)** 一九七七／アメリカ／ジョン・フランケンハイマー／トマス・ハリス	映画史上、最大級の大量殺人計画。大スクリーンにこそふさわしい、犯罪スペクタクル。
81	**炎の大捜査線** 一九九一／香港／チュー・イエンピン	香港映画オール・スタアによる、唖然呆然の展開ありの、オムニバスふう監獄ドラマ。
82	**魔人館(未)** 一九八三／イギリス／ピート・ウォーカー／E・D・ビガース	執筆のために借りた空家に、なぜかいるプライス、カッシング、リー、キャラディン！
83	**見えない恐怖** 一九七一／イギリス／リチャード・フライシャー	もうひとつの『暗くなるまで待って』。主演がミア・ファローの分だけ、事件は陰惨。
84	**密告** 一九四三／フランス／アンリ＝ジョルジュ・クルーゾー	謎の「からす」とは誰？ 地方の腐敗を描くとみせ、ゲシュタポの恐怖を描いた異色作。
85	**ミザリー** 一九九〇／アメリカ／ロブ・ライナー／スティーヴン・キング	『危険がいっぱい』『恐怖のメロディ』のファンは必見の、女性型サド・サスペンス。
86	**迷探偵シャーロック・ホームズ／最後の事件** 一九八八／イギリス／ソム・エバーハート	ホームズはワトソンの雇った役者だった！ おふざけが過ぎるけど、でも見てしまう。
87	**名探偵登場** 一九七六／アメリカ／ロバート・ムーア	喜劇派オール・スタアによる、名探偵パロディ合戦。作家トルーマン・カポーティ快演。

No.	題名 製作年／製作国／監督／原作	（未）は未公開／（TVM）はTVムービー
88	**名探偵ホームズ／黒馬車の影** 一九七九／カナダ／ボブ・クラーク	ホームズ、切り裂きジャックと対決。 クリストファー・プラマーのホームズ、貫禄あり。
89	**野獣の青春** 一九六三／日本／鈴木清順／大藪春彦	最上質の和製ハードボイルド。 大藪春彦原作だが、映像はむしろ本格的にハメット気分。
90	**屋根裏の花たち** 一九八七／アメリカ／ジェフリー・ブルーム	屋根裏に関するミステリ気分ならこれ。 あのルイズ・フレッチャー出演も当然々々。
91	**危いことなら銭になる** 一九六二／日本／中平康／都筑道夫	映画遊びに徹底した、都筑道夫ミステリの映画化。 宍戸、長門、浅丘、草薙ら好珍演。
92	**遺言シネマ殺人事件** 一九七八／イギリス／ラドリー・メッガー	スリラー舞台劇『猫とカナリア』の四回目の映画化。 古風なミステリが好きなら是非。
93	**郵便配達は二度ベルを鳴らす**（未） 一九四六／アメリカ／テイ・ガーネット	ラナ・ターナー、ジョン・ガーフィールドによる、 もはや再現不可能なケイン・タッチ。
94	**要塞警察** 一九七六／アメリカ／ジョン・カーペンター	無人に近い13分署を巡る、 『リオ・ブラボー』タッチの攻防戦。夜型カーペンター登場。
95	**夜の牙** 一九五八／日本／井上梅次	『第三の男』ならぬ『第四の男』は誰？ 日本映画最上質の裕次郎的娯楽ミステリ。
96	**ラブクラフト**（TVM） 一九九一／アメリカ／マーティン・キャンベル	探偵の名がH・P・ラブクラフト、 刑事がブラッドベリの、オカルト・ハードボイルド。
97	**乱闘街** 一九四九／イギリス／チャールズ・クライトン	「少年探偵団」物とあなどるなかれ、 奇妙な発端から意外な真相まで、色々と趣向あり！

No.	題名	製作年／製作国／監督／原作	（未）は未公開／（TVM）はTVムービー
98	レイジ・イン・ハーレム	一九九一／アメリカ／ビル・デューク／チェスター・ハイムズ	チェスター・ハイムズの『イマベルへの愛』の映画化。棺桶と墓掘りもちょいと登場。
99	ローラ殺人事件	一九四四／アメリカ／オットー・プレミンジャー／ヴェラ・キャスパリ	美人広告デザイナーの謎の死と意外な展開。日米戦の末期に作られたしゃれた探偵映画。
100	ロウフィールド館の惨劇／パラノイド殺人	一九八六／イギリス／オウサマ・ラウル／ルース・レンデル	原作はあきらかに、キングの『キャリー』からの発想。リタ・タシンハム、板付き怪演！

プラス50

〔「ビデオで出しなさい!!」ミステリー映画50選『FLIX DELUXE2』一九九四年冬号〕

No.	題名	製作年／製作国／監督／原作
101	青の恐怖	一九四六／イギリス／シドニー・ギリアット／クリスチアナ・ブランド
102	天晴れ一番手柄　青春銭形平次	一九五三／日本／市川崑
103	穴	一九五七／日本／市川崑／ウィリアム・ピアスン
104	雨の午後の降霊祭	一九六四／イギリス／ブライアン・フォーブス
105	生きていた男	一九五八／アメリカ／マイケル・アンダーソン
106	オーシャンと11人の仲間	一九六〇／アメリカ／ルイス・マイルストン
107	顔役暁に死す	一九六一／日本／岡本喜八
108	影なき声	一九五八／日本／鈴木清順／松本清張
109	飾窓の女	一九四四／アメリカ／フリッツ・ラング／J・H・ウォリス

No.	題名	製作年／製作国／監督／原作
110	キッスで殺せ	一九五五／アメリカ／ロバート・アルドリッチ／ミッキー・スピレーン
111	黒い罠	一九五八／アメリカ／オーソン・ウェルズ／ウィット・マスターソン
112	拳銃貸します（未）	一九四二／アメリカ／フランク・タトル／グレアム・グリーン
113	拳銃の報酬	一九五九／アメリカ／ロバート・ワイズ／ウィリアム・P・マッギヴァーン
114	現金に体を張れ	一九五六／アメリカ／スタンリー・キューブリック／ライオネル・ホワイト
115	国際諜報局	一九六四／イギリス／シドニイ・J・フューリー／レン・デントン
116	獄門島	一九四六／日本／松田定次／横溝正史
117	殺しのエージェント	一九六五／アメリカ／ジャック・カーディフ／ジョン・ガードナー
118	殺しの接吻	一九六八／アメリカ／ジャック・スマイト／ウィリアム・ゴールドマン
119	私立探偵ジェイク（TVM）	一九八九／アメリカ／リー・H・カッツィン／L・A・モース
120	紳士同盟	一九六〇／イギリス／バジル・ディアディン
121	深夜の告白	一九四四／アメリカ／ビリー・ワイルダー／ジェームス・M・ケイン
122	そして誰もいなくなった	一九四五／アメリカ／ルネ・クレール／アガサ・クリスティー
123	第三の犯罪	一九六一／アメリカ／ウィリアム・キャッスル
124	太陽に向って走れ	一九五六／イギリス／ロイ・ボールティング／リチャード・コネル
125	血だらけの惨劇	一九六四／アメリカ／ウィリアム・キャッスル／ロバート・ブロック
126	蝶々失踪事件	一九四七／日本／久松静児／横溝正史
127	追跡	一九六二／アメリカ／ブレイク・エドワーズ／ザ・ゴードンズ
128	点と線	一九五八／日本／小林恒夫／松本清張
129	毒薬と老嬢	一九四四／アメリカ／フランク・キャプラ
130	トレント最後の事件（未）	一九五二／イギリス／ハーバート・ウィルコクス／E・C・ベントリー

No.	題名	製作年／製作国／監督／原作
131	情無用の街	一九四八／アメリカ／ウィリアム・キーリー
132	熱砂の秘密	一九四三／アメリカ／ビリー・ワイルダー
133	バスカヴィル家の犬（未）	一九三九／アメリカ／シドニイ・ランフィールド／A・コナン・ドイル
134	裸の町	一九四八／アメリカ／ジュールス・ダッシン／マーヴィン・ウォルド
135	ハバナの男	一九六〇／イギリス／キャロル・リード／グレアム・グリーン
136	犯罪河岸	一九四七／フランス／アンリ＝ジョルジュ・クルーゾー
137	犯人は21番に住む	一九四三／フランス／アンリ＝ジョルジュ・クルーゾー／S・A・ステーマン
138	秘密殺人計画書	一九六三／アメリカ／ジョン・ヒューストン／フィリップ・マクドナルド
139	複数犯罪	一九七二／アメリカ／リチャード・A・コーラ／エド・マクベイン
140	ブラウン神父（未）	一九五四／イギリス／ロバート・ハマー／G・K・チェスタトン
141	窓	一九四九／アメリカ／テッド・テズラフ／コーネル・ウールリッチ
142	幻の女	一九四四／アメリカ／ロバート・シオドマク／ウィリアム・アイリッシュ
143	ミュンヘンへの夜行列車（未）	一九四〇／イギリス／キャロル・リード
144	モンパルナスの夜	一九三三／フランス／ジュリアン・ディヴィヴィエ／ジョルジュ・シムノン
145	闇を裂く一発	一九六八／日本／村野鐵太郎
146	闇を横切れ	一九五九／日本／増村保造／ウィリアム・P・マッギヴァーン
147	雪の夜の旅びと（未）	一九五一／フランス／クロード・オータン＝ララ
148	らせん階段	一九四六／アメリカ／ロバート・シオドマク／エセル・ライナ・ホワイト
149	猟奇島	一九三二／アメリカ／アーネスト・B・ショードサック、アーヴィング・ピシェル／リチャード・コネル
150	わが一高時代の犯罪	一九五一／日本／関川英雄／高木彬光

20世紀明るい日本映画100選

アート・アニメーションのちいさな学校　二〇〇七年特別講座「明るく楽しい日本映画もあるのだ」チラシより

No.	題名	製作年	監督
001	丹下左膳餘話　百萬兩の壺	一九三五年	山中貞雄
002	赤西蠣太	一九三六年	伊丹万作
003	鴛鴦歌合戦	一九三九年	マキノ正博
004	エノケンの頑張り戦術	一九三九年	中川信夫
005	まぼろし城〈三部作〉	一九四〇年	組田彰造
006	続・清水港	一九四〇年	マキノ正博
007	西住戦車長伝	一九四〇年	吉村公三郎
008	昨日消えた男	一九四一年	マキノ正博
009	阿波の踊子	一九四一年	マキノ正博
010	歌ふ狸御殿	一九四二年	木村恵吾
011	花咲く港	一九四三年	木下惠介
012	姿三四郎	一九四三年	黒澤明
013	或る夜の殿様	一九四六年	衣笠貞之助
014	七つの顔	一九四六年	松田貞次
015	にっぽんGメン	一九四八年	松田貞次
016	お嬢さん乾杯！	一九四九年	木下惠介
017	野良犬	一九四九年	黒澤明
018	帰郷	一九五〇年	大庭秀雄
019	馬喰一代	一九五一年	木村恵吾
020	荒木又右衛門　決闘鍵屋の辻	一九五二年	森一生
021	弥太郎笠・前後編	一九五二年	マキノ正博
022	天晴れ一番手柄　青春銭形平次	一九五三年	市川崑
023	旅はそよ風	一九五三年	稲垣浩
024	お祭り半次郎	一九五三年	稲垣浩
025	七人の侍	一九五四年	黒澤明
026	空の大怪獣ラドン	一九五六年	本多猪四郎
027	死の十字路	一九五六年	井上梅次
028	神坂四郎の犯罪	一九五六年	久松静児
029	赤線地帯	一九五六年	溝口健二
030	幕末太陽傳	一九五七年	川島雄三
031	三十六人の乗客	一九五七年	杉江敏男
032	穴	一九五七年	市川崑
033	風前の灯	一九五七年	木下惠介
034	張込み	一九五八年	野村芳太郎
035	夜の牙	一九五八年	井上梅次
036	陽のあたる坂道	一九五八年	田坂具隆

No.	題名	製作年	監督
037	裸の大将	一九五八年	堀川弘通
038	東海道四谷怪談	一九五九年	中川信夫
039	独立愚連隊	一九五九年	岡本喜八
040	闇を横切れ	一九五九年	増村保造
041	暗黒街の対決	一九六〇年	岡本喜八
042	暴れん坊兄弟	一九六〇年	沢島忠
043	独立愚連隊西へ	一九六〇年	岡本喜八
044	珍品堂主人	一九六〇年	豊田四郎
045	黒い画集　あるサラリーマンの証言	一九六〇年	堀川弘通
046	夕陽に赤い俺の顔	一九六一年	篠田正浩
047	用心棒	一九六一年	黒澤明
048	地平線がぎらぎらっ	一九六一年	土井通芳
049	顔役暁に死す	一九六一年	岡本喜八
050	濡れ髪牡丹	一九六一年	田中徳三
051	斬る	一九六二年	三隅研次
052	危いことなら銭になる	一九六二年	中平康
053	椿三十郎	一九六二年	黒澤明
054	座頭市物語	一九六二年	三隅研次
055	忍びの者	一九六二年	山本薩夫
056	恋と太陽とギャング	一九六二年	石井輝男
057	瞼の母	一九六二年	加藤泰
058	青べか物語	一九六二年	川島雄三
059	大江戸評判記　美男の顔役	一九六二年	沢島忠
060	関の彌太っぺ	一九六三年	山下耕作
061	真田風雲録	一九六三年	加藤泰
062	野獣の青春	一九六三年	鈴木清順
063	十三人の刺客	一九六三年	工藤栄一
064	ギャング同盟	一九六三年	深作欣二
065	天国と地獄	一九六三年	黒澤明
066	江分利満氏の優雅な生活	一九六三年	岡本喜八
067	太平洋ひとりぼっち	一九六三年	市川崑
068	何か面白いことないか	一九六三年	蔵原惟繕
069	五瓣の椿	一九六四年	野村芳太郎
070	馬鹿まるだし	一九六四年	山田洋次
071	肉体の門	一九六四年	鈴木清順
072	男嫌い	一九六四年	木下亮
073	股旅　三人やくざ	一九六五年	沢島忠
074	刺青一代	一九六五年	鈴木清順
075	飢餓海峡	一九六五年	内田吐夢
076	剣鬼	一九六五年	三隅研次
077	喜劇各駅停車	一九六五年	井上和男
078	肉体の学校	一九六五年	木下亮

No.	題名	製作年	監督
079	運が良けりゃ	一九六六年	山田洋次
080	なつかしい風来坊	一九六六年	山田洋次
081	沓掛時次郎　遊侠一匹	一九六六年	加藤泰
082	けんかえれじい	一九六六年	鈴木清順
083	愛の渇き	一九六七年	蔵原惟繕
084	黒部の太陽	一九六八年	熊井啓
085	男はつらいよ	一九六九年	山田洋次
086	死ぬにはまだ早い	一九六九年	西村潔
087	影の車	一九七〇年	野村芳太郎
088	俺は眠たかった！	一九七〇年	萩本欽一
089	竜馬暗殺	一九七四年	黒木和雄

No.	題名	製作年	監督
090	新幹線大爆破	一九七五年	佐藤純彌
091	悪魔の手毬唄	一九七七年	市川崑
092	ルパン三世　カリオストロの城	一九七九年	宮﨑駿
093	戦国自衛隊	一九七九年	斎藤光正
094	転校生	一九八二年	大林宣彦
095	蒲田行進曲	一九八二年	深作欣二
096	チ・ン・ピ・ラ	一九八四年	川島透
097	野蛮人のように	一九八五年	川島透
098	異人たちとの夏	一九八八年	大林宣彦
099	となりのトトロ	一九八八年	宮﨑駿
100	真夜中まで	一九九九年	和田誠

編者あとがき

冒頭の「SF映画大河リレー座談」はほんとうに気がきいていた。手塚治虫さんに始まって、森さん、大空さん、北島さんと続くSF映画の年代順のお話ということは読んでいるうちにわかったけれども、手塚さんのファンである僕にとってラストの〝再び手塚治虫登場〟が出てきた時はおどろいた。これぞ拳銃天使的大サービスだ!!(大阪・原正弘・16歳)

〔『季刊映画宝庫／No.7　さらば西部劇』一九七八夏号、「読者編集室」欄〕

恥ずかしげもなく引用した文章は高校生の私によるもので、「さらば西部劇」のひとつ前の号、「No.6　SF少年の夢」への感想投稿である。ご存知ない方には何のこっちゃ？　だろう、〝拳銃天使的大サービス〟というのは手塚マニアにはすぐにわかる。

出版まぎわになって、どんでん返しのハッピー・エンドを追加したところ、製本のミスで、そのページが奥付のあとになってしまい、読み終わって奥付をめくると、そこに意外な結末が待っているという構成(「手塚治虫公式WEBサイト」)

という裏話を指しており、「SF少年の夢」の〝責任編集者

＝石上三登志〟には直ちに通じるフレーズと踏んだ、〝16歳〟の企みだった。掲載を目にしたときは、読者ハガキを手にニヤリとされる石上氏の姿を思い浮かべ、「とにかく間違いなく読んでくれたんだ」と、手塚治虫経由で石上フォロアーになった〝16歳〟は大層嬉しかった。

本書を編むにあたり、実家の書架に置いたままの『映画宝庫』を、まとめて送ってもらった。投稿の載った号から二冊あとの特集が、「No.9　日本映画が好き!!!」で、サブタイトルに「洋画クレージーの日本映画発見」とある。発行は一九七九年一月一日。ATGや日活ニューアクション、角川映画の諸作を見て、あるいは長谷川和彦、大森一樹を代表に、若い世代の監督デヴューなど、当時の日本映画界の活発な動きにも刺激されて、まさに〝洋画クレージー〟だった私の日本映画狂いがいよいよ本格化した年で、この石上編集による「日本映画が好き!!!」の影響も甚大であった。

本書『石上三登志スクラップブック　日本映画ミステリ劇場』は、その『日本映画が好き!!!』を除けば、全面的に日本映画を題材にした石上氏初の著作であり、一般書店に流通する書籍としては、『私の映画史』以来六年ぶりの「石上三登志新刊」である。

本書の根幹となる連作「日本映画のミステリライターズ」は、『ミステリマガジン』二〇〇六年九月号から二〇〇九年九月号にかけて計三十七回連載された、完結したものとしては石上氏最後の長編評論である。ちなみに一般的に「石上三登志」と言えば、手塚治虫関連はさておいても、『スター・ウォーズ』やSF映画であり、怪奇映画であり、西部劇（ペキンパー）であり、きわめて洋画専門の映画評論家……とイメージされる方が多数なのではないだろうか？

石上氏のじれったいような感情が次の発言からうかがえる。

本当は私も娯楽映画的なものは何だって好きで、何だって語れるんだけれども、SFしか語ってはいけないというね。語っちゃいけないとまでは言われてないんだけど、（評論を）頼まれるとみんなSFになってしまう。だから、結果として「オタク」にされてしまうという。それがひとつの役割と割り切っているけれども、SF映画だけが好きなんじゃないよと。もっと広いんだよ、というね。

［「VaioNetCafe」一九九三年三月収録のトーク］

そんな思いを払拭するかのように、晩年のこの長編評論における石上氏は、本文中で語られるごとく、〝時代と共に変貌する日本のミステリ映画の、その個性のありようをシナリオライターにまとめることによってたどろうとした〟戦後の日本ミステリ映画の変遷と、その「ライターズ」(脚本家、原作者、監督たち)が時代の要請の中で、いかに試行錯誤を重ねてエンターテインメントを拵えてきたのか、あたかも日本映画プロパーの書き手のごとく(珍しく洋画を引合いに挙げることをほぼせず)、圧倒的な情報量で、それぞれの作品の時代背景とミステリ映画としての魅力を存分に語り切っている。しかしというか当然ながら、それらを語る筆致は、すべてにわたりいつも通りの石上スピリットに貫かれている。たとえば次のような姿勢である。

そのジャンルにはそのジャンルなりの明快な布石、歴史みたいなものがあるので、それは継承した方がいい。(略)SFとかミステリというのは、世界的にいうと、特殊な知識やセンスが必要な、一種のローカル文化なのではないかと思うからである。少なくとも私は、そこが好きで、ずっとつき合ってきた。

〔『私の映画史——石上三登志映画論集成』〕

「ミステリライターズ」以前の石上氏は、日本映画に関するまとまった文章を残していなかったのか？　その辺の事情は代表作「ぼくは駅馬車に乗った／日本映画の時代」(『私の映画史』所収)に詳しい。

鈴木清順特集からスタートした石上氏主催の同人誌

『OFF』に、また『映画評論』誌へと移行し、一九六五年から六八年にかけて毎年日本映画ベストテンを寄せている石上氏は、一九六九年分のベストテンを〝下位半分しか選ばず、大悪たれコメンタリーをくっつけて事実上日本映画にさようなら！〟してしまう。曰く〝『駅馬車』から出発させた僕のヒーロー道が、こと日本映画に関しては追跡不可能だった〟……。

時代は日本の各映画会社が次々と斃れ、路線を変更あるいは錯綜させていった頃。やがて直ぐに到来する実録やくざ映画路線、日活ロマンポルノの時代の作品群は、石上氏の「ヒーロー志向」には相容れないものだったとおぼしい。

『キネマ旬報』ベストテンにおいて、突如石上氏が日本映画テンを復活させるのは、「ミステリライターズ」第28章で絶賛の『新幹線大爆破』をベストワンに挙げる一九七五年まで待たねばならない。本文でおわかりのごとく、〝「あの頃」は私などによっては、日本映画最悪の時代だった〟。そんな時期に期待なしに『新幹線』を見て〝日本映画もやるじゃない〟となり、その年の日本映画テンを〝『新幹線大爆破』を入れたいばっかりに、無理を承知で引き受けた〟。(『キネマ旬報』一九七五ベストテンコメント)。翌一九七六年はベストテン参加こそないものの、『暴走パニック　大激突』(本文第2部　「映画評スクラップ」参照)を押し、そして同年一〇月、ついに角川映画第一作『犬神家の一族』の登場と相成る。「ミステリライターズ」第26章『飢餓海峡』の一九六五年と、第27章『砂の器』の一九七四年の間に十年近く空白があるのはそんな事情である。鈴木清順や三隈研次ら、プログラムピクチャーの作り手を応援する姿勢から同人誌を立ち上げた石上氏が、一九七〇年前後の日本映画のあり方に異議をとなえ、短い日本映画評(本書第2部参照)は散発的に発表していたものの、再度本格的に肯定したのは、皮肉なことにプログラムピクチャーが終焉した、一本立て興行の幕開けだったということになる。

以降、一九七九年『戦国自衛隊』、一九八一年『転校生』『幕末青春グラフィティ Ronin/坂本竜馬』『蒲田行進曲』などの日本映画について、随時ベストテン欄で言及しながら(時に日本映画界への〝悪たれ〟もつきながら)、一九八五年『チ・ン・ピ・ラ』を一位に据えたベストテンで再度復帰となる。ついでに書けば、この直後の一九八七年には、何と東宝十フジテレビ製作の劇場映画『竹取物語』に、「シナリオライター」として参加している(あの菊島隆三、あの日高真也、あの市川崑との共作!)。

一九九九年からは断続的ではあるものの、最後の選出となった二〇一〇年分まで、日本映画ベストテン参加(なぜかラスト三年分は日本のテンのみの参加……)は続けられる。加えて、二〇〇〇年からは、藤本賞（東宝プロデューサー藤本真澄の功績を讃え設立された、著しい活躍をした日本映画の製作者を表彰）の審査委員となっている。

そんな石上氏の「新たな」ともいえる「日本映画が好き!!!」時代に、「日本映画のミステリライターズ」は発表された。

この評論もまた石上氏十八番の、影響を受けた作品を時系列で次々に語っていく構成に変わりはないにせよ、現在読む「ぼくは駅馬車に乗った」が、「ヒーロー志向」への鋭く厳しいこだわりゆえに、少々息苦しさを感じてしまうとすれば、「ミステリライターズ」は、最も愛着があったと思われるジャンルに限定した内容であり、その筆致は〝きわめて悪条件から出発したこの国のミステリ映画が、しだいに成熟していく、そんなプロセス〟を描いていく楽しさに溢れており、また、間違いなくほぼ同様な体験をしてきたはずの、同世代の「ライターズ」であり盟友でもある和田誠監督や大林宣彦監督が、当時の日本映画界で、ついに傑作ミステリ映画を撮り上げたことへのシンパシーと大きな喜びがあったに違いない。

日本映画の変遷は「ミステリライターズ」の要所要所で、その製作形態の変化も語られ（クレジットタイトル欄の変化を見よ）、ポジティヴな目線ではありつつも〝一体「日本映画」はどうなってしまったのか、そしてどこに行こうとしているのか。少なくとも、その辺だけは見極めたいとは思う〟という心中吐露に及ぶ。

それらは見るべき作品群とその成立過程を、次の世代に伝えていきたいという、次のような一種の使命感に基づいたものだと思う。

いい作品は、必ず後のいい作品につながっていくという意味。それは、作り手だけでなく、その作品を認めて評価・紹介していく側にもある（略）きちんと本気で伝えさえすれば、子供であっても、いいものはきちんと受け継ぐということ。だから素晴らしいのである。

［『私の映画史――石上三登志映画論集成』］

石上氏不在となった二〇一二年一一月以降に公開された日本ミステリ映画群、たとえば『真夏の方程式』（二〇一三）を、『脳男』（二〇一三）を、『ソロモンの偽証』（二〇一五）を、『64 ロクヨン』（二〇一六）を、『クリーピー 偽りの隣人』（同）を、『破門 ふたりのヤクビョーガミ』（二〇一七）を（ついでに『シン・ゴジラ』〈二〇一六〉を）、そして見回してみればコミック原作やキラキラ系で溢れた現在の日本映画シーンを、石上氏はどうご覧になっただろうか？

本書は微力ながら筆者も〝受け継ぐ〟ことの一端を担うべく企画された。石上氏の著作ということだけではなく、改めて日本製ミステリ、エンターテインメント映画の系譜について知ることは興味深い時間だった。また題材が「日本映画」であることで、私もわずかに本書の力になれたとしたら本望である。

本文中、初出の明らかな間違いと思われる箇所は訂正し、本文中にも記したごとく、石上氏ご本人による記事スクラップへの書き込みを若干反映した。また、文中の映画タイトルについては、時に著者が省略したサブタイトル類も、可能な限りオリジナルに改めた。注意深く作業したつもりだが、誤解や見落としもあるかもしれない。ご指摘ご教示いただければ幸いである。

さて、本作りもまた私が携わってきた映像製作の現場と同様、調べもの、借りもの大会の連続であり、スタッフワークあっての産物であった。

企画を直ちに前進させてくださった原書房の百町研一さんは、既に「ヴァラエティブック」を意識した粋な本を何冊も編集されており、本書も「そんな風な仕上がりはどうか」と提案された。小林信彦さんの諸作を愛読してきた私に異論があろうはずもなく、おかげで当初「ミステリライターズ」の補助線として、対談記事を収録したい程度にしか考えていなかった目次は、たちまち賑やかなものになった（そして日本映画とミステリ縛りにはとことんこだわってみた）。予想外の構成を作ってくださった百町さんに感謝する。

対談、イラストレーションの再録を快くお許しくださった桂千穂さん、瀬戸川芙美子さん、森卓也さん、宮崎祐治さん、本書の内外ともに素敵な「化粧」で仕上げていただいたデザイナーの小沼宏之さん、ヴィジュアルページに貴重な資料を大量にお貸しいただいた吉井マリさん（石上氏ご長女）、記事再録を許可いただいた初出誌出版社編集部の皆さま、画像をご提供いただいた映画会社各社ご担当の皆さまほか、この書籍に関わってくださったすべての方々に深くお礼申し上げます。

ひとつそのお礼を言いそびれ、悔いが残るのは『ヨミスギ氏の奇怪な冒険――フィクションエッセイ００１２』（二〇一六／書肆盛林堂）企画立ち上げ以来、ご自宅におじゃまするたびに、（石上氏がお好きだったというちょっと不思議なカレーライスをふるまってくださりながら）あれこれお話しを聞かせてくださった石上夫人・今村茂子さんが二〇一七年夏に突然ご逝去され、ついに本書をお届けできなかったことだ。今村さん、やっと完成しました。遅くなってすみませんでした。

編者としては、石上三登志先生をふたたびニヤリとさせるような本を、と目論んで各作業を進めてきた。

先ずはかつて石上先生の文章にわくわくさせられ、さまざまなことを教えられたはずの私の同世代＝その後の〝16歳〟たちが多く手に取ってくだされば嬉しい。

そして、願わくは現在の〝16歳〟たちもこの本を読んでくれることを、この本をきっかけに本当に面白い日本映画に出会ってくれることを、これまでの石上三登志本を開いて新たな発見をしてくれることを心から願ってやまない。

いいものは継承されるはずだから。

追記――
本書刊行にちなんで、書名にインスピレーションをいただいた〈ラピュタ阿佐ヶ谷〉さんが、本文で取り上げた映画やその関連作の特集上映を催してくださるそうである（二〇一八年二月下旬より）。珍しい作品群をスクリーンで見ることのできるこの機会に、ぜひ「ミステリ劇場」へ足をお運びいただければと思う。

二〇一七年一二月某日

原正弘

ろ

わ

ぬ

ね

の

は

ひ

て

と

『隣りの椅子』103, 108, 255

な

に

そ

た

ち

つ

さ

し

き

作品名索引

英数字

あ

み

む

め

も

や

ふ

へ

ほ

ま

ち

つ

て

と

な

せ

そ

た

高橋悦史 131-132, 138, 205

く

こ

か

き

人名索引

あ

い

協力

今村茂子
吉井マリ
桂千穂
瀬戸川芙美子
森卓也
宮崎祐治
町田暁雄
明智恵子
株式会社早川書房
株式会社キネマ旬報社
株式会社芳賀書店

株式会社河出書房新社
株式会社誠文堂新光社
株式会社KADOKAWA
東宝株式会社
東映株式会社
株式会社東北新社
有限会社シス・カンパニー
アート・アニメーションのちいさな学校
ラピュタ阿佐ヶ谷
篠原涼

著者

石上三登志［いしがみ・みつとし］

一九三九年、東京生まれ。本名・今村昭。明治大学文学部卒業。学生時代から『ヒッチコックマガジン・ファンクラブ』や、ワセダ・ミステリ・クラブOBが立ち上げた『推理小説研究会』などに参加。映画を中心に、ミステリ、SF、コミックなど、幅広い分野で評論家として活躍するかたわら、雑誌『季刊映画宝庫』や『FLIX DELUXE』の責任編集、映画『竹取物語』（一九八七／市川崑）の脚本なども手がける。本業では電通に勤務し、多数のCMを手がけた。一九六七年、レナウン「イエイエ」のCMでACCグランプリ、第一回CM殿堂入り。『キネマ旬報』ベストテン選考委員、毎日映画コンクール、藤本賞、手塚治虫文化賞の審査委員などを歴任。米国TVドラマ『刑事コロンボ』を小説化したことでも知られる。主な著書に、『男たちのための寓話——私説ヒーロー論』『キング・コングは死んだ——私説アメリカ論』『吸血鬼だらけの宇宙船——怪奇・SF映画論』『手塚治虫の奇妙な世界』『地球のための紳士録』『ギャグ&《マタ》ギャグ——映画・漫画・CM・小説…あちこちから集めまくった』『SF映画の冒険』『名探偵たちのユートピア——黄金期・探偵小説の役割』『私の映画史——石上三登志映画論集成』がある。

編者

原正弘［はら・まさひろ］

一九六一年、大阪生まれ。横浜放送映画専門学院（現日本映画大学）卒業。助監督として藤田敏八、相米慎二、中原俊、平山秀幸、滝田洋二郎、黒沢清監督ら、多数の映画作品に参加。メイキング作品などを数々演出。二〇〇四年、『OLDK（オーエルディーケー）』にて長篇監督デビュー。桜美林大学芸術文化学群映画専修にて演出指導講師。二〇一六年、石上三登志『ヨミスギ氏の奇怪な冒険——フィクションエッセイ0012』（書肆盛林堂）を企画編集。

石上《いしがみ》三登志《みつとし》スクラップブック——日本《にほん》映画《えいが》ミステリ劇場《げきじょう》

二〇一八年一月二二日　初版第一刷発行

著者……石上《いしがみ》三登志《みつとし》
編者……原正弘《はらまさひろ》
発行者……成瀬雅人
発行所……株式会社原書房
〒一六〇―〇〇二二　東京都新宿区新宿一―二五―一三
電話・代表　〇三(三三五四)〇六八五
http://www.harashobo.co.jp
振替・〇〇一五〇―六―一五一五九四
ブックデザイン……小沼宏之
印刷……新灯印刷株式会社
製本……東京美術紙工協業組合

ISBN978-4-562-05467-1
Printed in Japan